职业教育"十二五"文秘专业重点规划教材

编委会

职业教育"十二五"文秘专业重点规划教材

GOUTONG YU KOUCAI

沟通与口才

主　编：朱宪玲

副主编：张奕琳　贾冬梅　区柱标

广东高等教育出版社

Guangdong Higher Education Press

广州

图书在版编目（CIP）数据

沟通与口才/朱宪玲主编. —广州：广东高等教育出版社，2013.9
ISBN 978 – 7 – 5361 – 4948 – 9

Ⅰ．①沟…　Ⅱ．①朱…　Ⅲ．①心理交往 – 通俗读物　②口才
学 – 通俗读物　Ⅳ．①C912.1 – 49　②H019 – 49

中国版本图书馆 CIP 数据核字（2013）第 185208 号

出版发行	广东高等教育出版社
	社址：广州市天河区林和西横路
	邮编：510500　营销电话：（020）87553335
	http：//www. gdgjs. com. cn
印　　刷	佛山市浩文彩色印刷有限公司
开　　本	787 毫米 ×1 092 毫米　1/16
印　　张	16. 5
字　　数	381 千字
版　　次	2013 年 9 月第 1 版
印　　次	2013 年 9 月第 1 次印刷
印　　数	1 ~ 3 000 册
定　　价	30. 00 元

总　序

　　如何培养适应社会需求的具有综合素质和职业能力的复合型秘书人才，不仅是时代赋予我们的重要责任，也是秘书专业教学改革所提出的崭新课题。以广东女子职业技术学院文秘专业教师为主的广东高职文秘专业教育队伍一直以来坚持不懈地探索高职秘书人才培养的模式和方法，构建适应广大中小企业秘书岗位的人才培养体系。本系列《职业教育"十二五"文秘专业重点规划教材》正是为满足高职教育秘书人才培养教学改革的需要而编写的。本系列教材全面反映了当前广东文秘专业人才培养的最新教学科研成果，希望教材的出版，能在秘书人才培养过程中起到更好的指导作用，能够对广大有意向从事秘书职业的人士起到入门的引导作用，能够对已从事秘书工作的社会人士起到帮助提升素质和技能的强化作用。

　　本系列教材作为职业教育"十二五"文秘专业重点规划教材，为使本系列教材成为创新的精品教材，成为秘书专业教学改革的成果体现，全体编委在教材编写之前，特别就教材编写的指导思想、编写原则和体例等问题进行了讨论，大家达成了以下共识：

　　第一，校企合作。根据《国家中长期教育改革和发展规划纲要（2010—2020年）》提出的"统筹中等职业教育与高等职业教育发展"和"推进校企合作制度化"的职业教育发展规划要求，以及高职院校教学对象、教学内容和教学方法的变化，我们在教材编写过程中，邀请企业有秘书工作经验的人士或者秘书部门的管理人员参与，将企业的典型案例和规范操作流程引入教材。

　　第二，规范性。严格与国家劳动与社会保障部的秘书职业技能鉴定标准相衔接，根据文秘专业建设、课程建设的发展规律与趋势以及用人单位对秘书人才的需求，构建编写体例，选择编写内容。

　　第三，灵活性。从激发学生的学习兴趣出发，本系列教材以采用课前让学生进行案例分析，列出参考书目指导学生查阅资料，让学生自己分析寻找答案以掌握解决问题的方法，解放学生的大脑，促使他们思考，让教学"活"起来，给课堂留空间。

　　第四，实用性。本系列教材紧贴现实尤其是现代企业的实际情况，增强了秘书专业的针对性、应用性和实用性。教材还从秘书职业需要出发，加强了群体意识、合作意识、人际关系等方面的内容，把职业能力训练与职业素质的训导有机地结合起来，既增强了学生综合运用所学知识解决实际问题的能力，又使其在实际工作环境中思想素质、职业素质得到提高，团队精神和合作能力得到锻炼。

本系列教材全体编委有着丰富的教学经验和科研成果，本系列教材汇集了各位编委的辛勤劳作和心血，看到教材能够顺利出版，大家都深感欣慰。

在此还要感谢广东省高等教育出版社的同仁，对教材的组织编写到出版一直给予重视和大力支持，为教材的规划与出版辛苦奔走，精心策划，对他们的辛苦付出我们全体编委致以衷心的谢忱！

本系列教材在编写过程中，参考了不少方家大作，并参阅、摘引了有关报刊材料，在此特作说明，并表示由衷的感谢！

教材编写时间仓促，并且是编委们的阶段性成果，必然存在不足之处，仍有提高和修改的空间，祈望专家、同行和广大读者批评指正，以便未来进一步修订和完善。

编委会主任　周茂东
2013 年 7 月

前　　言

　　约翰·奈斯比特是世界著名的未来学家，他被评为全球50位管理大师之一。他认为"未来竞争是管理的竞争，竞争的焦点在于每个社会组织内部成员之间及其外部组织的有效沟通上"。关于现代人才究竟应该具备哪些素质，众说纷纭，其中世界上公认的素质有8种，它们是成功心理、创新思维、科学管理、信息技术、文字写作、人际沟通、言语艺术和身心健康。有好的口才并能够与不同的人进行有效沟通，才能够更好地了解别人的需要，也才能进行更有效的管理。正如著名管理学家卡特·罗吉斯曾说："如果我能够知道他表达了些什么，如果我能知道他表达的动机是什么，如果我能知道他表达了以后的感觉如何，那么我就敢信心十足且果断地说，我已经充分的了解他了，也能够有足够的力量影响并改变他了。"

　　据统计，企业中约75%的工作停顿、发生问题是因为沟通的问题。管理上有一个著名的双50%理论，即经理人50%以上的时间用在了沟通上，工作中的50%以上的障碍都是在沟通中产生的。

　　美国著名学府普林斯顿大学对1万份人事档案进行分析，结果发现："智慧""专业技术""经验"只占成功因素的25%，其余75%决定于良好的人际沟通。哈佛大学就业指导小组1995年调查结果显示，在5 000名被解职的男女中，因人际沟通不良而导致工作不称职者占82%。

　　一个组织中，信息沟通有其不可或缺的存在价值，管理层与管理层、管理层与员工、员工与员工之间都需要沟通来掌握和传播信息、交流思想，从而使组织内部成员之间互动地把握自己与他人、与总体的动态联系，从而推动组织的发展。沟通的好处主要在于，首先，它是协调各组织要素并使之成为一个整体的凝聚剂，这使得组织内部对信息的传递和理解更为迅速且一致；其次，沟通是管理者联系下属以实现管理基本职能的有效途径，这在一定程度上对企业的高低层管理之间在信息纵向传达的准确性上起了保障作用。

　　本书就是基于社会和教学的需求，对沟通和口才进行了探讨，并从实用的角度出发，设计了大量的有针对性的实训和练习以便于教学，也力图尽最大可能地对有意提高沟通能力和口才的人士有所帮助。本书作为职业教育

"十二五"文秘专业重点规划教材，既可以作为高职高专开设的"秘书口语表达""沟通与口才""演讲与口才"等课程的教材，又适合社会各界人士自学。

本书共有6章，分别是绪论、沟通与口才的基础训练、口才中常见语病、社交口才、演讲口才、中外经典演讲词。内容由浅及深，注重实用性和可操作性，运用大量鲜活的案例，具有知识性、趣味性、实用性。

本书编者都是多年从事演讲与口才、商务沟通、口语表达等教学和研究的教师，有丰富的教学经验。本书由朱宪玲教授编写了第一章和第六章，贾冬梅老师编写了第二章和第三章，区柱标老师编写了第四章，张奕琳博士编写了第五章。

本书是编者共同努力的结果，从编著提纲的预设、拟定到具体内容的写作、修改，每一个环节、每一个程序都映射着集体思考、集体公关、集体收益的事实和精神，本书的完稿，得益于天时、地利、人和。

感谢广东女子职业技术学院管理系和广东高等教育出版社的鼎力支持，使本书得以面世；感谢所有书中参考、引用的文献的作者，正是这些理论同仁的思想启发和引导，使得本书对相关思想的表达充实和具有说服力。

由于能力所限，本书还有许多不尽如人意的地方，只是希望本书能够作为引玉之砖，激发同行们对此书的内容进行更深层次的思考和讨论。

编　者

2013 年 6 月 20 日

目　　录

第一章 绪 论

●学习目标

1. 了解沟通的四个特点
2. 掌握沟通的技巧，并能在生活和工作中运用
3. 运用提高口才的方法不断提高口才

第一节 沟 通

随着社会的发展，现在的很多单位都要求员工具备良好的团队精神，因为很多工作并不是由一个人单枪匹马就能完成的，一件工作的完成、一个目标的实现，需要严密的分工，需要人与人之间有效的沟通。只有与他人准确、及时地沟通，才能建立起良好的人际关系，从而对自己的生活和事业都有很大的帮助。

石油大王洛克菲勒说："假如人际沟通能力也是同糖或咖啡一样的商品的话，我愿意付出比太阳底下任何东西都珍贵的价格购买这种能力。"

我们每一个人都应该学会主动地沟通、真诚地沟通、策略地沟通，如此一来就可以化解很多工作与生活中完全可以避免发生的误会和矛盾。

●案例

有一个老王请了甲、乙、丙、丁四个人吃饭，临近吃饭的时间了，丁迟迟未来。

老王着急了，一句话就顺口而出："该来的怎么还不来？"

甲听到这话，不高兴了："看来我是不该来的？"于是就告辞了。

老王很后悔自己说错了话，连忙对乙、丙解释说："不该走的怎么走了？"

乙想："原来该走的是我。"于是也走了。

这时候，丙对老王说："你真不会说话，把客人都气走了。"

老王辩解说："我说的又不是他们。"

丙一听，心想："这里只剩我一个人了，原来是说我啊！"也生气地走了。

分析：老王说话的指代不明造成了一连串的误会，他自己觉得很无辜，他的表达与他的初衷不符。好的沟通不仅要"慧于心"，还要"秀于口"。

✤ 相关链接　　　　　　　　　　人际泡沫

人际泡沫，指那些似乎拥有广泛的社交关系，但谈到真正的朋友，交际圈里却寥寥无几。你的办公室抽屉里装满了名片，那些名片的主人对你来说可能完全是陌生人。在你的通讯录中有很多联系人，也许有很多都没有主动联络过，也许已经忘了他们是谁了。也许你的手机电话簿里有很多朋友，但在失落的时候却找不到一个可以倾诉的人。

一、沟通的含义与特点

所谓沟通，是人与人之间的思想和信息的交换，为了设定的目标，把信息、思想和情感在个人或群体间传递，并达成共同协议的过程。

著名组织管理学家巴纳德认为，"沟通是把一个组织中的成员联系在一起，以实现共同目标的手段。"

据统计，企业中约75%的工作停顿、发生问题是因为沟通的问题。管理上有一个著名的双50%理论，即经理人50%以上的时间用在了沟通上，如开会、谈判、指示、评估。同样，工作中的50%以上的障碍都是在沟通中产生的。

美国著名学府普林斯顿大学对1万份人事档案进行分析，结果发现："智慧""专业技术""经验"只占成功因素的25%，其余75%决定于良好的人际沟通。

哈佛大学就业指导小组1995年调查结果显示，在5 000名被解职的男女中，因人际沟通不良而导致工作不称职者占82%。

一个组织中，信息沟通有其不可或缺的存在价值，管理层与管理层、管理层与员工、员工与员工之间都需要沟通来掌握和传播信息、交流思想，从而使组织内部成员之间互动地把握自己与他人、与总体的动态联系，从而推动组织的发展。沟通的好处主要在于，首先，它是协调各组织要素并使之成为一个整体的凝聚剂，这使得组织内部对信息的传递和理解更为迅速且一致；其次，沟通是管理者联系下属以实现管理基本职能的有效途径，这在一定程度上对企业的高低层管理之间在信息纵向传达的准确性上起了保障作用。

一般来说，沟通有4个特点：

（1）随时性。在工作和生活中，沟通无处不在，我们所做的每一件事情都需要沟通，及时地进行信息交流，才能清除障碍，少走弯路，尽快地达到目的，实现目标。

（2）双向性。我们既要收集信息，又要给予信息。如果一方说，另一方只是听，这种方式的沟通不是有效沟通。双向沟通的过程中可以运用中医理论的"望、闻、问、切"，即：观察、倾听、询问、解释。

沟通的结果是由双方决定的。沟通是双向的，信息的接收和传递都是互相反馈和互相依赖的。合作和理解社会沟通的目标，双方的积极参与才能形成有效的沟通。如果只是一方积极沟通，另一方消极对待，仍然无法很好地沟通，沟通成功与否双方是互相依赖的。

（3）情绪性。信息的收集和传递会受到情绪的影响。平时我们讲的"话赶话"就是情绪性的一个表现，本来没有想表达的意思，因为对方的信息反馈使得双方的情绪发生变化，从而说出一些与原本的意图不符的意思，使得沟通产生一些预料之外的效果。好的情绪和坏的情绪都是会传染的，所以酿造积极的情绪有利于有效的沟通。

（4）对等性。沟通双方要在同一频道、同一个层次上，沟通的内容是互相了解的领域，包括审美观和生活观。否则，即便双方说的每一个字都能听懂，但是表达的意思却无法理解。

有几个人去偏僻的山村旅游，中午走进一间饭店，店主是位老太太，非常热情、周到，端上最后一个菜后，老太太说如果有不满意的地方，尽管跟她说。有个人说：菜的味道不错，就是苍蝇太多了，飞来飞去的。老太太听了以后，很不以为然，说："它们吃不了多少的！"吃饭的客人无言。

有一个饭店的女服务员，端上了一盘炖豆腐，客人看到她的大拇指都伸进了菜汤里，惊讶地提醒她说："你看你的手！"女服务员很感激地回答："没事！不烫的。"

这两个小故事都说明，沟通如果不在一个层次和一个频道上，双方的思维方式不同，沟通就变得很困难。

二、沟通的技巧

沟通的目的是合作和理解，有效的沟通应该掌握以下的沟通技巧：

（1）明确。指的是明确的沟通目标和明确的沟通语言。

工作、生活中，有很多的沟通是随机的，如：偶然遇见了老熟人的闲聊，这样的沟通是没有明确目标的，但是有效的或者高效的沟通都需要有明确的目标。一个主管因为业务的进展和老板沟通，在与老板见面前，他就应该有明确的目标：是仅仅汇报业务的进展还是寻求新的指示？是简单的汇报还是为了说明原因？是为了申请更多的资源做准备还是直接提出要求？是沟通业务本身还是借机谈论一些其他的事……总之，在推开老板的门之前都应该有明确的目标。求职应聘也是一种沟通，必须明确自己的沟通目标，此次去应聘只是为了建立联系还是希望应聘成功？只是为了获得应聘经验还是力求得到这份工作？

沟通的过程中，所使用的语言一定要非常明确，不能有歧义，让对方有一个准确的、唯一的理解。在沟通过程中有人经常会说一些模棱两可的话，如：上司拍着你的肩膀说："你今年的成绩不错，工作非常努力。"听上去好像是在表扬你，但是接下去他说："明年希望你更加把劲儿！"这句话好像又在鞭策你，说你不够努力。这就让人费解：传达给我的到底是什么意思？所以，沟通中语言的含义一定要明确。

有一个秀才去买柴，他对卖柴的人说："荷薪者过来！"卖柴的人听不懂"荷薪者"（担柴的人）三个字，但是听得懂"过来"两个字，于是把柴担到秀才前面。秀才问他："其价如何？"卖柴的人听不太懂这句话，但是听得懂"价"这个字，于是就告诉秀才价钱。秀才接着说："外实而内虚，烟多而焰少，请损之。（你的木柴外表是干的，里头却是湿的，燃烧起来，会浓烟多而火焰小，请减些价钱吧。）"卖柴的人因为听不懂秀才的话，于是担着柴就走了。

用对方听得懂的语言进行沟通，是沟通成功的保障。如果一个销售人员完全从技术的角度向消费者讲解产品的好处，沟通效果很难让人满意。

（2）得体。谈论行为不谈论个性。

谈论行为就是讨论一个人所做的某一件事情或者说的某一句话。个性就是对某一个人的观点，即我们通常说的这个人是好人还是坏人。在工作中，我们发现有些职业人士在与我们沟通的时候严格遵循了这个原则，就事论事地和你沟通，显得有一丝冷淡。其实这恰恰是一个专业沟通的表现。我们经常在私下里议论：某某同事非常的热情，某某同事非常的冷淡，或者某某同事非常的大方等，这个都不是在沟通中要谈论的。

得体还体现在分析面对的听者。针对不同身份、不同性格、不同风俗的人要及时变更自己的语言表达方式，如：对一个健康人说起某病，和对一个患者说就不能相同。要了解对方的喜好、厌恶和特点，才能有的放矢地选择说话的方式，使对方更好更快地接受你要传递的信息。如：日本人与人说话时，点头的动作很多，有人就会以为他同意了自己的意见，其实点头是日本人的一种礼貌而已。如果把日本人的点头误认为"同意"，那么沟通的有效性就会大打折扣。

（3）礼貌。对沟通的更高层次的要求。

①尊重对方，注意倾听。美国最有造诣的哲学家约翰·杜威说过，人性中最强烈的冲动是一种"重要感"。人性最深刻的原则是恳求别人对自己加以赏识。当你让对方感到他和他的话很重要时，他就得到了一种尊重，才可能对你说的话认真聆听，你也只有认真的聆听对方的讲话，才可能有针对性地回答或说服对方。

有一句名言说得好："善言，能赢得听众；善听，才会赢得朋友。"善于说是一种天性，而认真倾听是一种修养，它体现了对人的尊重，它能创造一种与说者心理交融的谈话气氛。

倾听的方式常见的有两种：批判式地听和移情式地听。最理想的方式是用移情式地听，关注别人。所谓移情式地听是站在对方的立场上去听、去反应、去理解、去记忆。

有个妈妈问5岁的儿子：

"如果妈妈和你一起出去玩，我们渴了，又没有带水，而你的小书包里有两个苹果，你会怎么做呢？"

儿子歪着脑袋想了一会儿，说：

"我会把两个苹果都咬一口。"

母亲非常失望，她本想像别的父母一样，对孩子训斥一番，然后再教给孩子怎么做，如何学会分享。可是就在即将说出口的那一刻，她突然改变了主意。母亲摸摸儿子的头，温柔地问：

"能告诉妈妈，你为什么要这样做吗？"

儿子眨眨眼睛，一脸童真：

"因为……因为我想把最甜的一个给妈妈呀！"

霎时，妈妈的眼里充满了泪水……

学会倾听是一种能力。这位母亲是庆幸的，因为她对儿子的宽容和信任，使她感受到儿子的爱；这个儿子是庆幸的，他的母亲给了他把话说完的机会，他的纯真、善良才得到很好的流露。会听是礼貌，懂听是素质，善听是福音。

②注意使用敬辞和谦辞。敬辞和谦辞是对人表示尊敬和自谦的一种礼貌用语，也是对自己的一种肯定。自古都说"谦谦君子"，彬彬有礼，方能魅力四射，"虚心万事能成，自满十事九空"，谦和的态度容易让人接受你的语言，从而也更容易形成有效的沟通。

③采取委婉的表达方式。学会委婉地表达自己的意见和想法，使对方乐于接受。沟通的目的不是争吵和比谁更强，而是能够达成合作，彼此理解。即便是拒绝也要顾及别人的自尊。直话要拐个弯说，冷冰冰的话要加热了再说，人情留一线，日后好见面。

④充分利用声音的魅力。美国心理学家艾帕尔指出：人的感情表达由三个部分组成——55%的表情、38%的声音以及7%的内容，由此看出，说话的声音以及声音的大小在说话中是非常重要的。同样的话，用不同的表情和声音说出来，效果相差甚远，调整好自己的声音，用适中的声量说出来，会提高沟通的效率和成功率。根据声乐理论，当人们提起笑肌的时候发出的声音是最美的。悦耳的声音，对人与人之间的沟通是较好的催化剂。

（4）风趣。风趣是一种优美健康的品质。

风趣的语言能增强语言的感染力。风趣首要的是一种心态，和颜悦色，心宽气朗。风趣和文化水平没有太大的关系，有些老人不识字但很风趣，风趣是沟通中的润滑剂、兴奋剂和消炎剂，它或者缓解剑拔弩张的气氛，使矛盾得到调节；或者解除窘困局面，使尴尬的气氛变得融洽；或者使对方减少抗拒心理，接受传播的信息。因此，有人称幽默风趣是沟通中的高级艺术。有人说：没有幽默感的文章是一篇公文，没有幽默感的人是尊雕像，没有幽默感的家庭是一间旅店。

幽默风趣与委婉含蓄有关，跟庄重严肃相对，它是一种诙谐、轻松、愉悦的语言风格。莎士比亚说过："幽默和风趣是智慧的闪现。"幽默风趣是各种智能的结晶，是一种高尚的情趣，是智慧的艺术语言的凝聚。在当今社会，幽默风趣的表达手段广泛地渗透到沟通中。

人们都喜欢具有幽默感的人。美国329家大公司的经理们参加了一项关于幽默的调查，其结果是：97%的人相信幽默感在企业的管理工作中有重要的价值；60%的人相信，幽默感能决定一个人事业成功的程度。由此看来，幽默风趣在沟通中有着十分重要的作用。

❈ 相关链接　　　　　　　　软抱怨

"软抱怨"是指在与人沟通时抛下"硬批评"，把尖酸刻薄的话变成善意的点拨和提醒，巧妙地把吵架转化为令彼此更亲密的沟通方式，从而轻松地化解人际交往中不必要的"恩怨"。具体来说就是不满的话反着说，恼怒的话说一半，只说自己的需要和愿望，不去指责对方的不足和错误。

[摘自：少男少女. V博. 2013（2）.]

●案例

1. 一个小公主病了，她娇憨地告诉国王，如果她能拥有月亮，病就会好。国王立刻召集全国的聪明智士，要他们想办法拿下月亮。

总理大臣说："它远在三万五千里外，比公主的房间还大，而且是由熔化的铜所做成的。"

魔法师说："它有十五万里远，用绿奶酪做的，而且整整是皇宫的两倍大。"

数学家说："月亮远在三万里外，又圆又平像个钱币，有半个王国大，还被粘在天上，不可能有人能拿下它。"

国王又烦又气，只好叫宫廷小丑来弹琴给他解闷。小丑问明一切后，得到了一个结论：如果这些有学问的人说得都对，那么月亮的大小一定和每个人想的一样大、一样远。所以当务之急便是要弄清楚小公主心目中的月亮到底有多大、多远。

于是，小丑到公主房里探望公主，并顺口问公主："月亮有多大？""大概比我拇指的指甲小一点吧！因为我只要把拇指的指甲对着月亮就可以把它遮住了。"公主说。

"那么有多远呢？""不会比窗外的那棵大树高！因为有时候它会卡在树梢间。"

"用什么做的呢？""当然是金子！"公主斩钉截铁地回答。

比拇指指甲还要小、比树还要矮、用金子做的月亮当然容易拿啦！小丑立刻找金匠打了个小月亮、穿上金链子，给公主当项链，公主好高兴，第二天病就好了。

分析： 人们较少关注顾客的真实需求，完全是按照自己的意愿做事情，结果不论多么努力，效果总是不好。而沟通才是掌握顾客的心理的最好方法。另外，选择好沟通的内容也十分重要，沟通内容选择好了，才能直入主题，简洁高效。

2. 小陈是公司销售部员工，平时为人随和，不喜争执，和同事的关系处得都比较融洽。但是，前一段时间，不知道什么原因，同一部门的小李处处和他过不去，故意为难小陈，有时候还在别人面前指桑骂槐，对跟他合作的工作任务也都有意让小陈做得多，甚至还抢了小陈的几个老客户。

起初，小陈觉得都是同事，没什么大不了的，忍一忍就过去了。但是，看到小李越来越嚣张，小陈一赌气就告到了经理那儿。经理把小李批评了一通，从此，小陈和小李就成冤家了。

分析： 小陈所遇到的事情是在工作中经常遇到的。在一段时间里，同事小李对他的态度大有改变，小陈应该有所警觉的，留心是不是哪里出了问题了。但是，小陈只是一味地忍让，忍让并不是解决问题的好办法，更重要的应该是多沟通。

小陈应该考虑是不是小李有了一些什么想法，有了什么误会，才让他对自己的态度变得这么恶劣，小陈应该主动及时的和小李进行一个真诚的沟通，比如问问小李是不是自己有什么地方做得不对，让他难堪了之类的。任何一个人都不喜欢与人结怨的，人们之间的误会和矛盾在比较浅的时候可以通过及时地沟通来解决。但是，小陈选择了忍耐而不是沟通，所以当他忍不下去的时候，就选择了向上司告状。

其实，找上司来说明一些事情，不是不可以。但是，在这里小陈、上司、小李都犯了一个共同的错误：没有积极沟通。

◆◇□◇◇□◇■◇□◇◇◆
：思考与训练：
◇□◇□◇■◇■◇□◇□◇

1. 请分析下面的案例，看看问题出在哪里？

一位教授正在精心准备一个会议上的演讲稿，因为会议的规格之高、规模之大都是他平生第一次遇到的。全家都为教授的这一次露脸而激动，为此，老婆专门为他选购了一身西装。晚饭时，老婆问西装合身不，教授说上身很好，裤腿长了那么2厘米，穿倒是能穿，影响不大。晚上教授早早就睡了，老妈却睡不着，琢磨着儿子这么隆重的演讲，西裤长了怎么能行，反正人老了也没瞌睡，就翻身下床，把西装的裤腿剪掉2厘米，缝好烫平，然后安心地入睡了。早上五点半，老婆睡醒了，因为家有大事，所以比往常早些，想到老公西裤的事，心想时间还来得及，便拿来西裤又剪掉2厘米，缝好烫平，惬意地去做早餐了。一会儿，女儿也早早起床了，看妈妈的早餐还没有做好，就想起爸爸的西裤的事情，寻思自己也能为爸爸做点事情了，便拿来西裤再剪断2厘米，缝好烫平……这个裤子还能穿吗？

2. 分析经理录用 C 的原因。

最后的选择

某公司就一个重要岗位进行招聘，参加者众多，有3个人经过笔试初选入围，其中A、B均毕业于名牌大学，C毕业于一般大学。最后由公司经理亲自面试并从中录用一人。

经理分别问他们同一个问题："你是因为什么离开原工作单位的？"

A回答："那个地方太糟了：头头什么也不懂却自以为是，喜欢瞎指挥，下边拉帮结派钩心斗角，职员升职不是靠本事而是靠关系……我看不惯，就不干了！"

B回答说："那个单位排外、欺生，我是外地来的，他们合伙排挤我，难干的活让我干，不是我的错也往我身上推……"

C回答说："我原来的单位不错：员工的素质很高，同事也好相处，我是不想离开的，可惜我经验不足，工作出了差错，老板辞退了我。"

结果经理录用了 C。

3. 思考下面这个故事给你的启示是什么。

卡斯特罗的大胡子

1956 年，卡斯特罗带兵到东部山区建了根据地，与独裁政权展开斗争。根据地的条件极其艰苦，手术刀用完了，军医只能用刮胡刀为伤员动手术。不久，刀片也所剩无几，卡斯特罗就带头蓄起胡须，并下令战士们也要蓄须，省下刀片留作急用。

可一周后，卡斯特罗发现大家都没有执行命令。卡斯特罗把大家召集起来，指着自己的胡子说："如果哪个人的胡子跟我的一样长，就可以领到10块钱的奖金。"可半个月过去了，没有人来领赏。卡斯特罗不得已，又对战士们说："如果你们的胡子再不见长，就交10块钱罚金。"几天后，战士们都主动来交钱。"胡子再不长，今后定期交

钱。"卡斯特罗大声吼道，准备带罚金离开。这时，军医拦住了他，对大家说："我决定将大家所交的刀片实名登记，这样如果有人负伤，就可先用自己的刀片。如果本人没交刀片而别人又不愿借，手术就不能做了！"

军医的话一说完，战士们都争先恐后地上交了刀片。军医对卡斯特罗道："战士们随时都面临生死考验，哪里还会在乎名和利？唯有让他们意识到这件事与自己的性命相关，他们才会自觉遵守！"卡斯特罗恍然大悟，这才知道在生命受到威胁时，任何赏罚都将失去意义。后来，这位古巴领导人也一直留着大胡子，似在时刻提醒自己：要想影响和改变他人，首先得了解和把握他们的内心。

4. 思考以下故事中的因果关系。

一个士兵遭到敌军突袭后逃到了山洞里，敌军在身后紧追，他躲在洞里祈祷不被敌军发现，突然胳膊被狠狠地蜇了一下，原来是只蜘蛛，士兵刚要捏死蜘蛛，突然心生怜悯，就放了它。不料蜘蛛爬到洞口织了一张新网，敌军追到山洞，看到完好的蜘蛛网，猜想洞中无人就离开了。很多时候，帮助别人的同时也就是在帮助自己。

第二节　口　才

当今社会是"信息爆炸"的社会，在社会的各个角落，信息在广泛而迅速地传递着。信息传递无非三种方式：语言、文字、图像。口头语言仍是最常用的、最方便的传递方式。因此，具有语言能力才能是每一个人行走天下的资本。一个人若不善言谈，就很难在事业上有所作为，并体现自身的价值。随着社会的进步，社会分工越来越细，一个人在某一项专业和工作上有所擅长，能发挥作用，就算是人才。会看病的医生、会算账的会计师、会写稿的编辑记者、创造纪录的运动员、细心的资料员以及烹饪高手、摄影师、杂技演员等都是人才，但他们未必都有出色的口才。可见，是人才未必有口才；然而，有口才都必定是人才，而且是优秀的人才。丘吉尔曾说："一个人可以面对多少人，就代表这个人的人生成就有多大！"

因为开发口才能力比任何专业性和职业性的活动更能促使一个人不断提高心理素质和文化素质，更能促使一个人心态积极、自信主动、才思敏捷。一个真正有口才的人，其整体素质较高，其交流能力较强。所有有口才的人就是人才，而且是出类拔萃的人才。所以，各行各业从事各种职务的人们要精通本职工作的知识和技能，最好还能学习掌握口才和交际的学问。

一、口才的内涵

口才是口语表达的才能，是智慧、能力、素养的综合表现。古人崇尚的君子之道：太上立德，其次立言，再次立功。

（一）口才的组成

口才，应该由"口"和"才"两大部分组成。"口"主要是我们口头表达的能力，而"才"则是我们可供"口"表达的知识、才学。

"口"与"才"是缺一不可的，有口无才，便是"山中竹笋，嘴尖皮厚腹中空"；有才无口，则为"茶壶煮饺子，满腹经纶却倒不出来"。我们说自己口才不好，要先明白自己所缺的究竟是什么，要了解口才不好的种种原因。

通常，说一个人口才好，表现在6个方面：声音洪亮、字正腔圆、言语得体、风趣幽默、有智慧、博学多才，这6个方面就是好的口才必须具备的6项素质。前3项说的便是"口"的因素，后3项涉及的则是"才"的问题。这其中任何一项或是几项的缺失，都会对您的口才产生很大的影响。

声音洪亮是好口才的第一项素质，要让别人听得到你说的是什么。腼腆、害羞有时候会使人说话的声音太小，如果都听不到你在说什么，口才又从何谈起？

字正腔圆是好口才的第二项素质，只是让别人听到你说话还不行，还要让别人听得清你说的是什么，如果说得太快或太慢都不利于信息的传达。

口才重的是"才"，口才好的人就是人们常常说的"会说话"的人。也就是善于用口语来表情达意的人。

口语的基本形式：常用口语（辩论、发言、座谈、交谈、问答等）和艺术口语（朗诵、演讲、相声、说书、讲故事等）。

（二）口语的特点

1. 口语的有声性

它以语音为承载材料，诉诸听觉器官，不仅有声有义地表现了语言中的字、词、句，而且还常常运用语调的高低、语音的轻重、语气的变化、语速的快慢、顿连的长短、节奏的抑扬等有声语言的技巧，丰富多彩、生动活泼、绘声绘色地传达了信息。比如说语气词"啊"，从声调上看，它是阴平调，调势平且直；从字义上看只表示惊疑或赞叹，从语气上看，只有陈述、疑问、祈使、感叹4种类型。但我们通过不同的语调却可表现出犹豫、坚定、悲哀、兴奋、轻松、淡漠等的语气及思想感情和神态形象。这些都是口语语音的魅力，而它丰富的表现力是尽管有相应标点符号的书面语所无法企及的。

2. 口语的简散性

口语用语的简略、结构的松散。口语多为短句、省略句、隐含句、脱落句，而且可以随想随说、补说、插说、重复、脱节、填空、时断时续，结构简单松散而不完整。口语的这个独特性是由以下几方面的原因所形成的：

（1）由口语的即时性所决定的。因为它事先不能准备好要说的话，而且在说的时候要深入考虑表达的内容并赋予最完善的词句和语序也是比较困难的。所以它常常把最先浮现在脑子里急于要说出来的部分或主要的意思先说出来，然后又即时地更改和补充那些次要的东西，这就要运用一些重复、补充、插入语来填补表达的空白。

（2）因为口语在客观上总有一定的不言而喻的情境，因此无需细说也明白。

（3）口语在表达时，采用了多种词不达而意已到的传达手段。因此语句适当简约意思也清楚。

（4）因为说话句子的长短要受人呼吸节奏长短的制约。汉语口语试验表明，人均每分钟正常呼吸为 14 ~ 15 次，即 60 秒内单呼单吸为 30 次，每次 2 秒左右，而汉语正常语速为每秒 3.6 字，因此在正常语速下，每句话的最佳字数为 3.6 字乘 2 秒即是 7.2 字左右。

（5）口语记忆为短时记忆。据研究表明：其记忆容量为 7 个左右项目，所以说话时如果语句容量过大，就会造成听者记忆和反应的困难。

口语从语法修辞方面看，多用短句和自然句，与书面文字相比修饰少，但是相对啰嗦。比如：口头禅的使用，很多人都有口头禅，有的人下意识地把口头禅当作是一种停顿，当思维跟不上的时候就用口头禅来填充。从词汇的角度看，口语很多时候用俗语、谚语、歇后语等，通俗易懂，也使得语言更生动、更贴切、更贴近日常生活。

3. 具体表达的语境性

口语是面对面的交往，有特定的情境，情境可以解释和辨析语义，判明语言表达是否恰当，填补说话人以省略形式表达的内容。还可以创造变异用法，使不合逻辑的语言得以解释。所以，口语中有很多意思可以借助语境不在言语或不在完整的言语中表达出来而对方也能明白，不会造成理解上的困难和沟通上的障碍。

在针对特定的语言环境和确定的对象时，语句不需要太完整，通过个别句子、体态、眼神等意会，如有位同学上课坐的位置很固定，有一天他没有来，老师指着那个座位问："去哪里了?"虽然省去了主语，但是大家会对老师的话心领神会。

4. 口语的多变性

由于口语的过程是包括了听和说的双边动态过程，其交际的时间、场合、对象、内容和方式等，是由参与者共同参与调节的，因此具有灵活多变性。以语音的形式传播，稍纵即逝。根据需要随时改变讲话的内容。所以它要听音辨义、察言观色，密切地注意其间各种因素的任何一点细微变化，并以此来调节自己下一步言语的策略。因此口语表达要因人、因时、因境、因情制宜。运用语调、语速、轻重、音量、停顿以及姿态、表情等更生动、形象地进行交流。

5. 口语的复合性

所谓复合是指它不仅依靠语言因素，而且还依靠非语言因素。如运用身姿语、表情语、手势语、空间距离语、服饰语等态势语来传情达意。态势语是与人类同时产生的，有着巨大的信息容量。有声语言在表达时，具有相对的隐藏性、间接性和无形性。而态势语又是人的内在心理的外在的自然、真实、有形、直观的表现。所以，态势语可以直接作用于人的视觉，替代有声语言或辅助有声语言，拓宽信息传输的渠道。补充强化有声语言的信息，使有声语言的感染力和表现力得到升华。

（三）说话的艺术

谁都会说话，但是说话是有艺术的，同样的话有人说出来让人很容易接受，有人说出来却很难让人接受。

1. 驾驭语言的能力

言谈是人们在特定的语境中运用有声语言交流思想、沟通感情、传递信息的一种有效手段。培养自己驾驭语言的能力，具体表现在：

（1）内容方向的把握能力。在口语交流的过程中，每个人总是根据自己的观念、倾向和具体语境来表达自己的思维。因此要选择确定的内容来引导整个谈话的方向。

（2）信息反馈的领悟能力。言谈过程中，有时双方互为听众，这就要求既要说、又要听，要注意信息的反馈，正确领会对方的意思。信息反馈主要有两点：

一是表示信息正在输入。如："啊""哦""是这样啊？""后来呢？""你对这件事怎么处理的？"等话语，表示十分关切地接受所传输的信息。

二是领会对方话语的言外之意。潜在的信息是蕴含在表面话语中的真正意图，经常表现为：正话反说或反话正说——话中有话；明话暗说或暗话明说——言外有意；直话曲说——故意模糊，等等，只有正确领会到了真正的含义，才能"对症下药"。

（3）情绪场合的控制能力。主要包括对情绪和场合的控制。需要控制的场面主要是冷场、乱场和质疑。

①冷场。

原因：听众兴趣减少、精神疲倦、注意力分散。

措施：可以更换语调，变化节奏，运用具有抑扬顿挫、轻重缓急韵律的语调，加强声音的表现力，增强声音的情感色彩；也可以巧妙穿插，抛砖引玉。

②乱场。

原因：观点不同或讲话者缺乏权威。

措施：可以冷静的态度、激昂的声音继续宣讲。也可以运用突然停顿，触发听者的好奇，抓住时机，通过诚恳的、富有启发性的话语，表明自己具有建设性的态度和意见，制止喧哗，激发听众的兴趣。还可以提出问题，引线穿针。

③质疑。

质疑是交流中一个重要的环节，通过质疑，讲述者可以更全面、更深入、更具体地摆明事实、讲清道理。对答能力强，是灵敏的思维、清晰的条理、丰富的体现。

二、口才的基本技巧

社交中受人欢迎、具有魅力的人，一定是掌握口才技巧的人。

（一）适时：说在该说时，止在该止处

有的人在社交场上该说时不说，该止时不止。他们见面时不及时问候；分手时不及时告别；失礼时不及时道歉；对请教不及时解答；对求助不及时答复……

他们在热闹喜庆的气氛中唠唠叨叨诉说自己的不幸；在别人悲伤忧愁时嘻嘻哈哈开玩笑；在主人心情不好时仍滔滔不绝发表宏论……

（二）适量：说话的多少适当，说话的音量适度

适量并不是都是少说为佳，更不是指那种语量没有变化的老和尚念经，适量与否应以是否达到了说话目的为衡量的标准。

如："您看，这么晚了还来打搅您，真过意不去。您要休息了吧？真对不起，对不

起……"

"我不同意这个意见！我明确表示不同意。不管你们怎么看，我就是不同意。"

"那不是我说的，我怎么会那么说呢？您想，我能说那种话吗？那确实不是我说的。"

上面几段话，初听起来似乎有些"废话"，但都是为了增强表达效果不得不说的"废话"。第一段话是表示道歉态度诚恳，第二段话是为了表示说话人态度坚决，第三段话则是说话人急于表白自己心情而采取必要的重复。社交口才的适量，是根据对象、环境、时间不同，该多说时不少说，该少说时不多说。

适量还包括声音大小适量。大庭广众下说话音量宜大一点，私人拜访时交谈音量宜适中；如果是密友间交谈，小声则可以表现亲密无间的特殊关系，给人一种亲切感。

（三）适度：得体度和分寸度

首先，根据不同场合、不同对象把握言谈的得体度，根据自己的身份把握言谈的分寸度。其次，体态语也要恰到好处。体态语可以辅助有声语言；塑造形象，展示风采；加强语言信息可信度；弥补有声语言之不足。

三、社交场合交流的禁忌

（一）避免不必要的争辩

争辩很容易伤害对方的自尊心，对方会对你产生反感。因为许多主张、计划等，并不是用争辩的方法来获得的。

（二）不要用质问的语气

质问的语气，往往或多或少带有一定火药味。有些人爱用质问的语气来纠正别人的错误，咄咄逼人，这足以破坏双方的感情。被质问的人往往会被弄得不知所措，自尊心受到极大打击。尊重对方，是谈话艺术必需具备的条件。

（三）不要用命令的口气

纠正对方谈话中不妥当部分，应先肯定妥当部分。改变对方主张时，最好用商量的语气，让他心悦诚服。用命令的口吻则效果不好。对于严重的过失，站在朋友的立场，你应当给予恳切的指正，而不是严厉的责问，让他知过而改。特别要注意尊重对方的自尊心。

（四）不要故意为难别人

有的人很喜欢表现自己与众不同，这种处处故意表现自己与别人看法不同的人，和处处随声附和的人一样，都是不受欢迎的。口才是帮助你为人处世的一种方法，没有人愿意做一个口才很好、却到处不受欢迎的人。不要为了要表现你的口才，而到处逞能，惹人憎厌，口才一定要正确而灵活地表现出来。

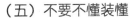

（五）不要不懂装懂

"知之为知之，不知为不知，是知也！"对于不知道的事情，千万不要冒充内行。不懂装懂是一种自欺欺人的行为，你知道多少，就说多少，没有人要求你成为一本百科全书。即使一个很有学问的人，也会有自己知识的盲区。所以，以诚相待，坦白地承认你对于某些事情的无知，这绝不是一种耻辱。相反，别人会认为你的谈话有值得考虑的价值，因为你没有虚伪，没有吹牛。

（六）不要夸耀自己

每个人最关心的往往是自己，和自己有关的事情更能引起关注。所以夸耀自己往往不能引起共鸣，而是拉远与别人的距离。在谈话中过度、随意地夸耀自己的成就、自己的富有，或是自己的父母怎么了不起，都会引人反感。

（七）不要谈论别人的缺点和失败

任何时候不要在公共场合把朋友的缺点和失败当作谈话的资料，这样不仅会伤及朋友，也会损害自己的形象。

另外，不要老是重复同样的话题，不要到处诉苦和发牢骚。

四、提高口才的方法与途径

在交际中每个人都希望自己"人气"旺盛，为更多人接受、认同、支持。这不仅可以奠定自己在交际中的有利地位，也可以为自己生活、工作、发展提供优越的环境和条件。如何提高自己的口才，成为一个受欢迎的人呢？

（一）提高口才的方法

1. 改变自己——敢说

人出生时都不会说话，都是后天学会说话的。口才的提高需要大胆地尝试，马克·吐温说他初期演讲时"嘴里像塞满了棉花，脉搏跳动得像在争夺赛跑冠军"，他通过不断地训练，提高自信，最后成为著名的演说家。萧伯纳也说过："我学讲演就像滑冰，办法就是不断地让自己显得像个傻瓜，直到习惯为止。"不怕失败，敢讲敢说，就一定能锻炼出好口才！

2. 充实自己——能说

话说得好，肚里要有货。一要善于学习，博览全书，从理论、实践中学习，知识面要广。二要善于总结提炼，把别人的知识消化吸收，把实践的经验归纳提炼，变成自己的；这样才会对相关知识都有所了解，做到有话可谈。

3. 锻炼自己——会说

嘴皮子一是靠练出来；二是靠事先的准备、知识的积累和大脑的反应；三是坚持换位思考，了解听众想听到什么。你若向相声演员那样勤学苦练，注意生活和知识的积累，了解听众的需求，即使不能当演员，在你公司可能会是人物了。

4. 相信自己——爱说

要锻炼出自信心。相信自己，加强锻炼，说话气足，感染听众。据史料记载，美国总统林肯、英国首相丘吉尔，自幼都是结巴，但他们坚持不懈地、全方位地锻炼提高，最后都成为历史名人、演讲家，这充分说明，有自信的人，拥有世界！

5. 把握自己——该说

任何场合的讲话，都有其范围，要知道有的该说，有的不该说。在公共场合，放出大话，最后收不回来，更是难受，并会影响自己的声誉、企业的发展。一些企业及名人没有倒在商场上，却因"大嘴巴"倒在舆论的舞台上。要知道有的该早说，有的要晚说。在公司会议上，一般发言也是有规律的。一般讨论时的发言，前一两名都是主要领导，或主要职能处室。所以早了不行，但晚了又没有机会了，并且难度更大了，在三四名发言较为适宜。

总之，语言是人类的一种特殊的交流艺术，掌握并发挥好这门艺术，会使你的事业快速发展成功！

（二）提高口才的途径

台上三分钟，台下十年功。要想克服在公众面前演讲的紧张情绪，做一个受欢迎的人，就必须要做到"八多"。

1. 多看

多看的含义主要表现在以下3个方面：多看交际与口才方面的书籍和文章，掌握必要的理论基础知识；多看名人演讲录像、电视谈话节目和电视辩论赛，从中了解更多的感性认识，从中受到启发；认真仔细地观察社会、生活以及人与人之间微妙的关系和变化。

善于用眼睛看表面、看本质、看点、看面、看深、看细、看过去、看现在、看未来。对客观世界的方方面面切不可心不在焉、听而不闻、视而不见，而是要用眼睛做摄像机把生活中的各种各样的现象和素材拍摄下来，经过大脑的分析，整理后再储存在脑海里或记录在本子上。

2. 多听

多听别人演讲，多听别人说话，以提高自己有声语言的表达能力；多听电台、电视台播音员、主持人播音、讲话，提高自己普通话的标准程度和音色、音质、音量的水准，让自己的语言流畅悦耳、优美动听；多听自己的讲话练习或录音、录像。

会听人说话很重要，倾听很多时候就是一种最好的尊重和诉说。

（1）耳朵是通向心灵的道路。一个很好的聆听者是受人敬重的。因为能静听别人意见的人，必是一个富于思想、有见地、有谦虚性格的人。

（2）向人倾诉是人的一种本能需要。人是情感动物，有着喜怒哀乐各种感情，每个人都渴望和别人交流，述说自己的开心，倾诉自己的烦恼，表现自己的激动，发泄自己的愤怒。

（3）会倾听的人到处都受欢迎。上帝给了我们两只耳朵一张嘴，就是让我们多听少说。成功的领导就是要少说多听。

（4）倾听是沟通的桥梁。我们谈话的目的是为了相互之间进行沟通，这当中不仅需要说话者，更需要倾听者，所以倾听是沟通的桥梁。一些看似难相处的人，当你和他打交道的时候，你会发现，需要的不是你的口舌如簧，而是你的耐心倾听，而且倾听有时还会让你有意想不到的收获。

（5）倾听是财富的源泉。社会学家兰金通过研究发现，在人们的日常生活语言交往活动中：听的时间占54%，说的时间占20%，读的时间占16%，写的时间占10%。

（6）会"听"才能更好地"说"。俗话说得好"会说的不如会听的"。会"听"，才能更准确地把握谈话者的意图、流露出的情绪、传播出的信息，也才能使自己说的话更有针对性，说到对方的心坎上。

3. 多问

发现问题有的时候比解决问题更重要，问是一种探索和求知。柏拉图说过："不知道自己的无知，乃是双倍的无知。"所以善于发现问题、勤于问是提高口才的重要途径。学问学问，一学二问，光学不问，不是学问。英国诗人雪莱也说过："我们学得越多，就越发现自己无知。"虚心求教，不懂就问，不耻下问，是提高口才的必经之路。

4. 多写

多写发言稿、演讲稿，发言稿和演讲稿的写作本身也是一种思路的整理，在写的过程中理清脉络，分清层次；多写一些学习心得体会，把自己所看、所听、所想用心写下来，并上升到理论的高度，将自己看到、听到的优美的语句、文章及时记录下来，积少成多，让自己有话可说，从生活中获取的案例是最鲜活、最生动的。俗话说"好脑筋不如烂笔头"，多写也是提高口才的好方法。

5. 多思

善于思考，从思考中得到启发，总结和归纳所听、所见，"一日三省吾身"，冷静思考，反复分析，换位思考，久而久之，自然会"语不惊人誓不休"。高水平的口才应用要求表述者能从一般人认为是正确的观点、现象中发现谬误和不足之处，能从传统认为是错误的观点中发现真理的部分，也就是逆向思维，可以鲜明地表现出对传统的批判精神，随着"批判"完成，一个尚未被人们发现的全新的结论就随之诞生。

6. 多学

英国哲学家、政治家培根说："知识就是力量。"读书人是世间幸福人，博览群书的人，不仅拥有自己对生活的感悟和认识，而且还得知他人对生活的认识和感悟，于是，就拥有了更丰富的知识和更多彩的生活。多学做人。"其身正，不令而行；其身不正，虽令不从。"做一个"言必信，行必果"的人。多学演讲的技巧，掌握其中的一些方式和方法，对提高口才也有积极的作用。

7. 多记

没有知识的储备，就等于没有口才。记忆，是演讲者储存材料、发挥联想、出口成章的前提条件。人的大脑约有150亿个神经细胞，每天能记录生活中大约8 600万条信息。据估计，人的一生能凭记忆力储存1 000万亿信息单位；其功能相当于一台10^{14}的电子计算机，相当于美国国会图书馆藏书总量的50倍，即5亿册书的信息量。充分发挥自己的记忆能力，也是提高口才必备的条件。

8. 多练

毛泽东说过："语言这个东西，不是随便可以学好的，非下苦工不可。"古今中外一切口若悬河、舌辩滔滔的演讲家，一切能言善辩、口才出众的雄辩家，一切口齿伶俐、善于应酬的交际家，都不是天生的，而是在后天的努力和苦练的基础上，靠自信、勇气、拼搏、锻炼造就而成的。

❋ 相关链接　　　　　记住"五个一百"

1. 记住一百句名人名言、哲理格言。
2. 记住一百首诗词歌赋。
3. 记住一百个古今中外动人的故事情节。
4. 记住一百个幽默风趣的笑话。
5. 记住一百段在不同的场合下说话的语句。

思考与实训

1. 听了以下说话，你能了解谈话人的个性特点吗？

（1）"你懂不懂？你明白吗？我跟你说。"

（2）"说真的，老实说，的确这样，不骗你。"

（3）"我听说"、"听别人讲"。

2. 你能听出这些话的言下之意、弦外之音吗？

（1）这么重要的事，你为什么不提前打招呼呀？

（2）今天你们很累了，晚上的活动就免了吧？

（3）这事难度太大，竞争太激烈了，要下大工夫哟。

3. 为什么我们抱着美好的愿望，却达不到理想的沟通效果？

为什么我们沟通的出发点是要解决问题，却引发出很多坏情绪？

为什么尽管我们表达得很清楚，但对方仍然误解我们的意思？

为什么我们是用心沟通，对方却感受不到？

为什么我们会感觉到有些人真的很难沟通？

对不同的人，应该如何调整沟通的方式？

第二章　沟通与口才的基础训练

●学习目标

1. 学会正确的发音、发声技巧。口语表达时语音准确、清晰
2. 能够正确运用各种表达技巧，实现书面语言向有声语言的转化
3. 掌握基本的演讲稿写作方法和技巧
4. 能有效处理演讲过程中的突发事件，提高控场及应变能力

沟通与口才是一门工具。一门科学、一门武器，也是一门艺术。它是综合性很强的社会实践活动，探索古今中外著名演讲家的成功之路，不难发现，那些闻名于世的杰出演讲高手都不是生就的天才，而是经过长期不懈的艰苦锻炼成功的。美国久负盛名的演讲家戴尔·卡耐基说："演讲绝不是上帝给予少数人的特别的才能。"

第一节　普通话语音训练

普通话语音训练主要是通过了解普通话语音的发音特点及发声技巧，掌握正确的发声方法，养成良好的发声习惯。主要表现在对声、韵、调的掌握，口形、舌位、气流的正确、合理运用，这些是发音准确的基本保证。

一、声母、韵母、声调

只有念准普通话声母、韵母和声调，不读方音、不读错字，使听众听清、听懂，才能准确传递信息。

普通话是以北京语音为标准音，以北方话为基础方言，以典范的现代白话文著作为语法规范的现代汉民族共同语。共包括声母 21 个（包括零声母共 22 个），韵母 39 个，声调 4 种。汉语中一般一个汉字即为一个音节（儿化除外）。

（一）声母发音训练

声母是音节开头的辅音，是气流在口腔或喉头受阻而形成的音。没有辅音开头的音节，习惯上把它的声母叫做零声母。辅音声母的发音是由发音部位和发音方法决定的。

1. 发音部位

发音部位是指辅音发音时，气流在口腔中受到阻碍的两个部位（见图 2−1）。普通话辅音声母按照发音部位可以分成 7 类。

①唇：分上唇下唇。

②齿：分上齿下齿。

③齿龈：牙根突起部分的肉，又叫齿槽。

④硬腭：口腔上壁的前部，又叫前颚。

⑤软腭：口腔上壁的后部，又叫后颚。

⑥小舌：软腭后垂肉，又叫腭垂。

⑦舌尖：舌头静止时正对硬腭颚的部分，又叫舌端。

⑧舌前：舌头静止时正对硬腭的部分，又叫舌面。

⑨舌后：舌头静止时正对软腭的部分，又叫舌背。

⑩舌根：舌之最后的部分。

⑪咽头：舌后和喉头后壁之间的空隙部分，前通口腔，而下一方通喉头，另一方通食道。

⑫声带：在喉头内的两片纤维膜，状如双唇。

⑬口腔：口内的空处。

⑭鼻腔：鼻内的空处。

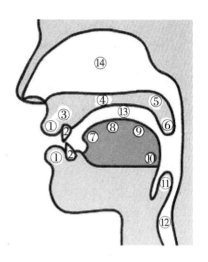

图 2－1　发音部位图

（1）双唇音：上下唇构成阻碍。

b：白　波　布　北　笨　别
　　百倍　本部　板报　包办　奔波

p：陪　盼　胖　盆　拍　漂
　　澎湃　乒乓　婆婆　偏旁　琵琶

m：妈　慢　门　明　美　灭
　　明媚　美满　美妙　面貌　埋没

（2）唇齿音：下唇内侧和上齿构成阻碍。

f：肥　罚　赴　费　风　访　返
　　吩咐　非凡　反复　发放　犯法

（3）舌尖前音（又叫平舌音）：舌尖和上齿背或下齿背构成阻碍，上齿和舌尖部分节制气流构成阻碍。

z：栽　脏　遭　贼　咱　租　嘴
　　藏族　总则　自尊　组织　最早

c：猜　擦　策　此　粗　匆
　　层次　粗糙　仓促　措辞　参差

s：撒　桑　涩　松　思　苏　酸
　　色素　洒扫　琐碎　松散　搜索

（4）舌尖中音：舌尖和上齿龈接触构成阻碍。

d：搭　担　到　得　丢　肚
　　等待　单调　大地　抵挡　电灯

t：推　吞　坛　铁　停　特
　　天堂　探听　跳台　体贴　推托

n：哪　奴　奶　难　能　娘

　　牛奶　南宁　能耐　恼怒　泥泞

l：拉　铃　列　驴　楼　罗

　　理论　流利　玲珑　罗列　嘹亮

（5）舌尖后音（又叫翘舌音）：舌尖翘起来对着硬腭前端构成阻碍。

zh：赵　郑　知　中　朱　追

　　　庄重　主张　支柱　转折　指针　郑重　状纸　招致

ch：产　吵　车　陈　冲　吹

　　　超产　长城　船厂　穿插　车床　出产　长处　乘车

sh：沙　蛇　筛　省　双　书　生　上　顺　山　水　晌　赏　诗

　　　山水　双手　闪烁　神圣　沙石　绅士　手术

　　　审视　少数　设施　烧水　上山　闪失　首饰

r：日　入　如　忍　软　荣　让　然　若　柔　辱　苒　弱　儒

　　仍然　柔韧　容忍　闰日　荣辱　扰攘　如若

（6）舌面音：舌面和硬腭构成阻碍。

j：江　机　家　街　景　金　炯　居　捐　叫　脚　决　俊　俭

　　加紧　境界　交际　简洁　家具　经济　集结　即将

q：青　亲　欺　桥　枪　情　球　去　全　缺　取　窃　前　恰

　　亲切　恰巧　请求　轻巧　情趣　秋千　崎岖　求亲

x：先　西　香　新　兴　凶　修　小　宣　许　雪　休　校　消

　　细问　学习　相信　虚心　新鲜　先行　休息　消息　详细

（7）舌根音：舌根和软腭构成阻碍。

g：哥　钢　耕　姑　干　公　改　更　古　关　光　广　工　高

　　改革　巩固　高贵　光顾　公共　感观　规格　灌溉

k：考　坑　课　口　空　枯　坎　扣　宽　看　卡　框　哭　渴

　　开垦　宽阔　刻苦　可靠　空旷　坎坷　困苦　开口

h：海　哈　杭　好　河　湖　欢　画　吼　很　坏　灰　怀　还

　　欢呼　荷花　航海　绘画　浑厚　红花　黄海　黄昏

2. 声母辨音训练

（1）平舌音 z、c、s 与翘舌音 zh、ch、sh。

在普通话中，舌尖前音 z、c、s 和舌尖后音 zh、ch、sh 的发音截然不同。普通话舌尖前音 z、c、s 因发音时舌头平伸，又叫平舌音。舌尖后音 zh、ch、sh 因发音时舌尖翘起靠紧或接近硬腭前部，又被称为翘舌音。粤方言、客家方言、潮州闽语方言区的人学习普通话时都存在平翘舌部分的问题。粤语区这两类声母合二为一，有时把翘舌音念成平舌音，如"串"念成"篡"，"山"念成"三"；有时又把平舌音念成翘舌音，如"足"念成"竹"，"诉"念成"树"。以梅州话为代表的客家方言和潮州闽语都没有翘舌音，把翘舌音统读为平舌音。这几大方言区的人还必须注意：即使有些人可以发翘舌音，发音部位也往往靠前；也有一些人为了翘舌，把舌尖拼命往后缩，结果发出的音具有卷舌音色彩，这些都跟没掌握好发音部位有关。因此在发这些音时，把握好部位是关键。

发音要领（见图2-2）：z、c、s：舌尖抵住或接近齿背（或下齿背），舌尖平伸。zh、ch、sh：舌头放松，舌尖轻巧地接触或接近硬腭前部，舌尖翘起。

舌尖前音　　　　　　　　　舌尖后音

图2-2　舌尖前、后音发音要领图

辨音训练：

zh—z

铡—杂　哲—泽　知—姿　竹—足　窄—宰　诏—躁　皱—揍

站—暂　章—脏　症—赠　浊—咋　坠—最　转—纂　谆—尊

栽种　资助　尊长　作者　罪状　宗旨　组装　杂志　作战　自治

指责　治罪　追踪　知足　装载　准则　主宰　追踪　铸造　沼泽

ch—c

插—擦　撤—册　持—词　触—促　拆—猜　超—操　臭—凑

缠—蚕　尝—藏　城—曾　戳—搓　吹—催　串—窜　唇—存

残喘　磁场　财产　草创　彩绸　辞呈　粗茶　操场　促成　仓储

差错　场次　初次　陈醋　冲刺　成材　春蚕　纯粹　铸造　沼泽

sh—s

沙—撒　涉—色　使—死　竖—素　晒—赛　少—扫　收—搜

赏—嗓　升—僧　说—缩　谁—随　涮—蒜　吮—损　陕—伞

损失　散失　缩水　琐事　所属　素食　随身　算术　唆使　私塾

上诉　哨所　收缩　绳索　生死　世俗　申诉　石笋　疏散　神速

词语对比练习：

战时—暂时　　终止—宗旨　　初步—粗布　　出操—粗糙

山色—三色　　商业—桑叶　　主力—阻力　　支柱—资助

春装—村庄　　推迟—推辞　　诗人—私人　　收集—搜集

札记—杂技　　照旧—造就　　出息—粗细　　木柴—木材

绕口令训练：

①长蛇围着砖堆转，转完了砖堆钻砖堆。

②大柴和小柴，帮助爷爷晒白菜，大柴晒的是大白菜，小柴晒的是小白菜。大柴晒

了四十四斤四两大白菜，小柴晒了三十三斤三两小白菜，大柴和小柴，总共晒了七十七斤七两大大小小的白菜。

③我有石斯施史四位老师，石老师教我大公无私，斯老师教我精神食粮，施老师叫我遇事三思，史老师送我知识钥匙，我感谢石斯施史四位老师。

（2）f 与 h。

发音要领：f：唇齿音，上齿与下唇内缘接近，唇形向两边展开。h：舌根音，舌头后缩，舌根抬起，和软腭接近，注意唇齿部位不能接触。

注：f 与 h 混淆的情况主要出现于西南方言、赣方言等地区，在方言中表现不一。有些方言 f、h 混淆不清，有的地区只有 f 音没 h 音，有的则相反。这两个音发音方法相同，都是清擦音。发准 f、h 音，关键在于正确控制发音部位，掌握其与韵母的拼合规律，逐渐改正过来。

辨音训练：

f—h

发—花　肺—惠　峰—轰　佛—活

范—换　服—湖　房—黄　府—虎

发挥　发还　烽火　腐化　返回　愤恨　蜂房　负荷　分化　丰厚　缝合

耗费　化肥　焕发　回环　合法　海防　荒废　伙房　后方　海风　挥发

对比练习：

翻腾—欢腾　放荡—晃荡　防风—黄蜂　理发—理化　舅父—救护

防虫—蝗虫　公费—工会　分钱—婚前　富丽—互利　发展—花展

绕口令训练：

①粉红墙上画凤凰，红凤凰、粉凤凰，粉红凤凰，红粉凤凰，黄凤凰。

②化肥会挥发，黑化肥发灰，灰化肥发黑，黑化肥发灰会挥发，灰化肥挥发会发黑。黑化肥挥发发灰会花飞，灰化肥挥发发黑会飞花。

（3）舌面前音 j、q、x 与舌尖前音 z、c、s 舌尖后音 zh、ch、sh 的辨音。

在普通话语音系统中，齐齿呼、撮口呼的韵母只同舌面前音 j、q、x 相拼，不同舌尖前音 z、c、s 舌尖后音 zh、ch、sh、r 相拼。

粤方言、客家方言、闽方言区的人学习普通话，在发齐齿呼、撮口呼前的 j、q、x 时，往往把它们发成 z、c、s。有的人常常知道发 z、c、s 不对，但因为不会发舌面前音，结果发音时发音部位明显靠前，发成舌叶音，听起来还是像 z、c、s。

矫正的方法是：j、q 发音时，嘴微张，舌尖抵住下齿龈，舌面前部抬起与硬腭前部形成阻碍。除阻时，舌面中间向下凹，闪出一条窄缝，气流从窄缝中摩擦通过。x 发音时，嘴微张，舌尖抵在下齿龈，舌面前部挺起与硬腭前部形成一条窄缝，气流从窄缝中摩擦通过。而 z、c、s 发音时，舌尖要抵住下齿背，发音时舌面不要上拱，用舌尖发音。

粤方言和闽方言还容易犯的错误是发 zh、ch、sh 时又常会读成 j、q、x，比如会把"知道"发成"鸡到"，把"少量"发成"小量"。克服的方法是：发 zh、ch、sh 时，舌尖翘起并稍后缩，触及（zh、ch）或靠近（sh）硬腭前端，而不是舌面上拱触

及（j、q）或靠近（x）硬腭前端。

单音节对比训练：

z、c、s—j、q、x

姿—击　此—起　四—细　残—钱　桑—香　擦—掐

辞—旗　斯—希　自—技　仓—腔　遭—教　三—仙

j、q、x—zh、ch、sh

鸡—知　歇—车　叫—照　七—吃　尖—粘　晴—城

西—师　琴—陈　献—扇　节—折　进—阵　将—张

双音节混合练习。

z、c、s—j、q、x

增加　裁决　私心　咨询　资金　赐教　丝线　促进

字据　思想　四季　操心　自给　思绪　苏醒　采取

自家　私情　搜集　缩减　自觉　死角　造就　色情

j、q、x—z、c、s

集资　洗澡　起草　祭祀　教材　现存　迅速　下策

决赛　记载　气色　妻子　谴责　基层　协作　习字

其次　解散　幸存　凄惨　倾诉　亲自　习俗　景色

j、q、x—zh、ch、sh

旗子—池子　杂技—杂志　牺牲—师生　预习—玉石

几条—纸条　白漆—白痴　吸气—湿气　升级—生殖

嫉妒—制度　不及—不值　稀饭—师范　不洗—不使

zh、ch、sh—z、c、s—j、q、x

主力—阻力—举例　短站—短暂—短剑

招了—糟了—焦了　一成——层——擎

姓陈—姓岑—姓秦　有翅—有刺—有气

绕口令训练：

①七加一，七减一，加完减完等于几？七加一，七减一，加完减完等于七。

②圆圈圆，圈圆圈，圆圆娟娟画圆圈。娟娟画的圈连圈，圆圆画的圈套圈。娟娟圆圆比圆圈，看看谁的圆圈圆。

③七巷一个漆匠，西巷一个锡匠。七巷漆匠用了西巷锡匠的锡，西巷锡匠拿了七巷漆匠的漆，七巷漆匠气西巷锡匠用了漆，西巷锡匠讥七巷漆匠拿了锡。

（4）n 和 l。

发音要领：

武汉、成都、长沙等地的方言以及粤方言都存在 n、l 自由变读的情况：这些地方的人初学普通话时，发鼻音常常不是纯粹的鼻音，听起来带有边音的色彩，而发边音时又带有鼻音色彩，所以发"难"听起来像是"蓝"，发"蓝"听起来又像"难"。

鼻音发不准，主要是因为发鼻音时，口腔没有完全封闭，有气流从舌头一侧或两侧透出。要发好鼻音，一定要舌尖抵住上齿龈，这是着力点，同时舌的两侧跟上颚的两侧形成弧形闭合，软腭下降，气流只能从鼻腔透出，同时声带颤动。而边音发音不准，主要是由于软腭提升不够，有气息从鼻腔残漏。

因此发边音时舌尖虽然和发鼻音时一样抵住上齿龈，但舌的前半部要下凹，舌的两侧跟上颚两侧保持适度的距离，软腭上升，封闭鼻腔通路，同时声带振动，气流从舌的两侧跟两颊的内侧形成的间隙通过，从口腔透出。

辨音训练：

n—l

纳—辣　能—棱　凝—龄　耐—赖　泥—离

本能　断奶　信念　搬弄　愤怒　艰难　来临　轮流

新年　叛逆　观念　亲昵　忍耐　今年　冷落　凌乱

劳力　拉拢　嘹亮　流利　理论　来历　料理　笼络

对比训练：

牵连—千年　恼怒—老路　允诺—陨落　难住—拦住　水流—水牛

门内—门类　南部—蓝布　蜗牛—涡流　无奈—无赖　旅客—女客

绕口令训练：

①练一练，念一念，n、l 要分辨，l 是舌边音，n 是鼻音要靠前。

你也练，我也念，不怕累，不怕难，一起努力就不难。

②老龙恼怒闹老农，老农怒恼闹老龙，农怒龙恼农更怒，龙恼农怒龙怕农。

（二）韵母发音训练

韵母是指汉语音节中声母后面的部分，有的全部由元音构成，有的由元音和辅音共同构成，普通话的韵母共有 39 个，其中 23 个由元音（单元音或复元音）充当，16 个由元音附带鼻辅音韵尾构成。

1. 韵母的分类

（1）按结构可以分为单韵母、复韵母、鼻韵母。

单韵母：即由一个元音构成的韵母，又叫单元音韵母。发音特点是自始至终口形不变，舌位不移动。普通话中单元音韵母共有 10 个，分别为：a、o、e、ê、i、u、ü、-i（前）、-i（后）、er。

复韵母：即由两个或三个元音结合而成的韵母，共有 13 个，分别为：ai、ei、ao、ou、ia、ie、ua、uo、üe、iao、iou、uai、uei。发音时由一个元音向另一个元音过渡，舌位、唇形以至整个口腔都是逐渐变动的，几个元音一气呵成，其中一个元音较响亮、清晰，称为"韵腹"。根据主要元音所处的位置，还可分为前响复韵母、中响复韵母和后响复韵母。

鼻韵母：即由一个或两个元音后面带上鼻辅音韵尾 n 或 ng 构成的韵母，共有 16 个，分别为：an、ian、uan、üan、en、in、uen、ün、ang、iang、uang、eng、ing、ueng、ong、iong。

（2）按开头元音发音口形可分为开口呼、齐齿呼、合口呼、撮口呼，简称"四呼"。

开口呼：发音时，嘴张得比较大。即韵母为 ɑ、o、e、ê、i、-i（前）、-i（后）、er 或以 ɑ、o、e 开头的，开口呼没有晕头，韵腹是 ɑ、o、e。

齐齿呼：发音时，嘴向两边开，露出牙齿。即韵母为 i 或 i 开头的韵母，如：iou、iao、ie、ia。

合口呼：发音时，嘴唇向中间收缩。即韵母为 u 或以 u 开头的韵母，如：uɑ、uo、uai、uei。

撮口呼：发音时，嘴唇是圆的，发音部位与 i 相同，它是 i 的圆唇化，即韵头或韵腹是 ü 的韵母，如：üe、ün、üan。

2. 韵母发音与正音训练

（1）单元音韵母。

①舌面元音：

ɑ 发音时，口腔大开，舌头前伸，舌位低，舌头居中，嘴唇呈自然状态。如：

阿　查　答　抹　洒　杂

拔　扎　发　拿　塔　傻

奔拉　大妈　蛤蟆　茶花　打岔　沙发　哈达

匮乏　刹那　发达　马褂　哪怕　答复　眨巴

o 发音时，口腔半合，舌位半高，舌头后缩，嘴唇拢圆。如：

波　摸　末　颇　佛　驳

薄　磨　叵　抹　泊　舶

婆婆　泼墨　薄弱　没落　摩托　打磨　婆娑

默默　破获　爬坡　陌生　撒播　博得　菠萝

e 发音状况大体像 o，只是双唇自然展开成扁形。如：

鹅　侧　棵　舌　则　德

盒　车　摄　折　色　惹

车辙　合格　色泽　割舍　隔阂　特色　苛刻

隔热　色泽　客车　折射　数额　特赦　各个

ê 发音时，口腔半开，舌位半低，舌头前伸，舌尖抵住下齿背，嘴角向两边自然展开，唇形不圆。在普通话里，ê 很少单独使用，经常出现在 i、ü 的后面，在 i、ü 后面时，书写要省去上面的符号"∧"。如：

些　削　泻　截　憋　却　略　爵　瞥　列　姐　悦

地铁　贴切　蜜月　虐待　解决　跨越　告别　消灭

i 发音时，口腔开度很小，舌头前伸，前舌面上升接近硬腭，气流通路狭窄，但不发生摩擦，嘴角向两边展开，呈扁平状。如：

比　敌　急　里　衣　批　米　拟　提　移　几　西

鼻涕　集体　地理　给予　奇迹　立即　意义　细密

u 发音时，口腔开度很小，舌头后缩，后舌面上升接近硬腭，气流通路狭窄，但不发生摩擦，嘴唇拢圆成一小孔。如：

不　除　促　服　屋　库　素　组　故　胡　竹　书

不足　读物　不如　突出　部署　入伍　速度　路途　朴素

ü 发音时，口腔开度很小，舌头前伸，前舌面上升接近硬腭，但气流通过时不发生摩擦，嘴唇拢圆成一小孔。发音情况和 i 基本相同，区别是 ü 嘴唇是圆的，i 嘴唇是扁的。如：

鱼　句　女　趋　许　吕　恤　律　屈　据　须　屿

女子　区域　语序　玉宇　律诗　旅居　女婿　喜剧　序曲

②舌尖元音：

－i（前）发音时，舌尖前伸，对着上齿背形成狭窄的通道，气流通过不发生摩擦，嘴唇向两边展开。用普通话念"私"并延长，字音后面的部分便是－i（前）。这个韵母只跟 z、c、s 配合，不和任何其他声母相拼，也不能自成音节。如：

词　死　字　思　斯　子　次　此　紫　赐　资　瓷

资金　自己　此次　私自　资格　自然　辞职　祭祀　姿势

－i（后）发音时，舌尖上翘，对着硬腭形成狭窄的通道，气流通过不发生摩摩，嘴角向两边展开。用普通话念"师"并延长，字音后面的部分便是－i（后）。这个韵母只跟 zh、ch、sh、r 配合，不与其他声母相拼，也不能自成音节。如：

吃　持　齿　赤　时　使　事　知　值　只　志　日

致使　只得　脂肪　知识　事实　史诗　制止　实施　咫尺

③卷舌元音：

er 发音时，口腔半开，开口度比 ê 略小，舌位居中，稍后缩，唇形不圆。在发 e 的同时，舌尖向硬腭轻轻卷起，不是先发 e，然后卷舌，而是发 e 的同时舌尖卷起。"er"中的 r 不代表音素，只是表示卷舌动作的符号。er 只能自成音节，不和任何声母相拼。如：

而　尔　耳　二　贰　迩　儿　洱

而且　耳朵　幼儿　而是　诱饵　儿童

（2）单元音韵母正音训练。

①－i 与 e：

－i：舌尖后元音韵母。发音时，口微开，扁唇，舌前端抬起和前硬腭相对。

e：舌面后不圆唇元音。发音时，口半闭，嘴角向两边展开，舌身后缩，舌尖离下齿背较远，舌面后部隆起。

在闽南方言、潮汕话中，当韵母 e 和舌尖前声母 z、c、s 相拼时，受到声母舌位靠前的影响，就容易用舌位靠前的舌尖元音－i（前）来代替元音 e。和舌尖后声母 zh、ch、sh 相拼时，受舌位影响，就容易发成－i（后）。

单音节对比练习：

吃—车　只—遮　室—社　次—册　字—仄　四—色

双音节对比练习：

史诗—设施　知识—这是　折载—知己　自认—责任

②i 与 ü。

i：口腔开口度很小，舌头前部上升，接近硬腭，嘴唇展开成扁形。

ü：口腔开口度很小，舌头前部上升，接近硬腭，嘴唇拢圆成一小孔。

单音节对比练习：

羽—以　许—洗　玉—义　鱼—移

据—季　吕—李　取—起　绿—力

双音节对比练习：

饥民—居民　意见—遇见　夜光—月光　大雁—大院

印书—运输　斤两—军粮　白银—白云　分期—分区

绕口令训练：

老李去卖鱼，老吕去牵驴。老李要用老吕的驴去驮鱼，老吕说老李要用我的驴去驮鱼，就得给鱼，要不给我鱼，就别想用我老吕的驴去驮鱼。二人争来又争去，都误了去赶集。

（3）e与o、ê。

粤方言没有e韵母，普通话中念e韵母的字，在粤方言中一部分念成o或ê。因此，粤方言区的人在发e韵母的时候，要避免口形开得太大，同时保持嘴角向两边展开，舌身后缩，舌面后部隆起，舌位不能前移。

e：口腔半闭，舌头后部上升到半高，嘴唇向两边展开。

o：口腔半闭，舌头后部上升到半高，嘴唇拢圆。

ê：口腔半闭，舌头前伸，舌尖抵住下齿背，舌面前部略隆起。

词语练习：

念e不念o

唱歌　苛刻　科目　饥饿　黄河　荷花

阿谀　可是　可以　各个　祝贺　嫦娥

念e不念ê

汽车　哲学　遮住　社会　闲扯　打折

作者　毒蛇　甘蔗　这些　奢侈　反射

对比练习：

车—切　扯—且　奢—些　社—泻　舍—写　惹—也

绕口令练习：

①老伯和老婆，乐乐呵呵做吃喝儿。老伯端起淘箩去淘米，老婆忙去洗鲜蘑；一个刷锅，一个烧火，做出饭菜可口营养多。桌前坐，两人说："若是没有共和国，哪有这样好生活！"

②小娥拿小盒，在小河里拾螺壳，不一会就拾一盒小螺壳。这时来了一群鹅，咯咯咯咯跳下河。踩翻了盒，放跑了螺，气得小娥看着鹅，鹅看小娥叫咯咯。

（4）复元音韵母。

前响复韵母：

前响复韵母共有4个：ai、ei、ao、ou。它们的共同特点是前一个元音清晰响亮，后一个元音轻短模糊，音值不太固定，只表示舌位滑动的方向。

①ai发音时，先发a，这里的a舌位前，念得长而响亮，然后舌位向i移动，不到i

的高度。i 只表示舌位移动的方向，音短而模糊。如：

爱　挨　才　赛　在　台　摘　买　白　拍　晒　乃

买卖　爱戴　拍卖　拆台　海带　债台

②ei 发音时，先发 e，比单念 e 时舌位前一点，这里的 e 是个中央元音，然后向 i 的方向滑动。如：

杯　费　没　陪　类　谁　贼　泪　给　得　黑　肺

媒介　蓓蕾　北美　肥美　胚胎　非得　妹妹　贝类　内在

③ao 发音时，先发 a，这里的 a 舌位靠后，是个后元音，发得响亮，接着向 u 的方向滑动。如：

熬　包　朝　倒　靠　稍　操　朝　考　淘　找　脑

报到　草帽　讨好　高超　高傲　操劳

④ou 发音时，先发 o，接着向 u 滑动，舌位不到 u 即停止发音。如：

凑　都　厚　某　守　丑　够　楼　口　头　周　搜

后响复韵母：

后响复韵母共有 5 个：ia、ie、ua、uo、üe。它们的共同特点是前面的元音发得轻短，只表示舌位从那里开始移动，后面的元音发得清晰响亮。

①ia 发音时，i 表示舌位起始的地方，发得轻短，很快滑向前元音 a，a 发得长而响亮。如：

家　下　牙　俩　卡　假　压　夏　鸭　恰　价　亚

咱俩　下架　恰恰　下辖　假牙　加价　压下　接洽

②ie 发音时，先发 i，很快发 ê，前音轻短，后音响亮。如：

别　节　且　列　写　碟　捏　瞥　灭　泻　也　接

结业　铁屑　结余　爷爷　贴切　趔趄

灭绝　切切　歇业　业绩　姐姐　节约

③ua 发音时，u 念得轻短，很快滑向 a，a 念得清晰响亮。如：

挂　跨　话　抓　刷　娃　挖　话　耍　画　瓜　华

刮花　耍滑　娃娃　挂画

花袜　画花　瓜花　花刷

④uo 发音时，u 念得轻短，舌位很快降到 o，o 清晰响亮。如：

多　过　罗　坐　所　或　错　扩　戳　弱　说　托

骆驼　错落　落座　蹉跎　活捉　阔绰

哆嗦　脱落　国货　懦弱　堕落　硕果

⑤üe 发音时，先发高元音 ü，ü 念得轻短，舌位很快降到 ê，ê 清晰响亮。如：

却　学　月　略　爵　约　血　乐　绝　缺　觉　约

决裂　确切　抉择　约略　绝学

血液　学院　掠夺　血液　虐待

中响复韵母：

中响复韵母共有 4 个：iao、iou、uai、uei。它们共同的发音特点是前一个元音轻

短，后面的元音含混，音值不太固定，只表示舌位滑动的方向，中间的元音清晰响亮。

①iao 发音时，先发 i，紧接着发 ao，使 3 个元音结合成一个整体。如：

邀 掉 嚼 秒 敲 跳 表 交 鸟 小 摇 漂

标志 标准 疗效 巧妙 吊销 教条

角落 逍遥 搅扰 调拨 叫嚣 苗条

②iou 发音时，先发 i 紧接着发 ou，紧密结合成一个复韵母。如：

丢 旧 刘 修 游 牛 又 九 丘 尤 嗅 留

舅舅 悠久 幼小 优厚 绣球

求救 诱惑 谬论 优秀 丢掉

③uai 发音时，先发 u，紧接着发 ai，使 3 个元音结合成一个整体。如：

怪 坏 摔 歪 踹 快 拽 帅 揣 拐 怀 甩

揣测 外围 怪物 外汇 拐弯

怀揣 率先 衰变 外快 衰退

④uei 发音时，先发 u，紧接着发 ei，紧密结合成一个整体。如：

吹 堆 贵 亏 随 为 催 会 睡 退 坠 罪

垂直 坠毁 垂危 摧毁 推诿

罪恶 挥霍 轨迹 对峙 退休

（5）复韵母辨音练习。

①ai 和 ei 的区分：

白废 败北 代培 败类 悲哀 黑白 擂台 内海

②ao 和 ou 的区分：

保守 刀口 稿酬 毛豆 酬劳 逗号 漏勺 柔道

③ia 和 ie 的区分：

家业 佳节 假借 嫁接 接洽 野鸭 截下 跌价

④ie 和 üe 的区分：

解决 竭蹶 谢绝 灭绝 月夜 确切 学业 决裂

⑤ua 和 uo、o 的区分：

花朵 话说 划拨 华佗 帛画 国画 火花 说话

⑥iao 和 iou 的区分：

交流 娇羞 料酒 校友 丢掉 柳条 牛角 袖标

⑦uai 和 uei 的区分：

怪罪 快慰 快嘴 衰退 对外 鬼怪 追怀 毁坏

（6）鼻韵母。

由一个或两个元音后面带上鼻辅音构成的韵母叫鼻韵母。鼻韵母共有 16 个：an、ian、uan、üan、en、in、uen、ün、ang、iang、uang、eng、ing、ueng、ong、iong。

①an 发音时，先发 a，然后舌尖向上齿龈移动，最后抵住上齿龈，发前鼻音 n。如：

但 看 盼 散 站 暂 班 烦 慢 蓝 山 染

赞叹 栏杆 干旱 谈判 汗衫

沾染 懒散 灿烂 难看 勘探

②en 发音时，先发 e，然后舌尖向上齿龈移动，抵住上齿龈发鼻音 n。如：

本 陈 跟 门 伸 怎 分 肯 盆 趁 嫩 真

沉淀 真菌 认真 根本 恩人

斟酌 振奋 愤恨 深层 审慎

③in 发音时，先发 i，然后舌尖向上齿龈移动，抵住上齿龈，发鼻音 n。如：

彬 进 民 亲 新 林 品 斤 信 音 您 秦

尽管 进行 殷勤 频繁 谨慎

引进 贫民 亲临 拼音 进军

④ün 发音时，先发 ü，舌尖向上齿龈移动，抵住上齿龈，气流从鼻腔通过。如：

军 寻 韵 群 训 均 熨 寻 俊 训

群众 运用 军舰 逊色 逡巡

芸芸 迅速 菌群 均匀 军训

in、ün 自成音节时，写成 yin（音）、yun（晕）。

⑤ian 发音时，先发 i，i 轻短，接着发 an，i 与 an 结合得很紧密。如：

编 间 练 年 天 店 面 念 钱 剪 篇 脸

点燃 脸面 严寒 片面 电源

健全 见面 联想 简便 检验

⑥uan 发音时，先发 u，紧接着发 an，u 与 an 结合成一个整体。如：

穿 断 关 换 款 算 窜 乱 栓 暖 晚 转

婉转 转弯 软缎 端庄 偏远

宦官 转换 还款 锻炼 贯穿

⑦üan 发音时，先发 ü，紧接着发 an，ü 与 an 结合成一个整体。如：

卷 拳 选 元 捐 旋 远 轩 倦 癣 券 炫

全权 轩辕 涓涓 缘由 捐献

渊源 权限 困倦 源泉 圆圈

⑧uen 发音时，先发 u，紧接着发 en，u 与 en 结合成一个整体。如：

春 寸 顿 坤 润 问 论 顺 准 尊 混 滚

论文 温顺 馄饨 春笋 昆仑

混沌 困顿 遵循 生存 温润

⑨ang 发音时，先发 a。舌头逐渐后缩，舌根抵住软腭，气流从鼻腔通过。如：

帮 堂 当 访 扛 囊 浪 刚 长 方 忙 嚷

榜样 上涨 螳螂 肮脏 帐篷

商场 慷慨 行当 厂房 商谈

⑩eng 发音时，先发 e，舌根向软腭移动，抵住软腭，气流从鼻腔通过。如：

蹦 呈 灯 更 冷 曾 风 横 疼 坑 秤 能

仍然 征程 声称 丰盛 猛增

升腾 风筝 更正 长征 冷风

⑪ing 发音时，先发 i，舌头后缩，舌根抵住软腭，发后鼻音 ng。如：

兵 顶 领 萍 名 迎 订 颖 醒 听 炳 应

定型 轻盈 倾心 精心 情形

经营 荧屏 评定 宁静 清明

⑫ong 发音时，舌根抬高抵住软腭，发后鼻音 ng。如：

总 同 从 哄 融 懂 宫 哄 同 充 弄 笼

总统 冲动 童工 恐龙 公众

从容 共同 空洞 轰动 隆重

⑬iang 发音时，先发 i，接着发 ang，使二者结合成一个整体。如：

将 良 娘 像 痒 强 想 量 奖 抢 辆 秧

江南 向阳 两样 响亮 踉跄

奖赏 项链 湘江 洋相 讲演

⑭iong 发音时，先发 i，接着发 ong，二者结合成一个整体。如：

囧 胸 用 穷 雄 拥 涌 苘 甬 炯 凶 拥

汹涌 穷凶 拥护 英雄 勇猛

凶狠 游泳 熊熊 炯炯 穷窘

⑮uang 发音时，先发 u，接着发 ang，由 u 和 ang 紧密结合而成。如：

创 狂 晃 望 霜 光 装 逛 双 状

状况 矿床 装潢 狂妄 闯王

创伤 双簧 往往 黄庄 莽撞

⑯ueng 发音时，先发 u，接着发 eng，由 u 和 eng 紧密结合而成。ueng 自成音节，不拼声母。如：

翁 嗡 瓮 老翁 翁仲 酒瓮

注：iang、iong、uang、ueng 自成音节时，韵头 i、u 改写成 y、w。

另外，uen 跟声母相拼时，省写作 un。例如：lun（伦）、chun（春）。uen 自成音节时，仍按照拼写规则，写作 wen（温）。

（7）鼻韵母辨音。

uan、urn、uei 与 an、en、ei

发音要领：

在普通话中，d、t、n、l、z、c、s 等 7 个声母与韵母 uan、uen、uei 相拼时，有些人在读音时常常丢失介音，念成与韵母 an、en、ei 相拼的字的音。

词语练习：

端正 锻炼 长短 团长 湍急 暖和 山峦 杂乱 钻研 逃窜 酸枣

堆积 对付 对唱 推行 颓废 嘴唇 最初 催促 璀璨 隧道 随从

敦促 吨位 炖肉 吞并 囤积 沦陷 轮船 遵从 尊称 尺寸 损失

绕口令训练：

①红饭碗，黄饭碗，红饭碗盛满饭碗，黄饭碗盛饭半碗。黄饭碗添了半碗饭，红饭

碗减了饭半碗。黄饭碗比红饭碗又多半碗饭。

②山前有个崔粗腿，山后有个崔腿粗。二人山前来比腿，不知是崔粗腿比崔腿粗的腿粗，还是崔腿粗比崔粗腿的腿粗。

（8）前鼻韵母 - n 与后鼻韵母 - ng。

发音要领：

① - n 是舌尖中鼻音，发音时用舌尖抵住上齿龈形成阻塞，闭住口腔，使气流完全从鼻腔中透出，同时声带颤动，发出鼻音。

- ng 是舌尖后（舌根）鼻音，发音部位同 g、k、h 相同。发音时用舌面后部顶住软腭，让气流从鼻腔里流出，同时声带颤动，发出鼻音。练习时，舌面后不要离开软腭，可让声音延长下去。

- n 和 - ng 的发音方法相同，主要区别是发音部位不同，在动作上主要是舌头的前后，一个是舌头前伸，一个是舌头隆起，舌尖向后。练习时要注意体会不同部位的阻塞感。

②发合音（鼻韵母）时，发音过程要清楚、完整。念某一具体鼻韵母时，从元音的发音状态过渡到辅音的过程要清楚；收尾辅音必须到达阻塞部位。

③掌握规律，强化辩正。

形声字偏旁类推法：一般说来由于汉字是形声字，凡是读容易区别的前鼻韵母 an、ian、uan 音的字，那么由这些字作为声旁组成的形声字一般读前鼻音韵母，反之亦然，极少例外。

如：真——镇 缜 稹 慎 瞋

分——份 芬 粉 纷 忿 酚 吩 汾

申——伸 神 审 绅 砷 呻 胂

斤——近 欣 新 芹

声韵配合规律强化辨正法：音节与文字的分布对应不是均衡的，有的音节携字多，有的音节携字少。这样，在音位相互对立的一队字列中，记少不记多，以少排多，这样可以减轻辨正量。

普通话里声母 d、t、n、l 一般不与韵母 en 相拼，除嫩（nen）、扽（den）外。

普通话里声母 g 与 en 组合的字也极少如：跟（gen）、根（gen）、亘（gen）、茛（gen）、哏（gen）、艮（gen），一般与后鼻韵母 eng 组合。

普通话里声母 z、c、s，一般不与韵母 en 相拼，除怎（zen）参（cen）森（sen）大多归入 eng 韵母。

普通话里声母 d、t 不与韵母 in 相拼，只与韵母 ing 相拼。

词语练习：

班—帮　寒—杭　三—桑

奔—崩　跟—更　神—绳

陈—成　盆—彭　镇—正

愤—缝　人—仍　森—僧

眼—痒　年—娘　前—强

脸—两　先—香　尖—将
音—应　进—竟　新—兴
斌—兵　林—玲　您—宁
弯—汪　船—床　欢—慌
专—装　穿—疮　栓—双
温—嗡　棍—供　孙—松

瓜分—刮风　清真—清蒸　信服—幸福　亲近—清净
金鱼—鲸鱼　红心—红星　人民—人名　陈旧—成就
烂漫—浪漫　弹词—搪瓷　反问—访问　半碗—傍晚
审视—省事　震荡—正当　申明—声明　险象—想象
坚硬—僵硬　强健—强将　亲近—清净　频繁—平房

绕口令训练：

①扁担长，板凳宽，扁担没有板凳宽，板凳没有扁担长。扁担绑在板凳上，板凳不让扁担绑在板凳上。

②一平盆面，烙一平盆饼，饼碰盆，盆碰饼。

③任命是任命，人名是人名，任命不能说人名，人名也不能说成任命。

④山前有个严圆眼，山后有个严眼圆，二人山前来比眼，不知是严圆眼的眼圆，还是严眼圆比严圆眼的眼圆？

3．声调训练

声调，指一个音节发音时高低、升降、长短的变化。它具有区别词性和词义的作用，是汉语音节中不可缺少的成分。在汉语里，一个音节一般就是一个汉字，所以声调也叫字调。

（1）调值和调类。

调值是指声调的实际读法，即高低、升降、长短的形式。普通话有 4 种基本调值：高平调、中升调、降升调、全降调。可用五度标记法表示（具体见图 2－3）：

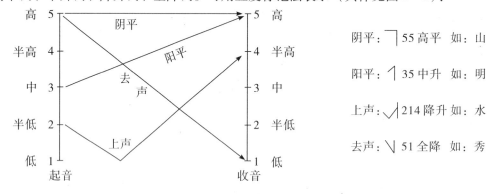

图 2－3　五度标记法（赵元任创制）

调类是声调的种类，它是按照声调的实际读音归纳出来的。普通话的声调有 4 类：阴平、阳平、上声、去声。即平时我们所说的第一声、第二声、第三声、第四声。

（2）声调训练。

①阴平调（一声）。即高平调，调值是 55，发音时，调值从 5 度到 5 度，声音高且平。

单音节：他　开　猫　歌　真　商　风　出　天　高

双音节：公司　分开　机关　飞机　车间　天空　倾听

多音节：拖拉机　星期天　金沙江　珍惜光阴　春天开花

②阳平调（二声）。即高升调，调值 35，发音时，调值从 3 度升到 5 度，有较大的升幅变化。

单音节：肥　头　完　南　图　云　吴　鱼　河　还

双音节：灵活　厨房　年龄　蝴蝶　频繁　原则　黎明　平时

多音节：遗传学　联合国　颐和园　儿童节　洪泽湖　陈皮梅

③上声调（三声）。即降升调，调值 214，发音时，调值从 2 度降到 1 度，再从 1 度升到 4 度，有明显的降升变化。

单音节：我　粉　网　取　鲁　鼓　补　美　沈　海

双音节：填写　游泳　灵敏　伴侣　报纸　牛奶　从此

④去声调（四声）。即全降调，调值是 51，发音时，调值从最高的 5 度降到最低的 1 度，有比较大的降幅变化。

单音节：去　代　办　地　赠　会　踹　揍　价　贵　误

双音节：浪漫　利润　路费　大概　注意　见面　另外　绿化

多音节：促进派　运动会　对立面　售票处　烈士墓　备忘录　日夜奋战　创造世界　胜利闭幕　变化莫测

二、语流音变

人们在说话时，不是孤立地发出一个个音节（字），而是把音节组成一连串自然的"语流"。由于连续发音，相邻音节的相互影响，在语音上发生一定的变化，这种现象即为语流音变。普通话中常见的音变主要包括变调、轻声、儿化和语气词"啊"的变化。

1. 变调

（1）上声的变调。

上声的典型调值在语言实际运用中很少使用，只有在单念或者处于词句末尾时。

①上上相连，前变阳平。即两个上声音节相连时，前一个上声变成阳平（调值由 214 变成 35）。

词语练习：

偶尔　粉笔　勉强　选举　老虎　手表　洗澡　勇敢　蚂蚁　保险　演讲

②三个上声音节相连。

当词语结构是"双单格"时，前两个音节变阳平。

词语练习：

展览馆　选举法　洗脸水　打靶场　管理组　手写体

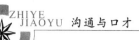

当词语结构是"单双格"时，开头音节处在被强调的逻辑重音——读半上［211］，中间音节变阳平［35］。

词语练习：

党小组　冷处理　小两口　纸老虎　小拇指　老保守

③非上前面变半上，即当上声音节的后面是阴平、阳平、去声或轻声时，上声变为211。

词语练习：

上阴：百般　火车　警钟　老师　普通　奖金

上阳：祖国　旅行　导游　老人　警察　解决

上去：讨论　土地　感谢　准备　取胜　朗诵

上轻：斧子　马虎　伙计　奶奶　脑袋　眼睛

（2）"一"、"不"的变调。

可以通过以下四句话来了解它们的变调规律：单说句来念本调；去声前面念阳平；非去声前念去声；夹在词中念轻声。

词语练习：

①单说句来念本调。

一加一　万一　五一　第一　决不　偏不　"不！我去。"

②去声前面念阳平。

一切　一样　一贯　一定　一段　一对

不对　不用　不是　不去　不乱　不像

③非去声前念去声。

＋阴平：

一心　一颗　一般　一间　一天　一杯

不听　不吃　不说　不安　不公　不屈

＋阳平：

一年　一同　一条　一直　一时

不来　不同　不如　不行　不学

＋上声：

一起　一笔　一桶　一股　一把　一盏

不好　不准　不可　不跑　不仅　不想

④夹在中间念轻声。

词语练习：

跑一跑　看一看　尝一尝　听一听　想一想　查一查

差不多　香不香　好不好　老不老　热不热　苦不苦

朗读儿歌，注意"一"的变调：

一个大一个小

一个大，一个小，一件衣服一顶帽。一边多，一边少，一打铅笔一把刀。

一个大，一个小，一个西瓜一颗枣。一边多，一边少，一盒饼干一块糕。

一个大，一个小，一头大象一只猫。一边多，一边少，一群大雁一只鸟。

一边唱，一边跳，大小多少记得牢。

（3）ABB 式叠字形容词的变调。

汉语中有一种叠字形容词以 ABB 式出现，这种格式也存在着连读变调，其中的"BB"常读第一声。

硬邦邦　白花花　亮晶晶　红扑扑　光秃秃　笑眯眯　甜丝丝　颤巍巍　病歪歪
娇滴滴　亮堂堂　黑糊糊　血淋淋　清凌凌　慢腾腾　灰蒙蒙　软绵绵　懒洋洋
绿油油　绿莹莹　绿茸茸　轰隆隆　黑黝黝　明晃晃　闹嚷嚷　死板板　直统统
火辣辣　干瘪瘪　胀鼓鼓　黑洞洞　亮铮铮　空落落　空荡荡　沉甸甸　湿漉漉

当然，也有一些 ABB 式可以不变调。到底哪些变，哪些不变，分辨起来有些难度，我们提供以下一些分辨办法供大家参考。

一是《现代汉语词典》里注为变调形式阴平调的，要读成阴平调。如：红彤彤、软绵绵、沉甸甸、绿油油、毛茸茸、慢腾腾、明晃晃、亮堂堂、热辣辣、血淋淋、文绉绉、直瞪瞪等。

二是有些 ABB 式后面的 BB 意义比较实，书面性较强，词典也注为原调，则不要读为变调形式。如：金灿灿、赤裸裸、亮闪闪、恶狠狠、阴沉沉、晴朗朗、直挺挺、喜洋洋、气昂昂、红艳艳、松垮垮等。

三是 BB 本来变阴平，不存在变调，则照原调读就行了。如：亮晶晶、干巴巴、冷冰冰、水汪汪、香喷喷等。

2．轻声

有些音节在词语或句子个整个音节弱化，以致声调轻短而模糊，形成了轻声。轻声是一种特殊的音变现象，它不是四声之外的第五种声调，而是四声的一种特殊音变。在物理上表现为音长变短，音强变弱。轻声没有固定的调值，一般要根据前一个字的声调来确定，所以不标声调。

在普通话中轻声是具有区别词性和词义的作用的。

（1）普通话中读轻声的。

①表示方位：北边　上面　里头　地下

②叠音名词及动词：妈妈　姥姥　跳跳　尝尝　练练

③结构助词、时态助词：的　地　得　着　了　过
我的家　高兴地　跑得快　看着　快了　去过

④语气助词：啊　呀　吗　呢　啦　吧　哇　他呀　跳吧　来吗

⑤"子、儿、头、么"作词缀及表示多数的"们"：
儿子　椅子　鸟儿　花儿　木头　看头　什么　他们

⑥作宾语的人称代词：叫我　抓它　请你

⑦"一"、"不"的轻声：看一看　好不好　想一想　亮不亮

⑧趋向动词：钻出来、跳起来、看上去、跑过来

⑨习惯想的双音节词语：萝卜　时候　告诉　行李　凉快　规矩　棉花　态度　商量　聪明　云彩　月亮　窗户　朋友　阔气　粮食　头发　先生

（2）发音训练。

轻声从音色方面来看，它是"在一定的条件下读得又短又轻的调子"。从音长上看，发音的长短是构成轻声音节特性的重要因素。音长较短是轻声音节的主要特点，轻声音节的音长普遍比正常重读音节短促。

轻和短都是相对而言的，在训练时，要把轻声前边的一个音节读的"又重又长"，将轻声音节读的"又轻又短"，慢慢体会就可以正确掌握。

上面列举的轻声的几类情况是普通话中有规律可循的轻声词，普通话中还有一些无规律可循的轻声词，准确掌握这部分词的读音是普通话学习中的难点，这类轻声词又可以细分为以下几类：

①读轻声的联绵词。

玻璃　骆驼　疙瘩　葡萄　喇叭　吩咐　伶俐

②多音节的轻声词语。

不在乎　老大爷　发脾气　不好意思　大姑娘　小媳妇　精气神（儿）

出乱子　窝囊废　红灯笼　胡萝卜　洋鬼子　和事佬　麻豆腐

孩子气　死疙瘩　澡堂子　够交情　不含糊　地方（儿）熟

③带"类词缀"的轻声词。有些双音节轻声词往往是由一个相同语素作为轻声音节，构成轻声词聚合群，作轻声语素的词汇意义，一般已经不同程度地虚化，有的语言学家把这类语素称为"较虚的实字"或"实字后缀"。如：

好处　坏处　长处　益处　苦处　用处

里边　外边　左边　右边　东边　南边　西边　北边

东家　公家　行家　娘家　婆家　亲家

打量　比量　思量　端量

结实　扎实　密实　壮实　老实　踏实

福气　和气　客气　脾气　神气　阔气

这些词中念轻声的"处""边""家""量"等已不表示具体意义，其意义已经虚化。如"实"在词中表示类化意义，并且所组成的词都是形容词，因此具有标志词的语法功能的作用；再如："气"，并不是"气流"或"气息"之义，而是表示"人在精神方面的状态"。

3. 儿化

er与其他韵母相结合，改变了原来韵母的读音，称谓卷舌韵母，这种变化叫儿化。儿化以后的韵母叫儿化韵。

儿化韵的读音要注音，所谓儿化韵，就是在念原来的韵母的同时加上一个卷舌的动作，不是在原来的韵母后面加上一个er的读音。如"小孩儿"，其中"孩"是一个儿化韵。这个词应该是两个音节，如果念成三个音节把"儿"当作音节来发音那就错了。

儿化具有区别词性词义的作用。如："画"，不儿化是动词，儿化后是名词。

一般在表示细小、轻微的意思时或者表达说话人喜爱、亲切、愉悦的感情时，可以用儿化来加强效果。

因为有些音节的韵母便于卷舌，有些韵母却不便于甚至不能卷舌，所以儿化韵的实

际变化是:

(1) 音节末尾是 a、o、ê、e、u,便于卷舌,直接加 r。如:

a→ar:哪儿 nǎr   手把儿 shǒubàr

ia→iar:叶芽儿 yèyár   钱夹儿 qiánjiár

ua→uar:画儿 huàr   浪花儿 lànghuār

o→or:粉末儿 fěnmòr   竹膜儿 zhúmór

uo→uor:眼窝儿 yǎnwōr   大伙儿 dàhuǒr

e→er:小盒儿 xiǎohér   硬壳儿 yìngkér

ue→uer:主角儿 zhǔjuér   木橛儿 mùjuér

ie→ier:石阶儿 shíjiēr   字帖儿 zìtiěr

u→ur:泪珠儿 lèizhūr   离谱儿 lípǔr

ao→aor:小道儿 xiǎodàor   荷包儿 hébāor

ou→our:老头儿 lǎotóur   路口儿 lùkǒur

iao→iaor:小调儿 xiǎodiàor   嘴角儿 zuǐjiǎor

iou→iour:小球儿 xiǎoqiúr   顶牛儿 dǐngniúr

(2) 韵母是 i、ü,直接加 er。如:

i→ier:锅底儿 guōdǐr   柳丝儿 liǔsīr   玩意儿 wányìr

ü→üer:小曲儿 xiǎoqǔr   毛驴儿 máolǘr   有趣儿 yǒuqùr

(3) 韵尾是 i,去掉 i,加 er。如:

ai→ar:大牌儿 dàpáir   窗台儿 chuāngtáir

ei→er:同辈儿 tóngbèr   宝贝儿 bǎobèr

uai→uar:糖块儿 tángkuàir   一块儿 yīkuàir

uei→uer:口味儿 kǒuwèir   一对儿 yīduìr

(4) 韵尾是 n,丢掉 n,加 r。如:

an→ar:顶班儿 dǐngbānr   传单儿 chuándānr

en→er:亏本儿 kuīběnr   命根儿 mìnggēnr

ian→iar:鸡眼儿 jīyǎnr   路边儿 lùbiānr

uan→uar:好玩儿 hǎowánr   拐弯儿 guǎiwānr

uen→uer:皱纹儿 zhòuwénr   开春儿 kāichūnr

üan→üar:圆圈儿 yuánquānr   手绢儿 shǒujuànr

(5) 以舌尖前元音 -i 或舌尖后元音 -i 作韵尾的韵母时,去掉 -i,加 er。如:

-i→er:找刺儿 zhǎocìr   柳丝儿 liǔsīr

-i→er:树枝儿 shùzhīr   找事儿 zhǎoshìr

(6) 尾音是 ng,丢掉 ng,是前面的元音鼻化(带鼻音)并加 r。如:

茶缸儿 chágāngr   药方儿 yàofāngr

小羊儿 xiǎoyángr   菜秧儿 càiyāngr

竹筐儿 zhúkuāngr   门窗儿 ménchuāngr

跳绳儿 tiàoshéngr   竹凳儿 zhúdèngr   裤缝儿 kùfèngr

小洞儿 xiǎodòngr   抽空儿 chōukòngr   酒盅儿 jiǔzhōngr

小熊儿 xiǎoxióngr

朗读儿歌，注意念好儿化韵。

有个小孩儿叫小兰儿，口袋儿里装着几个小钱儿，又买醋又买盐儿，还买了一个小花碗儿，小花碗儿真好玩儿，红花儿绿叶儿镶金边儿，中间还有个小红点儿。

4. 语气词"啊"的变化

"啊"作为叹词出现时，不受其他影响，仍念"a"。但作为语气词出现时，"a"用在句尾，由于受前一个音节末尾音素的影响，会发生音变现象。

（1）在 a、o、e、ê、i、ü 时，读成 ya（呀）。如：

赶快回家呀！是个老婆婆呀！来的人真多呀！有只大白鹅呀！快点写呀！

（2）在 u（包括 ao、iao）后面，读成 ua（哇）。如：

今天有大雾哇！你要当心走哇！楼房造得高哇！不要开玩笑哇！

（3）在 n 后面，读成 na（哪）。如：

心里真不安哪！党的恩情深哪！烟囱不冒烟哪！我的天哪！这条路很宽哪！

（4）在 ng 后面，读成 nga，汉字仍写作"啊"。如：

放开喉咙唱啊（nga）！开始新长征啊（nga）！会议很隆重啊（nga）！

仔细听一听啊（nga）！一点不管用啊（nga）！快点往上装啊（nga）！

思考与训练

一、掌握普通话的声母、韵母的发音，尤其是对前后鼻音、声调、儿化音的把握。以下为普通话测试中的样题，请注意掌握正确的发声方法。

1. 样题一

（1）读单音节字词（100个）。

偶 铡 红 我 姨 秋 次 剐 逮 平 翁 挠 氧 食 判 镖 佣 涩 糖 野
敏 痣 丢 遍 捐 而 仍 接 水 日 音 劣 奖 花 邹 源 兄 咱 润 发
旬 线 扯 拐 虐 品 爱 尚 约 劝 梦 留 共 撕 否 案 框 旅 搓 瘫
踹 蛙 踩 纫 怀 裹 瓜 俩 主 撒 鸣 准 击 穿 嘣 迟 肥 均 窜 混
销 偏 苔 醉 你 播 阔 缺 克 胞 裆 女 苏 子 氢 中 门 光 掐 度

（2）读双音节词语（50个）。

选举 鹌鹑 用力 军事 豆芽儿 赌博 运输 原则 恳请 全面
草包 约会 女子 旅馆 死扣儿 光明 海洋 痛快 遵守 暖气
推动 挂号 抓紧 恐怖 牛奶 支持 描写 灯笼 穷人 群岛
略微 削弱 荒唐 装配 旦角儿 损坏 着想 柠檬 硫酸 藕节儿
夹杂 篡改 怪癖 耍滑 飘洒 帮厨 搀扶 非分 惨然 恶心

2. 样题二

（1）读单音节字词（100个）。

播 们 挑 量 合 秦 宣 揣 软 涩 面 憋 黑 砣 司 乱 姐 凶 床 润
损 裆 扁 肥 褪 高 很 权 褶 扒 泼 否 蝻 耕 慌 群 痣 笙 宰 宋
鲵 纺 广 排 枕 贰 钻 救 穷 榻 嘣 纽 邹 铐 金 彼 刺 捉 刷 幼

虐 看 瞟 得 霞 讲 甩 促 腌 追 栓 应 剧 平 到 跨 栋 俩 催 相
卖 跌 列 阔 掘 冥 池 顺 翁 存 题 某 块 临 蝉 啮 徐 乳 撒 悻

（2）读双音节词语（50个）。

刀把儿　赔款　表示　大夫　腊味　怪罪　比拟　门口　旦角儿　娘胎
海港　下课　碎步儿　拼命　蘑菇　渗透　开学　留念　繁荣　丢人
旅行　锅贴儿　春天　儿女　内行　沥青　成功　窘况　伺候　一会儿
巡逻　强化　捐赠　操场　批准　绕远　宿舍　沿用　日期　军装
掐算　爪子　润泽　佛教　厕所　噪音　生长　母亲　快餐　描写

二、朗读下列语言材料，注意声、韵、调等的准确和清晰。

1. 快速绕口令

（1）杭州商场买混纺，红混纺、黄混纺、粉混纺、粉红混纺、黄粉混纺、黄红混纺，粉红混纺最畅销。

（2）老彭拿着一个盆，路过老陈住的棚。盆碰棚，棚碰盆，棚倒盆破棚压盆。老陈要赔老彭的盆，老彭不要老陈来赔盆。老陈陪着老彭去补盆，老彭帮着老陈来修棚。

（3）两个老棋迷，一起来下棋。棋迷老李要吃棋迷老齐的车，棋迷老齐不让棋迷老李吃车。不知棋迷李胜过棋迷齐，还是棋迷齐胜过棋迷李。

（4）小金到北京看风景，小京到天津买纱巾。看风景，用眼睛，还带一个望远镜；看纱巾，带现金，到了天津把商店进。

2. 慢读拼音练习，注意读准前后鼻音

（1）邓三婶，半夜三更提着马灯、踏着田埂进县城，去请医生陈更生。她刚登上山峰就遇到了冷风，吹灭了马灯，刮跑了斗篷，简直没法赶路程。邓三婶，能与狂风寒冷做斗争，不怕风狂雨猛、腰酸和腿疼，走了一程又一程，终于胜利地完成了任务，到达了县城，请到了医生陈更生。（前鼻韵——婶、进、陈、任；后鼻韵——邓、更、灯、埂、城、请、生、登、峰、冷、篷、程、能、争、猛、疼、胜、成）

（2）同姓不能念成通信，通信不能念成同姓。同姓可以互相通信，通信可不一定同姓。（前鼻韵——信；后鼻韵——姓、能、成、定）

（3）人寻铃声去找铃，铃声紧跟人不停。到底是人寻铃，还是铃寻人。（前鼻韵——人、紧、跟；后鼻韵——铃、声、停）

（4）东洞庭，西洞庭，洞庭山上一根藤，藤上挂铜铃，风吹藤动铜铃响，风停藤定铜铃静。（前鼻韵——根；后鼻韵——庭、藤、铃、风、停、定、静）

第二节　读诵训练

所谓读诵，是将书面文字的内容逐词、逐句、逐段地转换成口头语言的一种口语技能。根据转换过程中的不同表现形式，又可将其大致分为念读、朗读、朗诵等3种基本形式，3种基本形式密切联系又有所区别。

一、念读

顾名思义，念读即准确、规范、清晰地把书面语言文字念出来。它是"一般化的有声诵读"，是读诵训练的基础。

在口才与演讲的训练环节中，念读训练时最容易被忽视的一种。虽然在进行时难免单调、乏味，但是念读能力的强弱是鉴定口才能力强弱的标准之一，是左右读诵训练的基础。一个人念读能力差，就难以胜任与此有关的工作和任务。

（一）念读的基本要求

念读能力可以分解为几个具体的能力，主要包括视觉扫描能力、发声流利能力和信息传导能力。

视觉扫描能力：要求首先是要准确；其次是要快速，能够一目十行、过目不忘。

发声流利能力：要求发音准确、清晰、流畅。

信息传导能力：要求视觉扫描与发声流利接近同步，眼到口到，且字音准确、语法句式、语意逻辑准确。

（二）念读能力训练

1. 视觉扫描准确度训练

训练目标：视觉扫描的准确无误

训练模式：以小组为单位进行训练。首先，由小组组长向某位同学出示一份文摘类报纸的一个版面，默读2~3分钟，然后收回报纸，由该同学复述版面内容及消息刊登的版面位置，组员做评委。然后其他同学依次进行。在限定时间内能基本复述者为合格，能准确还原者为良好，能准确背诵出文内重要句子者为优秀。

2. 慢速正音训练

训练目标：气息顺畅、字正腔圆、吐字清晰

训练模式：以报纸上的政论文章为材料，要求念读时庄重、舒缓、洪亮，发声清晰饱满、速度适中、停顿自然。

3. 急速念读训练

训练目标：视觉扫描准确、发声快捷、信息传导灵敏

训练模式：教师事先准备好念读材料，学生每人读一个自然段，念读时要一口气急速念出，不受语调、语气、语法及标点符号的限制，在吐字清晰的基础上尽可能快捷，最后以阅读的字数总量及误读率为评判标准。

4. 即兴播读训练

训练目标：视觉扫描的准确度、思维判断能力、信息传导灵敏度

训练模式：学生以播音的方式、速度、节奏，即兴朗读老师事先准备好的材料，不准试读，5~8行为宜。以念读是否清晰无误，发音是否准确，句式判断是否准确，语意表述是否准确为评判标准。

二、朗读

普通话的朗读可以理解为"规范化的有声诵读"，即把书面形式的语言材料进行有声语言的再创造。朗读时，我们除了要准确发音外，还要分别从停顿、重音、语速和句调等几个方面加以合理运用，形成完整、流畅、自然、生动的表现形式，声情并茂、恰如其分地表达文章的思想感情。

朗读训练是读诵训练的有机组成部分，起着承上启下的桥梁作用。它是普通话正音的继续，即念读的继续，又是说话训练的开始。

（一）朗读的准备

朗读是变无声的文字语言为有声的口头语言的一种再创造过程，不仅要分析和了解作品，还要念准字音，把握思路，感受情景，再现情景。

1. 字音正确、语句流利

掌握普通话的标准发音，是朗读者必备的基本条件。要读准字音，就必须认读生字，纠正方音，并能按义定音，读出音变，不认识的字要查字典。

朗读时，要把语句读得通顺、流畅、明白、自然，干净利落，不添字、不丢字、不颠倒重复字词，不破词破句，也不能像平时说话一样，随随便便，不讲节奏，任意破坏作品语言的完整性。如果读得拖泥带水、结结巴巴，就会破坏文章的表现力，还会造成语义的费解和误解。如：去年春上到延安；兔子看见狐狸跑了。

2. 把握思路

不仅要对作品结构层次进行分析，而且要有步骤对作品内容、形式、结构、主旨进行剖析和理解，进而确定朗读的基调和重点。如作品的结构是纵向层进式，还是横向并列式，又或是纵横交错式，作品的基本思想和作者的写作意图是什么，哪些是最集中、最典型地表现中心思想的部分，作品的基本情调是昂扬有力还是深沉坚定，悲愤凝重又或喜悦明快……这些都对如何运用有声语言的各种表达技巧，如语速的快慢、重音与强调、停顿与连接、语调的抑扬等，进行恰当地、艺术地处理有着重要的意义。

3. 感受情思

感受是理解和表达之间的桥梁，也是调动感情的基础。感受又可分形象感受和逻辑感受。形象感受，是从作品的文字语言所包含的形象中获得的具体感受。它要求朗读者根据文字描述，在作品形象性词语的刺激下，调动自己的记忆联想和再造想象。感知（看到、嗅到、尝到、触到等）具体事物的形象，并产生相应的内心体验，这就叫做有动于衷。

训练要领：

（1）朗读者的形象感受，来源于作品的词语概念对朗读者内心刺激而引起的对客观事物的感知、体会、思考，是"感之于外，受之于心"而形成的。

（2）朗读者要善于抓住那些表达事物形象的"实词"，透过文字，"目击其物"好像"看到、听到、嗅到、尝到，伸手即可得到"一样，使作品中的情、景、物、人、事、理在朗读者内心"活"起来，形成"内心现象"。

（3）朗读者自身的经历、经验和知识积蓄，是形成"内心现象"的重要条件。朗读者要善于发挥记忆联想和再造想象的能力，以增强有声语言表达的强烈感染力。

如《卖火柴的小女孩》第一段：

天冷极了，下着雪，又快黑了。

这些实词，刺激着朗读者的视觉触觉等感官。因此，朗读者不应仅仅把它们看成是白纸黑字，而应透过这些表达形象的字词，产生视觉想象。看到"雪花，天黑"从而"感到""冷极了"。

热心肠同志送我两瓶。一开瓶子塞儿，就是那么一股甜香；调上半杯一喝，甜香里带着股清气，很有点鲜荔枝的味儿。

这就是嗅觉想象和味觉想象给予朗读者的感受。当朗读者读到"一开瓶子塞儿"时，由于生活经验的作用，会情不自禁地抽一下鼻子，深吸一口气，觉得一股甜香味扑鼻而来。当然，实际上我们什么也没闻到，只有白纸上几个黑字给我们的刺激、感受罢了。

逻辑感受，是指从作品的脉络结构和语句之间的逻辑关系得到的具体感受，也可以说是对作者思想的一种再体验。逻辑感受包括：并例、对比、递进、转折、主次、总括等多种感受。

形象感受和逻辑感受在朗读中应相互结合，缺一不可。只有逻辑感受，朗读就会变成干巴巴的几条筋，虽严谨却不生动；相反，只有形象感受，朗读就会有句段而无全篇。二者相互交织，完美结合，才能为朗读准备好确切扎实的内在依据。

（二）朗读的基本技巧

1. 停顿

停顿是指朗读过程中声音的断和连。我们在朗读时，既不能一字一停、断断续续地进行，也不能字字相连、一口气念到底。无论是朗读者还是听众，朗读中的停顿都是必不可少的；它既是显示语法结构的需要，更是明晰表达语言、传达感情的需要。

（1）停顿与标点符号。

一般来说，句号、问号、感叹号的停顿比分号长些；分号的停顿要比逗号长些；逗号的停顿比顿号长些；而冒号的停顿则有较大的伸缩性：它的停顿有时相当于句号，有时相当于分号，有时只相当于逗号。

①没有标点要停顿。

被你从你的公馆门口／一脚踢开的／那个讨钱的老太婆／／现在怎么样了？
（马克·吐温《竞选州长》）

朗读这句话时，如果一口气念下去，中间不作停顿则必然混沌一片，模糊不清。
②句中有标点，但不停顿。

（《第一场雪》中片段）

（2）常见的停顿。

①语法停顿。

语法停顿是句子中一般的间歇，反映句子结构中的语法关系。标点符号是语法停顿的主要标志，段落也可以看作语法停顿的标志。

一般来说，段落＞句号、问号、叹号、省略号＞分号、冒号＞逗号＞顿号。

以上停顿，也不是绝对的。有时为表达感情的需要，在没有标点的地方也可以停顿，在有标点的地方也可以不停顿。

②逻辑停顿。

逻辑停顿，即为准确表达语意，揭示语言内在联系而形成的语流声音中的中断和延续。另外还有大量表现在复句内部各个分句之间内在联系上的逻辑停顿。

例如：

中国队打败了美国队／获得了亚军。

在建设工作中，犯一些错误，有一些缺点，是难免的。问题在于对待缺点错误的态度。（吴晗《论谦虚》）

惨象，已使我目不忍视了流言，尤使我耳不忍闻。我还有什么话可说呢？我懂得衰亡民族之所以默无声息的缘由了。沉默呵，沉默呵！不在沉默中／爆发，就在沉默中／灭亡。

有的人活着／他已经死了；有的人死了／他还活着。

白发／三千丈，缘愁／是个长。不知／明镜里，何处／得秋霜？

③感情停顿。

感情停顿不受书面标点和句子语法关系的制约，完全是根据感情和心理的需要而产生的停顿，它受感情支配，根据感情的需要决定停与不停。特点是声断而情不断，即声断情连。

"你们这些土偶木梗，你们高坐在神位上有什么德能？你们只是产生黑暗的父亲和母亲！"（郭沫若《雷电颂》）

朗读时，在第三个"你们"后面增加稍长的停顿，就更直接地指出屈原所怒斥的对象，更强烈地表达对这些土偶木梗的愤慨之情。这种鲜明又强烈的感情，就是通过停顿表现出来的。

他说："我／我／我根本就没有进这间办公室！"

2．重音

轻重，在朗读中非常重要。朗读一句话，不可能每个字、每个词都读得一般重，总是随着表达内容不同而有轻重变化。在朗读时，为了准确地表达语意和思想感情，有时强调那些起重要作用的词或短语，被强调的这个词或短语通常叫重音。

（1）语法重音。

①短剧的谓语部分读重音。如：

窗帘，低垂着。

我爱唱歌。

②句子的修饰限制成分读重音。如：

宽广的胸怀，孕育着无尽的宝藏。
古往今来，有多少巨笔赞美过石头。

③疑问代词和指示词读重音。如：

可爱的，我将什么来比拟你呢？
我怎么比拟得出呢？

（2）逻辑重音。

逻辑重音是文字作品中集中体现作者创作意图和思想感情的，在朗读时需要特别强调，使之鲜明突出。同一句话，逻辑重音不同，所强调的语意重点就不同。如：

赵大妈家的电视机出毛病了。她想起隔壁的高云是个电工，就去敲他的门："高云，你会不会修电视机呀？"

"我不会修电视机。"（重音放在"修"字）

"不会修，敢情是装配过电视机……"

"我不会修电视机！"（重音放在"电视机"）

"我家收录机也坏了，帮我……"

"我不会修电视机！"（重音在放"我"字）

"你们玩电的小哥儿多，你帮我找一个……"

高云把门打开，急得直抓头，说："大妈，你怎么总是听不懂我的话呢？"

赵大妈说："我说，你怎么老是把话答岔了呢？"

一句简单的问话，高云却回答得令人啼笑皆非，原因就在于没有把握准说话的重音。如果他强调的是"不会"，就明确回答了赵大妈提出的"会不会"修电视机的问题了。

所以重音的位置不固定，它是根据表达的内容或感情需要来确定的。表示并列、对比、呼应、比喻等内容的词语往往采用重音。

①当然，能够只是送出去，也不算坏事情，一者见得丰富，二者见得大度。（并列性重音，鲁迅《拿来主义》）

②燕子去了，有再来的时候；杨柳枯了，有再青的时候；桃花谢了，有再开的时候。（对比性重音）

③它既不需要谁来施肥，也不需要谁来灌溉。狂风吹不倒它，洪水淹不没它，严寒冻不死它，干旱旱不坏它。它只是一味地无忧无虑地生长。（排比性重音，陶铸《松树的风格》）

④月光如流水一般，静静地泄在这一片叶子和花上。（比喻性重音，朱自清《荷塘月色》）

⑤竹叶烧了，还有竹枝；竹枝断了，还有竹鞭；竹鞭砍了，还有深埋在地下的竹根。（递进性重音，袁鹰《井冈翠竹》）

（3）感情重音。

感情重音可以使朗读的作品色彩丰富，充满生气，有较强的感染力。感情重音大部分出现在表现内心节奏强烈，情绪激动的情况。

"我们不能高枕无忧、盲目乐观了！我们的工厂可能面临破产！我有责任啊！"表达了作者对工厂即将破产的自责。

"别了，我爱的中国，我全心爱着的中国。"

表现了作者在离别祖国之际对祖国的深深眷恋之情。

说明：很多情况下，语法重音、逻辑重音和感情重音是重合的。

需要指出的是，有的句子中有些词语是重点，却要轻声强调。因为有些话表现轻柔的动作、深沉的情思，含蓄幽静的意味，只有用轻声才能更好地表情达意。如：

敬爱的周总理呵，一生休息得最少，最少。

在朗读中运用轻重的表达技巧，应该注意的是声音的轻或重是相对而言的，没有轻声也就没有重音。语流过程中重音、次重音和非重音只有通过比较才能显示出来。因此，表现重音要顾及整句，乃至整段、整篇的思想感情和由此而引起的声音变化。如：

在苍茫的大海上，风聚集着乌云。在乌云和大海之间，海燕像黑色的闪电高傲的飞翔。
　（语句目的所在）　（比喻性次重音）、（强调性重音，连中有停法）

一会儿翅膀碰着海浪，一会儿箭一般的直冲云霄。它叫喊着——在这鸟儿勇敢的叫喊声
　　　（比喻性重音）　　　（呼应性重音）　　　（强调性次重音）

里，乌云听到了欢乐。

在这叫喊声里，充满着对暴风雨的渴望！在这叫喊声里，乌云感到了愤怒的力量、
　　　　　　（强调性）　　　　　　　　（递进性重音，强中加强法）

热情的火焰和胜利的信心。

海鸥在暴风雨到来之前呻吟着，——呻吟着，在大海上面飞蹿，想把自己对暴风雨的
（对比性）　　　　　（强调性，快中转慢法）

恐惧，掩藏到大海深处。

海鸭也呻吟着，——这些海鸭呀，享受不了生活的战斗的欢乐：轰隆隆的雷声就把
（对比性）

他们吓坏了。
（强调性，实中转虚法）

愚蠢的企鹅，畏缩地把肥胖的身子躲藏在峭崖底下……只有那高傲的海燕，勇敢地、
　　　　　（放轻、放低）　　　　　　　　　（对比性）（强中加强法）

自由自在地，在泛起白沫的大海上面飞翔。
　　　　　　（崇敬、赞叹，似乎用目光送出去）

3．语调

为了适应思想感情表达的需要，说话或朗读时，句子总是要有高低升降的变化，这种变化就形成了语调。语调是有声语言所特有的，它是句子的语音标志，任何句子都带

45

有一定的语调。借助语调，有声语言才有极强的表现力。

同样一个"我"字，采用不同的语调就可以回答各种不同的问题。

①谁是班长？——我。（语调平稳，句尾稍抑）
②你的电话！——我？（语调渐升，句尾稍扬）
③谁负得了这个责任？——我！（语调降得既快又低）
④你来当班长！——我?!（语调曲折）

同样一句话"他怎么来了"，采用不同的语调可以表现出不同的语气。

①他怎么来了？——柔而扬，表示询问。
②他怎么来了？——柔而抑，表示疑问。
③他怎么来了？——刚而抑，表示责问。
④他怎么来了？——刚而扬，表示反问。

（1）四种基本的语调。

语调是千变万化的，但基本类型只有以下 4 种：

①平调。直述语气，语流平直，句尾和句首差不多在同一高度，没有显著的高低升降变化。一般读陈述句时使用，用于叙述、说明，以及表示迟疑、深思、冷淡、悼念、追忆等思想感情的句子。如：

我家的后面有一个很大的后花园，相传叫百草园。——表示叙述

多年前，中国共产党以她那屈指可数的几个人在矛盾重重的华夏土地上，找了一块立足之地。——表示庄重

②升调。语调由低逐渐升高，句尾音强而且向上扬起。表示疑问、反诘、惊奇、命令、呼唤等语气。如：

是你给吃见底了？——表示疑问

原来你懂马来话。——表示惊奇

兄弟姐妹们，醒来吧！让求仙、算命、烧香、叩头之类，统统死亡、绝迹吧！——表示号召

③降调。音调由高逐渐降低，最后一个字读得低而短，表示感叹、祈使、肯定、请求的句子。如：

十二年过去了，那小姑娘的爸爸一定早回来了。——表示肯定
我们的党不愧是伟大的党。——表示坚信

然后他呆在那儿，头靠着墙壁，话也不说，只向我们做了一个手势："散学了，你们走吧。"——表示祈使

④曲调。语调曲折变化，或由高而低再扬起，或由低向高再降下，或更多曲折。这种语调常用来表示夸张、强调、反讽、否定的较为特殊的语气。如：

"哈！这模样了！胡子这么长了！"一种尖利的怪声突然大叫起来。——表示夸张

难道我还不如这只虫子？——表示反问

几年前，种种奇谈怪论纷纷出笼，什么"一不怕苦，二不怕死"的提法值得研究；什么"毫不利己，专门利人"的提法值得商榷。——表示否定

朗读中的语调是一个涉及面很广的较为复杂的问题，上面只是做了一个大概的分类。同时在运用中也不要把这里说的语调类型同书面语中的陈述句、祈使句、疑问句、感叹句等句子类型完全等同起来。书面语中的句子的语气类型远不能概括口语中丰富多彩、千变万化的语调。朗读是一种艺术，这种艺术性主要是通过语调加以体现的，高低曲折的语调可以使语意表达得更加顺畅、明晰、突出。

4. 快慢和松紧

快慢是指速度，即随着作品内容的发展、思想感情的运动而出现的朗读语流的快慢变化。松紧是指节奏，即作品的思想内容、感情态度驱使朗读语流在抑扬顿挫、轻重缓急的运动中出现的时紧时松的声音形式。

纷繁的思想内容和感情色彩，导致语流节奏和速度的不同。一般情况下，内心节奏强烈的时候，语速会快些；内心节奏缓弱，语速就要慢些。恰当的节奏和语速，能表达出作品的不同情境，产生良好的效果。如都德《最后一课》在写小弗朗士感到课堂气氛不平常后，写道：

我正想着这些的时候，忽然听见老师叫我的名字。轮到我背书了。天啊，如果我能把那条出名难学的分词用法语从头到尾说出来，声音响亮，口齿清楚，又没有一点儿错误，那么任何代价我都愿意拿出来的。可是开头几个字我就弄糊涂了，我只好站在那里摇摇晃晃，心里挺难受，连头也不敢抬起来。我听见韩麦尔先生对我说："我也不责备你……"

这段话的开头，"我正想着这些的时候"是一般的说明，可用中速读。"忽然听见老师叫我的名字"这句话朗读速度应稍微加快，以表现他骤然紧张的心情。接下去"轮到我背书了"至"那么任何代价我都愿意拿出来的"，这是小弗朗士的心理活动。这时的他既紧张又懊悔，他想让老师满意，可是事实上却做不到，心里极不自然。为表现他追悔莫及的心情，这里应用慢速读。再接下去，"我听见韩麦尔先生对我说"，这是一般的交代，要换用中速来读。

（三）朗诵

朗诵是一门独特的艺术，可以解释为"艺术化的有声诵读"，是诵读训练的最高形式。"朗"就是响亮的声音；"诵"就是用抑扬顿挫的声音把文章读出来，带有抒情性。具体地讲，朗诵就是由朗诵者把文学作品在观众、听众面前用准确、流利的语言和丰富的情感，艺术的表演性地有声语言再创活动，是综合运用各种技巧进行的个性化的艺术处理。由于并不是所有的文字都适宜进行艺术化处理，所以可供朗诵的材料范围更小，一般以诗歌、散文为主。

1. 各种文体的朗诵技巧训练

（1）诗歌。

诗歌是通过形象思维、运用精炼而富有音乐性的语言，包含强烈的感情，充满丰富的想象，高度集中地反映社会生活的一种文学体裁。诗是文学中的最高样式，它的激动人心往往比其他文学样式更加深切。

在朗诵诗歌时，要注意，一要充分发挥想象，和诗人产生共鸣，感同身受地"神游其中"，让诵诗的过程变成进入诗的境界的过程，达到情、景、理的和谐统一；二要分析诗作感情变化发展的脉络，起伏？转折？高潮？最终达到真实动人；三是要把握诗歌的音乐性，即其节奏感（语言表现的长短、强弱、轻重等）和韵脚的和谐，从而形成一种律动的美感。

①格律诗。

一般指中国古典五言、七言的绝句和律诗。"格"是格式，"律"是声律，包括平仄和押韵。格律诗的形式规整，平仄讲究，注重对仗和押韵，有自己的声律美和形式美。

朗诵要领：

划好语节。一般五言诗是每句两顿，每顿两个字或一个字；七言诗则比五言诗增加一顿为每句三顿。顿与顿之间形成了一定的语节。有时为了使语义完整，会适当做调整。如：

李白《静夜思》

窗前——明月——光，

疑是——地上——霜。

举头——望——明月，

低头——思——故乡。

李白《朝发白帝城》

朝辞——白帝——彩云——间，

千里——江陵——一日——还。

两岸——猿声——啼——不住，

轻舟——已过——万重——山。

押住韵脚。显韵，将韵脚音韵度的夸张一些，给以突显，使诗歌和谐、优美。如：

孟浩然《春晓》

春眠不觉晓（xiǎo），处处闻啼鸟（niǎo）。

夜来风雨声（shēng），花落知多少（shǎo）。

规中求变。尽管诗歌朗诵要求合规合辙，但应根据诗人的情感变化和诗的意境，在不破坏语节、顿数和显韵的前提下，注意调整语速与声音抑扬，使之发生变化，以改变朗诵节奏呆板的情况。如：

杜甫《春望》（注：应准确生动地表现诗人在战乱年代的苍凉心境，做如下处理）

国破山河在，城春草木深。感时花溅泪，恨别鸟惊心。——中速。均抑

烽火连三月，家书抵万金。——稍快、稍扬

白头搔更短，浑欲不胜簪。——抑、慢、更抑、更慢

②自由诗。

政治抒情诗：充满激情，声音饱满，在音高、音强、音长方面的表现都比较丰富，节奏起伏变化较大，多用层层推进的方式来宣泄内心的激情。

朦胧诗、哲理诗：声音应稳重，声音、节奏等对比幅度一般不大，语速较慢，多停断，以引发人们的感悟。

爱情诗：情感细腻，声音宜柔美，音量不宜过大，声音也不宜过高、过强，应注重成分表现诗作的内在情致。

叙事诗：自然、真挚，既有诗的基本节拍，也要有讲述的自然感，节奏随内容、情节的变化而多变。

模仿诵读训练：

致 橡 树

舒 婷

我如果爱你——

绝不像攀援的凌霄花，

借你的高枝炫耀自己；

我如果爱你——

绝不学痴情的鸟儿，

为绿荫重复单调的歌曲；

也不止像泉源，

常年送来清凉的慰藉；

也不止像险峰，

增加你的高度，衬托你的威仪。

甚至日光。

甚至春雨。

不，这些都还不够！

我必须是你近旁的一株木棉，

做为树的形象和你站在一起。

根，紧握在地下；

叶，相触在云里。

每一阵风过，

我们都互相致意，

但没有人，

听懂我们的言语。

你有你的铜枝铁干，

像刀、像剑，

也像戟；

我有我红硕的花朵，
像沉重的叹息，
又像英勇的火炬。
我们分担寒潮、风雷、霹雳；
我们共享雾霭、流岚、虹霓。
仿佛永远分离，
却又终身相依。
这才是伟大的爱情，
坚贞就在这里：
爱——
不仅爱你伟岸的身躯，
也爱你坚持的位置，足下的土地。

（2）散文。

散文，是以抒发作者对真实事物的情感和思想为主的叙事性文章，是一种以情思为元素、以自由感知为方式、以营造韵致情味为重心、以本色为基调的语言艺术。

这种文体形式多样、表现自由，可抒情，可议论亦可叙事。文字凝练、音韵和谐，情感深蕴其中，并借助实物、景致等特征表现，具有很强的形象性和表意性。

鉴于上述特点，在朗诵此类文章时，要理清线索、摸准神韵，语言舒展，声音轻柔，注意修辞时的语气运用。抒情的语段要求真挚、内在有感而发；描写的语段，注重形象的生动；叙述的语段，语言舒展、自然，富有情感；议论的语段，带情而议，不宜声高语硬。

模仿诵读训练：

爱

张爱玲

这是真的。

有个村庄的小康之家的女孩子，生得美，有许多人来做媒，但都没有说成。

那年她不过十五六岁吧，是春天的晚上，她立在后门口，手扶着桃树。她记得她穿的是一件月白的衫子。对门住的年轻人同她见过面，可是从来没有打过招呼的，他走了过来，离得不远，站定了，轻轻地说了一声："噢，你也在这里吗？"她没有说什么，他也没有再说什么，站了一会儿，各自走开了。

就这样就完了。

后来这女子被亲眷拐子卖到他乡外县去作妾，又几次三番地被转卖，经过无数的惊险的风波，老了的时候她还记得从前那一回事，常常说起，在那春天的晚上，在后门口的桃树下，那年轻人。

于千万人之中遇见你所遇见的人，于千万年之中，时间的无涯的荒野里，没有早一步，也没有晚一步，刚巧赶上了，那也没有别的话可说，惟有轻轻地问一声："噢，你也在这里吗？"

（3）小说。

小说是通过对典型环境的描写、塑造鲜明的人物形象来反映生活、表现作品的主题的。丰富的人物形象、完整的故事情节、精细的环境描写是其特征。

在朗诵时要从作品的主题和内容出发，把握作者的创作动机；从分析人物的特点、性格特征、思想意识等方面入手，处理好人物的语言，让人物"活"起来；交代好情节，找准其与上下文或人物语言的先借点和情感、态度的分寸与变化，转换自然，承接顺畅。

模仿诵读训练：

活　着

余　华

那天雪下得特别大，凤霞死后躺到了那间小屋里，我去看她，一见到那间屋子就走不进去了，十多年前有庆也是死在这里的。我站在雪里听着二喜在里面一遍遍叫着凤霞，心里疼得蹲在了地上。雪花飘着落下来，我看不清那屋子的门，只听到二喜在里面又哭又喊，我就叫二喜，叫了好几声，二喜才在里面答应一声，他走到门口，对我说：

"我要大的，他们给了我小的。"

我说："我们回家吧，这家医院和我们前世有仇，有庆死在这里，凤霞也死在这里。二喜，我们回家吧。"

二喜听了我的话，把凤霞背在身后，我们三个人往家走。

那时候天黑了，街上全是雪，人都见不到，西北风呼呼吹来，雪花打在我们脸上，像是沙子一样。二喜哭得声音都哑了，走一段他说：

"爹，我走不动了。"

我让他把凤霞给我，他不肯，又走了几步他蹲了下来，说：

"爹，我腰疼得不行了。"

那是哭的，把腰哭疼了。回到了家里，二喜把凤霞放在床上，自己坐在床沿上盯着凤霞看，二喜的身体都缩成一团了。我不用看他，就是去看他和凤霞在墙上的影子，也让我难受得看不下去。那两个影子又黑又大，一个躺着，一个像是跪着，都是一动不动，只有二喜的眼泪在动，让我看到一颗一颗大黑点在两个人影中间滑着。我就跑到灶间，去烧些水，让二喜喝了暖暖身体，等我烧开了水端过去时，灯熄了，二喜和凤霞睡了。

那晚上我在二喜他们灶间坐到天亮，外面的风呼呼地响着，有一阵子下起了雪珠子，打在门窗上沙沙乱响，二喜和凤霞睡在里屋里一点声音也没有，寒风从门缝冷飕飕地钻进来，吹得我两个膝盖又冷又疼，我心里就跟结了冰似的一阵阵发麻，我的一双儿女就这样都去了，到了那种时候想哭都没有了眼泪。我想想家珍那时还睁着眼睛等我回去报信，我出来时她一遍一遍嘱咐我，等凤霞一生下来赶紧回去告诉她是男还是女。凤霞一死，让我怎么回去对她说？

有庆死时，家珍差点也一起去了，如今凤霞又死在她前面，做娘的心里怎么受得住。第二天，二喜背着凤霞，跟着我回到家里。那时还下着雪，凤霞身上像是盖了棉花

似的差不多全白了。一进屋,看到家珍坐在床上,头发乱糟糟的,脑袋靠在墙上,我就知道她心里明白凤霞出事了,我已经连着两天两夜没回家了。我的眼泪刷刷地流了出来,二喜本来已经不哭了,一看到家珍又呜呜地哭起来,他嘴里叫着:

"娘,娘……"

家珍的脑袋动了动,离开了墙壁,眼睛一动不动地看着二喜脊背上的凤霞。我帮着二喜把凤霞放到床上,家珍的脑袋就低下去看凤霞,那双眼睛定定的,像是快从眼眶里突出来了。我是怎么也想不到家珍会是这么一副样子,她一颗泪水都没掉下来,只是看着凤霞,手在凤霞脸上和头发上摸着。二喜哭得蹲了下去,脑袋靠在床沿上。我站在一旁看着家珍,心里不知道她接下去会怎么样。那天家珍没有哭也没有喊,只是偶尔地摇了摇头。凤霞身上的雪慢慢融化了以后,整张床上都湿淋淋了。

凤霞和有庆埋在了一起。那时雪停住了,阳光从天上照下来,西北风刮得更凶了,呼呼直响,差不多盖住了树叶的响声。埋了凤霞,我和二喜抱着锄头铲子站在那里,风把我们两个吹得都快站不住了。满地都是雪,在阳光下面白晃晃刺得眼睛疼,只有凤霞的坟上没有雪,看着这湿漉漉的泥土,我和二喜谁也抬不动脚走开。二喜指指紧挨着的一块空地说:

"爹,我死了埋在这里。"

我叹了口气对二喜说:

"这块地就留给我吧,我怎么也会死在你前面的。"

(4)寓言故事。

朗诵寓言时,首先要深刻理解作品的寓意。因为寓言常常将深刻的思想寓于朴素的故事之中,如果对作品缺乏深刻的理解,就很难表达出它的寓意。其次要用声音夸饰技巧来刻画人物形象。因为其中往往用拟人化的手法把所述事物人格化。如善良的山羊、聪明的猴子、狡猾的狐狸、凶恶的大灰狼等,其性格特征、心理活动、行文动作常常从动物间彼此对话中得以表现。因此在朗诵这类文章时,要充分发挥想象力,朗诵得有声有色、娓娓动听、亲切新奇。

模仿诵读训练:

种子的愿望

在肥沃土壤的滋润下,一粒种子从漫长的冬天一觉醒来。大地母亲问它:"小种子呀,你想成为什么?这一次,我允许你选择自己的命运。说吧,是想变成被人采食的蔬菜、水果,还是愿意成为百花丛中的一员,供人流连赞美。"

"我希望自己是一株人见人爱的花儿,"种子不假思索地回答,"但一定要是山上长得最好看的那种。"

"好极了!"大地母亲温和地说,"你觉得玫瑰怎么样?"

"玫瑰确实十分漂亮,又有芬芳的气息,"种子琢磨着,"可是,它身上的刺会扎人的,这太煞风景了。花和刺可不能呆在一块儿。"

"我知道最适合你的是什么了,"大地母亲忽然眼睛一亮,"你应该成为百合花。它没有刺,而且洁白典雅。怎么样?你会成为花中皇后的。"

种子左思右想，过了许久才说："百合是没有刺，可是它的色彩太单调了。我想成为最艳丽、最光彩夺目的花儿。"

"啊哈，"大地母亲似乎恍然大悟，"你的最佳选择应该是紫罗兰，它那么艳丽，那么引人注目。"

"不行，不行，"种子反对，"紫罗兰太矮小了。我要成为更高更大的花，让所有的花儿都仰视我才行。"

"这么说，你喜欢剑兰？它可是长得高高的，而且能开出美丽动人的花儿。"大地母亲这时哈欠连天了。

"可惜它的花不能同时绽放。"

种子又低头寻思了半天，忽然它想到了一个好主意："我想……"可是，大地母亲呢？哦，她走了，因为还有其他种子在等着她呢！

第二天早晨醒来，让种子无比气恼的是，自己竟变成了一株狗尾草。

2．态势语的表达

美国心理学家艾帕尔说："人的感情表达由三个方面组成：55%的体态、38%的声调及7%的语气词。"作为"第二语言"，态势语是一种流动着的形体语言，主要在交际过程中，以身姿、面部表情、眼神、服饰等非有声语言传递信息、沟通思想、交流情感的活动方式。是对口头表达必要的补充和辅助。主要包括眼睛、面部表情、手势动作和体态等，运用得当的体态语在交际过程中可以达到"此时无声胜有声"的效果。

（1）眼睛。

"眼睛是心灵的窗户"。因为眼睛能反映人的心理，表达人的感情。眼睛的神色变化倾诉着一个人微妙的心曲，披露着一个人的修养和品德。那么在朗诵中，如何运用好眼神呢？

首先，用眼神的变化准确表达内心的丰富情感。朗诵时眼睛要随着情绪和演讲内容的变化而变化。讲到兴奋时，应睁开眼睛，散发出兴奋的光芒；愤怒时，瞪大眼睛，让它射出逼人的光芒。也就是说，演讲者的眼神变化要与自己的思想情绪的变化、内容的发展相和谐，使听众能从灵活多变、惟妙惟肖的眼神中，领悟到所要表达的情感，从而达到交流情感、传递信息的目的。

其次，将目光注释方向的同一性和观察方位的多样性结合起来。即在朗诵中，应该始终保持视线正视前方，又要注意全方位地观察听众，以增强自己与观众的感情联系。具体有3种方法：

环顾法，即让目光有节奏或周期性地环顾演讲现场。可以观察和发现整个会场听众的动态，了解听众对演讲的反映。

专注法，即重点观察某一局部的听众，对专心致志听讲的听众，投以赞许和感谢的目光；对那些想发问但心情紧张、欲言又止的听众，投以鼓励的目光；对那些交头接耳、频频躁动的听众，给予善意制止的目光。

虚视法，即演讲者的眼睛好像盯住某些听众，但实际上什么也没看，但从听众角度来说，还是会感觉到演讲者在注视他们。这种方法，可以使演讲者显示出端庄大方的神态，便于控制现场，又可以减少紧张情绪。

（2）手势。

手势语作为无声语言的重要形式，因其活动最方便、最灵活，形态变化也最多，因而表现力、感染力最强，成为传情达意的最有力手段。

①活动范围。

上区：肩部以上，表示理想的、想象的、宏大的、张扬的内容和情感，如殷切的希望、胜利的喜悦、美好的祝愿、灿烂的前景。

中区：肩部至腹部，表示记叙事物，说明事理。

下区：腰部以下，表示憎恶、不悦、不屑、不齿等。

②手掌的语用。

手心向上，胳膊微曲，手掌稍向前伸，表示贡献、请求、承认、赞美、欢迎、诚实等。

手心向下，胳膊微曲，手掌稍向前伸，表示神秘、压抑、否认、反对、不喜欢等。

两手由合而分，表示空虚、失望、分散、消极等。

两手由分而合，表示团结、亲密、联合、会面、接洽、积极等。

手掌上竖，指尖向上，表示制止及剧烈之情。

③拳。

一般情况下，拳很少用到，因为拳表示很强烈的情绪，如人在情绪激动时会挥拳示意，握拳在腹部表示非常悲切。我们在朗诵或演讲时不会经常表达太强烈的情绪，所以很少用到。

训练：

"只有这样，才会有充实的生活，才会有灿烂的人生！"（双手手心向上，上区）

"一个人如果没有远大的理想，那他将一事无成。"（两手由合而分，下区）

"他们欢呼：胜利了，胜利了！"（双掌上竖摇动，上区）

"夜幕笼罩了群山。"（单手，手心向下，上区）

"月光洒落在树枝上。"（单手，手心向下，中区）

"伟大的人物也躺在他们倒下的地方。"（单手，手心向上，下区）

"不要过分利用我的爱。"（单手，手掌竖立，中区）

④使用手势遵循的原则。

朗诵时，可以根据自己想要取得的效果，结合使用不同的手势。但是在确立一个正确的手势形象时，要遵循一定的规则。

第一，不可滥用。手势虽然重要，但毕竟是辅助手段，不能太多，过于繁琐，以免分散听众注意力。而且同一个手势不可一而再再而三的重复使用，否则会失去吸引力。

第二，自然得体，能恰当地传情达意。手势是演讲者内心状态的外部表现，是演讲者进入演讲角色后，在对所讲问题有浓厚的兴趣、对所讲的内容有深切感受的基础上，自然生发出来的。它使人感到真实准确、恰到好处。所以，在做手势时，不可随意而为。

案例分析：

针对落榜生的一段演讲词：

① "有一位哲人说得好：当你得意的时候，你别忘了，你命运的一半是上帝给的；当你失意的时候，你别忘了，你命运的一半还在自己手中。"

手势语：右手微微抬高，做了一个握拳的姿势，声调则大大提高。

② "历史上真正成就伟大事业的人都把祖国的命运与自己的命运 紧密联系一起，
　　　　　　　　　　　　　　　a　　　　　b　　　　c

在他们的胸怀里，始终跳动着一颗追求至真、至善、至美的爱国之心。
　　d　　　　　　　　　　　　　　　　　　　　　　　e

手势语：

a. 右手伸出，腹部略弯曲，头部随右手向右微转，眼睛注视右手指向的方向；

b. 同样将左手伸出；

c. 两手掌心向内合拢在一起；

d. 将合拢的双手分开，掌心向上；

e. 两手收回，右手抚胸。

（3）体态。

俗话说"站如松，坐如钟"，演讲中我们要注意肢体语言，有恰当得体的站姿。

首先朗诵者要以轻松愉快的心情走上讲台。在讲台的中央站定，提气收腹、挺胸抬头，两肩平齐，腿绷直，脚并拢，并调整好呼吸的节奏。双臂自然下垂，双脚自然开立，整个身姿笔直挺拔。尽量避免因紧张而出现的左右前后摇晃、不停换脚、来回踱步、抖脚、摸鼻子、抓头皮、捋头发等不良习惯，做到稳健潇洒、自信从容。

◆◇◆◇◆◇◆◇◆ 思考与训练 ◇◆◇◆◇◆◇◆◇

1. 模拟训练

（1）朗诵叶挺《囚歌》，注意句调的处理。

为人进出的门紧锁着，（→平调　冷眼相看）

为狗爬出的洞敞开着，（→平调）

一个声音高叫着：（↗曲调　嘲讽）

——爬出来吧，给你自由！（↘曲调　诱惑）

我渴望自由，（→平调　庄严）

但我深深地知道——（→平调）

人的身躯怎能从狗洞子里爬出！（↑升调　蔑视、愤慨、反击）

我希望有一天，（→平调）

地下的烈火，（稍向上扬　语意未完）

将我连这活棺材一齐烧掉，（↓毫不犹豫）

我应该在烈火与热血中得到永生！（↓降调　沉着、坚毅、充满自信）

（2）重音练习。

读出下列句子中词语的语法重音。

①东风来了，春天的脚步近了。

②一切都像刚睡醒的样子，欣欣然张开了眼。

③手势之类，距离大了看不清，声音的有效距离大得多。

读出下面语句中的强调重音。

于是有人慨叹曰："中国人失掉自信力了。"

如果单据这一点现象而论，自信其实是早就失掉了的。先前信"地"，信"物"，后来信"国联"，都没有相信过"自己"。假使这也算一种"信"，那也只能说中国人曾经有过"他信力"，自从对国联失望之后，便把这种他信力都失掉了。

（3）朗读郭小川《团泊洼的秋天》这首诗的最后三段，注意语法停顿和强调停顿。

请听听吧，这是战士/一句句从心中//掏出的话。

团泊洼，团泊洼，你真是那样/静静的吗？

是的，团泊洼是静静的，但那里/时刻都会//轰轰爆炸！

不，团泊洼是喧腾的，这首诗篇里/就充满着//嘈杂。

不管怎样，且把这矛盾重重的诗篇/埋在坎下，

它也许不合你秋天的季节，但到明春//准会/生根发芽。

（4）下面是鲁侍萍回忆往事、揭露周朴园罪恶的两段话，一段是相认前，一段是相认后，相认前后，鲁侍萍的怨愤之情由克制到逐渐显露，说话的语气和态度也起了变化，试用不同语速加以表达。

——相认以前

她是个下等人，不很守本分的。听说她跟那时周公馆的少爷有点不清白，生了两个儿子。生了第二个，才过三天，忽然周少爷不要她了。大孩子就放在周公馆，刚生的孩子她抱在怀里，在年三十夜里投河死的。

——相认以后

哼，我的眼泪早哭干了，我没有委屈，我有的是恨，是悔，是三十年一天一天我自己受的苦。你大概已经忘了你做的事了！三十年前，过年三十的晚上我生下你的第二个儿子才三天，你为了要赶紧娶那位有钱有门第的小姐，你们逼着我冒着大雪出去，要我离开你们周家的门。

（5）朗诵下列诗词作品，应注意每个字都要吐音清晰，节奏明确。

鹊　桥　仙

秦　观

纤云弄巧，飞星传恨，银汉迢迢暗度。金风玉露一相逢，便胜却人间无数。

柔情似水，佳期如梦，忍顾鹊桥归路！两情若是久长时，又岂在朝朝暮暮！

念奴娇·赤壁怀古

苏　轼

大江东去，浪淘尽，千古风流人物。故垒西边，人道是，三国周郎赤壁。乱石穿空，惊涛拍岸，卷起千堆雪。江山如画，一时多少豪杰。

遥想公瑾当年，小乔初嫁了，雄姿英发。羽扇纶巾，谈笑间，樯橹灰飞烟灭。故国

神游，多情应笑我，早生华发。人生如梦，一樽还酹江月。

（6）朗诵。

席慕容的《一棵开花儿的树》和闻一多的《一句话》。

（7）朗诵下列散文作品。

父亲的爱

艾尔玛·邦贝克

父亲不懂得怎样表达爱，使我们一家人融洽相处的是母亲。他只是每天上班下班，而母亲则把我做过的错事开列清单，然后由他来责骂我。

有一次我偷了一块糖果，他要我把它送回去，告诉卖糖的说是我偷来的，说我愿意替他拆箱卸货作为赔偿。但母亲却明白我只是个孩子。

我在运动场打秋千跌断了腿，在前往医院途中一直抱着我的，是母亲。父亲把汽车停在急诊室门口，他们叫他驶开，说那空位是留给紧急车辆停放的。父亲听了便叫嚷道："你以为这是什么车？旅游车？"

在我生日会上，父亲总是显得有些不大相称。他只是忙于吹气球，布置餐桌，做杂务。把插着蜡烛的蛋糕推过来让我吹的，是母亲。

我翻阅相册时，人们总是问："你父亲是什么样子的？"天晓得！他老是忙着替别人拍照。母亲和我笑容可掬地一起拍的照片，多得不可胜数。

我记得母亲有一次叫他教我骑自行车，我叫他别放手，但他却说是应该放手的时候了。我摔倒之后，母亲跑过来扶我，爸却挥手要她走开。我当时生气极了，决心要给他点颜色看。于是我马上爬上自行车，而且自己骑给他看。他只是微笑。

我念大学时，所有的家信都是妈写的。他除了寄支票外，还寄过一封短柬给我，说因为我不在草坪上踢足球了，所以他的草坪长得很美。

每次我打电话回家，他似乎都想跟我说话，但结果总是说："我叫你妈来接。"

我结婚时，掉眼泪的是我妈。他只是大声擤了一下鼻子，便走出房间。

我从小到大都听他说："你到哪里去？什么时候回家？汽车有没有汽油？不，不准去。"爸完全不知道怎样表达爱。除非……

会不会是他已经表达了，而我却未能察觉？

第三节　演讲稿的写作技巧

演讲稿又叫演说词，它是在较为隆重的仪式上或其他公开场合发表个人的观点、见解和主张的讲话文稿，是人们在工作和社会生活中经常使用的一种文体。它可以用来交流思想、感情，表达主张、见解；也可以用来介绍自己的学习、工作情况和经验等，具有宣传、鼓动和教育等作用。

演讲稿至少有两个方面的作用：其一，通过对思路的精心梳理，对材料的精心组织，使演讲内容更加深刻和富有条理。其二，可帮助演讲者消除临场紧张、恐惧的心

理，增强演讲者的自信心。演讲稿的好坏直接决定了演讲的成功与失败。

一、演讲稿的特点和类型

（一）演讲稿的特点

（1）整体性。演讲稿并不能独立地完成演讲任务，它只是演讲的一个文字依据，是整个演讲活动的一个组成部分。演讲主体、听众对象、特定的时空条件，共同构成了演讲活动的整体。撰写演讲稿时，不能将它从整体中剥离出来。为此，演讲稿的撰写要注意以下几个方面：

首先，要根据听众的文化层次、工作性质、生存环境、品位修养、爱好愿望来确立选题，选择表达方式，以便更好地沟通。

其次，演讲稿不仅要充分体现演讲者独到、深刻的观点和见解，而且还要对声调的高低、语速的快慢、体态语的运用进行设计并加以注释，以达到最佳的传播效果。

另外，还要考虑演讲的时间、空间、现场氛围等因素，以强化演讲的现场效果。

（2）口语性。口语性是演讲稿区别于其他书面表达文章和会议文书的重要方面。书面性文章无需多说，其他会议文书如大会工作报告、领导讲话稿等，并不太讲究口语性，虽然由某一领导在台上宣读，但听众手中一般也有一份印制好的讲稿，一边听讲一边阅读，不会有什么听不明白的地方。演讲稿就不同了，它有较多的即兴发挥，不可能事先印好讲稿发给听众。为此，演讲稿必须讲究"上口"和"入耳"，要将可听性与可说性结合起来。所谓上口，就是讲起来通达流利。所谓入耳，就是听起来非常顺畅，没有什么语言障碍，不会发生曲解。演讲稿的语言，特别要求通俗、简洁、易懂，具有可讲性。因此，演讲稿写完之后，作者最好能通过试讲或默念加以检查，凡是讲不顺口或听不清楚之处（如句子过长），都要进行修改与调整。

（3）临场性。演讲活动是演讲者与听众面对面的一种交流和沟通。演讲者在演讲时要面对听众，听众往往会做出一些使演讲者事先没有预料到的反应：如或表示赞同，或表示反对，或饶有兴趣，或无动于衷。演讲者必须根据听众的反应和现场的效果，随时调整自己的演讲。因此写演讲稿时，要充分考虑它的临场性，在保证内容完整的前提下，注意内容的伸缩性。既要有简单的提纲，又要有详细的内容。在说明主要问题或疑难问题时，要储备几个能说明问题的例子，以便必要时使用。运用幽默和笑话时，不要过于随便，要事先计划好插在什么地方合适。总之，演讲稿要具有弹性，要体现出必要的控场技巧。

（4）鼓动性。演讲是一门艺术。好的演讲自有一种激发听众情绪、赢得好感的鼓动性。要做到这一点，首先要依靠演讲稿思想内容的丰富、深刻，见解精辟，有独到之处，发人深省，语言表达要形象、生动，富有感染力。如果演讲稿写得平淡无味，毫无新意，即使在现场"演"得再卖力，效果也不会好，甚至相反。

（二）演讲稿的类型

由于演讲稿内容及其应用比较广泛，表现形式也多种多样，所以它有不同的类型。

从演讲场所上分集会演讲、广播演讲和法庭演讲，从演讲的内容和性质上分政治演讲、学术演讲、社会生活问题演讲、宗教演讲，等等。

根据内容来划分 { 政治鼓动类 / 学术交流类 / 思想教育类

根据方式来划分 { 专题演讲类 / 论辩演讲类 / 即兴演讲类 / 对话演讲类

根据表达方式来划分 { 议论型演讲类 / 抒情型演讲类 / 叙事型演讲类

1. 以内容为标准划分

（1）政治鼓动类。是指政治家或代表某一权力机构的要员阐述政治主张和见解的演讲稿。各级领导的施政演说，新当选的领导人的就职演说，政治家的竞选演说等等，都属于这一类型。著名的范例有《林肯在葛底斯堡的演讲》、《丘吉尔在美国圣诞节的即兴演讲》以及马丁·路德·金的《我有一个梦》等。

这类演讲稿一般具有话题的政治性、内容的鼓动性和严谨的逻辑性特点。

（2）学术交流类。学术演讲稿是传播、交流科学知识、学术见解及研究成果的演讲文稿。随着科学事业的发展，"四化"建设的需要，国内外学术交流活动的日益增多，学术演讲或学术报告的活动也越来越多。不仅专业科学技术工作者要参加各种各样的学术活动，进行学术演讲，一些机关、企事业单位的领导也要经常参加学术类的活动，也要是科学技术方面的内行。因此，学术演讲稿具有广阔的应用范围。

这类演讲稿具有学术性、创造性、通俗性的特点。

（3）思想教育类。思想教育类的演讲稿是针对现实生活中人们的思想动态、思想倾向和思想问题，以真切的事实、有力的论证、充盈的感情来讴歌真善美、鞭挞假恶丑。引导听众树立正确的人生观、世界观，激励听众为崇高的理想、事业而奋斗。这类演讲稿适用于演讲比赛、主题演讲会、巡回报告等。

这类演讲稿具有时代性、劝导性、生动性的特点。

2. 以表达方式为标准划分

有议论型、叙事型、抒情型3种形式，具体如下：

（1）议论型。具有正确、深刻的观点，使用确凿、充分并具有说服力的论据，进行富有逻辑性的论证。

特征：晓之以理，以理服人。

（2）叙事型。演讲具有记叙文一般的特征。以叙述为主要表达方式，辅之以适当的议论、说明和抒情。基于演讲者一定的观点和主张，通过对任务、事件、景物的叙述和描写，传达演讲者的思想感情，反映社会生活的本质和规律。

特征：通过对客观事物真实的记叙，诉诸听众的情感，寓宣传教育于形象感染

之中。

（3）抒情型。以抒情为主要表达方式，分为直接抒情或间接抒情。

特征：动之以情。

二、如何撰写演讲稿

（一）确立选题

无论是命题演讲或是规定大致内容范围的演讲还是自选题演讲都涉及选题。选题不够标新立异，不够真知灼见，那么你的演讲在上台前就失败了一半。选题也是演讲稿写作的第一步，选题决定着你的演讲思路。演讲稿的选题要遵循这样几项原则：

（1）选择自己熟悉、擅长的命题。选题时必须选你最擅长的专业领域，且素有研究，理解得深刻而且有独到的见解，演讲时可以深刻而全面地阐述，会使演讲更有说服力。切不可打肿脸充胖子，去讲自己不熟悉的问题，或自己尚无足够储备的知识，那是十分危险的，"知之为知之，不知为不知"。

（2）选题要积极向上。积极向上的选题才是演讲的真谛，毕竟激励和教育是演讲的最大作用。演讲通过对人的动机的心理激发，唤起人对工作学习、事业的高度责任感，激起人的主动性和创造性。相反，颓废、消极的演讲只能使人心生厌恶。

（3）选题要有时代感。演讲活动属于现实活动的范畴，它是演讲家通过对社会现实的判断和评价，直接向广大听众公开陈述自己主张和看法的一种现实活动。所以紧追时代步伐的演讲才能更容易引起大家的共鸣。

（4）选题要符合听众口味，听众需求。对一群老师讲护理知识，对一群解放军战士讲营销知识，对一群学生讲爱岗敬业都是离题十万八千里。

（二）拟定标题

（1）标题拟定的注意事项。确定演讲的题目，是演讲者给全篇演讲树起一面旗帜，它不仅与演讲的形式有关，更重要的是与演讲的内容、风格、情调有直接关系。是演讲内容和主旨的概括，具有首脑的地位和风采。一个新颖、生动、恰当而富有吸引力的题目，不仅能在演讲前给人急欲一听的强烈愿望，而且在演讲结束之后，同其内容一样，给人留下永久的记忆，甚至成为一个警句而广为流传。

那么，如何才能拟定一个好的题目呢？

①标题要贴切。贴切的含义有二：一是演讲的标题要与演讲的内容和谐统一，标题含义的大小、宽窄要与演讲的内容一致；二是拟制演讲标题时，要使用准确、恰切的语词和语句，不能使用含糊笼统、艰深晦涩、令人费解的语词和语句。标题晦涩，令人费解，就引不起听众的兴趣，从而影响听众认真听演讲的起始心理。

②标题要简洁。演讲的标题要有概括性，要用最简洁的语言、表达最丰富的内涵，即所谓"意则期多、字唯其少"，言简意赅。

一般来讲，演讲的标题要概括演讲的基本内容，或者反映演讲的中心论题。从语言表达角度要求概括出的演讲标题，要尽可能做到简短、有力、明了，字少意多，言简意深。如果过长，就会显得散漫无力，分散听众的注意力。恩格斯说，标题"愈简单，愈不费解便愈好"。简洁的题目，既让人容易了解其内含，又便于记忆，连同演讲的内容，常常给人留下深刻的印象。鲁迅先生的 5 本集子（《彷徨》、《呐喊》等），共 69 篇文章，标题字数总共只有 214 个，平均每个标题只有 3.1 个字，真可谓字字珠玑，言简意赅。

③标题要悦耳。标题也叫题目。题，指人的头额；目，指人的眼睛。前额和眼睛，是一个人最显眼，最具特征的地方。演讲稿的标题，就是演讲稿的"前额"和"眼睛"。因此，演讲标题一定要新，要奇。新而奇才能悦耳、醒目，才能引起听众的注意。著名演讲家李燕杰在作恋爱婚姻问题演讲报告时，把原拟《怎样正确对待恋爱婚姻问题》的标题改为《爱情美学》，就新颖醒目、悦耳得多，从而大大地增强了演讲的吸引力。

④标题要有启发性。一个好的演讲标题，还要具有一定的启发性。只有这样，才能引起听众认真听讲的兴趣，才能激发听众迫切要求了解演讲内容的心情。

（2）题目拟定的方法。在拟定题目时，我们可以从以下几个角度考虑：

①提示性标题。即标题要概括演讲的基本内容，简明、精炼地揭示演讲的核心、主题。

例如：《生活需要幽默》《认识安全从我做起》《把青春献给党的教育事业》《把艰苦奋斗的乐章奏得更响》。

又如：伏契克 1943 年 9 月 8 日临刑前的演讲的题目是：《人类永生，未来属于共产主义》。这是一则陈述式题目。它用质朴、洗练的语言，简洁粗犷的线条，精炼地概括了演讲者为之奋斗、牺牲的目标，虽然没有多少修饰、渲染，却收到了石破天惊之效，表现了捷克人民的伟大儿子、民族英雄伏契克为人民的自由、祖国的独立视死如归的大无畏精神。

②象征性标题。运用比喻或象征等修辞手法，把抽象的哲理或某种象征意义具体化、形象化，从而深入浅出地揭示主题。

例如：《让我们登上理解的小舟》《让美的横杆不断升高》《我们不愿做睡狮》。

我国著名画家范曾对青年学生的一次演讲的题目是：《扬起生命的风帆》。这是一则比喻式题目。演讲者以巧比妙喻，赋予理想信念以生命、感情和思想，鼓舞青年荡起双桨，乘长风破万里浪，借此鼓励青年选择一条壮阔、豪迈和光辉的道路，开拓奋进，在伟大的改革实践中熔炼坚毅美好的性格，"成为时代的骄子，河山的真主"，"不负祖国和时代的厚望与重托"。演讲者推心置腹、溢于言表的真情，令听众如沐春风，痴迷动情，极大地增强了演讲的感情色彩和艺术魅力。

③含蓄型标题。运用伏笔，造成悬念，引而不发，撩拨听众的思维。用婉转的话来烘托或暗示某种内涵，让人思而得之，而且越思考含义越多。

例如：《笑声中的忧虑》《爱的力量》《军装、军人、军魂》等。

④警惕性标题。即运用哲言隽语，立片言以居要，提醒、劝谏、鼓励听众，以激起听众的警觉，使之猛醒。

例如：《走自己的路》《天下兴亡匹夫有责》等。

⑤设问型标题。即通过设问，提示演讲所涉及的内容，即演讲内容是对标题设问的问答。

例如：巴金1984年5月15日在东京第47届国际笔会代表大会上演讲的题目是：《核时代的文学——我们为什么写作?》。这是一则提问式题目。巴金曾自称不善于辞令，但他这次演讲却巧用设问标题，一开始就抓住了听众的注意力，起到了点亮一盏灯，照亮一大片；引人侧耳，一听为快的作用。诚如亚里士多德所说"思维自疑问与惊奇开始"，亦如巴尔扎克所云"打开一切科学的钥匙都毫无疑问的是问号"。运用设问进行命题，往往很能吸引听众。

⑥抒情型标题。即抒发情感，以情醉人，具有浓烈的感情色彩。

例如：《含泪的忏悔》《燃烧吧，篝火!》《我骄傲，我是军人的妻子》《党啊，亲爱的妈妈》等。

诚然，标题的类型绝不仅仅限于上述几种。好的标题往往很难一下确定下来。很多演讲常常在准备好演讲内容后，还苦于找不到合适的标题。许多标题的拟制和提炼，要经过反复推敲，深思熟虑，有的甚至是"煞费苦心"。

（3）拟题切忌。

①牵强、不确切。听起来文不对题，标题与内容没有必然联系。

②太宽泛、不着边。听起来那标题的意思似有若无。如《我自信》《理想篇》《责任》等。

③一般化、无新意。听起来耳熟，仿佛已有之。如《什么是幸福》《把一切献给党》《谈谈德与才》《友爱是什么》等。

④太怪僻、难理解。听起来不懂，想一想很费解。如《葡萄与大学生》《做一个有灵魂的人》《理想、命运与路的思考》等。

演讲题目的确定是一门综合艺术。它要求作者观点鲜明，才思敏捷，文笔有独到之处。语言的修养有深邃的功夫；还要精雕细刻，精益求精，力求达到"一语天然万古新，蒙华落尽见真淳"（元如诗句）的境地。这些才智融合起来才能想出好题目。

（三）编列提纲

演讲稿提纲的编写，是演讲稿写作过程中的重要一环。通过编写提纲，可以用文字的形式把腹稿固定下来，以免写作时遗忘。同时还可以对腹稿进行不断地修复和补充，使整个演讲稿的构思更加周密和完善。

编写提纲的通常方法是：

（1）立骨架。编列演讲的中心论点和分论点，根据其内在的逻辑关系确定演讲层次的先后顺序。

（2）列材料。按照骨架的层次，分门别类地编列演讲所需要的事实材料、事理材料。

演讲稿提纲的编写方式没有固定的格式，可以编的粗一些，也可以细一些，粗的即为概要提纲，细的即为详细提纲。

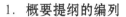

1. **概要提纲的编列**

这种提纲以极其简洁的语言和高度压缩的方式，简明扼要地列举出了演讲的主旨、材料、层次和大意等。

以例文《荣誉的光环是"钉子"精神的闪烁》为例，它的概要提纲是这样编列的：

开头：

作者的成就与雷锋"钉子"精神的关系——雷锋的"钉子"精神激励作者自学了14年而被部队评为"自学十年、锲而不舍"的学雷锋标兵，破格提干。

主体：

发扬"钉子"精神走自学之路的契机——作者失去上大学机会而渴望学习、深造。

"钉子"精神在自己身上产生的效应——作者自学获得大专文凭。

"钉子"精神促使作者拼搏所取得的成果——概括6个事例及17次立功受奖。

发扬"钉子"精神走自学之路的艰难——劳累、时间等矛盾。

结尾：

赞扬"钉子"精神，揭示"荣誉的光环是'钉子'精神的闪烁"的演讲主旨。

2. **详细提纲的编列**

详细提纲比较具体、细致，甚至把每个细节都写上。可以说是演讲稿的缩影。详细提纲编列得好，演讲者可以不写演讲稿即可进行演讲。例如，李燕杰在《演讲美学》一书中介绍了《爱情美学》演讲稿第三部分的提纲编列：

爱与美的凯歌

引马克思语，详见卡片。

引马克思之女爱琳娜语，见卡片。

只有付出艰巨的努力，才能奏响壮丽的婚姻曲。

问题一：信心不足，认为年龄太大，难以找到理想的爱人。

举例：

①陈毅同志与夫人张茜结婚时，已四十二岁。

②高士其同志与夫人金爱娣结婚时，已超过五十岁。

问题二："文革"期间片面宣传"个人事业，再大也是小事；国家的事再小，也是大事"，造成心理障碍。诡辩论冒充辩证法。

问题三：注重外表、忽视内在。

适当批评，要求外表要适度。

问题四：门当户对观念。

说明：资产阶级破除此观念。许多人不仅不计较出身，也不计较肤色。

正面举例：

①财政部长吴波同志与保姆结成儿女亲家。

②廖承志同志四个子女找的是普通工农群众的子女。

反面举例：

①《简·爱》中罗彻特的第一次婚姻。

②青年当中的一两个例子。待找。

问题五：鄙视再婚，使离婚或失去配偶者难以找到对象。

讲点历史，批判"好女不嫁二夫郎"，"女子无才便是德"。

举例：

①《孔雀东南飞》中刘兰芝被休后仍有不少人求婚。

②蔡文姬与董祀。

③卓文君与司马相如。

④曹丕纳甄氏。

特别要讲：瞿秋白与杨文华扫墓。

评所谓"烈女"。

详讲：《青春之歌》中林道静与余永泽的结合，初婚而感情不合——破裂。

林与江华结合，再婚而情深意笃——幸福。

林冲破一切旧思想、旧观念的束缚，真正美好的爱情，属于那些具有人类最崇高的道德观念的人们。

女青年选择对象的价值观念：解放军——大学生、知识分子——工人、贫下中农——干部、知识分子——现在要求：学历、职称、海外关系。

审美情趣与价值观念：

试提出：女大学生与万元户小伙子结合。

"土气"问题。主见，预见，远见。

莫里哀语："爱情是一位伟大的导师，教我们如何作人。"对意志、毅力、情操的考验。

结尾：一对大龄男女的通信，热情的祝愿。

编列详细提纲虽然费事，但写演讲稿时就要省力得多。这两种类型的提纲编列方法各有长处和短处，究竟采用哪种，可根据具体情况酌定。

（四）设计开头——先声夺人

演讲的开头，是演讲者与听众的一座引桥，是演讲者与听者建立初步友谊的纽带，它在整个演讲过程中起着不可低估的作用。

文章开头最难写，同样道理，演讲开场白最不易把握，要想三言两语抓住听众的心，并非易事。如果在演讲的开始听众对你的话就不感兴趣，注意力一旦被分散了，那后面再精彩的言论也将黯然失色。因此只有匠心独运的开场白，以其新颖、奇趣、敏慧之美，才能给听众留下深刻印象，才能立即控制住场上气氛，在瞬间里集中听众注意力，从而为接下来的演讲内容顺利地搭梯架桥。

那么如何才能设计一个好的演讲开头，既可以起到画龙点睛点明主旨的作用，又能自然顺畅地引领下文呢？

1. 开头的方式

（1）提问式。高屋建瓴地提出了一个发人深省的问题，或是从一个人们普遍关注的、急切迫近而一时难以解答的问题，紧接着予以回答，构成"提问式"开头。

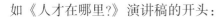

如《人才在哪里?》演讲稿的开头:

人才在哪里? 人才在九百六十万平方公里的土地上, 在十一亿人民中间, 在当今改革的激流里, 在你们——我尊敬的广大听众之中。

这个开头既有很强的吸引力和感染力, 又缩短了演讲者与听众的心理距离, 建立了一条很好的友谊纽带。

如闻一多的《最后一次讲演》的开头:

这几天, 大家晓得, 在昆明出现了历史上最卑劣最无耻的事情! 李先生究竟犯了什么罪, 竟遭此毒手? 他只不过用笔写写文章, 用嘴说说话, 而他所写的, 所说的, 都无非是一个没有失掉良心的中国人的话! 大家都有一枝笔, 有一张嘴, 有什么理由拿出来讲啊! 有事实拿出来说啊! (闻先生声音激动了) 为什么要打要杀, 而且又不敢光明正大的来打来杀, 而只敢偷偷摸摸的来暗杀! 这成什么话?

演讲稿一开头, 闻一多先生便直截了当地连连发问: 李先生遭此毒手究竟犯了什么罪? 那些刽子手为什么不敢光明正大而只敢偷偷摸摸地搞暗杀? 问题一提出, 听众就不由自主地进行思考, 并急于知道答案, 于是把注意力都集中到演讲者的身上。而且问句中又夹带着感叹句, 如山崩水泻, 势不可挡, 一开始就把演讲推向了高潮。

(2) 悬念式。设置一种使听众关注的情境和氛围, 造成悬念, 调动听众的好奇心, 激发听众的兴趣, 使听众带着问题急切地想听下面的内容, 构成"悬念式"开头。

如摘录网络《我们的后代喝什么?》:

北宋词人李之仪在《卜算子·我住长江头》一词中, 用"我住长江头, 君住长江尾。日日思君不见君, 共饮长江水"的词句来表达思念之情。如果是现在, 李之仪绝不会再写出"共饮长江水"的词句了, 为什么呢?

开头从一首很美的诗词入手, 但如此情意绵绵的词句在现在却再也不会写出, 为什么呢? 这种巧设悬念的开头, 让听众心理上马上产生疑问, 注意力很快就被吸引过来。

(3) 故事式。故事本身具有形象性、生动性和趣味性, 演讲如以故事开头, 就能即刻把听众的注意中心和兴趣中心吸引过来。

例如, 廖济忠的《做个敢于奋斗乐于奉献的人》是这样开头的:

让我们先听一个故事: 秦代的大政治家李斯出身下层, 地位卑贱。有一次上厕所, 他看见厕所里的老鼠吃的是肮脏的粪便, 还时时遭到人或狗的惊扰, 由此他想到躲在谷仓里的老鼠吃的是金黄的稻谷, 住的是敞亮的仓房, 一天到晚自由自在, 于是他发誓要改变自己的生活环境和卑贱地位。经过一番艰苦奋斗, 他的确成功了, 赢得了"秦之文章, 李斯一人而已"的美名, 达到了"富贵极矣"的地步。但他从此贪恋富贵, 患得患失, 而对奸臣的胡作非为一再妥协退让, 最终落得个全家丧命的可悲下场。从这个故事中, 我们可以看到, 人处于贫困和卑贱并不可怕, 可怕的是安于现状, 没有不怕吃苦、敢于奋斗的勇气。

爱听故事是人的天性, 听众尤其喜欢听演讲者述说自己亲身经历的故事, 但讲故事，是实现演讲目的的手段，而不是目的本身。通过故事跌宕起伏的情节，将听众引入一种忘我的境界中，并将自己的思想观点不动声色地融入故事中，展开演讲的内容，起到"随风潜入夜，润物细无声"的作用，才能真正达到讲故事的目的。

（4）揭题式。揭题式开头是开门见山，直截了当地揭示演讲主题。这种开头的方式的优点是干脆利落、中心突出，使听众一听就明白演讲的主旨是什么。

例如：

有人曾预言，中国是一头睡狮，就这样我们被人家当了一百年睡狮，我们也把自己当睡狮自我陶醉了百年。狮子是百兽之王，但一头酣睡的狮子能称得上是百兽之王吗？一只睡而不醒的狮子，一个名义上的百兽之王，并不值得我们为之骄傲。如果我们为这样一个预言而陶醉，就好比陶醉于"人家说我们祖上也曾阔过"一样，真是脆弱而又可怜。我们不要伟大的预言，我们只要强大的实力，我们不要做睡狮，只要我们醒着、前进着，就比做睡着的什么都强。

演讲者鲜明地提出"我们不愿做睡狮"的观点，犹如当头棒喝，既促人清醒，又激人奋发。一开始就将演讲推向高潮，达到讲者与听者的心灵共鸣。

（5）名言警语式。引用深邃而新颖的格言，或采用哲言隽语、句言锦句，构成"警语式"开头。

如梁启超的《教育家的自家田地》开头：

孔子屡次自白，说自己没有别的过人之处，不过是"学而不厌，诲人不倦〔学而不厌，诲人不倦〕学习永不满足，耐心地教导别人而不倦怠。语出《论语·述而》"。他的门生公西华听了这两句话便赞叹道："正惟弟子不能及也。"我们从小就读这章书，都以为两句平淡无奇的话，何以见得便是一般人所不能及呢？我年来积些经验，把这章书越读越有味，觉得：学不难，不厌却难；诲人不难，不倦却难。孔子特别过人处和他一生受用处，的确就在这两句话。

这篇演讲的开头，利用名人名言开头，立足点高，启迪性强，直接把听众引入沉思，具有精辟凝练的特点。

又如：《走自己的路》演讲开头：

路曼曼兮其修远，
吾将上下而求索。

开头引用屈原《离骚》中的警句，含义深邃而又必然地引出下文。

（6）即景生题式。一上台就开始正正经经地演讲，会给人生硬突兀的感觉，让听众难以接受。不妨以眼前人、事、景为话题，引申开去，把听众不知不觉地引入演讲之中。可以谈会场布置，谈当时天气，谈此时心情，谈某个与会者形象……

例如，你可以说："我刚才发现在座的一位同志非常面熟，好像我的一位朋友。走近一看，又不是。但我想这没关系，我们在此已经相识，今后不就可以称为朋友了吗？我今天要讲的，就是作为大家的一个朋友的一点儿个人想法。"在教师节庆祝大会上，如果天气阴沉沉的，你可以这样开头："今天天气不太好，阴沉昏暗，但我们却在这里看到了一片光明。"接着转入正题，讴歌教师的伟大灵魂和奉献精神，他们燃烧了自己，照亮了别人和人类的未来。

1863 年，美国葛底斯堡国家烈士公墓竣工。落成典礼那天，国务卿埃弗雷特站在主席台上，只见人群、麦田、牧场、果园、连绵的丘陵和高远的山峰历历在目，他心潮起伏，感慨万千，立即改变了原先想好的开头，从此情此景谈起：

> 站在明净的长天之下，从这片经过人们终年耕耘而今已安静憩息的辽阔田野放眼望去，那雄伟的阿勒格尼山隐隐约约地耸立在我们的前方，兄弟们的坟墓就在我们脚下，我真不敢用我这微不足道的声音打破上帝和大自然所安排的这意味无穷的平静。但是我必须完成你们交给我的责任，我祈求你们，祈求你们的宽容和同情……

这段开场白语言优美，节奏舒缓，感情深沉，人、景、物、情是那么完美而又自然地融合在一起。据记载，当埃弗雷特刚刚讲完这段话时，不少听众已泪水盈眶。

即景生题不是故意绕圈子，不能离题万里、漫无边际地东拉西扯。否则会冲淡主题，也使听众感到倦怠和不耐烦。演讲者必须心中有数，还应注意点染的内容必须与主题相互辉映，浑然一体。

以上列举的是演讲开头常见的方式，实际上人们运用的远远不止这些。但不管采用哪种开场白，都应该注意以下几点：形式新颖别致，内容有新意，格调高雅而不庸俗。

（五）充实内容——层层展开，推向高潮

主体部分是一篇演讲稿的躯干和重点。演讲稿的主体，要层层展开，步步推向高潮。所谓高潮，即演讲中最精彩、最激动人心的段落。在主体部分的行文上，要在理论上一步步说服听众，在内容上一步步吸引听众，在感情上一步步感染听众。要精心安排结构层次，层层深入，环环相扣，水到渠成地推向高潮。

演讲稿主体的写作，难于一般文章主体部分的写作。这是因为，演讲稿的主体结构具有动态性结构特点。所谓动态性结构特点，指两个方面：其一，一般文稿的写作，在反映事物发展的阶段性、延续性、多面性等内容时，可以采用序码、小标题、空行、分段等手段来显示层次结构；但演讲稿是口头表达，受表达方式的限制，显示演讲稿内容的层次，不能通过序码、小标题、空行、分段等方法来达到目的，需要采用特殊处理方法才能表明和体现层次。其二，一般文稿主要是供人阅读的。读者有思考的余地，而演讲语言稍纵即逝，听众对每一句话的含义，几乎没有思考玩味的余地。

根据演讲稿主体结构的动态性结构特征，我们在组织行文时要尽量注意以下方面：

1. 脉络条理

刘勰主张文章结构要"总文理、统首尾"。我们在写演讲稿时，尤其要把握全篇的主题，紧扣中心论点，使内容前后统一，顺理成章，贯穿到底。做到无论是叙事、说理、抒情，还是千波百折，高潮迭起，都要一以贯之。

怎样确保主旨鲜明呢？我们用三句话概括："红线"确定；"玉珠"典型；以"线"串"珠"。"红线"，指演讲内容的主线，主旨。"红线"确立，即首先确立演讲主旨，明确中心论点。"玉珠"，指演讲的事实材料和事理材料。"玉珠"典型，即演讲

的事必须真实、典型；理必须是真理；哲理、论理必须合乎逻辑。以"线"串"珠"，指在主旨的统帅下，提纲挈领，把事和理"串"起来，使之"满架葡萄一根藤"。

2. 层次清晰

演讲中为使听众能够明确感到演讲层次的存在和脉络的清晰。

由于演讲稿具有动态性特点，撰稿时可采用下列方法明确层次关系：

（1）有意识地树立鲜明的有声语言标志来标明层次。即依靠有声语言标志作用于听众的听觉，使听众感觉到层次的存在和清晰。具体方法则是采用排比段、过渡句等有声语言标志。

例如演讲稿《长城颂》，为了证明中国人民解放军这座绿色长城始终如一地坚持党的绝对领导，用自己的血肉之躯，抵御各种风暴的冲击，经受了无数次血与火的洗礼，捍卫了祖国的尊严，一次又一次地向党和人民交出了合格的答卷，就是采用排比来显示层次的：

祖国可以作证——在外来侵略者面前，我们的"长城"是一道不可逾越的铜墙铁壁（列举对越还击战，对印反击战，南海之战……）。

人民可以作证——在自然灾害面前，我们的"长城"是抢险救灾、扶助危难的中流砥柱（列举抗震救灾，大兴安岭扑火，华山抢险……）。

共和国可以作证——在国际资本主义和国内外敌对势力面前，我们的"长城"是抗击八面来风，防止"和平演变"的无产阶级专政的坚强柱石（列举西藏平叛，北京平暴，以血醒民、民死警民……）。

采用这种排比段的方式建立鲜明的有声语言标志，诉诸听众的听觉后，听众便会感觉到层次清楚，脉络清晰。

又如演讲稿《莫让年华付水流》，在段落的开头，都是选用与时间紧密关联的短句构成排比段来表明层次的：

时间是个常数；时间是青春的要素；时间是无情的；时间就是速度；时间就是胜利；时间就是生命；我们要做时间的主人。

这样既承上启下，又各不相同，从多侧面多角度说明了青年朋友应珍惜宝贵的青春年华的道理。

（2）依靠演讲内容内部的逻辑联系来体现层次。

演讲各部分之间的逻辑联系，属于结构中内在深层的联系，往往表现为复杂的因果关系。演讲时依靠内容的内部逻辑联系来调理脉络，也能使演讲的脉络清晰，层次清楚。议论型演讲稿，其段落之间或步步深入，或条项列目，或正反相衬，都包含着逻辑上的因果必然性，故可按提出问题、分析问题、解决问题（做出结论）的方式来体现层次。叙事型演讲稿，则可以人物认识的发展（由浅入深，由表及里，由局部到全局，由片面到全面，由怀疑到相信，由错误到正确，由落后到先进等）和感情的变化体现层次；可按事物发生的直接因果关系来体现层次；可按事物存在的时间、空间、距离三维变化来体现层次；亦可按事物的类别、属性的聚集来体现层次；等等。

例如，来自老山前线的英模事迹演讲报告中，盛其顺同志的《在战火中坚定共产主义信念》，就是以人物的思想认识转化与成长过程作为主线而安排层次的。盛其顺所在的连队，临战前，全连76名团员有75名写了入党申请书，就他一个人不写，领导和战友做工作，他暴怒地说："入党咋的，能当饭吃？能当钱花？"就是这样一个昔日对政治漠不关心的战士，在战火的考验中，被党员们那种临危不惧、舍生忘死的精神所感化。他奋勇作战，积极要求并入了党，成为一名战斗英雄。这种以人物事迹为主要内容的演讲报告词，采用典型的个人思想发展规律作为主线，脉络清晰，层次清楚。

3. 衔接连贯

演讲的动态性结构特征，制约着演讲稿内容的调整，层次的跳跃。随着层次的展开，中间环节的出现，使演讲稿内在联系变得复杂，若衔接不紧，便会松散零乱，有损于演讲稿主体的整体结构。因此，需要采用必要的过渡衔接手段，使复杂变清晰，隐蔽变显露，以达到连贯思路、承上启下、接榫缝合的效果。衔接巧妙，联络无痕，演讲以一气呵成，天衣无缝，这不仅给人以脉络清晰的印象，更主要的是使文章浑然一体，给人以完整的印象。

演讲稿的衔接，主要指演讲稿的过渡与照应。过渡指层次与层次、段落与段落之间的转换；照应指上下文的相互呼应。演讲稿在下列情况下需要过渡：

（1）讲述问题由总到分或由分到总。

（2）由一层意思转换到另一层意思。

（3 由议论转为叙述或由叙述转为议论。

（4）由一件事转到另一件事。

上述几种情况的过渡，有的需用过渡词，有的需用过渡句，有的需用过渡段。演讲稿过渡词句选用得好，也常常受到听众的格外关注。如演讲稿《荣誉的光环是"钉子"精神的闪烁》，在介绍完主人公发扬雷锋"钉子"精神，取得了成绩，获得了荣誉之后，接着介绍自学时的艰难困苦时，作者是这样过渡的：

在自学途中，如果只说捧到了鲜花，无疑是片面的；只说吃到了蜜糖，也并非实事求是。在荣誉的光环里，在获得成功的瞬间，在"挤"和"钻"的背后，得忍受多少常人难以克服的困苦，得承受多少别人望而却步的艰难。

这里采用的是由过渡句组成的过渡段。过渡自然，衔接紧密，文气贯通，不仅使演讲脉络清晰，层次分明，浑然一体，而且还由于语言的含蓄委婉、巧妙多变和活泼新颖，受到听众的格外关注。听众喜欢这种既生动又含蓄，而且富有哲理、能启迪人们思索的过渡语言。

演讲稿的照应有以下几种：

（1）内容与题目的照应。

（2）内容之间的前后照应。

（3）主旨与"点睛"词语的照应。

（4）开头与结尾的照应。

一般文章的结构，是文章部分与部分、部分与整体之间的内在联系和外部形式的统一；而演讲稿的动态性结构则是部分与部分、部分与整体的内在联系和有声语言的统

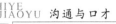

一。因此，演讲稿的动态性结构特点，要求演讲稿在完整性、连贯性、严密性、灵活性上，都必然考虑到接受信息的对象是听众而非读者，要与有声语言密切配合，注重衔接。

演讲稿的衔接有多种多样的方式，要根据内容需要灵活运用。但不管怎样布局谋篇，不管采取什么样的过渡和照应方式，都必须始终围绕一个中心，前后一致，首尾贯通，思维论断具有明确性和确定性。只有这样，全篇结构才合乎逻辑、完美无缺，层次也才能清晰、严谨。

4. 精心设置高潮

"文似看山不喜平"。演讲稿更加要求节奏鲜明，张弛相间，跌宕起伏。要有波澜起伏的段落和引人入胜的高潮，力避平铺直叙，泛泛而谈。

成功的演讲，总能掀起几次高潮，使演讲达到"快者掀髯，愤者扼腕，悲者掩泣，羡者色飞"的出神入化的佳境。演讲的高潮，既是演讲者感情最激昂、气势最强劲的时刻，又是听众情绪最激动、精神最振奋的地方。反之，演讲稿的结构平板呆滞，演讲中一次高潮也没出现，那么听众便会分散注意力，甚至产生厌倦情绪，从而使整个演讲大为逊色。

演讲稿中怎样设计安排高潮呢？

李燕杰曾经做出较为精深的论述。他说："一次演讲，怎样达到高潮？这需要演讲者在感情上一步一步地抓住听众，在理论上一步一步地说服听众，在内容上一步一步地吸引听众，使听众的内心激情逐渐地燃烧起来，演讲将自然推向高潮。"（《演讲美学》）许多有经验的演讲者也正是这样，他们在写演讲稿时，或是通过对所举事例的准确地阐释分析，从中提炼出惊世骇俗的观点及深刻的哲理，掀起高潮；或是运用比喻、排比等修辞手法，妙语连珠，满座皆赞，掀起高潮；或是通过演讲的中心论点的精当，透辟地议论，字字珠玑，语语中的，使听众为之折服而掀起高潮；或是运用充满感情的语言，设计自然得体的动作，包含真挚热烈的情感，为听众创造一个真切动人的意境而达到高潮；或是语言运用富于变化，时而严峻论理，时而轻松谈笑，时而慷慨激昂，时而诙谐幽默，使听众情绪起伏，掀起一个个高潮。

使演讲掀起高潮的方法多种多样，写演讲稿在设计和安排高潮时，要使演讲的高潮切实体现出情感浓烈、哲理丰富、令人回味无穷的特征。要像磁铁那样，紧紧地吸引住听众，使台上台下达到高度的融洽、和谐的统一。体现演讲高潮的那些名言、锦句或简短的议论，要从可靠的事实或充分的事理中自然而然地生发出来，切忌牵强附会，生涩费解；要以简洁得体的语句、确切得体的方式，生动有力地将自己与听众的思想感情推向高潮，切忌拖泥带水，冗长啰嗦。一次较短的演讲，宜将高潮安排在结尾，较长的演讲宜在中间或结尾出现几次高潮。

（六）写好结尾——简洁有力，余音绕梁

结尾是演讲内容的自然收束。言简意赅、余音绕梁的结尾能够使听众精神振奋，并促使听众不断地思考和回味；而松散疲沓、枯燥无味的结尾则只能使听众感到厌倦，并随着时过境迁而被遗忘。

怎样才能给听众留下深刻的印象呢？

美国作家约翰·沃尔夫说："演讲最好在听众兴趣到高潮时果断收束，未尽时戛然而止。"这是演讲稿结尾最为有效的方法。在演讲处于高潮的时候，听众大脑皮层高度兴奋，注意力和情绪都由此而达到最佳状态，如果在这种状态中突然收束演讲，那么保留在听众大脑中的最后印象就特别深刻。

林肯以下面这段话作为他向南部人民发表就职演说的结束语：

我痛恨发生冲突。我们不是敌人，而是朋友，我们绝对不要成为敌人。强烈的情感也许会造成紧张情势，但绝对不可破坏我们的情感和友谊。记忆中的神秘情绪从每一个战场及爱国志士延伸到这块广大土地上的每一颗活生生的心及每一个家庭，将会增加合众国的团结之声。到时候，我们将会，也必然会，以我们更佳的天性来对待这个国家。

这段话用纯美的境界与如诗的口才呈现出友善的高潮。

一个演讲者如何才能具有对演说结尾部分的正确感觉？确切地说，跟文化一样，这种东西太微妙了，它几乎是一种直觉。不过，这种"感觉"是可以培养出来的，这种经验也是可以总结出来的。下面我们介绍一些比较实用的方法供大家借鉴和参考。

1. 总结全篇

这种结尾用极其精炼的语言，对演讲内容进行概括性总结，使听众对整个演讲有清晰明确的印象，或简要地点明题意，对中心思想作集中、准确的归纳，使听众得其要而悟其旨。

1989 年，西班牙的卡米洛·何塞·塞拉·特鲁洛克获诺贝尔文学奖，塞拉在授奖仪式上发表了题为《虚构颂》的演讲，他这样结尾："通过努力和想象，人最终可以成其为人。在这种很大一部分尚未完成的事业中，虚构在任何时候、任何情况下都是一个决定性的工具：在通向自由的无尽的征途上，它能够给人们指引方向。"结尾直接回归演讲的主题《虚构颂》，强化了他自己所倡导的"虚构"的重要性，将他的文学主张重重地烙在了人们的心里。

点题式结尾便于突出演讲的中心论点。

2. 提出号召

这种结尾，或提出希望，或发出号召，或展示未来，以激起听众感情的波涛，使听众产生一种蓬勃向上的力量。如《再筑一道长城》演讲稿的结尾：

朋友们，让我们携起手来，用我们的思想，用我们的全部再筑一道长城，一道坚强不摧的血肉长城！让我们伟大的中国，伟大的中华民族，永远，永远立于世界民族强林！

演讲者以深沉炽热的感情，呼唤着国民国防意识的增强，用火一样的激情，诗一般的语言，点燃众人炽烈的激情，去再筑一道坚不可摧的钢铁长城。

3. 抒发情怀

这种结尾有助于坚定听众的信念，增强演讲的号召力。如演讲稿《我的理想》的结尾：

历史，令我们懂得了国力强盛，国防坚强与国家安宁，人民幸福的休戚关系；现实，让我们知道了建设现代化国防，需要的是拥有现代科学文化知识的真正人才！

我——一名中学生，为我的理想，为我希望的橄榄绿，为创造国防事业更加灿烂的明天，我将努力学习，不断进步，全面发展！

结尾言简意赅，语言真切，充分表达了演讲者鲜明的立场和坚定的决心，从而有力地鼓舞着广大听众朝着这一目标奋进。

4. 故事结尾

故事式结尾，是以一个与演讲主题有关的故事作为结束辞，再以名言警句将主题加以升华。2008 年 12 月 27 日，在第四届全国校园文学研讨会上，"学术超女"于丹做了精彩的演讲，在演讲的结尾，于丹以一个故事作为祝福送给所有听众：

有个调皮的小孩想为难睿智的老酋长，抓了只小鸟问酋长："你说这小鸟是生是死呢？"小孩盘算着，如果老酋长说是生，他就暗中加劲把它捏死，如果说是死，他就张开双手把它放飞。小孩满以为取得完全的胜利。老酋长慈祥地笑了笑，拍了拍小孩的肩膀说："生命就在你的手里。"2009 年，无论将遭遇多少风雨，无论将直面多少荣光，我向上天祈祷，我不求命运完全掌握在自己的手里，只希望无论面对什么困难，我都毫不畏惧！面对未来的每个日子，无论 2009 年还是更远的将来，我想，我们每个人生命未来都在自己手里。（掌声雷动）

于丹所讲的故事含义隽永而含蓄蕴藉，又与主题紧密相连，把寓意深刻的道理讲得耐人寻味。于丹借助故事倾谈心声，巧用名言"我们每个人生命未来都在自己手里"，升华了主题，讲得字字珠玑、铿锵有声，如珠妙语如同一道心灵鸡汤，滋养着台下听众的心田，自然会收获热烈的掌声。可见，结尾讲故事，演讲效果好。

5. 高潮式结尾

以高潮结尾即是将讲演的高潮放在最后，采取层层推进、逐层累积的方式，打动听众心弦。

在一次有关尼亚加拉大瀑布的演说中，林肯是这么结尾的：

这使我们回忆起过去。当哥伦布首次发现这个大陆，当基督在十字架上受苦，当摩西领导以色列人通过红海，甚至当亚当首次自其造物者手中诞生时，那时候和现在一样，尼亚加拉瀑布早已在此地怒吼。已经绝种但其骨头塞满印第安土墩的巨人族，当年也曾以他们的眼睛凝视着尼亚加拉瀑布，正如我们今天一般。尼亚加拉瀑布与人类的远祖同期，但比第一位人类更久远。今天它仍和一万年以前一样声势浩大。早已死亡，而只有从骨头碎片才能证明它们曾经生存在这个世界上的史无前例的巨象，也曾经看过尼亚加拉瀑布。在这段漫长无比的时间里，这个瀑布从未静止过一分钟，从未干枯，从未冻上过，从未合眼，从未休息。

这段演讲结尾以回忆过往的形式，连用 4 个"当……"畅谈哥伦布、基督、摩西、亚当等的时代，彰显了尼亚加拉大瀑布的悠久历史，如滚滚春雷，气势不凡。最后，连着 5 个"从未……"将演讲主题推向高潮的同时，突地戛然而止，但却余味未尽，给听众留下深刻的印象。可见，结尾亦高潮，演讲效果好。

这种采用高潮的方式结尾，从内容上讲，要有一定的高度，因为它是全篇演讲的概括和总结；从语言角度上讲，语言的含义要一层高过一层，语言的力度要一句比一句重。

6. 幽默结尾

乔治·可汗说过："当你说再见时，要使他们脸上带着笑容。"幽默式结尾是用风趣幽默的言语作为结束辞，在笑声中结束演讲，如在丰盛的大餐过后，奉上一道美味的甜点，妙不可言。

2008年6月18日，中国国务院副总理王岐山在第四次中美战略经济对话结束后的一场晚宴上，发表40分钟的即席脱稿演讲，他的幽默口才折服了参加晚宴的美国听众，嘉宾笑声、掌声不断。在演讲结尾，王岐山说：

> 我是不喜欢念讲稿却喜欢即兴讲话的，虽然这样容易祸从口出（笑声）……说老实话，中国也有人存在保护主义思想，有些学者就认为中国开放得太大了，担心华尔街那帮人太会赚钱了，把我们的钱都赚跑了（笑声）……欢迎美国朋友来中国观看北京奥运会，如果实在没法去北京，那一定要在电视机前看奥运会，为美国和全世界运动员加油。如果没有票，可以找我。如果找不到旅馆，我们的旅游局长邵琪伟在这里。如果大家吃东西病从口入，可以找我们的质检局长李长江。（笑声）

在演讲的结尾，王岐山巧借"祸从口出"调侃自己的脱稿演讲，洒脱随意。随后讲出的一番话睿智幽默，妙趣横生，让全场笑翻。这样的演讲结尾，如此的妙语解颐，既巧妙地向美国人推销了北京奥运，又在谈笑间展现了中国领导人幽默自信的外交风采，极富情趣而让人叹服。可见，结尾幽默化，演讲效果好。

有一次，乔治在聚会上向教徒们演讲著名传教士韦斯理的墓园维护问题，这个题目极为严肃，大家都想不出有什么好笑的。但是乔治做到了这一点，而且做得很成功。

> 我很高兴各位已经开始整修他的墓园，这个墓原本就应该受到尊重。他生前特别讨厌任何不整洁及不干净的事物。我想到他说过的一句话，"不可让人看到一名衣衫褴褛的美以美教徒"。并且由于他的努力，你们将永远不会看到这样的一名美以美教徒。（笑声）如果任由他的墓园脏乱，那是极端不敬的。各位都应该记得，有一次他经过德比夏郡，一名女士奔到门口，向他叫道："上帝祝福你，韦斯理先生。"他回答说："小姐，如果你的脸孔和围裙更干净一点，你的祝福会更加有效。"（笑声）这就是他对不干净的感觉，所以，请不要让他的墓园显得脏乱。万一他偶尔经过，这比任何事情都令他伤心。你们一定要好好照顾这个墓园。这是一个值得纪念的神圣墓园。它是你们信仰寄托的地方！（欢呼声）

幽默风趣的语言结尾，令人在笑声中深思，余味无穷。

7. 以名人诗句作结束

是通过引用名言、警句、谚语、格言、成语、诗句等作为结尾。这样不仅使语言表达得精炼、生动，富有节奏和韵律，而且还可使演讲的内容丰富充实，具有启发性和感染力，同时还可以给人一种生动活泼、别开生面之感。

1966 年瑞典的奈丽·萨克斯获诺贝尔文学奖。在十分简短的演说中，萨克斯以自己几年前写出并收入诗集《逃亡与蜕变》（1959）的一首诗结束她的演说。"逃亡/何其盛大的接待/即将来临……我掌握着全世界/而不仅是故国的蜕变。"该诗的开头和结尾就是她自己苦难一生的写照，用自己的作品结束演讲，在众多的诺贝尔文学奖演说中别具一格。

世界扶轮社社长哈里·劳德爵士在爱西堡年会上向美国扶轮社代表团发表演讲，就以这种方式结束他的演讲：

各位回国后，你们中的一些人会给我寄明信片。如果你不寄给我，我也会寄一张给你。你们一眼就可以看出那是我寄的，因为上面没有贴邮票。（笑声）但我会在上面写些东西：

春去夏来，秋去冬来，

万物枯荣都有它的道理。

但有一件东西永远如朝露般清新，

那就是我对你永远不变的爱意与感情。

这首短诗很适合哈里·劳德的个性，当然也能配合他演讲时的气氛。因此，这段结尾对他来说，是非常合适的。

（七）锤炼语言

演讲是一种特殊的语言艺术，演讲稿的写作是为"讲"而作，其语言的运用要处处考虑到演讲的各种因素。流畅活泼、准确得体、生动形象、诙谐幽默的语言，便于有声有色地现场表达，并能取得最佳的演讲效果。所以要想提高演讲稿的质量，就必须掌握演讲稿的语言技巧，不断锤炼，提升语言的艺术性和可讲性。

1. 如何运用各种方式提升语言的艺术性

第一，多用形象化的语言。形象化的语言能变抽象为具象，化深奥为浅显，便于听众接受和理解。具体来说，就是要多用比喻、拟人、夸张、排比等修辞手法增强语言的形象性。

例如，温家宝总理 2010 年 10 月 3 日在希腊议会发表题为《坚定信心共克时艰》的演讲时，针对希腊在金融危机中遇到的困难，在演讲中特意运用形象的比喻来增强信心："希腊以大海和高山引以为豪，海纳百川，包容整个世界，壁立千仞，无论遇到多大的困难都不会屈服。"这里以希腊的"大海"和"高山"为喻，形象地比喻希腊人民一定能以百折不挠的毅力和坚定顽强的意志战胜眼前的困难，从而起到鼓舞人心的作用。

再如北大一位同学在题为《另一只眼睛》的演讲中这样说道："我们来到北大，就像一张张软盘，到北大这台计算机上拷走了知识和精神。我们的时间是有限的，我们面对的硬盘却是全国最大的。既然如此，我们就应该把研究、阐述北大精神的事交给像各位评委这样的专家，和除我之外的十六位选手这样未来的专家去做，而我们应该做的，就是把我们体会到的北大精神抓紧时间拷过来，然后再用一生去慢慢解读。但要注意，可千万要提防自由散漫、眼高手低的北大病毒。拷走知识的同时，你还要问问自己，你又留下了么？……"这里，作者将学生和北大的关系比为软盘和硬盘，将学生的求学与北大的关系、研究北大精神与理解和学习北大精神等复杂的关系形象化，显得通俗易懂，便于理解。

第二，运用幽默风趣的语言。为了调节演讲气氛，活跃演讲现场，有时可适当使用一些幽默风趣的语言，吸引听众的注意力，激发听众的兴趣，赢得听众的好感。

爱迪生在一次演讲中，讲到他小时候被列车员打聋了耳朵时顺便说道："我真得感谢那位先生，他终于使我清静下来，不必堵着耳朵搞实验了。"这种幽默的语言顿时取得了化沉重为轻松、变坏事为好事的效果。

1938 年，陈毅应邀参加一次演讲，主持人做介绍时称呼他为将军。陈毅一开讲就说："我叫陈毅，耳东陈，毅力的毅，刚才司仪先生称我将军，实在不敢当，我现在还不是将军。当然叫我将军也可以。我是受全国老百姓的委托，去'将'日本鬼子的'军'。这一'将'直到把他们'将死'为止……"在这里，陈毅巧妙发挥，对"将军"做出新解，充分表现出他非凡的智慧和幽默才能，也巧妙地表达了他抗日的决心，令听者耳目一新，顿生好感，经久难忘。

再如一位演讲者在做关于抽烟问题的演讲时说："关于抽烟，我想了很久，为什么吸烟的害处那么多，而人们还要吸呢？我又仔细想了想，可能抽烟有三个好处：一是不会被狗咬，二是家里永远安全，三是永远年轻。大家要问，那为什么呢？因为：一是抽烟人多为驼背，狗一看见他弯腰驼背的样子，以为要捡石头打它呢；二是抽烟的爱咳嗽，小偷以为还没睡觉，不敢行窃；三是抽烟有害健康，减少寿命，所以永远年轻。"作者没有采用一本正经的说教，而是运用轻松幽默的语言，于谈笑间极为巧妙地表现出吸烟的危害，令人听后恍然大悟，发出会心的微笑。

第三，采用合适的引语。为了增强演讲的可信性和说服力，在演讲稿的写作中，可适当地引用一些名言、格言、诗句、警语、谚语等，增强演讲的文化底蕴和说服力。

习近平于 2012 年 2 月 15 日在华盛顿向美国友好团体做题为《共创中美合作伙伴关系的美好明天》的演讲时，就引用了中国民谚"饮水不忘掘井人"，以此来缅怀当年敢于打破坚冰，以非凡战略眼光和卓越政治智慧打开中美友好合作大门的两国老一代领导人。同时，又引用古诗"青山遮不住，毕竟东流去"来形象地比喻中美友好合作是大势所趋、人心所向，不可阻挡、不可逆转。

同样，温家宝总理于 2010 年 10 月 3l 日在希腊议会所做的《坚定信念共克时艰》的演讲中，也引用了亚里士多德的"吾爱吾师，吾更爱真理"、苏格拉底的"逆境是磨炼人的高等学府"以及中国古语"艰难困苦，玉汝于成"等等，增强了演讲的说服力。"这种方法用得恰当能够激发听众的兴趣，吸引听众的注意力，有利于听众对演讲者产生出语不凡的感受，增加对演讲者的信任。"

2. 运用各种方式去增强语言的可讲性

演讲稿的写作，要处处考虑到演讲的需要，采取各种方式，锤炼演讲语言，便于有声有色地现场表达，取得最佳的演讲效果。具体而言，演讲稿的语言要注意如下几点：

第一，用富有感情和哲理的语言。在演讲中，运用富有情感和哲理的语言容易打动

人心，启人深思，增强演讲的感染力和震撼力，"使得听众在诗一般的语言的陶冶中不知不觉地得到启发和教育"。

如雨果在《巴尔扎克葬词》的演讲中，称赞巴尔扎克："他的全部书仅仅形成了一本书，一本有生命的、有光亮的、深刻的书，我们在这里看见我们的整个现代文化走动、来去，带着我说不清楚的和现实打成一片的惊惶与恐怖的感觉。"情理交融的语言，包含着演讲者对巴尔扎克的深刻理解和高度评价，使人听后为之动容，深受启发。

海明威在 1954 年获诺贝尔文学奖时发表题为《写作，是一种孤寂的生涯》的著名演讲。在演讲中，他别开生面地表达了自己对写作的独特理解："写作，在最成功的时候，是一种孤寂的生涯。作家的组织固然可以排遣他们的孤独，但我怀疑它们未必能够促进作家的创作。一个在稠人广众之中成长起来的作家，自然可以免除孤苦寂寥之虑，但他的作品往往流于平庸。而一个在岑寂中孤独工作的作家，假如他确实不同凡响，就必须天天面对永恒的东西，或者面对缺乏永恒的状况。"这段话可称得上字字含情，句句哲理，不仅抒发了他对写作的真情实感，而且触及写作的本质、写作精神、写作境界、写作追求等一系列众多而深刻的写作命题，使人从中受到巨大的震撼，获得崭新的启迪。

白岩松在其演讲《人格是最高的学位》中，有一段谈到冰心老人："冰心的身躯并不强壮，即使年轻时也少有英姿飒爽的模样，然而她这一生却用自己当笔，拿岁月当稿纸，写下了一篇关于爱是一种力量的文章，然后在离去之后给我们留下一伟大的背影。"演讲者以情理交融的语言，对冰心的人格和贡献做出了高度评价，其中渗透着作者对平凡与伟大二者关系的理解，具有深刻的哲理性。

第二，多用通俗易懂的口语。无论演讲内容多么重要，思想多么深刻，都要尽量少用书面语，多采用大众化的口语。演讲语言都是经过精心提炼的口语，是贴近生活的、充满活力的语言。

如闻一多的《最后一次演讲》就大量运用口语，形成排山倒海的气势："今天，这里有没有特务？你站出来！是好汉的站出来！你出来讲！凭什么要杀死李先生？杀死了人，又不敢承认，还要污蔑人，说什么'桃色事件'，无耻啊！"这样口语化的诘问，气势磅礴，大义凛然，极易产生震撼人心的效果。

第三，发挥语言的音乐性。为了使演讲有很强的节奏感，形成流畅、起伏、回环的音乐美，演讲稿的写作要多采用叠词、反复、排比、顶针等修辞手法，注意声调的和谐和节奏的变化。

如美国总统奥巴马在 2009 年 1 月 20 日发表题为《是的，我们能》的就职演讲，在阐述美国的发展变化、美国精神与美国力量时，他一边使用对比阐述，一边使用重复、排比，一连用了 6 个"是的，我们能"，向全美国乃至全世界传达了坚定的信心和希望，使人听之热血沸腾，备受鼓舞。

再如恩格斯《在燕妮·马克思墓前的讲话》中就使用了排比："她生前终于看到，曾经落在她丈夫身上的各种污蔑完全烟消云散；她生前终于听到，各国反动派曾经企图扼杀的她丈夫的学说在各个文明国家用各种优美的语言公开地胜利地传播了；她生前终于看到，充满胜利信心的无产阶级的革命运动席卷了从俄罗斯到美洲的一个又一个国家。"排比句的运用不仅展示了燕妮与马克思共同奋斗取得了巨大的成功，也热情地赞美了燕妮的忠贞不渝、甘于奉献、忘我奋斗的高尚品德。

第四，注意句式的变化。演讲稿的写作要以短句为主，长短参差，富于变化。要尽量减少过长的句式，避免"欧式"句式，不用过长的定语、状语、补语，不采用复杂的句式结构。同时，还要尽量采用双音节词，既便于演讲者"上口"，又便于听者"入耳"。

如维克多·雨果在《巴尔扎克葬词》的演讲中说道："唉！这强有力的、永不疲倦的工作者，这哲学家，这思想家，这诗人，这天才，在我们中间，过着暴风雨的生活，充满了斗争、争吵、战斗，一切伟大人物在每一个时代遭逢的生活。——今天，他安息了。他走出了纷争与仇恨。他在同一天步入了光荣，也步入了坟墓。从今以后，他和祖国的星星在一起，熠耀于我们上空的层云之上。"这里，长短句交错，以短句为主，形成明快有力的表达效果，使听者在悲悼之余又大大深化了对巴尔扎克的认识。

（八）演讲稿的格式

演讲稿的一般格式包括题目、称谓、主体（开头、正文、结尾）、署名、日期。如何拟写标题以及主体部分在上文已有论述，这里主要补充一下对于称谓的撰写。在撰写称谓时，要注意得体要兼顾在场的每一个人。比如，在场的有企业的员工、合作伙伴、政府领导的话，就不能简单地称为"各位来宾"，而应该具体指出"尊敬的各位领导、朋友们、员工们"，称呼得体，能体现对观众的尊重，使得观众不会感到被忽视。例如著名作家莫言在 2012 年获诺贝尔文学奖演讲时的称谓便突出了瑞典学院的院士："尊敬的瑞典学院各位院士，女士们、先生们"。又例如温家宝总理在新加坡国立大学的演讲时的称谓是"尊敬的李光耀资政，尊敬的施春风校长，同学们，老师们，女士们，先生们，朋友们"。

另外，在演讲的现场，往往会加入问候语，如在主体开头前说"大家好"，结束的时候说"谢谢大家"等，这些问候语是不能忽略的，但同时也不宜过长，显得过于客套。

（九）演讲稿的字数

撰写演讲稿还有一种重要的注意事项是对演讲稿字数的控制，通过控制字数，可以使演讲者掌握时间、调整速度。一般广播是每分钟 280 个字，演讲要慢一些，大约 250 个字。例如 10 分钟的演讲大概演讲稿的长度应有 2 500 字左右。这些都应该在撰写演讲稿时考虑好，以免临场演讲失控，时间到了话题还没有讲完。

（十）修改演讲稿

演讲稿写成之后，演讲者应该进行不断地修改和调整，可以通过试讲或默念加以检查，凡是讲不顺口或听不清楚之处，均应重写。历史上成功的演讲无不是经过多次修改而成的。

例如林肯著名的《葛底斯堡演讲》，是葛底斯堡战役后，决定为死难烈士举行盛大

葬礼。林肯答应了掩葬委员会发给他的邀请后，两星期内，他在穿衣、刮脸、吃点心时也想着怎样演说。演说稿改了两三次，他仍不满意。到了葬礼的前一天晚上，还在做最后的修改，然后半夜找到他的同僚高声朗诵。走进会场时，他骑在马上仍把头低到胸前，默想着演说词。正是由于林肯对讲稿的多次精读反复修改才有了这场著名的葛底斯堡演讲。

思考与训练

1. 2009 年人民网演播厅举行的"庆祝共和国六十华诞 为祖国骄傲为女性喝彩——'更香杯'首都女记协演讲大赛"中特等奖的获得者中央电视台记者柴静的演讲稿见第六章，请体会作者是如何围绕主题组织行文的。

2. 曾经有这样一首小诗，饶有趣味："你不可以左右天气，但你可以改变心情；你不可以事事顺利，但你可以事事尽力；你不可以改变不公，但你可以展现笑容；你不可以预知明天，但你可以把握今天。"细心品味这首诗，然后针对此诗，自定主题，编写演讲提纲。

3. 围绕"人生处处是考场"搜集演讲稿材料，不少于 5 则。

4. 有人认为：青春像一座山背负一路感伤。郭敬明也曾说：青春是道明媚的忧伤。你眼中的青春是什么样的？请具体说说你对"青春"的看法。

5. 确立上题《青春》的主题，请至少用 3 种方式拟写开头。

6. 用各种方式拟写《人格，人生的最高学位》的结尾。

7. 在《生命的空白》《岔路口》、《生活从"心"开始》《不必要完美》中选一个主题，写一篇演讲稿。

第四节　演讲的控场与应变

演讲进行过程中会出现一些自己无法预料、突发的状况，这些都会干扰、阻碍演讲活动的顺利进行。怎样把握主动，有效控制现场，并能机智地处理应变情况，是一门艺术更需要一定的技巧。

一、演讲控场技巧

据传俄国伟大的马克思主义理论宣传家普列汉诺夫有一次在日内瓦做《无产阶级与农民》的演讲时，社会革命党人和无政府主义者这伙抱有敌意的听众从中捣乱。他们在普列汉诺夫演讲时，吹口哨、踩脚、喧闹，还与其他观点不同的听众争吵辩论，几乎令演讲无法进行下去。普列汉诺夫面对这种情况，十分冷静沉着，双手交叉在胸前，沉默不语，用一种嘲笑的目光扫视着那些不怀好意的家伙。待台下稍微有些安静，他突然大声地说："如果我们也想要使用这种武器同你们斗争的话，我们来时……"他顿了一下，大家以为他会说带来枪械棍棒之类的东西，以其人之道还治其人之身。然而，他却出乎意料地缓声说道："我们来时就会带上冷若冰霜的美女!"听众哄然大笑,之后,立刻静了下来。于是演讲得以继续进行下去。

一个混乱的场面如此迅速地得到改观,这其中,普列汉诺夫显然得力于他的控场技巧。

控场是指演讲者对演讲场面进行有效控制的能力。演讲者在演讲的过程中,由于各种各样的原因,导致听众的情绪、注意力及场上气氛、秩序常有发生变化的可能。演讲者为有效地调动听众情绪,集中听众的注意力,驾驭场上气氛及秩序,使其朝有利方向发展,就需要借助控场技巧来达成。控场技巧是一门艺术,也是一门科学。因为它既有因人而异的偶然性,又有一些规律可循。运用控场技巧时需要注意以下几点:

"四要",这是演讲控场中需要注意的基础事项。一要注意信息量适宜。成功演讲总是伴随激情,而激情也总是短暂的,只适用于集中表达。在一次演讲中,听众只能集中有限的信息,所以一定要仔细筛选材料,做到信息量适宜胜于信息灌输,精致胜于渊博。二要注意意思一致。意思一致的信息才容易被听众接受、被记住。所以要顺势而为,了解听众的年龄、背景、文化程度等,要知道听众内心的渴望,并出其不意地表达。三要明白注意持续时间有限。人的注意力持续时间是有限的,它随时间递减。必须不断意识到听众的注意力持续时间,利用好这个时间,才能使演讲恰到好处。四要知道好奇之心无限。好奇是人类的天性,所以必须使演讲超出平凡,讲出听众心中所有口中所无、既在意料之外又在情理之中的话语,以奇取胜。这样才能使演讲产生魔力,才能产生情感震撼。

(一)演讲控场方式

具体在演讲中可以采用以下方式:

1. 目光的控制

演讲者的目光到哪里,影响力就到哪里。无论演讲者讲得再好,都难免会有人交头接耳,这时如果置之不理,这些人可能会影响其他人的听讲效果,这就需要演讲者将目光移至他们身上,面带微笑地对着他们,他们很快就会感到不好意思,进而安静下来。

2. 声音的控制

为了使演讲产生好的效果,演讲者要调整语音、语调、语速、节奏等。例如,演讲者声音突然提高一个8度,很可能会让开小差的、打瞌睡的人突然惊醒,然后认真听讲;或者突然降低音量,现场会慢慢安静下来,交头接耳的人也会停止讲话。

3. 动作的控制

演讲中用动作控场主要体现在大的动作、肢体语言的影响。大的动作可能可以很快重新集中听众的注意力;肢体语言一般可以用于提醒开小差、打瞌睡的听众,如轻拍肩膀等,既不得罪人又可以对现场进行很好的控制。

4. 内容的控制

在演讲中,面对听众不耐烦的情形,演讲者需要进行内容的调整。例如,理论效果不好,就多举实例;这方面内容不吸引人,就换一个内容,或者提前结束演讲。

5．对话的控制

对话的控制是指演讲者与现场对话，让听众共同驾驭整个现场。例如，一位听众的手机突然响起，演讲者可以说："这个手机音乐非常赞同我的观点，我们以热烈的掌声鼓励一下！"

（二）现场互动技巧

1．通过举手促进参与

很多人认为让听众举手很困难，因为中国人普遍认为"枪打出头鸟"，先举手肯定会有不好的事情发生，所以很多人举手时都要前后左右看看大家。让听众举手存在一个小窍门，就是演讲者自己先把手举起来，这时所有人的焦点都在演讲者的这只手上，就不会去看其他人，就很容易引起听众的配合。

演讲者要通过举手促进听众的参与，与听众互动，让听众进入状态、进入课程。

2．提问引发思考

演讲时提出问题既可以控场，也可以形成互动。提出问题就是将疑问抛给听众，让他们思考。可能不是所有人都直接进行了回答，但是多数人都会认真思考。听众思考过的和演讲者直接讲出的效果是完全不同，前者能给听众留下更深刻的印象。

3．化句号为问号

化句号为问号也是一种互动的重要方式，具体方法是在一句话的后面加上"好不好""是不是""对不对"等词，听众回答的同时就产生了很好的互动。

4．巧妙引导创造互动

每个人都有表达自己的愿望，演讲者要善于给听众提供这样的机会。例如，演讲者说："很多人演讲口才不太好，都是受中国传统文化的影响比较深。中国的传统文化教育大家，言多（沉默），枪打（沉默）。"沉默的部分不用演讲者自己说，听众会直接说出来。这就让听众很好地参与进来，进行了很好的互动。

需要注意的是，引导要选择一些大都耳熟能详的话语，否则没有人能接下去，也就没有办法进行互动。

5．重复加深印象

演讲中，重复一些内容可以加深听众的印象，也可以形成良好的互动。例如，"跟着我来读一遍"、"大家跟着我一起回顾一下"。

以上几点，并不包括所有的控场技巧，它们的运用效果如何，也常常受到各种条件的制约。每个希望在演讲控场方面取得自由的人，不仅要借鉴他人的经验，更需要自己去琢磨、研究和实践。只有在演讲实践中亲身体验上述那些控场方法，才能切实体会到讲演的魅力。

二、各种情况的应变

演讲时，常常会出现一些意想不到的情况，比如忘了演讲词、讲了错话、听众被其他的突发事件干扰而不再听你的演讲。面对这样的状况应该怎么办？这就需要具有随机应变、灵活机智的技巧，做到处乱不惊、转危为安，化尴尬为幽默，化不利为有利，让情况朝着有利于你的方向发展。

有一次，里根总统在白宫钢琴演奏会上发表演说时，夫人南希一不小心连人带椅跌倒在台下地毯上，观众发出惊叫，但南希却灵活地爬起来，在数百名宾客的热烈掌声中回到自己的座位上。正在讲话的里根看到夫人并未受伤，便插入一句俏皮话："亲爱的，我告诉过你，只有在我没有获得掌声的时候，你才应该这样表演。"里根总统机智幽默的话语赢得了在场所有人经久不息的掌声。

由这个趣事我们不能不说演讲中的"小插曲"，确能为演讲增辉，而"小插曲"的成功上演，是以演讲者的不同寻常的应变能力为前提的。

（一）忘词

演讲训练中，可能由于心情紧张，可能由于准备不充分，演讲者最容易犯的毛病就是忘词。演讲中出现忘词是很令人尴尬的，台上台下几百双眼睛盯着你，等着听你的演讲，你却忘了词，这怎能不令人着急。如果忘词就不讲了，走下台去，自己多天精心准备而付出的心血就完全付诸东流，那就太遗憾了。为了避免忘词，除了具备良好的心理素质、认真充分地准备外，还需掌握一些必要的方法，做到防患于未然。

1. 插话衔接法

演讲时一旦忘词，可立即插入一两句与演讲内容有关的问话，利用短暂的时间，加速回忆下面要讲的内容。如讲着讲着忘了词，此时切不可停下来，应面向广大听众问一问："同学们，刚才所讲不知大家听清楚了吗？"话音落后，你就可以扫视全场，而就在扫视的瞬间，努力想起下面所讲内容，一旦想起，就可以说："好，看来大家早听清楚了，我接着往下讲。"

2. 重复衔接法

即一旦忘却，就把最后这句话再加重语气重复一遍。这样，往往能使断了的思路链条再衔接起来，使演讲顺畅地进行下去。

3. 跳跃衔接法

有时，演讲者并非忘一句，而是忘了整个一段话。这时只好随方就圆，忘就忘吧，记住哪段就从那里接着讲下去。这就是跳跃衔接法。用这种方法虽然丢掉了几句话，甚至一个段落，但它总不至于因中断而破坏了演讲的气氛，涣散听众注意力。如讲的过程中又想起来了，可采取在收尾前补充的方法，如可以这样说："这里值得一提的是……"就可轻巧地把遗忘的内容补上。

（二）口误

演讲中由于一时疏忽或紧张，出现口误也是正常的。说错话，想收回是不可能的，想不理睬、只当听众没听见也是不负责任的。出现口误时，应及时采取相应的措施，否则将会使演讲效果大打折扣，有时甚至会"为山九仞，功亏一篑"。那么，在演讲时出现口误该如何圆满地弥补和纠正呢？

1. 自我质疑

演讲者出现口误时，可用设问的形式将口误的话向听众质疑，并把其当作靶子加以批驳，从而得出正确的结论。如一位同学在演讲时，把"我的深情，是献给天下所有母亲的"说成了"我的深情，是献给我的母亲的"。此时，台下听众哗然，这时，作为演讲者不能惊慌失措，应不慌不忙地加重语气说："朋友们，你们说我这样做对吗？不不，这也太自私了吧，天下母亲对儿女的爱都是无私的，所以我应该将这片深情献给天下所有的母亲。"如此一说，不仅增强了抒情的真切感，而且还产生了更好的现场表达效果。

2. 将错就错

演讲者出现口误时，不需纠正，权且当作是正确的，进而迅速巧妙地顺水推舟般想出正确的话语，改变当时的处境。如在迎澳门回归的演讲比赛中，一位同学把"澳门"说成了"香港"，"母亲，我要回来了，香港回来了"。此时，可用将错就错法补救，"今天，澳门也（重音）回来了。我们坚信，中国的明天会更好！"在将错就错的同时改变了困境，而且还丰富了演讲的内容。

（三）冷场

1. 变换话题，穿插趣闻轶事

所谓变换话题，就是当众讲话遭遇冷场时可通过暂时变换话题的办法吸引听众的注意力。如通过穿插趣闻轶事活跃现场气氛来吸引听众的注意力。趣闻轶事是人们在生活中津津乐道的闲谈资料，生活中的许多情趣即由此而来。演讲者抓住人们渴望趣味的视听倾向，恰当而又适时地讲述一些趣闻轶事，会使混乱或呆板的演讲现场马上活跃起来，听众的注意力也被迅速地集中到演讲内容上。这时演讲者仍要回到原有话题的轨道，而效果就要理想得多了。如果是双向交流，话题的变换就是不定的，根据现场情况随时进行。

如当年孙中山先生在广州广东大学（即中山大学）发表演讲，谈论三民主义。当时因为礼堂小，听讲的人多，通风不够，空气不好，所以有些人精神较差，显得比较疲倦。孙中山先生看到这种情况，为了提起听众的精神，改善一下场内的气氛，他于是巧妙地讲了一个故事："我小时候在香港读书，见过有一个搬运工人买了一张马票，因为没有地方可藏，便藏在时刻不离手的竹竿（挑东西用的粗竹竿）里，牢记马票的号码。后来马票开奖了，中头奖的正是他，他便欣喜若狂地把竹竿抛到大海里去。他以为从今以后就不再靠这支竹竿生活了。直到问及领奖手续，知道要凭票到指定银行取款，这才想起马票放在竹竿里，便拼命跑到海边去，可是连竹竿影子也没有了……"讲完这个故事，听众当中议论纷纷，笑声、叹息声四起，结果会场的气氛活跃了，听众的精神振奋了。于是，孙中山先生抓住时机，紧接着说，"对于我们大家，民族主义这根竹竿，千万不要丢啊！"很自然地又回到了原有话题的轨道上。

2. 适时地赞美听众，求得共鸣和好感

听众发现演讲内容与自己的关系不大，自然不会给予太多的关注，在这种情况下，常常会出现冷场。此时，演讲者应当注意采用恰当的方式，拉近与听众的心理距离。贴近听众的一个有效方法就是发自内心地赞美听众，用中情中理的话语拨动听众的心弦，激起他们的共鸣，使他们重又对演讲产生浓厚的兴趣，从而打破冷场的尴尬局面。

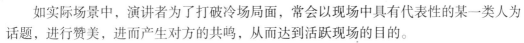

如实际场景中，演讲者为了打破冷场局面，常会以现场中具有代表性的某一类人为话题，进行赞美，进而产生对方的共鸣，从而达到活跃现场的目的。

3. 调动听众参与的热情

这种方法是基于演讲的特性使然。也就是说，演讲者在以自己的演讲辞和形象的语言来感染听众的同时，听众的积极回应也有利于推动演讲的顺利进行。因此，演讲者在需要的时候向听众提出富有针对性和启发性的问题，可以调动听众参与演讲活动的热情，使他们意识到，自己也是整个演讲的一个重要组成部分，这样会有效地避免冷场和打破冷场。

如一位领导正在面向群众进行普法意义的演讲，由于话题具有一定的专业性，听众的注意力出现了分散，进而不少人开始交头接耳起来。这时，这位领导及时提出了这样的话题："请开小差的同志们想想，如果我们自己的权益受到了侵害，我们又将怎样来寻求法律的帮助呢？"这样一来，交头接耳的听众也就能重新将注意力转移过来。

4. 制造悬念，激发听众的兴趣

好的悬念不仅能够使演讲者再度成为听众注目的中心，而且能够活跃现场气氛，激发听众聆听与参与的兴趣。因此，在演讲中制造悬念，可以有效地吸引听众的注意力，使演讲内含的信息和情感得以准确传达。如果演讲者能在出现冷场的情况下，适时地制造一两个悬念，确实是重新吸引听众注意力的非常有效的办法。

5. 幽默风趣，调节气氛

幽默是人们互相沟通、化解矛盾、拓展人脉的润滑剂。善用幽默可以减少人们交往中发生的摩擦，使人们之间的关系更加和谐。林语堂说过："智慧的价值，就是教人笑自己，具有幽默色彩的欢笑是你与别人进行内心沟通的最短的道路。"

英国首相威尔森在竞选时，突然有个故意捣乱者高声打断他的演讲："狗屎，垃圾！"把他的话贬得一钱不值。如果大家遇到这种情况，很可能会大声地回应："你说的是猪屎。"他又说"狗屎"，你又说"猪屎"，这样下去，不可能分胜负，而且你自己也很掉价，你演讲的心情会很糟糕。而威尔森是怎么做的呢？只见他面对狂呼着的捣乱者，报以微微一笑，然后平静地说："这位先生，我马上就要谈到你提出的脏、乱、差的问题了。"那个捣乱者先是一愣，不知所措。一下子弄得哑口无言了，而威尔森却从窘境中解脱了出来。

由此可见，幽默在人际交往中的作用是不可低估的。美国一位心理学家说过："幽默是一种最有趣、最有感染力、最具有普遍意义的传递艺术。"幽默的语言，能使社交气氛轻松、融洽，利于交流。

（四）演讲时间不够

很多时候，演讲或发言是有时间限制的，不是演讲者想说多久就可以说多久。因此演讲者应该严格控制演讲的时间，在规定时间内完成，以免引起听众的厌烦情绪。时间不够时，演讲者必须果断地压缩内容，或删除某些段落和事例，或将详细叙述改为概述。正所谓"想好头和尾，结尾不后悔"，只要把开头和结尾都想清楚，快结束的时候，稍微进行一下总结，最后一句话讲完，就可以做到有始有终。

第三章　口才交际中常见语病

●**学习目标**

1. 掌握口才交际中的合作原则和礼貌原则
2. 常见的语病为略语、赘语、散语、断语
3. 如何避免口语交流中常见的语病

在人际交往过程中，由于口语表达的转瞬即逝性、临场性等原因，使得口才交际不能像书面语那样，可以反复阅读、揣摩、回味，难免变得不完整、不严谨，出现这样那样的语病。

口才交际中的常见语病，有许多和书面文字中的语病是相同的，例如：缺少结构成分、搭配不当、语序不恰当、不合逻辑等。这些问题，因为在学习语法知识的时候都有所了解，这里不再重复。

本章主要从口才交际的实际应用出发，对口才交际中的常见语病进行分析，并运用语用学的相关理论，进行根源探索。通过了解口语交际中的语病现象，避开说话雷区，提高口才水平。

第一节　合作原则与礼貌原则

一、语用学理论之"合作原则"

美国著名语言哲学家格赖斯认为，在人们交际过程中，对话双方似乎在有意无意地遵循着某一原则，以求有效地配合从而完成交际任务。因此，格赖斯提出了会话中的"合作原则"。主要包括以下4条准则：

1. 量的准则

量的准则是指所说的话应该满足交际所需的信息量和所说的话不应超出交际所需的信息量。

例如，甲问乙："你今天一天干什么去了？"假设乙做出下面3种不同的回答：

（1）上午上了4节课，下午去新华书店买书去了。

（2）上午上了4节课。

（3）上午上了4节课。老师的课讲得很生动，课堂气氛很活跃。下午去新华书店买书去了。书店里好书真不少，就是定价太贵，有些好书很想买，可又拿不出钱。

作为对甲问话的回答，例（1）是适量的；例（2）则没有为甲提供足够的信息，

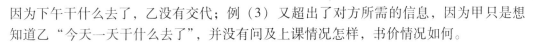

因为下午干什么去了，乙没有交代；例（3）又超出了对方所需的信息，因为甲只是想知道乙"今天一天干什么去了"，并没有问及上课情况怎样，书价情况如何。

2．质的准则

质的准则是指不要说自知是虚假的话和不要说缺乏足够证据的话。

如果有人问"黄鹤楼建在哪儿"，回答说"黄鹤楼建在武昌蛇山"，这话是真实的，符合质的准则。如果话语中含有不实之词，就是对质的准则的违反。

再看下面这个例子：

甲　"王奶奶，恭喜啦！"

乙　恭喜什么？

甲　你孙姑娘有喜啦！姑娘家想吃酸的就是有喜啦。

乙　那也不一定。

甲　"一定，这是生理学，我懂。"王奶奶一听火了："你胡说八道什么，我孙姑娘还没结婚哪！"

乙　瞧，出错了吧。

甲　我一听还没结婚，心里就沉重了："奶奶，这可不大好呀，没结婚就……这都怪你们平时没对她的资产阶级恋爱观进行批评……"

乙　啊?！是这么回事吗？

甲　王奶奶更火了："你这砍脑壳的，不说人话，我那孙姑娘她才七岁。"

（夏雨田《想当然》）

甲没有充足的证据而只是凭孙姑娘想吃酸的，就想当然地说她有喜了，同样违反了质的准则，闹出了一场笑话。

3．关系准则

关系准则是指说话要有关联。具体看下面这两段对话：

（1）"刚才，四老爷和谁生气呢？"我问。

"还不是和祥林嫂？"那短工简洁的说。

"祥林嫂？怎么了？"我又赶紧地问。

"老了。"（鲁迅《祝福》）

（2）甲　你贵姓啊！

乙　我坐汽车来的。

甲　叫什么名字？

乙　我肚子不疼。

甲　家在哪住啊？

乙　我刚洗完澡。（苏文茂《答非所问》）

例（1）"我"问什么，那短工就答什么，恪守关系准则。例（2）乙答非所问，违反了关系准则。

4．方式准则

方式准则是指说话要清楚、明了。避免晦涩、歧义、冗长，力求井井有条。

交际时，所说的话如果晦涩难懂，歧义难解，或重复啰嗦，杂乱无章，都是对方式准则的违反。例如：

（1）季交恕　你知道这个消息吗？

方维夏　什么消息？

季交恕　蒋介石开刀啦！

方维夏　什么病开刀？

季交恕　你还睡觉！杀人！（李六如《六十年的变迁》）

（2）同志们，对于我们的工作，我们一定要肯定那些应该肯定的东西，同时一定要否定那些应该否定的东西。我们不能只知道肯定应该肯定的，却不去否定应该否定的。也不能只去否定应该否定的，却忘记了去肯定应该肯定的。更不能去肯定应该否定的，而否定应该肯定的。

（伊万《听同义反复万无一失的演说》）

例（1）"蒋介石开刀啦！"一句是有歧义的：可以理解为蒋介石动手术，也可以理解为蒋介石杀人。正是这种歧义，才导致了方维夏的误解。例（2）中的演说者没话找话，本来两句话就可以讲清楚的，却硬是要颠来倒去、不厌其烦地说上一大通，浪费听众的时间。

二、语用学理论之"礼貌原则"

人们用言语交际，其实就是传递信息来影响受话人，实现双方的互动，以达到自己言语的目的。在交际过程中，除了合作原则以外，保持双方的友好关系，在言语行为中渗透尊重对方、保护对方自尊心的礼貌信息，是信息交流得以顺利进行的必要条件。这就要求人们在言语交际中必须遵守社会礼貌规范。礼貌原则也是对合作原则的完善和补充。具体包括6条准则：

1. 得体准则

得体准则指交际双方的言语要减少对别人不利的信息，尽量符合共同的习惯和心理，不要让别人感到不舒服。如：

甲：这场比赛我们能够取胜，全亏了你的超水平发挥。

乙：应该说是大家的功劳。如果没有大家的积极配合，我就是有再高的水平，也无从发挥。

甲对乙在比赛中所起的重要作用给予了充分肯定，符合得体准则。

2. 慷慨准则

慷慨准则指交际双方的言语要减少利己的信息，尽量让对方从掩护行为和话语信息中获得有益的信息。

如上例，乙本来在比赛中发挥了重要作用，当领头功，但它并不居功，而是遵从慷慨准则，把功劳归于大家。

3. 赞誉准则

赞誉准则指在言语交际行为中要尽量避免贬低对方，而应当多赞誉对方。否则，就会导致交流失败。

北静王见他（宝玉）语言清朗，谈吐有致，一面又向贾政笑道："令郎真乃龙驹凤雏，非小王在世翁前唐突，将来'雏凤清于老凤声'，未可量也。"贾政陪笑道："犬子岂敢谬承金奖，赖藩郡余恩，果如所言，亦荫生辈之幸矣。"（曹雪芹《红楼梦》第15回）

北静王称贾政的儿子为"令郎"，并喻之为"龙驹凤雏"，还预言"将来'雏凤清于老凤声'，未可量也"。在与贾政的交谈中，北静王是遵守着赞誉准则的。

4. 谦虚准则

谦虚准则指在言语交际行为中要尽量保持谦虚的态度。

谦虚包括耐心听对方说话、对自己的评价要尽量保持谦虚和低调，不能夸大自己的优点、忽视或者掩盖自己的缺点。

如上例，北静王一方面遵从赞誉准则，对贾政的儿子大加赞赏，另一方面又遵从谦虚准则，自称"小王"，有意贬低自己；贾政也遵从谦虚准则，称自己的儿子是"犬子"。这种对话在旧时代的交际场上是不难见到的，其中"贵姓""贵处""久仰久仰""高雅高雅"等都是赞誉之词，而"敝姓""草字"等则是谦虚之词，"两位胖胖的先生"交际时是严格遵守着赞誉准则和谦虚准则的。

5. 赞同准则

赞同准则指在言语交际行为中要尽量减少与对方的分歧，在非原则问题上尽量靠拢对方的观点，以增加一致性。

"这颜色还可以吧？"大老张用手轻轻摸着油漆漆过一遍的家具，自我欣赏地上下扫看着。

"可以，可以！"潘苟世连连点头，他到外屋掂了一下暖壶，空的，便不满地看了一下老婆，玉珍立刻拎上暖壶出去了。（柯云路《新星》）

潘苟世内心上并不一定认为家具油漆的颜色不错，如果他真的觉得不错，除了肯定之外，就还该赞赏几句，而不会是连看都不愿多看一眼，转身去外屋了。他回答"可以，可以！"完全是出于礼貌，是为了不使对方扫兴，减少与对方在观点上的分歧。

每个人都希望别人赞同自己的观点。在交谈中如果我们能够发现对方观点合理性的方面，并加以充分的肯定，交流就会进行地很顺利，反之，则容易导致交际失败。

6. 同情准则

同情准则指交际双方应减少与对方的情感对立，尽量增加双方的谅解。否则，如果感情对立，就不会收到好的效果。

"这个丫头！"朱老太太笑着摇头叹息，"你看，多伶俐的姑娘，也不知前世作了什么孽，自小就哑。……"（叶文玲《心香》）

朱老太太的话表现了对"姑娘"生来不幸的深切同情，遵从的是同情准则。

第二节　单项表述常见语病

单项表述是指在口才交际中"说、听"双方一般都有明确身份限定，"说"方以"自己说"为主，"听"方以"听人说"为主，一般这种身份限制不做改换。主要表现为"朗读""演讲""作报告"。在单项表述交流中，常见的语病为略语、赘语、散语、断语。

一、略语与赘语

格赖斯（H. P. Grice）提出的会话中的"合作原则"之一"量的准则"，包括两方面的含义，一个是所说的话应该满足交际所需的信息量，一个是所说的话不应超出交际所需的信息量。略语与赘语，一个表述过于简略，一个表述过于累赘，都对双方的交流造成了干扰，影响了信息的准确传递。

1. 略语

略语主要表现为由于说话人表述过于简略，提供的必要的信息量不足，以至于其本人自以为话已说完，而听者还未理出头绪，不知所云，因而难以有效地配合说话人实现交际的合作愿望。

在演讲过程中，造成"略语"这种情况的原因大致有两点：

一是说话人因文化水平低，对话题找不到恰当也足量的话语，以致三言两语，匆匆结束。这类情况的改变，只能通过提高文化水平、丰富知识信息量来进行，因为"茶壶里没饺子"，是无论如何也倒不出"饺子"来的。

另外一种情况就是茶壶里有饺子，但是也倒不出来，说话人的文化水平并不低，对于话题的认识也有一定的深度，也同样感到找不到话说，就如"肚子里有一桶水可是只能倒出一杯水"。就如同有些人写作能力很强，可是当面交谈时，却支支吾吾、三言两语后就无话可说了。究其根源，主要在于说话时思维的主控能力不强，在当面交谈时，又受到心理障碍的干扰，导致无法清晰准确地表达自己的想法。

2. 赘语

赘语主要表现为说话人在表述过程中，过多地加入了"这个、那个、嗯、啊"之类与话题内容无关的指示词、语气词等，话语所包含的信息量超出了需要的范畴，加重了听话人的理解和把握话题主旨的负担，对双方交流造成了干扰。简单说就是过于啰嗦。例如：

一青年求职面试。

主管问他："让你当推销员怎么样？"他说："我会努力学习，然后了解掌握这个产品的特点，然后用各种渠道来宣传，然后多方面地联系客户，然后……"主管说："然后打住！这些公式化的流程，何必用这么多'然后'！你有没有想到'如果'？如果客户不买账怎么办？如果同行竞争怎么办？只会说'然后'，是做不好推销员的！"

这个青年用了太多"然后"，表达受到了影响，给人的感觉是水平不高，能力不强。所以，口语表达要干净利索，要极力避免使用赘语。

造成这种现象大致有两个方面的原因：

一是由于过去缺乏系统训练，语言发生的机械动作快于思维运动，即嘴快过大脑，不得不用赘语词来填补因思维运动偏慢而导致的信息交流的暂时中断。这可以循序渐进的思维训练来加以克服，实现无意识向有意识的转变。

二是有人觉得话语里有"这个、那个"之类的词语衬托，会显得表述更有分量，显得自己是经过深思熟虑的。这主要源于其思想方面的错觉。其实赘语与表述内容之间没有有机的内在联系，它是说话人在表述时强加进去的，最后只能干扰信息交流，影响交流的效果。

二、散语与断语

合作原则之"关系准则"提出，说话要有关联性，即要求交际双方说话要切题。但人们发现在实际交往中，有时会发现你说东、他道西的现象，即答非所问或者话题表述的不连贯，前后内容混淆、前言不搭后语等现象。上述两种现象我们分别称之散语和断语。

1. 散语

散语具体表现为说话人在表述时把握不住话题中心，东扯西拉或是答非所问，而且往往一扯开话头就收不回来，严重的话有些到后来连自己都不知道起初的话题是什么了，变成一种漫无目的的延伸，跑题了。

例如，下面这个竞聘主任列车员的演讲：

尊敬的各位领导：

首先，我为自己敬的左手礼感到抱歉！前段时间因为一场交通意外，我的锁骨骨折，现在还未痊愈。我叫冯翠萍，今年39岁，是沪杭车队上海二组的一名列车员，也是一名后备广播员。今天来到这里做竞聘主任的演讲，我是紧张的、激动的、感激的！

我是一名集体工。在外人看来，我应该属于二等工人，但我心里却没有这种自卑感——因为段领导没有忘记我们的付出，我们的工资收入正逐步增加；因为队领导没有忘记我是他们的姐妹，在我受伤的时候，队长和书记都拿着大包的营养品去看我；因为班组的同事们没有忘记我是这个大家庭的一份子。走车时，广播员肖伦主动要求和我换岗位，兄弟姐妹们帮我梳头、穿衣、打饭；在家时，车长和工会小组长总时不时的去看我有没有困难。……

竞聘演讲是竞聘者在竞聘会议上向与会者发表的一种阐述自己竞聘条件、竞聘优势，以及对竞聘职务的认识，被聘任后的工作设想、打算的演讲。这里的竞聘者没有很好地把握住演讲内容的核心，将竞聘变成了感谢。

这种主要源于说话人思维机制的主控功能不强，表述中思维运动的主方向不能紧紧围绕话题，并且很容易受到非主题因素的左右和影响。

2. 断语

断语即说话不连贯，表现为话题表述层次之间的不连贯性。这种现象与话语散乱有相似之处而实质不同。话语散乱表现为虽扣不紧中心话题，但对各个分话题的表述还是基本清晰的。说话不够连贯则表现为前后内容混淆、前言不搭后语。比方说：一个主话题有时可以分解成几个子话题，主话题的完整表述要求各个子话题的完整表述必须做到有机统一。而断语则表现为各个子话题的不完整，第一点还没说完就说到第二点，第二点还没说完，又扯到第三点。

我们来看这样一段演讲：

在我们中间，朋友和朋友之间充满真挚的友谊和情爱。正义是他们结合的锁链。在为着共同的理想和艰难困苦的奋斗中铸造起来的生死友情。他们之间对于错误的指正不是朋友隔阂而是友谊升级，真正的人才就是这样，他们不是依靠父母爱惜长大，而在残酷的现实下锻炼成长的。他们具有坚强意志和无畏的精神。正像森林中坚忍不拔的一棵棵树木。不经烈日暴晒，就会依缠他人的干上或者躲在路旁。永远接受不了阳光。

撇开各种语病不说，在这段话里，作者先谈朋友之间的"真挚的友谊和情爱"，后面忽然转到"在残酷的现实下锻炼成长"，话题转移，实际上是没有话题，其结果，只能是东一下、西一下，不知作者要说的是什么，这些实际上也从另一个侧面反映了作者思维的跳跃和摇摆。

这种有人认为是因为性子急，其实根本原因是在于心理紧张，思维在紧张状态下的运动无序所致。所以讲话者要经常寻找机会多加练习，使自己的心理紧张状态有所缓解才是解决问题的关键。

第三节　双向表述常见语病

双向交流指双方一般不做"听"与"说"的身份限定，双方都可以在"说"与"听"角色上发生转换。主要表现为"交谈""辩论""谈判"。其常见语病主要指语境不合、角色不适、话题拦截。

一、语境不合

礼貌原则之第一准则为"得体准则"。成功的口才交际，应当与语境之间保持一种能动的吻合关系，即对合适语境的利用和对不合适语境的改变。

语境不合大致分为以下 3 类：

1. 口才交际的时机选择不妥

俗话说："打铁要看火候。"同理，要使交谈取得好的效果，就要选择恰当的时机。否则，即便你说的是金玉良言，也不一定起到好的作用，说不定还会带来反面效果。

案例

某市建设局监理中心刘主任对公司新试行的《中层管理人员绩效考核方案》有不同看法，于是就想向主管这方面的赵副局长提一提。周一上午开例会，王局长也为这个方案狠狠地批评了赵副局长，还让各个部门的主任多提意见，尽快将方案完善起来。刘主任顿时觉得自己的想法是对的，一散会，便进了赵副局长办公室。

赵副局长此时正铁青着脸抽闷烟，见刘主任进来，便说："什么事？不是重要的事情下午再说吧。"刘主任忙说："我觉得局里新试行的考核方案征求意见稿有缺陷，对一些部门不公平，比如……""什么公平不公平？"没等刘主任说完，赵副局长生硬地打断他，"任何一项制度都没有绝对的公平，考虑问题要从全局出发，不能光站在部门利益上考虑！"刘主任忙辩解说："我不是那个意思。""那是什么意思？局长说要集思广益，你认真思考了没有就过来提意见，有这么干工作的吗！"见赵副局长气大了，刘主任赶忙告退，可心里还是很郁闷，心想："这什么态度啊！"

分析：刘主任向赵副局长提的意见也许没有问题，但是他提的时机不对。赵副局长刚刚为此事受到了批评，心情肯定不好，可刘主任却"哪壶不开提哪壶"，立刻给方案提意见，赵副局长很难接受。

2. 口才交际的氛围选择不得体

在喜庆的场合，众人正兴高采烈之际，却有人突然谈起丧病之事，难免使大家扫兴。又或者在谈话过程中，不顾及场合，不会"到什么山，唱什么歌"，只图自己一时口舌之快，就容易使话语失去分寸，造成双方不快。

●案例

宋妮是鑫达房地产公司新来的秘书，长得漂亮，性格也活泼，同事们对她第一印象非常好。但渐渐地，她看同事们都对自己不错，就随便起来，总喜欢拿人开玩笑。

一天，她到总经理办公室送一份文件，碰巧合作商王林也有份文件需要签字，两人一同进了办公室。总经理冯树了解情况后，对她说："你稍等一会儿。"然后，拿过王林的文件，仔细看过后签了字。王林接过来一看，连连夸奖："冯总，您的签名可真气派！"这时，站在一旁的宋妮一阵坏笑，接过话头说："这话还真让你说着了，我们老板都暗地里练三个月了，签字能不气派吗？"此言一出，冯树和王林同时陷入尴尬，冯树忙以请客人喝他新买的好茶来转移话题。送走王林之后，冯总绷着脸，怒气冲冲地批评宋妮："你也是领导身边的人，说话怎么能这么随便呢？你要知道，员工在客户面前说的每一句话都直接代表着公司的形象！希望你今后好自为之！"宋妮面露愧色地退出办公室。

分析：冯树与王林是合作伙伴，他与王林的交往过程的一言一行，不仅代表着自己的学识修养，还代表着公司的形象。因此，冯树非常重视自己在合作商面前的形象，这从他苦练三个月签名就可以看出来。但宋妮却不顾场合随便说话，竟然当着合作商的面开总经理的玩笑，揶揄总经理背后练了三个月的字，非常不得体。

3. 口才交际的用语不得体

我们面对的谈话对象可谓形形色色，职业、文化程度等都有所不同，因此要想谈话成功，就应该懂得"该文即文，该俗即俗"，根据对象的不同而讲究措辞和用语，否则就会使谈话达不到效果，甚至产生不必要的麻烦。

● **案例**

一次，记者到山东采访，采访的话题是"谈谈农民产业协会"，采访的对象是一位养猪分会的会长。记者几乎什么细节都想到了，将采访地点定在了养猪场里，还专门穿了一件普通的夹克衫。一切妥当，她就开口了："会长，你们这个养猪分会辐射了多少农户？"记者万万没想到，这个会长听完她的话后满脸迷惑，看着她说："对不起，记者同志，什么叫辐射？"顿时，在场的所有摄制人员都停了下来，该记者尴尬得恨不得找个地缝儿钻进去！

分析：这位记者的采访何以出现尴尬？就在于她没分清采访对象，她忘了自己面对的是一位农民，文化水平不高，他对"辐射"这个词儿理解不了，当然也就不知道如何回答。这位记者的教训告诉我们：说话不看对象，难免要出洋相。

二、角色不适

礼貌原则之第二准则"慷慨准则"。"角色"一词在这里，是指一个人在社会交往中所应保持的某种身份特性。在现实生活中，每个人都是在多维的、多层次的关系网里生活，在不同的场合里，每个人扮演着不同的角色。俗话说："见什么菩萨卜什么卦，看什么人说什么话。"在与人交流中，要看清对象，因人而异，根据对象的实际情况如年龄、身份、地位、文化修养、性格、彼此间的关系，做好角色定位，以免造成不愉快。具体体现在以下两点：

1. 身份地位的不同，说话有差别

同样的文化水平，但由于说话人和听话人的地位、身份悬殊，说话则不能太随便，说话人应考虑对方是什么身份，自己是什么身份，听话人能不能接受自己的意见。三思而后开口。

2. 双方关系不同，说话要有区别

说话人与听话人之间有 4 种关系，即平等、上下、疏密、亲朋等关系，说话人与听话人尽管文化水平相当，身份地位差不多，也要考虑一下双方的关系如何，然后才开口。

在一次商务谈判时，双方在议价过程中，当一方报出的价位正好是另一方预设的底线时，一位年轻人迫不及待地抢在领导开口前说道："这个价位正是我们所期待的……"一句话错失了己方可能获得更多利益的机会。

可以想到，年轻人可能苦于没机会发言，没机会表现，当对方报出己方预设的可以承受的价位时，他便以为表现的机会来了，结果抢先表态，越俎代庖，导致了谈判的失败。

又如，在世界杯足球赛中，解说员的一段话曾引起争议。

解说员在托蒂罚进点球时说："点球进了，澳大利亚可以回家了，意大利没有再输给澳大利亚队，伟大的意大利的左后卫！马尔蒂尼今天生日快乐！意大利万岁！伟大的意大利……"

这段话则游离了一个解说员的角色定位，明显地体现了他个人的感情色彩。作为大众传媒的解说员，他的解说不应有个人的偏好和倾向，应尽可能理性、客观，才符合听众对解说员这个角色的期望和要求。

在一般情况下，生活实践会指导人们如何正确选择在某一具体场合中的角色身份。但是，有的人在口才交际中难免出现角色不当的毛病。之所以如此，主要根源在于这些人对身份角色定位不清，在口才交际中自己不肯吃亏，但其最终导致的，还是使自己吃亏。

三、话题拦截

礼貌原则之第四准则为"谦逊准则"。"话题拦截"就是指在口才交际过程中，一方过于偏爱自己的滔滔不绝，不能谦逊待人，有时甚至硬性打断别人的话题，改为由自己表述的不良现象。例如：

与朋友在谈论一个话题时，对方就此正发表自己的见解，可听到一半，还未等对方说完，自己突然冒出一些观点，就急于要发表自己的看法。此时，便打断了对方的说话，从中间插进去发表自己的见解。或者，当对方刚要讲一个事例，起个开头，这个事例是自己曾经听过的，便不假思索地说："啊，这个我听过。"马上阻断对方，让对方不知道是不是需要继续讲下去。

这种随便打断别人说话或中途插话的行为，不仅有失礼貌，有时也在不经意间破坏了人际关系。

在口才交际过程中，每个参加者既要做一个优秀的表述者，同时还要做一个良好的听众。听与说相辅相成。那种只热衷于自我表述，却无耐心聆听他人的人，在口才交际中，很难受到欢迎。

需要提醒的是，生活中还存在着另一种拦截话题的现象。例如，亲人、恋人、朋友久别重逢，或者初次相识，却"酒逢知己千杯少"，双方都有向对方倾诉的热情，以致话题拦截。此类现象不应划入语病之列。因为，在此类现象中，双方急于要向对方倾诉，是友谊和亲情，呼唤的是对方的理解和认同，表现出的是对对方的敬重，与不能谦逊待人而造成拦截话题有着本质的不同。

第四章 社交口才

●学习目标

1. 了解现代社交的类型和基本特征，掌握社交的基本原则和具体要求
2. 学习社交口才的技能，了解各种社交类型的基本规律和实际应用
3. 能灵活运用社交语言，根据自身情况，在各种场合巧妙引用和运用

在人际交往的过程中，比较一下他人对自己的评价和自己对自己的评价的异同，将有助于我们更好地认识自己。一个正确认识自己的人才能客观地了解和认识他人，更好地参与社会交往。在社会交往中口才是人际交往的润滑剂，社交口才与其他口才相比有独特的地方和特性。

第一节 社交口才概述

在日常生活和工作中，社会口才是不可或少的重要组成部分。人们所从事的学习和工作越来越综合多变，全球化、社会化和标准化越来越明显，既要求有严格的规范，又要有科学严密的分工，这需要更多的人为合作才能成功。在现代社交活动中，我们必须把握和理解社交口才的特点、原则和技巧。

一、社交口才的含义和特征

（一）社交口才的含义

社交就是社会交际，是指社会上人与人之间的交往、联系、沟通和相互作用。换言之，社交就是人们在社会生活中为了满足某种需要而进行的信息交流或联系。所谓口才，是指人的说话能力和才能。《新唐书·奸臣传下·卢杞》："杞有口才，体陋甚。"茅盾《子夜》十五："苏伦也算是半个'理论家'，口才是一等。"

简而言之，社交口才就是在现代社会里，人与人之间所进行的口语交际，是沟通人际感情的桥梁，是维系协调人际关系的纽带。俗语说："豪言一句三春暖，恶言一句六月寒。"一席情真意切的温暖话语，可以让人感受到说话者的温馨和善良，可以化解人与人之间的矛盾和冲突，冰释前嫌。正如俄罗斯的一句谚语所说："世界上什么东西最能征服人心？谜底是语言。"

（二）社交口才的特征

1. 礼貌性

正所谓"诚于中则形于外，慧于心则秀于言"，社交口才讲究礼节，礼貌是内在文化修养的外观。礼貌用语，具有良好的亲和力，能增进双方的了解和理解，给社交对象留下美好的印象。坐地铁、乘公交、逛商场，我们经常会碰到踩到脚或被踩到脚的情况，一句礼貌的"抱歉"或"对不起"，一脸歉意的微笑，可以化解很多误会和冲突；相反，冒犯对方而不理不睬，甚至出言不逊，容易造成口角甚至冲突。广州某线路地铁曾出现因争抢位置而大打出手的流血事件，一位男青年上车争抢爱心专座位置，甚至恶语"打赢了就给你坐"相向老人；老人被激怒，结果咬破男青年耳朵，鲜血满地……尊重人、理解人、关心人、帮助人是一种社会美德和社会公德，文明用语更是社交口才所必备的首要条件。

2. 真实性

实事求是指从实际对象出发，探求事物的内部联系及其发展的规律性，认识事物的本质。指按照事物的实际情况说话办事做学问。在社会交往中，口才的运用应该有事实根据，做到有依可据，有据可言，切勿无中生有，变为笑柄；实事求是也是应该必备的道德品行，是社交口才取信于人的道德追求。

3. 技巧性

社交口才讲究社交语言的灵活巧妙运用，要准确地"审时度势"，即审语境之时，度切境之势，采取灵活巧妙的言语进行应答。

国家主席习近平对足球的钟爱，早已广为人知。不论是面对媒体接受采访，还是在海外访问，习近平都毫不掩饰对足球运动的感情。在对俄罗斯、坦桑尼亚、南非、刚果共和国进行国事访问并出席金砖国家领导人第五次会晤前夕，习近平接受多国媒体的联合采访。在采访中，巴西《经济价值报》记者问："能否介绍一下您个人的经历和爱好？巴西2014年将主办世界杯足球赛，您预测哪支球队夺冠？"习近平表示："尽管我工作很忙，但'偷得浮生半日闲'，只要有时间，我就同家人在一起；我爱好挺多，最大的爱好是读书，读书已成为我的一种生活方式。我也是体育爱好者，喜欢游泳、爬山等运动，年轻时喜欢足球和排球。巴西再度举办世界杯足球赛，我表示祝贺。体育竞赛特别是足球比赛的魅力就在于不可预测。上届世界杯有章鱼保罗，不知道明年还有没有可以预测未来的章鱼？巴西足球队有主场之利，我祝巴西队好运。"习主席的回答非常巧妙，既介绍了自己的爱好，也把足球的魅力予以回答之中，显示了作为国家领导人独有的聪明睿智和个人魅力。

4. 内容性

在日常交往中，往往看到很多说话者高谈阔论，名言措辞和经典语录信手拈来，其实，这需要丰富的人生阅历和广阔的知识面。"万丈高楼平地起"，能言善道的社交口才需要知识的学习和积累，在不断的积累和沉淀中慢慢形成。

5. 实效性

时间观念和办事效率是现代社交的重要特征，这要求社交语言在现代人际交往中要

简明扼要，避免拖泥带水，含糊不清；同时，要突出重点，一针见血，让聆听者容易抓住关键点。

二、社交口才的基本要求

（一）出口有礼——礼貌待人，用语讲究

我国素有"礼仪之邦"的美称。社交语言讲究礼貌性和情意性，讲话既要求礼貌而不过分谦虚，热诚而不过分热情，幽默而不过分造作。因此，说话的语言要求恭敬得体，自然大方；遇到对方带有为难的提问，有时也要留有余地，以免情况出现出乎意料的变化，用友善有礼的话，往往博得对方的合作和好感。

我国北方沿海城市某一商团与日本一企业集团有长期的合作关系，日方在与中方签订新一轮合同时，想了解中方新一轮的订货情况，以便在谈判时讨价还价。日方代表在谈判前问中方代表说："王先生，这次贵方订的货不少吧？"这实际上是一个两难的问话，中方如果说自己一方订的货少，对方就会抬高价格，因为你着急订货；如果说自己一方订的货已经很多，这既违背了合作原则，使对方感到中方没有诚意，又让对方感到无生意可做。中方代表随机应变地说："怎么说呢？跟去年相比，我们订的货是多一些，但从企业发展的前途来看，我们今年订的货并不算理想。"中方的这一模糊回答，让对方感叹中方言谈的礼貌和得体，也感到还有生意可做，也从心理上打消了抬高价格的意图。

（二）出口有的——抓住重点，有的放矢

社交语言的基本要求是思路清晰，目的明确。与人交谈，无论涉及什么内容，发生在什么时间，地处在什么地方，开展什么形式，都离不开既定的中心内容和语言材料。一篇文章的中心思想、一个会议的主题内容、一个国家的宏伟蓝图、一个社会的核心价值莫不如此。在言谈中，双方应对交谈内容心中有数，尤其作为主讲者，应对自身观点尤其是中心思想深思熟虑，既可以是自己的经历体会，也可以是个人对某个观点的真知灼见。

言谈中，也应注意对象的实际情况，如性别、年龄、职业、关系等因素。如医生对患者的用语应该围绕患者的病情展开，对首次来看病的患者可以说："哪里不舒服？什么时候开始的？"对于过来复诊的患者可以说："最近情况如何？有没有好转？饮食和睡眠质量如何？"对于将要进行手术的患者可以说："不要过分紧张，放松，要相信医院和医生。"

（三）出口有物——注重内容，避免空谈

文有"文风"，话有"内容"。这里说的内容，不仅仅说是交往交谈中要有狭义的语言内容，也是个人修养、观点和立场的综合体现。我们在社会交往中往往碰到讲大话、放大炮、说套话的人，这些人说话往往难以给人留下深刻印象，甚至让人生厌。在实际的交往中，应遵循求实原则。司马迁在《史记》中写到"其文直，其事核，不虚

美，不隐恶"，说的就是在交谈中应做到不尚空谈，坦诚待人，言之有物；国家主席习近平提出"空谈误国，实干兴邦"，说的是尽讲一些不着边际的思想和空话，误国误民；要讲真话、讲实际、讲民生、出行动。

（四）出口有理——逻辑严谨，以理服人

出口有理，指的是说话者说话有观点、有理由、有逻辑，并且这三者能够形成必然的联系，合乎逻辑。在社会交往中，交谈者在语言方面的联系构成语言链，语言链构成了相应的逻辑链，并构成深层次的语义表达形式，这种思维的逻辑会引起对方的共鸣，产生满意的反应。

1984 年，扮演毛泽东的特型演员古月在接受记者采访时，一位外国记者问古月："'文化大革命'给中国带来了重大损失，这会不会影响毛泽东的形象呢?"古月沉思片刻，反问那位记者道："你觉得维纳斯美吗?""美，很美。"有位记者不假思索地回答。"维纳斯的胳膊都断了，难道还算得上美吗?"古月追问说。另一位记者马上答道："虽然胳膊断了，但这样并不影响维纳斯的整体美。"这时，古月微笑着说道："你们的话已经回答了这位记者先生的提问。"古月的回答和举例让人印象深刻，既言之有理，又举一反三，正所谓"四两拨千斤"，用生动的例子作为自己的充足论据。

（五）出口有益——话题健康，听众受益

社会交往中，能言善道、出口成章的人也许会给听众留下深刻印象，但不一定是最受欢迎的，究其原因，主要是主题不够明确，话题不够健康；更有甚者，哗众取宠、自吹自擂、冷嘲热讽、喋喋不休，在听众面前失去了自己的人品和尊严。其实，我们在谈话交往中可以先确定主题中心，尽量围绕工作、学习、生活、心理等有积极意义的话题，在信息传达中集思广益，博众家之长，获周知之益。

三、社交口才的基本技巧

（一）适时

说在该说时，止在该止处，这才叫适时。在实际生活中，很多人在社交场上该说时保持沉默，甚至无动于衷。对见面不及时、不主动问候，对分手不及时、不礼貌告别，对失礼不及时、不懂得道歉，对请教不及时、不详尽解答，对求助不及时、不热心答复……

相反的是，有的人该止时不止，跟现场气氛大相径庭。在热闹喜庆的气氛中唠唠叨叨诉说自己的不幸，在别人悲伤忧愁时嘻嘻哈哈开玩笑，在主人心绪不定时仍滔滔不绝发表宏论，在长辈家里乐不可支地详谈"八卦新闻"。请设想一下，假如你在社交中遇见了上面这种人，想必你会对他（她）留下不愉快的印象。

（二）适量

捷克讽刺作家哈谢克的名著《好兵帅克》里有一位克劳斯上校。此人以说话啰嗦

闻名。他有一段对军官的"精彩"讲话："诸位，我刚才提到那里有一个窗户。你们知道窗户是个什么东西，对吗？一条夹在两道沟之间的路叫公路。对了，诸位，那么你们知道什么叫沟吗？沟就是一批工人所挖的一种凹而长的坑，对，那就叫沟。沟就是用铁锹挖成的。你知道铁锹是什么吗？铁做的工具，诸位，不错吧，你们都知道吗？"克劳斯上校的这番话，虽然是经作家加工过的，但生活中、社交场上说话啰嗦也不乏其人。因此说话适量也是社交口才的基本技巧之一。

适量既指说话的多少适当，也包括说话的音量适宜。应该指出的是，适量并不是都是少说为佳，更不是指那种语量没有变化的老和尚念经，适量与否应以是否达到了说话目的为衡量的标准。

请看下面几段话：

（1）"您看，这么晚了还来打搅您，真过意不去。您要休息了吧？真对不起，对不起……"

（2）"我不同意这个意见！我明确表示不同意。不管你们怎么看，我就是不同意。"

（3）"那不是我说的，我怎么会那么说呢？您想，我能说那种话吗？那确实不是我说的。我怎么会那么说呢？您想，我能说那种话吗？那确实不是我说的。"

上面的几段话，初听起来似乎有些"废话"，但都是为了增强表达效果不得不说的"废话"，是必须保留的语言的"冗余度"。第一段是表示道歉的话，重复几句显示了态度的诚恳；第二段话中的重复是为了表示说话人态度坚决和不容置疑；第三段则是说话人急于表白自己心情而采取的必要的重复。这种语言现象在社交场合经常出现。由此看来，社交口才的多少适量，并不排除为达到说话目的的必要重复，而是指根据对象、环境、时间的不同，该多说时不少说，该少说时不多说。有的人自我介绍啰嗦不断，祝酒时说上半个钟头还不停，批评起来没完没了……这样既影响说话效果，又影响自己的社交形象。

适量的社交口才还包括声音大小适量。大庭广众之中说话音量宜大一点，私人拜访交谈音量宜适中，如果是密友、情人间交谈，小声则可以表现亲密无间、情意绵绵的特殊关系，给人一种亲切感。这些都是在社交场合与人交谈应该掌握好的。

（三）适度

社交口才的适度，主要是指根据不同对象把握言谈的深浅度，根据不同场合把握言谈的得体度，根据自己的身份把握言谈的分寸度。其次，体态语也要恰到好处，如仪表——服饰得体、整洁，适度淡妆；表情——精神饱满，落落大方，从容镇静，面带微笑；走姿——轻快、稳健，目视前方，上身略前倾；站姿——抬头、挺胸、收腹，两臂自然垂于身体两侧，女性为丁字步，男性为平行分列步或者前后错开步；鞠躬——上身前倾45°，目视下方点头，然后抬头起身，目视听众；正视——目视正前方，可以集中看一个点，也可不聚焦某一点、某一人，而是把听众作为一个整体来看；环视——面带微笑，以诚挚的目光正视前方，以正视方向为起点，眼睛随头部摆向左方（或右方），然后转向右方（或左方）45°。

第二节 介绍与交谈

介绍与交谈是日常生活和工作中经常用到的，掌握介绍与交谈的原则、方法，对工作和生活都有重要的意义。

一、介绍

（一）概述

介绍是指社会交往中，人们互相认识、建立联系。汉语词语解释中，介绍是指从中沟通，使双方发生关系。这里包括 3 个内容：一是沟通使对方相识或发生联系；二是引入或推荐；三是使对方了解。

"介绍"一词由来已久。《礼记·聘义》："介绍而传命。"古代传递宾主之言者称"介"。绍者，继，接续。说的就是通过介绍，传达意思，使对方了解信息。王褒也在《四子讲德论》提及："五介绍之道，安从行乎公卿？"

在现代交往活动中，介绍已经成为一个活动良好开始的标杆，介绍的好坏直接影响到别人对你印象的好坏。

（二）介绍的基本内容

1. 自我介绍

就是在一定的社交场合里，由自己担任介绍的主角，自己介绍自己的情况，使对方认识自己。

自我介绍的应用十分广泛，在日常生活中我们经常会在求学、求职、联系、电话、聊天甚至游戏活动中碰到。自我介绍的内容一般包括：姓名、年龄、籍贯或出生地、特长、兴趣和爱好、所学专业、住所等，如已经毕业，也会介绍工作单位和毕业学校。日常中，根据不同场合，我们常用以下自我介绍方式：

"我叫×××，在某某学校学习。"

"您好！我是某某单位的×××。"

"对不起，打扰一下，我是×××。"

"你们好，请允许我介绍一下自己……"

"各位面试官好，我叫×××，来自某某学校，我的专业是×××。"

"大家早上好，很高兴参加今天的联谊活动，我叫×××，请多多指教。"

"尊敬的各位领导、各位来宾，大家晚上好！我是今晚的节目主持人×××。"

请看台湾著名节目主持人凌峰在 1990 年参加中央电视台春节联欢晚会上所做的自我介绍：

在下凌峰，我是以长得难看出名的。两年多来，我在大江南北走了一趟，拍摄

《八千里路云和月》，所到之处，观众给予我们很多支持，尤其男观众对我的印象特别好，因为他们认为本人的长相很中国。

中国五千年的苦难和沧桑都写在我的脸上。一般来说，女观众对我的长相感觉就不太良好，有的女观众对我的长相已经达到了忍无可忍的地步！她们认为我是人比黄花瘦，脸皮比煤球黑。但是我特别声明：这不是本人的错，当初父母没有征得我的同意就把我生成了这个样子。但是，时代在变，潮流在变，审美的观念也在变，如果仔细地归纳起来，你会发现，现在男人的长相基本上分成三种：第一种看上去漂亮，看久了没什么男人的味道，像唐国强、刘文正这种。第二种，你看上去很难看，以后是越看越难看，简直是惨不忍睹！像赵本山、陈佩斯这种。第三种，你看上去很难看，看久了就顺眼了，看久了你会发现他有另外一种男人的味道，这就是在下我这种。鼓掌的都表示同意了！鼓掌的都是一些和我长得差不多的，真是物以类聚啊。

接下来我给大家带来一首歌，叫做《小丑》，掌声有没有就无所谓啦！

凌峰的自我介绍很有技巧，给人留下了难忘的印象。之所以产生这样好的效果，是因为他抓住自己的形象特征，并加以夸大，幽默风趣，让人深刻。

自我介绍应注意的几个事项：

（1）简明扼要。自我介绍主要是让对方在短暂的时间内了解你和欣赏你，表达语言就要简明扼要，用简洁的语言传达迅速而有效的信息，有重点和针对性地介绍自己。这个过程中，也同时考验自我介绍者的口头表达能力、思维能力和认知水平。

（2）诚实可靠。良好的第一印象非常重要。第一印象又称为"首因效应"，是指人们心目中一旦形成这种想法，便定下了对这个人认识的基调，成为以后交往的依据。因此，诚实有礼和信息可靠会给对方留下深刻、良好的第一印象，若片面的追求新奇华丽，甚至华而不实，听众难免心存看法，认为其过分夸大，有失诚信。

（3）突出个性。对于普通交往而言，就是说有特色的东西，能吸引人的地方；对于商务交往和求职面试方面，就是要有个人的核心竞争力和不可代替性。以求职面试为例，面试官要面对的是成百上千的求职者，千篇一律的自我介绍让其觉得雷同性太多，枯燥乏味，提不起兴趣。其实，每个人的经历和能力各有差异，但个人的核心竞争力是唯一的，重要是通过自我介绍，能把个人特有的通用能力和可迁移能力结合阐述，体现个人魅力。

（4）用时合理。自我介绍的时间不宜过长，一般是1~3分钟为宜，对于平常交往的简单自我介绍，用时就更短了，可能就是普通的几句话，这就视乎场合而合理选择用时。对于新朋友首次见面，可简单的三言两语，把个人情况简要介绍，待提起对方兴趣而提问，再陆续介绍其他信息；对于商务交往，可利用1~2分钟时间把个人情况和公司情况相结合，给客户传达个人、公司、产品（或服务）等信息；对于求职面试，可准备1分钟或3分钟两个版本的自我介绍，简明扼要地介绍自身的各种情况，让对方尽快了解信息。

（5）表达清晰。自我介绍的一个重要目的就是让对方认识你、了解你，因此，在介绍过程中就要保证对方能准确地获取介绍者所提供的信息。有的介绍者说话快言快语，有的则慢条斯理，不管是快是慢，介绍的时候要表达清晰，口齿清楚；同时，讲话内容应该轮廓清晰，思路清楚，让聆听者有条理、有意识地获取信息。

● 案例

如何把握时间？

研究生毕业的小刘很健谈，口才甚佳，对自我介绍，他自认为不在话下，所以他从来不准备，看什么人说什么话。他的求职目标是地产策划，有一次，应聘本地一家大型房地产公司，在自我介绍时，他大谈起了房地产行业的走向，由于跑题太远，面试官不得不把话题收回来。自我介绍也只能"半途而止"。

分析： 自我介绍是求职面试中非常关键的一步，许多面试官提的第一个问题往往就是"能否请您做一下自我介绍"，因此，自我介绍也被称为"面试第一问"。在自我介绍中，面试官可以借机考察应聘者的语言表达能力、应变能力；应聘者也可以主动向面试官推荐自己，展示才华。自我介绍的时间一般为3分钟左右，有些外企仅为1分钟。在如此短的时间内，毕业生如何"秀"出自己呢？该做哪些准备？有什么问题值得注意？在时间的分配上，第一分钟可谈谈学历等个人基本情况，第二分钟可谈谈工作经历、对于应届毕业生而言可谈相关的社会实践，第三分钟可谈对本职位的理想和对于本行业的看法。如果自我介绍要求在1分钟内完成，自我介绍就要有所侧重，突出重点，话题切勿多余。

● 案例

如何摆脱怯场？

小王毕业于广东某高职高专学校。由于自己是一位专科生，在研究生成堆的人才市场里，小王的自信心有点不足，面对面试官常常表现出怯场的情绪，有时很紧张，谈吐不自然。她也明白这种情况不利于面试，但却找不到方法来调控自己。

分析： 自我介绍时的谈吐，应该记住"3P原则"：自信（Positive），个性（Personal），中肯（Pertinent）。回答要沉着，突出个性，强调自己的专业与能力，语气中肯，不要言过其实。在自我介绍时要调适好自己的情绪，在介绍自己的基本情况时面无表情、语调生硬；在谈及优点时眉飞色舞、兴奋不已；而在谈论缺点时无精打采、萎靡不振，这些都是不成熟的表现。对于表达，建议小王可以找自己的同学、朋友甚至陌生人去练习一下，也可以先对着镜子练习几遍，准备充分，再去面试。

2. 居间介绍

又称为他人介绍，或者第三者介绍，指的是经第三者为彼此不相识的双方引见、介绍的一种介绍方式。

在社会交往中，人们的出发点都是想多认识朋友，这个活动过程中经常会出现经他人介绍，认识新朋友。居间介绍应注意以下几个方面：

（1）选择双方有共同兴趣的话题。只有双方有共同的爱好，引起大家的注意，才能促进双方相互认识的意向。如把一位教师介绍给一位做生意的朋友："这是×××，她是一位老师，很受学生欢迎。"这位生意人不一定表现得很热情，因为双方难以找到共同话题；如果换成这种介绍方式："这是×××，她是一位老师，她的丈夫在一家贸易公司担任销售经理。”这种介绍就选择了对方感兴趣的话题，搭建了良好的桥梁。

（2）扬长避短。介绍朋友给双方，应该是把个人优秀的一面介绍给对方，给别人留下良好的印象；同时，首次见面，尽量避免把个人的短处提及，甚至放大。这就是有所侧重，重点介绍个人的特长。如“这是我们单位的×××，唱歌了得，是KTV里的点歌机”、“×××是为运动好手，经常锻炼身体，喜欢羽毛球、乒乓球和跑步”、“×××是个‘活雷锋’，经常利用业余时间做志愿服务活动”，这种介绍容易获得好感，增进了解和友谊。

（3）注意适度。介绍他人相互认识，主要是通过共同点或者其中一方的特长引起好感，这时候介绍者就要注意适度问题，切忌把个人能力、品格、追求等方面放大，甚至无中生有。

✲ 相关链接　　居间介绍的适用场合和规则

1．居间介绍的适用场合

在家中，接待彼此不相识的客人；

在办公地点，接待彼此不相识的来访者；

与家人外出，路遇家人不相识的同事或朋友；

陪同亲友前去拜会亲友不相识者；

本人的接待对象遇见了其不相识的人士，而对方又跟他们打了招呼；

陪同上司、长者、来宾时，遇见了其不相识者，而对方又跟他们打了招呼；

打算推介某人加入某一交际圈；

受到为他人做介绍的邀请。

2．居间介绍的规则

居间介绍（他人介绍）在介绍先后顺序方面非常讲究，在为他人做介绍时，先介绍谁、后介绍谁，这个问题非常重要。按照规则，处理类似问题，必须遵守“尊者优先了解情况”的规则。这就是说，在为他人做介绍前，先要确定双方地位的尊卑和辈分，先介绍地位低者（或后辈），后介绍尊者（前辈），可以使位尊者优先了解对方的情况，在交际应酬中掌握主动权，以示对地位高者的尊重。

因此，根据这些规则，以下几种情况可作为为他人做介绍时的顺序：

介绍年长者与年幼者认识时，应先介绍年幼者，后介绍年长者。

介绍长辈与晚辈认识时，应先介绍晚辈，后介绍长辈。

介绍老师与学生认识时，应先介绍学生，后介绍老师。

介绍女士与男士认识时，应先介绍男士，后介绍女士。

介绍已婚者与未婚者认识时，应先介绍未婚者，后介绍已婚者。

介绍同事、朋友与家人认识时，应先介绍家人，后介绍同事、朋友。

介绍来宾与主人认识时，应先介绍主人，后介绍来宾。

介绍社交场合的先至者与后来者时，应先介绍后来者，后介绍先至者。

介绍上级与下级认识时，应先介绍下级，后介绍上级。

介绍职位、身份高者与职位、身份低者认识时，应先介绍职位、身份低者，后介绍职位、身份高者。

3. 集体介绍

集体介绍是他人介绍的一种特殊方式，是指介绍者在为他人介绍时，被介绍者其中一方或者双方不止一人，甚至是许多人。相比于居间介绍，人数上明显增多，较为常见的方式是业务谈判和日常联谊。

集体介绍一般分为两种情况：集体和集体或者集体和个人。集体和集体，即两边都是单位，一般要把地位低的一方先介绍给地位高的一方。所谓地位低的一方，一般就是东道主；所谓地位高的一方，一般就是客人；集体和个人，一般的规则是把个人介绍给集体，因为个人比集体人少就地位低。

（三）介绍的类型

1. 标准式

适用于正式场合，如商务交往、社交晚会、求职面试等，内容以介绍的姓名、单位（学校）、职务（专业）等为主。如："你好，我叫李明，是联想电脑公司的销售经理。""我叫余芳，我在中山大学中文系教外国文学。"

2. 简介式

适用于一般的社交场合和日常交往，其内容往往比较简要，甚至可以只要提到姓名或者姓氏即可，并根据话题情况，判断是否交谈下去。

3. 引见式

适用于征询引见的社交场合，做这种介绍时，介绍者所要做的是将被介绍者双方引导到一起，通过一些双方共同感兴趣的话题引入。如："李小姐，我可以介绍刘先生给你认识吗？他是做行政管理的。""李经理，你想了解钢材的销售情况吗？这是上海宝钢的业务经理黄先生，他会给你有用和满意的信息。"采用引见和咨询的方式，不但尊重别人，对方也容易接受。

4. 推荐式

适用于比较正规的场合，多是介绍者有备而来，有意要将某人推荐给某人，因此在内容方面，通常会对前者的优点加以重点介绍。《三国演义》中"水镜先生"司马徽、著名军师徐庶先后推荐诸葛亮给刘备的故事十分精彩，司马徽言其"可比兴周八百年之姜子牙、旺汉四百年之张子房也"。徐庶则认为"以某比之，譬犹驽马并麒麟、寒鸦配鸾凤耳。此人每尝自比管仲，乐毅；以吾观之，管、乐殆不及此人。此人有经天纬地之才，盖天下一人也"！意即：与诸葛亮相比，我实乃平庸，此人能力超越管仲和乐毅，能经天纬地，全天下只有他一个人。刘备闻之大喜。通过对比名人优点，突出个人特色，达到推荐目的。

5. 礼仪式

其内容略同于标准式，但语气、表达、称呼上都更为礼貌、谦虚，适用于讲座、报告、演出、庆典、仪式等一些正规而隆重的场合。包括姓名、单位、职务等，同时还应加入一些适当的谦辞、敬辞。如："尊敬的各位领导、各位来宾，大家好！我叫李明，我是联想电脑公司广州地区的销售经理。我代表分公司热烈欢迎大家光临我们的展览会，希望大家热情参与，多给我们提供意见和建议。"

　　现代社会市场经济日趋成熟，我们很多人在日常工作和交往中需要向别人介绍本单位的产品、本单位的技术、本单位的服务等，那么在进行业务介绍时，要注意两个要点：第一，要把握时机。换而言之，当消费者或者你的目标对象有兴趣的时候，你再做介绍，见机行事，效果可能比较好；相反，比如有人在这儿吃饭呢，你过来跟他讲喝瓶啤酒吧，并介绍这啤酒如何的好喝，要求别人喝一瓶试试，这种促销方式不适合现代市场观念，理智的消费者不需要你去介绍业务，所以你得注意掌握时机，人家有兴趣的时候，你去介绍它，效果可能比较好；第二，要讲究方式。一般来说，做业务介绍有 5 句话需要注意，第一句话是人无我有，把这个业务、产品服务的独特之处跟对方说出来，人无我有；第二句话是人有我优，有些产品有些服务大家都有，但是我这儿质量好，技术能保证，后续服务比较到位；第三句话是人优我新，现代这个产品质量技术是日趋成熟，大家的服务一般都是比较优质的，绝大多数商户都是诚实无欺的，所以在这样的情况下，你要把产品服务那些新的方面给他介绍出来；第四句话是诚实无欺，就是说不能蒙骗别人，别随意被人家投诉和起诉；第五句话是不要诋毁他人，来说是非者必是是非人，同行不能相妒，同行不是冤家，大家要共同合作共同发展。其实是毁人者来自毁也，你骂人家其实是骂你自己，有良好训练的人是不会在介绍自己业务时诽谤他人业务的，此点也是非常之重要。

（引自：安康网 www.ankangwang.com）

二、交谈

　　交谈又称为聊天，谈话，是双方（或者多方）通过口头言语和肢体语言，面对面进行信息的双向交流的互动过程，是一种较为频繁的社交活动。交谈一般具有明显的不确定性和随意性，自由度较大，聊天者可通过自己所见、所闻、所想、所感分享信息，达到加强联系、传播知识的目的。

（一）交谈的特征

1. 平等性

　　平等交流是交谈的重要特征。交谈者不仅与受众沟通是在平等基础上进行的，还要与自己的交谈对象采取平视、平等、平和的态度，在心态上准确把握，在细节上也要适宜得体。譬如称呼、服饰、仪态上都应注意，不要与交谈对象有太大的反差，否则会产生距离感，对融洽沟通造成障碍。如：

　　广东省政府每年都会有专门的参事座谈会，受邀参事主要由具有较高参政议政能力的中共和各民主党派的领导干部、高校和科研机构的知名专家学者、省内知名企业、社会组织和团体的负责人、具有较强参政议政能力、熟悉广东、关心广东发展的群众代表等组成，广东省政府最主要的党政领导通过交谈，以平等的姿态，虚心了解和获取专家和民众代表的意见和建议，所得信息作为省政府党政决策的重要依据。参事身份超脱，不代表任何部门、地区和特定团体的利益，看问题比较客观，敢于揭示经济社会上出现的突出矛盾，敢于批评各级政府及各部门工作中存在的问题。为了鼓励参事讲真话，中共政治局委员、曾任广东省省委书记、现任国务院副总理汪洋曾明确要求参事要敢于讲真话、讲实情，提倡"不唯上、不唯书、只唯实"的精神，发挥好民主监督作用；"千夫诺诺，不如一士谔谔"，在座谈会中，要摒弃顾虑、求实崇真，使独立思考、敢讲真话蔚然成风。

2. 互动性

所谓"酒逢知己千杯少，话不投机半句多"，交谈是由双方或多方共同进行的，所以交谈的一方都受对方的制约。交谈中，必须使自己的话与对方的话相呼应，否则会驴唇不对马嘴，导致交谈的失败。这就要求交谈者要注意倾听对方的谈话，同时做出恰当的反应。

香港有一个节目叫《志云饭局》，该节目于饭局中，一边吃饭一边访问。节目每集都会访问各地名人，访问地点依据嘉宾的口味而定。该节目对时任香港特首曾荫权的专访曾备受社会和传媒关注，多份香港主要报章，都在"港闻""要闻"版面报道有关访问，娱乐节目能登上社会新闻的版面，在香港十分少见。曾特首在节目中与主持人陈志云交谈甚欢，时而在严肃中畅谈任期内需要解决环境污染、厘清主要官员和公务员间的分工合作问题，以及改善行政与立法的关系三大问题；时而在轻松中谈及家人状况和自己成长经历。整个饭局交谈进行得十分顺利，观众也从节目中看出滋味，如同家常饭局交谈互动。

3. 即兴性

交谈往往是面对面接触后才开始进行的，所以不一定做好事先准备，有些即使涉及学习或工作的交谈，可以事先考虑一个交谈的中心，但也无法做详尽的准备，因为交谈的双方在交谈的过程中，每个人都有各自的想法，在交谈的同时，还会有新的想法，这就决定了交谈往往是边想边说的即兴发言。即兴交谈中，思考时间短，出语时间快，所以交谈者必须听辨灵敏、反应迅速，否则会使交谈不够顺畅。

2013年3月3日两会现场，记者问全国政协委员崔永元："你对中国国产奶粉有信心吗？"崔永元直截了当地说："当然没信心啦！"记者问："不是说中国内地奶粉99%是合格的吗？"小崔说："我哪知道1%在哪里呀？"崔永元是国内著名主持人，喜欢说事实，实事求是。在与记者的交谈中，1%的即兴回答十分灵敏、生动、巧妙，说出了事实，也让交谈对象回味。为了避免误会，他也现场补充说到国内食品安全问题："我没有信心，我觉得要有信心就不去香港买奶粉了。媒体的注意力不要集中在去香港买奶粉的事情，而是要集中在我们自己的消费者为什么不信任我们自己的奶粉，尽管有数据表明99%的奶粉都合格，但是我觉得我揣摩的数字，还是有很多人不相信国产奶粉。我觉得这不仅仅是国产奶粉的事，是所有中国所产的食品的事，他是一个整个链条的不信任。现在奶粉不是产量问题，是质量的问题。"

4. 灵活性

交谈有时没有明确的中心，只是自然而然地任意交谈各种话题。有时有中心，但由

105

于时间、地点和交谈对象的变化，不得不改变话题，或者发现自己原先考虑的意见不合时宜，决定改变交谈内容和说话方式，避免造成误会和损失。交谈的灵活多变性，要求交谈者具有灵巧的应变力，切合时宜地寻找和转换话题。

李响因为主持热门职场节目《职来职往》受到了许多观众的欢迎，在求职节目现场，李响通过与求职者的交谈，灵活地通过求职者的特长或者感人之处，打动现场面试官。在一场面试中，一位来自东北的小伙子面试演员一职，他尝试运用各种滑稽方式打动现场评委，效果非常不好，面临即将淘汰的可能性，李响通过转移视线和话题，从家庭情况启发小伙子转变观念，摆正心态，放弃做演员这个不切实际的想法，踏踏实实从基层做起，小伙子的经历道来也打动了现场评委，最终收获了一份工作。

（二）交谈的类型

根据不同的划分标准，交谈可以分为下面几个类型：

（1）按交谈的目的划分，可分为：介绍性交谈、了解性交谈、汇报性交谈、说服性交谈、表扬性交谈、批评性交谈、安慰性交谈、拒绝性交谈、研究性交谈、寒暄式交谈等。

（2）按交谈的方式划分，可分为：

①主导式交谈。交谈时多以发表自己意见为主，在日常生活中多以介绍时、拒绝时和慰问时交谈。

②引导式交谈。交谈中设定一个主题或几个主题，通过抛砖引玉，引导其他人多想多说，交谈组织者或主持者多以倾听为主。

③交流式交谈。交谈者与交谈对象地位平等，彼此间交流情感和看法，多用于酒会、研究性交谈。

④反馈式交谈。主要以交谈者讲的内容为主，交谈对象从中了解更多信息，日常中多用于对考核对象结果反馈的交谈、组织诫勉交谈等。

（3）按交谈的性质划分，可分为：日常交谈、会客交谈、节目交谈、公务交谈、学术交谈、面试交谈等。

（三）交谈的原则

1. 真诚

就是真实而诚恳，交谈双方要讲真话，必要时讲一些有依有据的话，也不能刻意刁难，或者避实就虚。在工作中，我们经常会碰到阳奉阴违的现象，作为上司，除了要说出下属的不足，也能听得进下属的建议和意见；作为下属，不仅只是听上级表扬的话，而且要接受批评的话。只有这样，才能把真实的感受得以交流，做到上传下达、下情上达，内外协调。

从心理学方面看，情感是人们对客观事物的一种态度，人对客观事物的好恶不同，内心所产生的变化以及外部所表现出来的行为也有所不同。对于符合自己口味的，会产生愉悦、喜欢、满足等积极的情感；对于不符合自己口味的，会产生厌恶、讨厌、愤怒等消极的情感。因此，我们经常会碰到"话不投机半句多"的情况，其实，就是彼此之间出现情感合意与否的问题，中国国情上的"情、理、法"排序也就不难理解了。

2. 尊重

在日常生活中，尊重原则的体现为当你听别人讲话时，要注意不要无礼地与他人交头接耳，与此同时，在与他人交谈的过程中，你本人说话的语音语调方式都应该保持有礼有节。

在公共礼仪交往中，我们主要从以下几个方面体现尊重原则：

（1）微笑。微笑是一个人最好的一张名片，不管认识与否，也不管记住别人与否，看到微笑，是拉近双方距离最好的方式。"今天你对顾客微笑了没有？"这是闻名全球希尔顿酒店创始人希尔顿的座右铭，也是他所著的《宾至如归》一书的核心内容。美国希尔顿饭店创立于1919年，在不到100年的时间里，从一家饭店扩展到260多家，遍布世界五大洲的各大城市，成为全球最大规模的饭店之一。90多年来，希尔顿饭店生意如此之好，财富增长如此之快，他的成功的秘诀是什么呢？通过研究发现其成功的秘诀就在于牢牢确立自己的企业理念，并把这个理念上升为品牌文化，贯彻到每一个员工的思想和行为之中，饭店创造"宾至如归"的文化氛围，注重企业员工礼仪的培养，并通过服务人员的"微笑服务"体现出来。因此，微笑是一种尊重的无声语言，是一种外在的形象表现，也是一门学问和艺术。

（2）记住别人的名字。被尊称为"华人管理教育第一人"的余世维博士，拥有演说家的风采、战略家的气度、学者型的才华；同时，他是一名忠诚的酒店顾客，一年365天，足有180天在酒店度过，酒店几乎成了他的第二家园。在总结"顾客喜爱的酒店人员和顾客期望的服务意识"中，记住顾客的名字成了他经常提及的口头禅。对于用心的酒店人员，记住顾客的脸，认出他的基本特征，把客人的基本信息列得一目了然。然后，只要看到客人的脸，能立即喊出他的名字，对方看到自己如此受到重视，倍感亲切，往后肯定会经常光顾，因为有了宾至如归般的尊重和关心。

（3）说话有分寸。时下快递行业十分发达，很多顾客喜欢从网上购买商品，网上商家通过快递公司把货品送到顾客单位，然后由快递员打电话给顾客出来接收自己网上所买的商品。然而，快递员的电话用语时常用得不规范，甚至缺乏尊重。很多顾客抱怨快递员用语缺乏分寸，如"我只等你十分钟，再不出来我就走了"、"你再不来的话我就把货品退回去"诸如此类。快递业作为服务行业，快递员的用语直接反应一个公司的整体形象，所以应该加强业务和个人修养培训，说话要妥当有分寸，如因送货时间匆忙而紧急，可跟客人说"请准时在×点×分出来××地方接收快递，因为后面还要送快递到很多地方"，以便得到客人的认可，避免顾客流失。

3. 理解

谈话者之间能否相互理解、相互支持，关系到谈话能否达成一致和如期继续下去。现实的情况是，人们的经历、性格、学识不同，对一件事物或事情的认知各不相同，必然会引起理解上的分歧和情感上的抵触。为了跟他人和睦相处，同心协力搞好工作，理解是必不可少的。在邓小平与撒切尔夫人关于香港问题会谈上，出现了关于删掉"the"问题的一个小插曲。在关于"香港主权的移交"方面，英文是 the transfer of sovereignty.

时任英国驻华大使柯利达跟时任中方代表周南说，双方还没开始谈判，如果用这种表达，就等于说英方已经承认了主权必须移交（按照中方立场，事实确实如此）。因此，柯利达建议把冠词"the"改成"a"。外交无小事。周南当时觉得用"a"就很不确定了，于是跟柯利达说：是不是既不要"the"，也不要"a"。反正中文根本没有冠词的问题。柯利达跟助手商量了一下，就这样定了。这样的细微差别，中文里是没有的，看上去好像是文字游戏，实际包含着中、英两方的不同立场。加强了理解，做到既从本方利益着想，也从别人的角度考虑问题，打破了关于香港回归谈判的僵局。

4．关心

古人云："爱人者，人恒爱之；敬人者，人恒敬之。"说的是经常把别人和事放在心上，会得到别人的关爱和尊敬，也有利于建立感情和加强做事效率。一般情况下，每个人对自己的事都比较专注和关心，同样地，如果对待交谈者如同对待自己，关心和满足其需要，往往会收到意想不到的效果。

（四）交谈的方法

1．善于倾听，体现真诚

倾听是一种态度，是对谈话参与者的尊重和鼓励，也是谈话主持人应具备的基本素质。现实中，谈话主持人最常犯的毛病是听不见、听不进、听不懂。说到底就是按照既定话题或者想法展开，而不想听、不愿听、不会听，只是以自己的进度为中心，不考虑对方的观点和态度，没有实现在交流中融合。事实上，在谈话过程中，倾听是不容忽视的，它具有很强的功效：倾听可以营造良好的交流语境和谈话氛围；倾听可以使现场的沟通和交流更加顺利和谐；倾听可以获取更有价值的信息，使谈话更趋合理，节目更加精彩。"听"不仅是一门艺术，也是谈话者的一种修养。"听"讲究态度、方法、体态，要真心听、专心听、细心听、耐心听，还要抓重点听、记大意听、理思路听、辨含义听。谈话主持人要善于倾听，将自己融入与交谈着的交流中，既让对方感觉到真诚，又为话题挖掘出很多亮点。善于倾听是厚积薄发的一种外显，也是沉静内敛风格的重要成因。会"听"才会驾驭，"听"是现场谈话的基础。

2．深入思考，发现细节

思考是一种内在修养。谈话主持人要揣摩交谈者的心理动向，不偏不倚，不愠不火，做符合大多数人心理期待的谈话者。谈话主持人要在思考中发现细节，发现谈话对象的情感薄弱点，使其在情不自禁中流露出前所未有的真实感情，让双方看到更真实的一面。要随时思考怎样进行话语的衔接、贯穿，结束语的表达；如何准确理解嘉宾的观点，取其精华，提炼有价值的信息；怎样使话题紧扣主题，清楚地表达自己的意愿，并且有效地控制现场秩序；如何掌握快速思考的能力，在挖掘亮点中将话题推向深层次或开放性等。

3．艺术表达，展现精彩

与谈话者的交流是交谈过程的重头戏，是谈话双方特质和风格的主要体现，也是对素质的最大考验。谈话主题具有随机和即兴的特点，不可能完全按照交谈双方的安排进行，总会有出人意料的事情发生，在现场交流碰撞中产生的奇思妙想和连珠妙语更是无法预计的，这正是交谈的精彩所在。谈话主持人通过调动对方的情绪，激发其倾诉的欲望，能使听众获得更丰富的信息，进一步了解事件和人物本身。

谈话的最终目的是交流。话题引入者通过自我表达，抛砖引玉，使交谈对象克服各种心理障碍，讲出真实曲折动人的故事，并升华出有启迪的人生哲理来，从而进一步说服受众达到心理平衡并促进人心向善。为实现这一目的，可选用不同的引入方式，通过语言来达到交流的最佳效果，进而在潜移默化中形成属于独立的语言风格。良好的表达艺术是交谈演讲者智慧的源泉、魅力的根本。

4. 掌握技巧，融入环境

交谈双方在交流过程中的即兴提问，灵活地转变提问方式，可以实现有效互动，营造和谐的谈话氛围。交谈者对待不同经历、性格、职业、地位、应变能力的人，应该有不同的提问方式，一针见血还是循序渐进，直截了当还是迂回前进，注重情绪感受还是理性思考，煽情还是严谨，都需要谨慎思考、灵活选择。在交谈过程中，交谈主持人需要准确理解对方观点并迅速做出反应，不露声色地将主题引向深入；对于紧张拘谨的交谈者要寻找台阶，避免冷场；对冗长或跑题的谈话，要适时巧妙地予以引导；对表达不清的观点，要用精炼易懂的语言补充完整；用重复的手段来突出重点，放大正确的观点；控制谈话节奏，注意观点的导向性，避免话题敏感性和个人私隐性等。在交流过程中，还应该注意把握一些非语言沟通的技巧，即体态、行为的运用。交谈者的眼神、表情、身姿、手势、修饰等都可能与话题内容产生关联，实现双方或多方更好的沟通。如在交谈时目光要注视对方，身体要稍微前倾，还要保持适当的距离感。

（五）交谈的注意事项

1. 交谈时间

是指交谈者应注意谈话的时间判断和时机选择问题，以便获得良好的效果。所谓时间判断，一是指交谈约会时是否准时，这涉及态度问题；二是时间选择问题，反映个人的礼仪修养问题；三是交谈时间长短问题，反映出交往双方的关系以及对话题涉及深浅问题。以时间选择为例，下午 5 时至 7 时是西方的"入魔时分"，一天紧张的工作进入了开始调节时刻，可以通过轻松的话题解除全天积累的压力。

关于时机选择问题，正所谓"机不可失，时不再来"，"过了这个村，就没有这个店了"。华人首富李嘉诚出身寒门，通过半个世纪不懈的努力和奋斗，从一个普通人成为商界名人并取得了令人瞩目的成就。每当提起他的成功，李嘉诚总是坦然告知原因，其中，选择适当的时机是他成功的重要前提。1950 年，李嘉诚把握时机，用平时省吃俭用积蓄的 7 000 美元在筲箕湾创办了自己的塑胶厂，他将它命名为"长江塑胶厂"。李嘉诚在香港研制出塑胶花，填补了香港市场的空白。按理说，物以稀为贵，卖高价在情理之中。但是李嘉诚明察秋毫，他认为塑胶花工艺并不复杂，因此，长江厂的塑胶花一经面市，其他塑胶厂势必会在极短时间内跟着模仿上市。倒不如在人无我有、独家推出的第一时间，以适中的价位迅速抢占香港的所有塑胶花市场，一举打出长江厂的旗号，掀起新的消费热潮。卖得快，产得多，以销促产，比居奇为贵更符合商界的游戏规则。这样，即使效颦者风涌，长江厂也早已站稳了脚跟，长江厂的塑胶花也深深植入了

消费者心中。塑胶花为李嘉诚带来数千万港元的盈利，长江厂成为世界最大的塑胶花生产厂家，李嘉诚塑胶花大王的美名，不仅蜚声全港，还为世界的塑胶同行所侧目。

2. 交谈地点

选择不受他人打扰的谈话地点、保证充分的交谈时间，是交谈必备的两个首要条件；同样地，在不同的场合下，对不同的人说，产生的效果也是大不一样。所谓"入国问禁，入乡问俗，入门问讳"，不同内容和性质的谈话应当根据不同的场合和地点而定。当闲谈时，应找一个轻松愉快的环境；当你与他人进行商谈时，应找一个正式的场合。英国戏剧家莎士比亚也认为：世界是个大舞台，每个人都在这个舞台上，表演着各种不同的角色。这就说明，每个人在不同的舞台上，扮演着不同的角色。交谈的内容和形式，也因选择合适的地点。

3. 交谈对象

鬼谷子说过："与智者言依于博，与博者言依于辩，与辩者言依于要，与贵者言依于势，与富者言依于高，与贫者言依于利，与贱者言于谦，与勇者言于敢，与愚者言于锐。"交谈过程中，要根据对方的实际情况和个性特征，有针对性地照顾对方感受，不能单方面地按自己的主观意志去展开交谈，这是交谈高手的智慧之处。

在2013年感动中国人物中，一位叫何玥的小学生在生命弥留之际，决定将自己的器官捐献给需要的人。父母代表其上台领奖，并接受主持人白岩松的访谈。"虽然我们的女儿没了，但我们帮她完成了心愿，我们很欣慰！"在演播室，何玥的父母从走上舞台的那一刻起，就几度泣不成声。2012年4月，何玥即将小学毕业之时，被查出患有高度恶性小脑胶质瘤。9月初，她的病情突然复发，肿瘤扩散至脑部组织。在听说生命只剩3个月时，何玥做出了父母亲人都难以理解的决定，她对父亲说："爸爸，我想把器官捐出去，行不行？"吓了一大跳的父亲把何玥骂了一顿，因为按桂林老家的风俗，人死后尸体被剖开无异于大逆不道。何玥哭了："我希望能尽自己的能力给别人生的希望。"最终，爸爸妈妈含泪同意了。11月17日凌晨0时10分，小何玥在医院里走完了短短12年的人生路。凌晨4时，她的两个肾被送到解放军第181医院捐给了两名患者，她的肝也救助了需要的病患。

为了给小何玥治病，何玥父母已经欠下了10万元的债务。但为了完成女儿的遗愿，他们拒绝了器官捐献的补贴，也从未主动找过接受何玥器官救助的患者。他们想以最美的方式，实现女儿的"最美愿望"。颁奖现场，主持人白岩松问起何玥父母欠债累累，为何不接受捐赠或者补贴？何玥父亲坚决地说：不要提钱的事；何玥母亲则朴实地回应：我们还年轻，我们可以外出打工，慢慢地还清债务。白岩松动情地说："此刻我也不知道怎么安慰他们俩，但我恳请现场或者电视机前的老板们，如果这两个中年夫妻去您那打工，请厚待他们。"作为一位优秀的主持人，白岩松话中感人，既很好地照顾了谈话对象的感受，也打动了所有观众。

4. 交谈用语

在日常交谈中，包括在现代交往中，措辞妥当非常重要，小则关系到理解对错和人际关系好坏问题，大则影响到一盘生意的成功与否，甚至是单位的声誉好坏问题。"清明时节雨纷纷，路上行人欲断魂。"每年清明节，是我国祭拜祖先的时节，也成为国家规定的公众假期。××房地产中介公司的小陈最近刚入职，为了尽快出业绩，放弃清明节假期，继续加班。早上 11 点左右，她觉得是打电话的合适时间。当她打电话给要出售楼盘的业主刘小姐时，第一句对话是："刘小姐，节日快乐！我是×××。"随之，业主刘小姐狠狠地骂了她一顿。这个例子说明，交谈中要注意谈话所处的时节，最重要是要根据具体情况采取对应用语，以免弄巧反拙，失礼于人。

思考与训练

1. 介绍的类型有哪些？
2. 自我介绍中应该注意哪些事项？
3. 交谈过程中应遵循哪些原则？
4. 掌握好交谈口才有哪些方法？
5. 根据个人的实际情况，请分别做 1 分钟、3 分钟和 5 分钟 3 种类型的自我介绍训练。
6. 请根据当下的时事热点，组织一场交流式的座谈会。

第三节 赞美与批评

会说话的人，才能带给对方欢喜和欢乐。人是为了欢喜才到人间，所谓"良言一句三冬暖"，讲的就是这个道理。会说话的人，首先考虑的是，一句话说出来，是为了表达自己的意思，也是希望对方能喜欢接受，所以要学着说话；即便不是赞美之词也应该会说，说得心服口服，使人受益匪浅的感觉，才能成为一个受欢迎的人。古今中外概莫能外。

一、赞美

（一）赞美的概述

赞美是发自内心的对于美好事物表示肯定的一种表达。恰如其分的赞美能使我们更好地与人交往，从而增进人与人之间的情谊。

人人都渴望被别人赞美，因为这是人的基本需求之一。它代表自己被人认同、被人接纳、被人欣赏，代表自己的一种存在的价值。

古人云："孝子十过，不如奖子一功。"这里强调了赞美的功能。一位教育家说过：伟大的教师莫过于善于赞美和激励学生。马克·吐温也曾经说过："一句好听的赞辞能使我不吃不喝活上三个月。"这句略带夸张的话体现了"赞美"的魅力之所在。

然而，赞美确是一把双刃剑。对于被赞美者来讲，一个好的赞美会使自己愉悦、自信，产生希望；而一次错误的赞美，会使自己产生不切实际的幻觉，迷失方向。如：孩子"拿"了商店的一块巧克力没有被发现，而他人予以默许或因此而夸他机灵，也许

111

这次"赞美"就会对孩子在以后的人生观和价值趋向上产生不可磨灭的影响，这就是所谓"小时偷针，大时偷金"。而对于赞美者来讲，一个好的赞美不仅能令被赞美者心情舒畅愉悦，而且能迅速拉近彼此之间的距离，产生良好的心理效应，在某些程度上更为勇敢自信，且能挖掘出自身更大的潜力。

（二）赞美的原则

1．真心诚意

一位推销员曾经说过这样的一句话："我要把今天当作生命中的最后一天，忘记昨天，也不会痴想明天，今日事今日毕。我要以真诚埋葬怀疑，用信心驱赶恐惧。我要让今天成为不朽的纪念日，化为现实的永恒。"真诚是一种尊重，每个人都希望得到别人的理解、信任和尊重，这是人之常情，也是每个学习者保持愉悦的心情和旺盛的学习斗志的需要，赞美能满足人们的这种需要。尊重，是表达的最高境界。

对于教师而言，充分尊重学生个性，尊重学生人格，注意他们的兴趣、爱好、特点和特长，并予以学生自由发展的空间。在教育中，教师应首先尊重学生的自尊心，要注意培养和保护学生的自尊意识。教师可以通过语言、手势和微笑等方式肯定学生；通过课外时间，给予第二课堂的指导，拉近师生感情，融洽师生关系；教师可以通过平等的态度对待每一个有情感、有意识、有独立个性的学生；教师可以以开放的心态、包容的气度和赞美的言语去正确对待那些敢于质疑传统、挑战理论、个性鲜明的学生；可以以博大的爱心和崇高的师德尊重、爱护、关心并引导那些行为特别、标新立异的问题学生。作为教师，懂得赞美育人的原则，善于赞美学生，并不是要求我们违心地去粉饰，美化他们的缺点和错误，而是不要忘记爱护和尊重学生的人格、个性和自尊心。

2．实事求是

赞扬应以实事求是为依据，不过分、不夸大。不符合实际的赞美不仅不能使对方快乐，而且会适得其反，认为你在挖苦他、奉承他。

今天是新郎小王跟新娘小方结婚的好日子，并在酒店摆下了盛大的婚宴。小王和小方两人都相貌平平，小王甚至还有点残疾。但在婚宴上，主持人却称赞道："很高兴你们能终成眷属，结为连理。你们真是天生的一对，女的貌若天仙，好比嫦娥再世；男的英俊潇洒，气度不凡，就连潘安也比不上啊！"对于这种赞美，实在让人难以快乐，甚至一脸难堪。

3．因人而异

赞美应因人而异，对不同的对象要运用不同的赞美，这要视对方的情况而定。如：赞美领导和赞美下属不应该相同，赞美男人和赞美女人的方法不同，同样的道理赞美老年人和赞美年轻人的用词也应该有所区别。

4．注意场合

赞美他人要灵活把握时机，要学会见机行事，即景生情，见什么人说什么话，到什么山上唱什么歌。如果只有你和被赞美者在场，不管说什么赞美的话，都不会引起他人的反感。如果多人在场，你赞美其中一个人，可能会引起不同的心理反应。比如，你夸

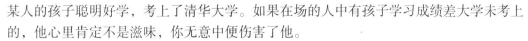

某人的孩子聪明好学，考上了清华大学。如果在场的人中有孩子学习成绩差大学未考上的，他心里肯定不是滋味，你无意中便伤害了他。

5. 选择时机

例如：孩子考试拿了85分，你应当及时表扬，这种称赞有"趁热打铁"的功效，易被对方接受，起鼓励的作用。要想有高质量的赞美，就一定要把握好对方情绪波动性较大的时机，把握好对方本身在发生关键性变化的时机，否则，你的赞美效果就会大打折扣。

（三）赞美的艺术

1. 特别关怀赞美法

现实生活中失败的人很多，每个人都抬着头在期待着别人的微笑。而微笑的人很少，因此，你只对那些期待者施以赞美，他们就会精神大振，听你的指挥。

●案例

一天，推销员A在车上见到了一个小伙子B，只见B提着一袋化妆品垂头丧气，A就猜测B肯定正深感一天的疲惫与打击。于是，A带着一种特别体谅的心情对B说："你是做化妆品业务的吗？""是的，你看见了。"B回答道。"我看你这么年轻选择这么具有挑战性的工作，而且做得肯定相当努力，挺佩服你的。"

B本来无奈的表情突然变得有光彩了，问A："你觉得这工作好吗？值得干？"

"你认为值得就值得，不值得就不值得，我们年龄都小，刚到社会，现在不受苦，什么时候受苦呢？我觉得这是积累经验的最快的办法了。"就这样，他们就互相讨论起推销的经验来了，后来B还跟A买了两本书。

2. 幽默风趣赞美法

一旦学会了幽默，通过风趣幽默的方式，以生动灵活而容易接受的方式，让对方更愿意聆听，也能永葆个人的人际关系畅通。

●案例

一天，在餐馆里，首长领着两个士兵在吃包子喝粥。那首长长得偏胖，蛮可爱的。一个服务员走过去："这么大的首长出来吃个包子，还跟着两个保镖，要是去五星级饭店，不得跟两个司令员了。""目前还不行，还不到那个级别。""别那么谦虚，您长着那个布袋和尚的耳垂，挺着大将军肚，您在这吃过包子的盘子和筷子都会升值的。"首长的长相不见得特别动人，带着两个士兵也不见得特别合乎时宜，但服务员通过幽默的方式，把注意力转移到盘子和筷子因个人而升值，彰显该首长的地位，这种变相、幽默的赞扬让该首长喜出望外。

3. 故意错位赞美法

人人都不能容许别人的不诚实，但能宽容和放纵自己的虚伪和自私。正因为这样，要想取得好的人际关系，就必须学会掩盖一些对方无法更改的不足和局限。运用故意错

位，主要是为了让对方通过非常规的问题错误，利用错位思考究其原因，以便产生兴趣，获得认知；同样地，故意错位赞美法是让对方的不足之处得以错位的理解，并转移、思考，最后形成一种赞美。

● **案例**

关于"故意错位"

中学时候我们学过夏衍的《包身工》一文，文中有一个语序特殊的句子，语文老师故意念成："几个还没睡醒的'懒虫'，蓬头，赤脚，一边扣着纽扣，从楼上冲下来了。"为了制造气氛，诱发学生学习兴趣，这是一种特殊的课堂内可用"故意错位"的方法。话音刚落，反应快的学生马上指出念错了。教师故意说："这样念不也很通顺吗？"有的学生反驳："'蓬头，赤脚，一边扣着纽扣'应该在'几个还没睡醒的懒虫从楼上冲下来了'的前边才对。"事实上，夏衍写的这句话是状语前置。这个时候，教师趁机抛出一个问题："作者为什么要把'蓬头'等三组词语放在前面呢？"学生思考片刻，纷纷举手发言。教师继续相机诱导，并作归纳："小说中是故意将这三组词语前置，组成一个状语前置句，意在强调、突出、暗示包身工处的生活环境——她们没有充足的休息时间，连早上起床也像打仗一样，紧张极了。正因为如此，她们下楼都是'冲下来'，根本不去考虑是否安全。连生命安全都不顾的人，还会去顾及自己的'蓬头，赤脚，一边扣着纽扣'吗？现实是多么冷酷无情啊！包身工的遭遇就是这么悲惨。"

4. 转弯抹角赞美法

对无智慧的人，我们可以从正面赞美他、说服他。对于有智慧的人，我们则可以从侧面、从反面说通他。总之，没有说不通的人，只有不正确的方法。如可以不从正面出发，可从环境入手；不从他人出发，可从自己入手；如他口才好，问他是否以前做推销；他学识丰富，问他是否高校毕业……

5. 用词朴实赞美法

有些人个性低调踏实，不喜欢浮夸张扬。对于对方的赞扬，不喜欢过于夸大的赞美或过度的宣扬。运用朴实用词赞美法，除了让对方容易接受，也便于赞美归于现实，让赞扬的模范个人更容易融入平常群众，深入民心。

6. 对比烘托赞美法

优越性最直接的实现方式，便是对比烘托赞美法。别人越低，你就越高；别人越失败，你就越成功。

● **案例**

一位推销员到高校向学生推销书籍："你瞧我们想花父母的学费钱，却没这样的资格花。大学是专门为青年人成才之路搭的桥，你们在桥上轻松的走路，我们只能在桥下游泳，游得不好，就有可能被淹死。"大学生笑了，回答说："若有文化没钞票，还不是一样淹死。""错了！即使有钞票没文化，也会很快被淹死。"

7. 知音赞美法

所谓"知我者谓我心忧，不知我者谓我何求。"知音难得，但并不是不可求，跳出寂寞的圈子，用一双寻找美的眼睛来寻找知音；摒弃钩心斗角的恶俗，才能更好地寻求。因此，运用知音赞美法，让对方温暖内心，觉得双方是难得的知音人，对赞美的话语甚为感动，乐于倾听和接受。

二、批评

（一）批评的概述

美国著名诗人惠特曼这样说："难道你的一切只是从那些羡慕你，对你好，常站在你身边的人那里得来的吗？从那些反对你，指责你，或站在路上挡着你的人那里，你学来的岂不是更多？"批评的含义有4个出处：①评论，评判。对事物加以分析比较，评定其是非优劣。明朝李贽《寄答留都书》："前与杨太史书亦有批评，倘一一寄去，乃足见兄与彼相处之厚也。"鲁迅《而已集·读书杂谈》："说几句关于批评的事。现在因为出版物太多了，——其实有什么呢，而读者因为不胜其纷纭，便渴望批评，于是批评家也便应运而起。"②对书籍、文章加以批点评注。清朝孔尚任《桃花扇·逮社》言："俺小店乃坊间首领，只得聘请几家名手，另选新篇。今日正在里边删改批评，待俺早些贴起封面来。"③指出所认为的缺点和错误。茅盾《昙》提到："（姨太太）常常拿一些家庭间的琐细麻烦的问题请韵出主意，事后却在丈夫跟前冷冷地批评，挑拨是非。"④对缺点和错误所提出的意见。《黄金世界》第七回："大嫂有几句批评真是十分贴切。"张恨水《啼笑因缘》第二十回："而且我那样的批评，都能诚意接受，这人未尝不可取。"因而，批评的定义可理解为对某一事件的评论和评判，或是对书籍、文章加以批注点评，以及对某人、某事缺点错误提出意见。

在对待批评的问题上，我们要注意克服3种模糊思想：①克服满不在乎的思想。有的人把别人的批评当作耳边风，你说你的，我干我的，一个耳朵听，一个耳朵冒，自以为"我大毛病不犯，小毛病不断，其耐我何"；有的人对自己的缺点采取不承认态度，消极对抗，明明是块疮疤，却竭力掩藏遮盖，结果是"千里之堤，毁于蚁穴"。我们都学过《扁鹊见蔡桓公》这一课，蔡桓公直到病入膏肓也不承认自己有病，最后连扁鹊那样的神医也束手无策，无力回天。这些自欺欺人的做法，不仅不利于改正错误，反而会在错误的道路上越走越远，最终铸成大错，陷入不能自拔的境地。②克服与人"攀短"的思想。有的人受到批评后，不去认真反省自己的错误，常和其他人比，强调别人还不如自己、我比某某还强等，这使人想起"五十步笑百步"的典故。即便别人真的比你犯的错误更严重，也不能证明你的错误是好的，只要是缺点和不足就需要纠正和改进。只有这样，我们才能真正地认识到自己的不足并自觉地改正。③克服把批评当"包袱"的思想。有的人受到批评后，认为批评者对自己有看法，整天顾虑重重，感觉受到委屈。每个人大都有着强烈的自尊心和上进心，这本来是优点，但过分看重自己的长处和荣誉就容易把一时一事的过失当成思想负担，成为负面影响。其实别人的批评并不是对谁有什么成见，批评是对事不对人，善意的批评者不会因为一个人犯了错误而把

他看作固定思维，犯了错误并不可怕，完全不必要因此造成沉重的思想负担，有则改之就是最好的回应方式。

（二）批评的原则

1. 态度真诚

无论是组织还是个人，当犯下不可原谅的错误时，作为领导或长辈无可避免地要对其加以斥责。但是每个人都有自尊心，批评应是在平等的基础上加以进行，态度的严厉不等同于言语上的恶毒，只有无能的领导才会小气地揭人疮疤。因为这种做法除了让人勾起一些不愉快的回忆，于事无补，对于被批评者会感到寒心，对于旁观者也会感动不舒服。不足和缺陷人人都有，只是大小不同，见到同事的情况如此，只要不是幸灾乐祸的人，都会有"兔死狐悲，物伤其类"的感觉。作为批评者，批评的用意在于搞清问题、解决问题，而不是把问题变得更为复杂。恰当的批评语言，真挚诚恳的态度，会让被批评者容易感动，便于接受。

2. 实事求是

"闻过而喜"是中国的一句古训，是说一个人能听到别人指出的不足和过错而感到欢喜，但并不是每个人都能愉快地接受别人的批评。上级批评下级，要使下级能心悦诚服地接受，很重要的一条就是要做到实事求是。在批评别人之前，先考虑一下事情的来龙去脉，有几分的事实根据，这是比批评的态度和方法更为基本和具体的东西。"没有调查就没有发言权"，如果事先调查不够，甚至没有做调查就妄下定论，但事实真相与得到的情况有所差异，被批评者就难以接受；如果有人提供了假情报，打"小报告"，领导者以此为据，大加批评，那就更加难以服人了。所以，不管是谁，在批评对方的时候，事实要准确，原因要查明。从实际出发，弄清事情的本来面目，找出问题的原因，恰当地分清责任，这样的批评有理有据，既不夸大，又不失察，被批评者当然心服口服了。

3. 以理服人

批评的质量与数量之间，不存在正比的关系，有效的批评往往能一针见血地指出问题的实质，使对方心悦诚服；而絮絮叨叨的指责却会增加被批评者的逆反心理，而且即使他能接受，也会因为你缺乏重点的语言而抓不住错误的症结。

在现实中，我们有时候会碰到有些人批评时喜欢"痛打落水狗"。对方越是认错，批评者咆哮得越厉害。这样的批评对话会是什么结果呢？一种可能是被批评者垂头丧气，另一种可能是挨骂者认为自己已经知道并承认错误了，对方还要抓住不放，实在难以接受。这时候性格懦弱者会因此丧失信心，刚强者说不定会愤怒起来，批评的目的和效果就不尽如人意了。

（三）批评的类型

批评的内容广泛，形式多样，以下主要以日常中常见的批评予以介绍。

1. 自我批评

人非圣贤，孰能无过。作为个人本身，不管是主客观原因，在学习或工作中出现错误不可避免，这个时候应正确对待自己在工作中的缺点和错误。在犯了错误之后，要有承认错误的勇气，做好自我批评。千万不要因怕受批评、丢面子而不敢承认错误，推卸责任，甚至捏造事实编造假象，用大错误去掩盖小错误。

一个肯于积极进步的人，就是不断自我否定、自我修正、自我提升的一个过程。而在这个进步的过程中，由于自我批评的勇于呈现，会出现很多人给予我们的帮助，不仅有物质上的，也有精神上的，还包括行为上的。从某种意义上来说，由于在承认犯错的同时，身边的亲朋好友会帮助我们指出不足，及时改正，不断进步。

2. 他人批评

俗话说："自己的刀削不了自己的把。"现实生活中，有的人很难意识到自己的问题和缺点，这就要靠他人提醒，靠亲人、同事或朋友批评和帮助。只有这样，我们的长处和优点才能得到不断发扬，缺点和短处才会得到有效克服。那么，对于他人批评，个人本身应该怎样对待批评呢?

第一，要正确看待批评，把它当作前进的动力。对于他人的批评，首先要认真听取，自我反思，虚心接受，并认真检讨、及时纠正；对批评有出入的方面，可以当面或事后诚恳地解释清楚，消除误会，切忌当面顶撞或强词夺理。在别人意识到批评错了的时候，要能宽以待人，切忌得理不让人。大家经常能看到这样的现象：有的人受到表扬，马上兴高采烈，学习和工作动力十足；一旦受到批评，情绪就会低落，热情大减。其实，批评与表扬都有异曲同工的作用，一个人如果受到批评能够及时改正，也是进步。所以说表扬和批评是相辅相成的统一体，二者的作用是一致的。当然，每个人都有强烈的自尊心和上进心，都想得到他人的赞许和肯定，听到批评不会像受到表扬那样令人舒畅，这是人之常情。但是，"良药苦口利于病，忠言逆耳利于行"。一个人要想健康成长，必须听得进去批评，就好比一棵参天大树成为栋梁之材，需经风霜雪雨的洗礼，需要不断修枝打杈一样。人要进步，同样需要别人的批评、督导、鞭策和帮助。大多数人能够正确看待批评，也有的人却适得其反，认为批评是他人对自己有偏见，不仅影响了自己的成长进步，也给我们的学习、工作和生活带来了不便。

第二，要加强自身修养，承受住尖锐的批评。有些时候，有的人在批评其他人的时候不大注意场合和方法，特别是在大庭广众面前，不留情面的训人，往往让别人"下不来台"，丢面子，叫人无地自容。无论是批评者主观动机多么好，这种批评人的方式都应该加以改进。但是，作为被批评者是据理力争挽回面子，还是冷静的接受批评，往往能够充分地反映出一个人的思想素质和品德修养。日常学习生活中，有的人就是因为没有恰当地处理好类似情况，而把问题弄得不可收拾，造成不该发生的后果，教训是非常深刻的。

第三，要以宽广的心胸，对待错误的批评。许多时候，他人对自己的批评不一定十分准确，很可能与事实有所出入，甚至还可能张冠李戴。批评错了怎么办？是暴跳如雷当面顶撞，还是心平气和地恰当处理，能够反映一个学生的素质和品德。在对待错误批评的问题上，我们应该做到以下3点：①有则改之，无则加勉。哪怕他人的批评有1%是正确的，也该认真地虚心接受，即便是完全批评错了，也全当在耳边又敲响了一次警钟，把别人的问题当成自己的错误看待，引以为戒，警示自己，同样有益。"前车之

覆，后车可鉴"，聪明人之所以少犯错误，原因就在于此。②要体谅批评者的用意。俗话说："将心比心，八两换半斤。"批评者的出发点多以对事不对人，往往也是站在被批评者的利益着想，因此不能要求批评者对任何事情都处理得十分恰当，什么问题都判断得准确无误。③要主动找批评者谈心交心。该承认的勇于承认，该澄清的及时澄清，特别是在代人受过、被人误解的时候，应及时主动说明情况。说明解释没有明显效果，那就要耐心等待时间和实践的检验。不能因为一时的委屈就牢骚满腹，与批评者疏远距离。

（三）批评的艺术

1. 幽默式

一般来说，在展开批评时，被批评者的心理常处于紧张、压抑的状态，特别是上级批评下级、长辈批评晚辈时更为突出。他们或表现为焦虑、恐惧，或表现为对立、抗拒，或表现为沮丧、泄气……这些不正常的心理状态成为双方交流思想感情的心理障碍，大大降低了批评的实际效果。如果巧用幽默的语言，批评者含笑谈真理、讲道理，被批评者在笑声中微微红脸，从内心深处受到的是触动而非刺激，心情舒畅地接受教育，达到预期效果。幽默不同于讽刺，虽然都具有引人发笑的效果，但讽刺的笑，体现为辛辣、刺激，令人难堪；幽默的笑，轻松、温和、含蓄、隽永，有的还蕴含有深刻的智慧与哲理，引人深思，发人深省。

巧用幽默式的批评，往往以半开玩笑半认真的方式提出，先打破僵局，再转入实质性问题，即使对方一时还接受不了，也不会伤和气，更不至于令对方难堪、丢脸。因此，出于善意的幽默式批评，不同于尖刻的讽刺、嘲弄，这是由批评者的出发点及态度决定的；幽默的批评，不低级庸俗、不生搬硬套，思想感情健康，语言形象、生动，深入浅出，这是由批评者的思想修养、文化修养所决定的。

陈毅在担任新中国第一任上海市市长时，就常用幽默的方式处理诸多工作事宜。有一次，某单位邀请陈毅市长作报告，为了布置成报告会现场，讲台上铺了洁白的台布，花瓶里插了鲜花，还备了茶点水果之类，对于建国初期百废待兴，倡导勤俭节约的风气，这种布置并不合时宜。陈毅见状，把花瓶移到台下，搬走茶点，然后说："我这个人作报告很容易激动。激动起来就会手舞足蹈，这花瓶放在台上就碍手碍脚，说不定碰碎了，我这个供给制上海市长还赔不起呢！"台下听众乐成一片。这种幽默式的批评也让台下主办方脸红耳刺，往后的报告会也变得简洁明了，推动社会主义的新作风。

社交活动的幽默批评，毕竟不同于说相声、讲笑话，虽然有幽默成分，仍以严肃、认真为基调，气氛可宽松、活泼一点，但绝不能油腔滑调，否则就会冲淡批评应有的严肃气氛，影响批评的效果。因此语言的夸张、对比、谐音、谐趣，都要有一定的分寸。批评者可以面带微笑，但不宜捧腹大笑，更切忌指手画脚、手舞足蹈。

2. 揭露式

对刁钻古怪，不愿承认错误的对象可采用。在揭露事实、摆出证据的前提下，动怒容，震其心，使其认错服理，既批错误事实，又批不良态度。

2013 年 4 月 29 日，俄罗斯总统普京与来访的日本首相安培晋三在克里姆林宫举行了 5 个小时的会谈。会谈结束后，俄日领导人在克里姆林宫共同会见记者，介绍了会谈的相关情况。普京向记者们详细介绍了他对俄日能源合作前景的看法。此时，记者会已近尾声，但一个日本记者的最后一个问题却彻底破坏了记者会比较轻松愉快的气氛。该记者问普京："为什么俄罗斯在'北方四岛'继续修建地热发电站？这是日本绝不能接受的举动。俄罗斯什么时候能停止推行这一十分令人气愤的政策？"普京听罢，立即收回其标志性的笑容，义正词严地对该日本记者说："我发现您是在认真地读写在小纸条上的问题。我想请您用口授的方式指示您提问的人转达以下内容：这些领土问题不是我们制造出来的，这是历史遗留问题。该问题出现 100 年前，我们是真心想解决这个问题，如果您想帮助我们解决这个问题，那就请您为工作创造条件，建立友善的关系。如果您想搞乱，继续直接提出强硬的问题，那您也一定会得到直接和强硬的答案。我可以告诉您：在这些岛屿上居住着俄罗斯的公民，我们的任务是关心他们的福祉。"言毕，普京用日语说了句："阿里嘎多——（日语谢谢)!"结束了记者会。随即，安培一行起身，黯然离开了记者会现场。

普京揭露式的批评委婉而直接，稳重而不失强硬，言辞中有理有据，合情合法，既维护了国家利益，又批评了日本记者的无理取闹。作为来访的日本首相安培，则既丢了面子，也难以轻松下台阶。

3. 参照式

对阅历较浅，自觉性差而易于感化的学生可采用。借助他人他事的经验，运用类比的方法，使其在借鉴感悟中吸取教训。

作为教师，都可能遇到这样的情况：有学生在发言，观点不是很正确，观点还没有陈述完，就会有"嘘嘘"声传来，更有甚者会当堂反驳，弄得那位正在发言的同学涨红了脸，不敢陈述自己的观点，而课堂一片混乱。面对这种情况，课堂教师可以给同学们讲这样一个故事：

美国著名球星沙奎尔·奥尼尔，身高 2.16 米。在他刚升入中学时，因个子太高了，常有学生在他背后说长道短。这让奥尼尔倍感孤独，他便以恶作剧和给人起绰号为发泄的手段。一天，奥尼尔侮辱了一名小个子男生，这个小男生没有看他一眼，冷笑着从他身边走过并说："因为鄙视，我懒得抬头。"奥尼尔恼羞成怒。而父亲却对他十分严肃地说："你只有尊重别人，才会得到别人的尊重。既然大家都要仰头和你说话，请给他们一个仰视你的理由。"说完便拍拍奥尼尔的肩膀走了。那天他呆呆地站在那里，好久才发现自己哭了。之后，奥尼尔真诚地向自己过去伤害过的每一个人道歉，还申请加入了校篮球队，当上了队长…… 多年后，奥尼尔终于成为闻名世界的球星！

这个故事告诉我们：只有尊重别人才能受到别人的尊重。尊重别人的观点，别人也会尊重你的观点。通过借助名人故事，婉转批评，启迪学生认识错误，更正自我，从那以后，课堂上就很少出现打断别人发言的事情了。

4. "良药"式

对性格沉静，为人老实，不太机敏的对象可采用。娓娓讲理，细细分析，和风细雨，动之以情，晓之以理。长此以往，启发对方去思考、去感悟，从而达到批评的目的。

"良药苦口利于病"、"忠言逆耳利于行"的说法，经常被用来告诫人们要虚心接受批评，不应计较批评的方式方法。关于方式方法，被批评者不应计较，而批评者却应研究和讲究。讲究批评的方式方法与语言艺术，也可以做到"忠言不逆耳"，老少皆喜听。如何做到这一步呢？批评要善意，要尊重、理解、信任被批评者，对事不对人，以理服人。对事，也仅仅是对其缺点、错误，而不能抓住一点，不计其余，以致否定一个人的全部工作、全部过去，而且还要进一步分析其动机与效果。如动机良好，效果不佳，就要先肯定其良好的愿望，再批评不当之处，然后教授正确的方法，切忌在情况未调查清楚之前就发脾气、乱指责，更不能挖苦、讽刺、嘲弄，不能揭老底、算旧账、搞人身攻击。因为那只会造成或加剧对立情绪，使对方口服心不服，讲形式走过场地来个检讨，但思想上、骨子里并未触动，事后依然故我。这种批评看起来火药味浓，实际效果却微乎其微。

学生大多涉世未深，身心方面都不够成熟，经常出现这样那样的缺点、过失是难免的；学生的抗拒力也比较明显，即使曾经多次指出，其本人也表示愿意改掉老毛病和坏习惯，但"江山易改，本性难移"，稍不注意，又会重犯。对他们的批评，最好语重心长地直接指出，不宜拐弯抹角，含糊其辞，使其误解了批评的意图；批评个性张扬和倔强的后进学生，适宜以退为进，先肯定其一定的优点，再言归正题，指出其缺点、过失，只要从表情、动作观察到对方已有内疚之感，就没有必要强迫其当众认错；对于自觉性较高、自尊心较强的学生，对其缺点、过失应选择适当的时机、场合，略为提醒，或旁敲侧击，就火候已到，而不需要过多的唠唠叨叨；至于在大庭广众的场合指名道姓的批评，更应尽可能避免，无必要时不建议采用。

下级对上级、晚辈对长辈，有时候难以当面启齿批评对方，原因多出于怕影响人际关系、碍于面子等原因，更多的是为了顾全大局，从有利于工作出发，既要使对方知道其缺点、过失，又要维护其尊严、威信；这时，不妨以自责来促使对方深思反省，以自我批评的方式达到委婉、含蓄地批评对方的目的；对那些道德水平低下、态度恶劣的蛮不讲理者，一味温情脉脉已变得无济于事，对于这种人，就应以正压邪、理直气壮地指出："这就是你的错！"待其情绪稍微恢复，火气稍有收敛时，再软硬兼施与其论理。在严厉的批评之后，还应加以耐心的说服工作，最后在友好和气的气氛中结束批评。当然，这种批评的方式和艺术有点艰难和苦涩，但"苦口良药"，最终会"苦尽甘来"。

✸ 相关链接　　　　　三明治式批评

所谓三明治式批评，就是厚厚的两层表扬，中间夹着一层薄薄的批评。即表扬—批评—再表扬。这种批评方式，效果较好，被批评者容易接受，不会对领导者产生反感。为什么呢？因为人们通常有这样一种心态：批评是一种否定，表扬是一种肯定。三明治式批评，用了两个肯定，一个否定。肯定的多，否定的少。使被批评者心理容易平衡。实际上，批评并不是否定，而是对一个人的帮助与改进。这里只不过利用了这种不正确的心理反应罢了。

当批评一个人时，先对其表扬一通，使其心情愉快，自信心增强。为使其做得更好，把话题一转，提出应改进之处，此时被批评者并没有感觉到有批评之感，而是觉得确有改进需要。借此机会，再加以表扬，使其心情更加愉快。这就是表扬—批评—再表扬的批评方法。这种方法如熟练运用，就能做到批评人，而不得罪人，有助于改进你的人际关系，提高你的情商。

第四节 说服与拒绝

成功致富最重要的技巧是说服力,说服力真正的关键在:成交。拥有说服力将使你成为组织中最具能量和影响力的人之一。拒绝是不接受对方的要求和建议的一种行为。拒绝是一种权利,古人说,有所不为才能有所为。这个"不为"就是拒绝。人们常常以为拒绝是一种迫不得已的防卫,殊不知它更是一种主动的选择。婉转而又得体的拒绝,所表现出来的则不仅仅是对别人的关心和尊重,同时也是对自己的关心和尊重。

一、说服

(一)说服的概述

人们常说:"人生,就是从不间断的说服。"说服,是以求得对方的理解和行动为目的的谈话活动。因此,说服的最大特征,就是在于引起对方的关注。如果单方面地述说自己的想法,或将自己的想法强加在他人的头上,说服就不可能获得成功。也就是说,说服的关键,在于帮助对方产生自发的意志。因此,说服,不是为了使对方在理论上获得理解而进行的"解说",也不是迫使对方在无奈之下付诸行动。

在社交活动过程中,不管是所处职场还是做事业,往往需要和很多人打交道,而这其中会经常遇上需要说服别人的情况。如果不是用名声、荣誉、权势、地位、辈分、职位等手段,在平等情况下,说服一个人实在不是一件容易的事情,如果这个人是我们的上级、长辈就更难了。

鬼谷子的纵横术就给我们提供了这样一种方法:"说听必合于情,情合者听。摩之以其类,焉有不应者?乃摩之以其欲,焉有不听者?"也就是说,要想说服别人,就是一个"情"字。看起来很简单,做起来不易。这"情"至少有两层含义:第一层就是事情的情,也就是说客观情况。你必须了解当事人的全方位的信息,包括他的名声、地位、爱好、缺陷、个性等,都需要知道。这实在是不容易做到的一件事情。第二层就是感情的情,也就是说晓之以理的前提是动之以情。你必须设身处地站在当事人的角度思考问题,做到心灵和他同步,感情和他相通,这样说起来的话才不会突兀,当事人的警惕性也就会慢慢地松弛下来,更容易在不知不觉中被说服。

说服有三要素:说服什么人、以什么内容说服、怎么样说服。

说服什么人主要是体现个人的人格魅力。不同的人,说出同样的一句话,所产生的说服力、影响力和感染力是完全不一样的。有些人说话没有人听,不完全是说话内容的问题,很大程度上取决于说话者的个人魅力和人格魅力。要想提高自我的说服能力,就要不断提升自身价值,提升自身的人格魅力。

以什么内容说服主要体现在四方面:内容合乎逻辑、内容合乎常理、内容不会出现矛盾、内容真实可信。

怎么样说服是一种表达方式。要求表达方式要符合对象心理;根据对象的特点选择

适合的沟通方式；注意双方的身份特点和语言特征。

（二）说服的方法

1. 晓之以理

晓之以理，就是讲道理。简单的事情，小道理，一两个典型事例，再加上简明、扼要的分析，道理就可以讲清楚。复杂的事情，大道理，涉及多方面的因素，触动一点就牵动全局，必须全方位、多层次、多角度地进行一系列的说服工作，从多方面展开心理攻势，并以严密的逻辑推理，水到渠成地得出结论。这个结论不宜由自己单方面推断出来交给对方，最好以征询意见的口气引导对方同你一起来推理，共同探讨得出结论，让他把你的意见、主张，当作自己寻求的答案，自愿接受，自动就范。这样的说服更高明，因为对于经过自己头脑思考发现的真理，人们更坚信不疑。晓之以理，要满怀信心，争取主动，先取攻势。当对方已明确、坚决地表示"不行""不干""不同意"等之后，再说服他，就要付出加倍的努力。当然，争取主动仍要运用委婉、商榷的语气，切忌盛气凌人、以势压人。如对方因此产生逆反心理，再说服他，同样也要付出加倍的努力。

2. 动之以情

晓之以理，还要结合动之以情，通情才能达理。牧师布道宣传的是唯心主义的宗教，但因以情动人，往往能在催人泪下的同时，不露痕迹地对听众施加思想影响，使人不知不觉地接受其教义，这就是情感的力量。对于形象思维强于逻辑思维的学生，对于多数平日没有深刻的理论思维习惯的人，以事比事，将心比心，运用其自身或熟人的经验教训，再加上感情色彩浓厚的语言，去进行绘声绘色的诉说，容易令人感到亲切可信，引发情感上的共鸣，从而为接受道理扫清了障碍，铺平了道路。

3. 衡之以利

所谓"衡之以利"就是权衡利弊得失，讲清利害关系。那些实惠观念很强的人理难服他，情难动他，唯有"衡之以利"是切实有效的一招。且不论对国家、对社会的厉害如何，就是只从个人实实在在的得失考虑，他也应趋利避害，以接受你的说服为上策。那些明事理、重情义的人，并不过分讲究实惠，但你仍应设身处地充分考虑对方的切实厉害、实际困难。在此基础上进行说服，才称得上是真正的通情达理，也更令人心悦诚服。人生在世能几时，要求得生存与发展，必然有各种各样的正常需要。如果丝毫不考虑对方的合理需要，双方交谈就没有共同的语言，说服就无从谈起了。如果看准了对方的需求，说服就能有的放矢，起到实效。

（三）说服的标准

1. 言之有物

说服别人要言之凿凿，要求说服者有知识、有思想、有内容；这是根本。言之有物，才能让被说服者有所收获，愿意倾听。

2. 言之有序

说服过程应有逻辑性，杂乱无章、漫无目的的过程让人糊涂，难以理解。有条理、有逻辑的说服让人赏心悦目，易于理解和接受。

3．言之有理

说服的基础应是有道理可言，而且能比对方的言语更有说服力。事实不清，不合常理的言语无法站稳脚跟，就难以让被说服者信服。

4．言之有礼

说服过程应注重礼节。说服并不是说有理有据就是全部，还需要让对方心悦诚服地接受，这就需要语言上和肢体上的礼节适当。

5．言之有文

有文采的说服让人听之有理，认为说服者学识渊博，见识广博，更愿意相信和接受其内容。

6．言之有情

说服是个情感交流的过程，也是经验分享的体会。有共同的话题，能找到默契之处，容易动之以情，乐于接受。

7．言之有趣

幽默是语言的一种境界。幽默式的说服让人轻松而深刻，人们更乐于听到轻松欢乐的言语。

（四）说服的技巧

在社会交往中，需要说服的对象有很多，他可能是你的父母、你的上司、你的顾客、你的朋友、你应聘的主考官……有时候，某些人欲向你施加多种刁难，你更应该临危不惧，巧妙地使用说服技巧，使他心悦诚服，乐于接受。在生活中，随时可能遇到要说服别人的情况，如果不掌握技巧，说服就难以达到理想效果，本节总结了以下几种说服技巧：

1．引用别人式

当你说一些有利于自己的事情时，人们通常会怀疑你和你所说的话，这是人的本能的一种表现。当你以另一种方式说有利于自己的事情时，却可以大大消除这种怀疑。对于你来说，那种更好的方式就是：不要直接阐述，而是引用他人的话，让别人来替你说话，即使那些人并不在现场。

如果有人问你，这种产品是否耐用，你可以这样回答他："我的邻居已经用了 4 年了，仍然好好的。"事实上，是你的邻居为你有效地回答了这个问题，尽管你的邻居并不在旁边。

如果你正在申请一个职位，未来的老板正犹豫你能否胜任这个工作，你可以谈一谈你以前的老板对你的工作是多么满意。

如果你正在说服一个人租用你的住宅，而他对周围环境是否安静表示担心，你可以提及上一位租户对安静的环境大加赞赏。

在所有这些例子里，你不必回答问题。你的邻居，你过去的老板，你过去的租户会为你回答问题。跟你谈话的人将会得到比你直接回答更加深刻的印象。这是一种奇怪的

现象，人们通常很少怀疑你间接描述的真实性。然而，当你直接说出来时，他们就会深表怀疑。因此，要通过第三者的嘴去讲话。引述别人，运用成功的故事，引用事实和统计数据。

2. 投其所好式

要说服对方按照你的意愿去做事情的第一步，是找出促使他们这样做的原因（即他们想要什么）。当你知道什么会使他们被感染时，你就知道该怎样去说服他们。每一个人都是独特的，我们的喜好不同，我们对事物有不同的看法。千万别误认为，你喜欢什么别人也喜欢什么，你追求什么别人也追求什么。寻找他们所喜欢、所追求的东西，说他们想听的东西，他们就会感动。你只需简单地向他们说明，只要他们做了你要求的事情之后，便可以获得他们想要的东西。这是个影响他人的巨大诀窍。这意味着用你的话去击中目标。当然，你必须知道目标在哪里。

把这一技巧运用于实际生活中。假设你是一个公司老总，正想寻找一位设计师为你工作。你知道，已有几家公司想聘请他了。运用以上技巧："了解人们所想"，你首先应该判断这位设计师所渴望的职位和公司，并竭力地吸引他。如果你发现他需要一个较高职位，你就应向他表示你能为他提供一个高职位和平台；如果他寻求安定，那么就跟他讲公司的安定和工资的稳定；如果他注重进一步深造，就跟他讲公司有科学系统的培训机会和个人的晋升空间这个话题。归根结底，你应发现别人所想，然后告诉他们按你的意愿去做便可达到目的。

从相反的一面来运用这一技巧：假设你正在申请一份自己非常渴望的工作，你首先应了解做这项工作所需的能力、责任和义务，以便于能够说服他们你可以胜任该工作并录用你；如果他们需要一个日常用电话联络客户的人，你就必须表示你的口才表达能力、语音语调语速、工作强度和耐力较为突出。当你知道了他们需要什么，说服工作便易于开展，做到事半功倍。当然，"了解人们所想"的方法应该多询问、多观察、多聆听，再加上自己的不懈努力。

3. 以短补长式

习惯于顽固拒绝他人说服的人，经常都处于"不"的心理组织状态之中，所以自然而然地会呈现僵硬的表情和姿势。对付这种人，如果一开始就提出问题，绝不能打破他"不"的心理。所以，你得努力寻找与对方一致的地方，先让对方赞同你远离主题的意见，从而使之对你的话感兴趣，而后再想法将你的主意引入话题，而最终求得对方的同意。

有一个小伙子固执地爱上了一个商人的女儿，但姑娘始终拒绝正眼看他，因为他是个古怪可笑的驼子。这天，小伙子找到姑娘，鼓足勇气问："你相信姻缘天注定吗？"姑娘眼睛盯着天花板答了一句："相信。"然后反问他，"你相信吗？"他回答："我听说，每个男孩出生之前，上帝便会告诉他，将来要娶的是哪一个女孩。我出生的时候，未来的新娘便已经配给我了。上帝还告诉我，我的新娘是个驼子。我当时向上帝恳求：'上帝啊，一个驼背的妇女将是个悲剧，求你把驼背赐给我，再将美貌留给我的新娘。'"当时姑娘看着小伙子的眼睛，并被内心深处的某些记忆搅乱了。她把手伸向他，之后成了他最挚爱的妻子。

小伙子以故事的形式说服女孩，把自己的短处变成自己的长处，让女孩为之感动，并同意嫁给该小伙子，达到以短补长的效果。

4. 消除防范式

一般来说，在说服过程中，尤其是在危急关头，彼此都会产生一种防范心理。这时候，要想使说服成功，你就要注意消除对方的防范心理。如何消除防范心理呢？从潜意识来说，防范心理的产生是一种自卫，也就是当人们把对方当作假想敌时产生的一种自卫心理，那么消除防范心理的最有效方法就是反复给予暗示，表示自己是朋友而不是敌人。这种暗示可以采用多种方法来进行：嘘寒问暖，给予关心，表示愿给帮助等等。

有个"的姐"（出租车女司机）要把一男青年送到指定地点，路途中，对方掏出尖刀逼她把钱都交出来，她装作害怕样交给歹徒300元钱说："今天就挣这么点儿，要嫌少就把零钱也给你吧。"说完又拿出20元找零用的钱。见"的姐"如此爽快，歹徒有些发愣。"的姐"趁机说："你家在哪儿住？我送你回家吧。这么晚了，家人该等着急了。"见"的姐"是个女子又不反抗，歹徒便把刀收起来，让"的姐"把他送到火车站去。见到气氛缓和，"的姐"不失时机地启发歹徒："我家里原来也非常困难，咱又没啥技术，后来就跟人家学开车，干起这一行来。虽然挣钱不算多，可日子过得也不错。何况自食其力，穷点儿谁还能笑话我呢！"见歹徒沉默不语，"的姐"继续说："唉，男子汉四肢健全，干点儿啥都差不了，走上这条路一辈子就毁了。"火车站到了，见歹徒要下车，"的姐"又说："我的钱就算帮助你的，用它干点正事，以后别再干这种见不得人的事了。"一直不说话的歹徒听罢突然哭了，把300多元钱往"的姐"手里一塞说："大姐，我以后饿死也不干这事了。"说完，低着头走了。

在这个事例中，"的姐"典型地运用了消除防范心理的技巧，最终达到了说服的目的。

5. 调节气氛式

在说服时，首先应该想方设法调节谈话的气氛。如果你和颜悦色地用提问的方式代替命令，并给人以维护自尊和荣誉的机会，气氛就变得友好而和谐，说服也就容易成功；反之，在说服时不尊重他人，拿出一副盛气凌人的架势，那么说服多半是要失败的。毕竟人都是有自尊心的，就连3岁孩童也有他们的自尊心，谁都不希望自己被他人不费力地说服而受其支配。

有一位大学老师接管了一个纪律性差的年级做辅导员工作，正好赶上学校安排该年级的学生参加学术性讲座。这个年级的学生宁愿躲在宿舍上网或睡觉，谁也不肯出席讲座现场，班委怎么说都不起作用。后来这个辅导员想到一个以退为进的办法，他问学生们："我知道你们并不是不愿意听讲座，而是都担心该讲座学不到东西，提不起兴趣？"学生们谁也不愿说自己懒惰，便七嘴八舌说，确实是因为对讲座内容不了解，目的不明确。辅导员接着说："既然是这样，我现场简单给大家介绍讲座内容，况且，讲座机会难得，并不常有，去晚了可能找不到好位置，甚至只能站着听呢。我们赶紧一起过去吧，免得讲座老师比我们早到就见笑了。"学生一听就急了。老师为了使气氛更热烈一些，还提醒几个班委做好带头作用，赶紧引导同学往讲座现场去了。

●案例

善于说服他人

苹果公司（APPLE）是一家全球赫赫有名的电子产品公司。早在 1977 年，当时的世界第二大计算机公司——数字设备公司的创建人和首席执行官奥尔森曾说，没有一个人在家里需要计算机。但就在那一年，史蒂夫·乔布斯（Steve Jobs）意识到个人电脑将是一个极具潜力的事业，他和沃兹尼亚克共同创建了"苹果电脑公司"。他们推出了配有鼠标的 Macintosh 个人电脑，他虽然认识到个人电脑将会具有广泛的市场，而且下定决心要做个人电脑出售给需求巨大的用户，但他没有钱，怎么办？

乔布斯不愧是一个演说天才。他凭借他的高超的说服能力说服一部分顾客先付钱定购电脑，利用这些资金购买设备；随后又说服了多位供应商先免费提供生产个人电脑的原材料，等到电脑售出之后再付款。此后，他就开始生产第一台 Apple 个人计算机了。经过他的巧妙经营，很快，苹果公司的规模迅速扩大。一个白手起家的创业者自此走上了成功之路。

分析： 乔布斯创办苹果公司的事例说明作为一名成功的管理者，善于说服他人是一项非常重要的素质。善于说服他人，是指管理者能够运用语言这种交流工具，向其他人表述自己关于企业远景、企业现状和存在问题的看法，并且表述的结果使对方接受和支持与自己一致的观点或做法。说服他人要求对于交谈的对象有较好的把握，能够有理有据的提出自己深入的观点；另外在表达的方法态度上，注意表达的方式，一般来说诚恳和坚定的态度都有助于说服对方。在实际工作中，每一个领导者都必然面对着一系列纷繁复杂的矛盾和问题，以及盘根错节的人际关系。在企业组织中，领导者如何从心灵上说服进而征服别人，形成合力，完成工作任务，具有举足轻重的作用。

二、拒绝

（一）拒绝的概述

喜剧大师卓别林曾说：学会说"不"吧！那你的生活将会美好得多。

拒绝，就是不接受。在语言方面来说，拒绝既可能是不接受他人的建议、意见或批评，也可能是不接受他人的恩惠或赠予的礼品。从本质上讲，拒绝亦即对他人意愿或行为的间接性否定。

在社会交往中，拒绝他人实在不是一件容易的事情。有时尽管拒绝他人会使双方一时有些尴尬难堪，但"长痛不如短痛"，"当断不断，自受其乱"，需要拒绝时，就应将此意以适当的形式表达出来。我们担心拒绝他人表示漠不关心，甚至自私，而我们可能害怕令别人灰心。此外，这可能是害怕被人误会，被讨厌，被批评，可能失去交情，甚至遭人唾骂与仇视。很多人被迫同意每个请求，宁愿竭尽全力做事，也不愿拒绝帮忙，即使自己也没有时间。其实学会委婉的拒绝他人的技巧同样可以赢得周围人对你的尊敬。

拒绝是一种艺术，当别人对你有所希求而你办不到时，你不得不拒绝他。想做个有求必应的好好先生或好好小姐并不容易，人们的要求永无止境，往往是合理的、悖理的并存，如果当面你不好意思说"不"，轻易承诺了自己无法履行的职责，将会带给自己更大的困扰和沟通上的困难度。

"助人为快乐之本"，是人人都可朗朗上口的一句格言，但是，当别人前来要求协助时，难免会遇到自己力不从心的时候，这个时候该如何拒绝呢？有些人在拒绝对方时，因感到不好意思而不敢据实言明，致使对方摸不清自己的意思，而产生许多不必要的误会。像是当你语意暧昧的回答："这件事似乎很难做得到吧！"原来是拒绝的意思，然而却可能被认为你同意了，如果你没有做到，反而会被埋怨你没有信守承诺。

所以，大胆地说出"不"字，是相当重要却又不太容易的课题。有人喜欢你直截了当地告诉他拒绝的理由；有人则需要以含蓄委婉的方法拒绝，各有不同。

（二）拒绝的方法

掌握拒绝的技巧，因人而异地拒绝，可以达到更好的效果。常用的拒绝方法主要有以下几种：

1. 直接分析法

是指直接向对方陈述拒绝对方的客观理由，包括自己的状况不允许、社会条件限制等。通常这些状况是对方也能认同的，因此较能理解你的苦衷，自然会自动放弃说服你。

2. 巧妙转移法

当你不好正面拒绝时，可以采取迂回的战术，转移话题也好，另有理由也可以。巧妙转移法主要是善于利用语气的转折：温和而坚持，直到绝不会答应，但也不致撕破脸。比如，先向对方表示同情，或给予赞美，然后再提出理由，加以拒绝。由于先前对方在心理上已因为你的同情使两人的距离拉近，所以对于你的拒绝也较能以"可以体会"的态度接受。

3. 肢体语言法

有时开口拒绝对方也不是件容易的事，往往在心中演练多次该怎么说，一旦面对对方又下不了决心，总是无法启齿。这个时候，肢体语言就派上用场了。一般而言，摇头代表否定，别人一看你摇头，就会明白你的意思，之后你就不用再多说了。面对推销员时，这是最好的方法。另外，微笑中断也是一种掩体的暗示，当面对笑容的谈话，突然中断笑容，便暗示着无法认同和拒绝。类似的肢体语言包括，采取身体倾斜的姿势，目光游移不定、频频看表，心不在焉……但切忌伤了对方自尊心。

4. 一拖再拖法

如果已经承诺的事，还一拖再拖是不明智的。这里的一拖再拖法指的是指暂不给予答复，也就是说，当对方提出要求时你迟迟没有答应，只是一再表示要研究研究或考虑考虑，那么聪明的对方马上就能了解你是不太愿意答应的。其实，有能力帮助他人不是一件坏事，当别人拜托你为他分担事情的时候，表示他对你的信任，只是自己由于某些

理由无法相助罢了。但无论如何，仍要以谦虚的态度，别急着拒绝对方，仔细听完对方的要求后，如果真的没法帮忙，也别忘了说声"非常抱歉"。

（三）拒绝的技巧

1. 直接拒绝

就是将拒绝之意当场明讲。采取此法时，重要的是应当避免态度生硬，说话难听。在一般情况下，直接拒绝别人，需要把拒绝的原因讲明白。可能的话，还可向对方表达自己的谢意，表示自己对其好意心领神会，借以表明自己通情达理。有时，还可为之向对方致歉。不妨采取利用自言自语方法，流露出内心思想，既使对方自己做出放弃的反应，又不伤和气，保全了面子；也可以采取先承后转法，是一种避免正面表述，采用间接地主动出击的技巧，即首先进行诱导，引人入彀，当对方进入角色时，然后话锋一转，制造出"意外"的效果，让对方自动放弃过分的要求。

2. 婉言拒绝

就是用温和曲折的语言，去表达拒绝之本意。与直接拒绝相比，它更容易被接受。因为它更大程度上，顾全了被拒绝者的尊严。典型方法是略地攻心法。了解对方的特性和目的，试探对方的心理，然后发动心理攻势，让对方高兴，或反激对方自负等方法，使对方自我否定，放弃不合理的请求，拒人于无形之中。

3. 沉默拒绝

就是在面对难以回答的问题时，暂时中止"发言"，一言不发。当他人的问题很棘手甚至具有挑衅、侮辱的意味，"拔剑而起，挺身而斗"，未必勇也。不妨以静制动，一言不发，静观其变。这种不说"不"字的拒绝，所表达出的无可奉告之意，常常会产生极强的心理上的威慑力，令对方不得不在这一问题上"遁去"。

4. 回避拒绝

就是避实就虚，对对方不说"是"，也不说"否"，只是搁置此事，转而议论其他事情。遇上他人过分的要求或难答的问题时，均可相机一试此法。典型方法是移花接木法。对方提出 A 事情，我则换用 B 事情去应付，从而巧妙地拒绝对方。美国华盛顿一位著名的推销商，曾挨家挨户推销闹钟，他叩开了一位主人家的门，说："先生，您应该有个闹钟，每天早晨好叫你起床。"主人回答说："我不要买闹钟，有我妻子在身边就足够了，你大概不知道，她能到时就'闹'。"这位主人的拒绝，既幽默风趣，又非常委婉，令推销商不好意思再继续纠缠。

● 案例

从拒绝开始

——友邦保险在上海

1992 年 9 月 29 日，美国国际集团（AIG）的全资子公司——美国友邦保险公司上海分公司开业。这是中国保险业历史上一个值得注意的日子，因为这是 1949 年以来，中国首次允许外国保险公司进入国内保险市场。从这时起，中国的保险同行真正感受到

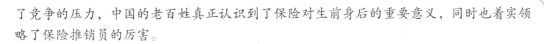

了竞争的压力，中国的老百姓真正认识到了保险对生前身后的重要意义，同时也着实领略了保险推销员的厉害。

营销新理念

友邦公司给中国保险业带来的首先是观念上的冲击。友邦认为，寿命不同于储蓄盒投资，它首先是一项充满爱心的事业。友邦上海公司在电视台开设了专题讲座，在向人们介绍人寿保险概念时，首先提出寿险是爱心的产品，寿险事业是爱心的眼神。

中国人的传统是，不愿谈自己的身后事，不愿意谈意外或伤残，这是导致中国人投保意识薄弱的主要原因。但另一方面，友邦也看到，中国人提倡尊老扶幼，这是推广寿险的有力基础。因此，友邦的观点是：在中国推进寿险事业，需要把西方观念与中国文化结合起来，买人寿保险首先是为自己的父母，万一自己不在了，父母可以从保险公司得到"奉养费"；第二是为自己的妻子或丈夫，万一自己不在了，对方可以从保险公司得到补偿，得到物质上的安慰；第三是为自己的子女，万一自己不在了，仍然可以保证孩子的生存条件，让他们继续接受正常的教育；第四是为自己，为自己意外的伤残买保险，为自己死后的尊严买保险。人都有生老病死，这是天经地义的事，任何人都不能逃脱。人们应当在健康的时候为不健康做好准备，在活着的时候想到死后的事情，在年轻的时候准备年老的事情。

推销寿险

中国在对外资开放保险市场前，尚无保险代理人（推销员制度）。这一制度最先是由友邦引入的。

友邦公司在培训代理人时，不仅培训专业，而且培训如何做人，如何爱人。保险代理人的工作充满了艰辛，保险推销的难度非常之大，因为保险推销的是一种无形的产品，是一种需要未来消费的产品，是一种人们不愿意消费的产品。往往可以看到这种情况，推销员一天下来，口干舌燥，也没有卖出一张保单。公司鼓励关心推销员的工作，鼓励他们不气馁，坚信"推销从拒绝开始"。公司要求代理人学习"南京路上好八连"精神，向雷锋学习，坚持信念，充满爱心去推销。

目前，友邦公司在上海的推销员已超过 4 000 人，这支队伍敬业精神强，熟悉保险业务，行为规范。他们的劳动获得了丰厚的回报，也得到了社会的认可。

分析：中国有 13 多亿人口，按理说保险业应在世界上占有一席之地，但实际上中国的保费支出远远低于发达国家的水平。20 世纪 80 年代以前，中国的保险业务特别是人寿保险一直处于空白状态。友邦公司进入上海，向中国同行展示了新的寿险理念和新的经营方式，特别是为中国市场引入了寿险代理人制度以及"从拒绝开始"的推销理念，短短时间内，中国保险业的面貌就已经发生了巨大变化。

拒绝的开端并不是绝对的坏事，持之以恒的态度、专业的服务水平、爱心服务的付出，友邦保险推销员不厌其烦地向市民灌输保险思想，通过走家串户、散发材料、打电话、送名片等方式，推销保险产品，这种制度和理念在中国人民保险公司、太平洋保险公司和平安保险公司得到广泛推广，带动中国保险业的竞争力和进步性。

第五节　辩论与谈判

辩论可以"明是非，审治乱，明同异，察名实，处利害，决嫌疑"。辩论有助于人们发现和认识真理，可以开发人的智力、增长知识和培养良好的口才，同时提高应变能力，培养竞争意识。谈判是人们为了协调彼此之间的关系，满足各自的需要，通过协商而争取达到意见一致的行为和过程。谈判最高境界是谋取双赢，功能是尽最大努力满足己方的利益。谈判和辩论也是工作和生活中需要的能力和技巧。

一、辩论

（一）辩论的概述

1. 辩论的概念

辩论，也称论辩。在我国古代称之为"辩"，《墨子·小取》："夫辩者，将以明是非之分、审治乱之纪、明同异之处、查名实之理、处利害、决嫌疑、焉摹略万物之然、论求群言之比。"

辩，辩解，辩护，辩驳；论，论证，伦理，证明。辩论，就是辩明是非，探求道理的语言交锋。辩论是破与立的统一，既要反驳对方错误观点，又要论证陈述己方正确观点，而最终达到明辨是非、揭示真理的目的。

由此可见，辩论从其内涵划分为几个方面：

（1）辩论的主体是观点对立的双方或多方；

（2）辩论的客体应是同一辩题或对象；

（3）辩论的方法应是破与立的结合；

（4）辩论的目的在于明辨是非、统一认识。

所谓论辩就是观点对立的双方或者多方针对同一主题，运用各种方法进行论证、争辩以达到明辨是非、达成共识的一种口语表达的社交活动。

2. 辩论的特征

辩论的特征主要体现在4个方面：

（1）观点的对立性。辩论双方的观点是有鲜明分歧，甚至截然对立，如学术辩论中真与伪之争，决策辩论中的优与劣，法庭辩论中的罪与非罪、轻罪与重罪等，都显示这种鲜明的对立性。无对立，不辩论。在辩论中，辩论者要想尽办法要求对方证明其观点的正确性和真实性，又要针锋相对地批驳对方的观点，使对方放弃这种观点，这就决定了各方立场的鲜明对立性。

（2）说理的严密性。辩论是持不同观点的各方的唇枪舌剑，那么一方面必须使自己的观点正确、鲜明，论据充分有力，阐述合乎逻辑，战术灵活适当，使己方坚如磐石，令对方无懈可击；另一方面，又要善于从对方的阐述中寻找纰漏，抓住破绽，打开辩驳的突破口。这些方面决定了辩论比一般阐述更具有严密性。

（3）思维的灵活性。由于辩论在有些时候会遇到突发状况，可能与之前的准备有所出入，这时候需要临场进行发挥，发散思维，加强灵活应对。因此，要求辩论者不但有扎实的知识基础，更应具备灵活敏捷的反应能力。

（4）明确的目的性。辩论不同于市场上的讨价还价，日常生活的争吵斗嘴，其目的在于通过辩论明辨是非，探求真理，揭示真实，以及达成共识。因此，在辩论中应以理服人，以严谨的逻辑和过人的技巧取胜，更不应出现狡辩、诡辩、胡搅的现象。

3．辩论的类型

根据不同的标准可以划分为不同的类型。

（1）按辩论的语言媒介不同，可以分为书面辩论、口头辩论。

（2）按辩论主体人数，可以分为双方辩论、多方辩论。

（3）按辩论的内容标准，可以分为政治辩论、法庭辩论、外交辩论、学术辩论、决策辩论等。

（4）按辩论的目的标准，可以分为应用辩论和赛场辩论。

（5）按辩论的进行形式，可以分为竞赛式辩论、对话式辩论和答辩式辩论。

（二）辩论的基本原则

1．追求真理原则

辩论的最高境界是求真，因此，作为辩论双方，应尊重已有的真理性认识，不能歪曲真理。承认和尊重真理不等同于放弃己方观点。所谓"公说公有理，婆说婆有理"，只要不是违背真理，可以围绕真理展开观点的多样性。当然，遇到本方的错误观点，要勇于承认和放弃。做到以学心听，以公心辩。

2．平等原则

正如罗曼·罗兰所说："在争论中是不分高贵卑贱，也不管称号姓氏的，重要的只是真理，在它面前人人平等。"这种平等体现在主体地位平等、主体权利平等和主体机会平等3个方面。

首先，主体地位平等。辩论者在辩论过程中地位一律平等，而不存在权利大小、等级高低、年长年幼等差异，只有地位平等才能各抒己见，才能构成主张的对立、观点的交锋，才能以理服人、以理取胜，而那种恃强凌弱、以势压人、以权压理的辩论并不是真正的辩论。

其次，主体的地位平等。是指每一位辩论者都有为自己的观点主张进行辩护、证明其正确的权利，同时也有反驳对方观点主张、证明其错误的权利。

再者，主体的机会平等。这是对辩论者权利平等的保证。失去了辩论的权利，等于被剥夺了辩论的机会，因此我们可以看到，组织严密、过程严谨的辩论越能保证辩手的机会平等，如法庭辩论、辩论赛中都有具体的规定。

3．实事求是原则

实事求是原则是辩论中最基本的原则。尊重事实，就是以事实来说明观点。任何辩论都要摆事实、讲道理，因为"事实胜于雄辩"。辩论各方在证明自己观点的正确或者反驳对方观点的错误时，都应力求事实材料来支持自己的观点。只有尊重事实，不歪曲

或否定事实，才能使辩论正确开展。其次，尊重事实在运用时候要实事求是，绝不能改变事实本来的面貌。如果只是根据自己观点的需要，随意改造真相，就违背了论辩探求真理的宗旨；此外，对于对方引用的事实材料，只要有理有据，不管本方如何不利，都不能予以否认，否则辩论就辩不出是非对错了。

4．以理服人原则

做人要懂道理，更要讲道理，因为道理使人明智，是非面前知道什么该做，什么不该做，使言行有了合理的尺度和准则。有充足的理由、论据，在尊重事实的基础上讲道理，并论证本方的观点、反驳对方主张；在运用各种辩论技巧的过程，为了说服对方，切不可成为为技巧而技巧的诡辩、狡辩，而是用知识和逻辑的魅力征服对方。战国时期，孟子到各地去游说他的仁道，有人说武力照样可以称霸，根本用不上讲仁道。孟子说："靠武力称霸必须要以国富民强为基础，是武力压服而非心悦诚服，而以仁道称霸，以理服人，则可以让人心悦诚服，使国力强大。"

5．以德服人原则

"以德服人"是我国传统思想的重要内容，也是我们处理人际关系的重要原则。原蒙牛的董事长牛根生录用人的标准是："有德有才，破格重用；有德无才，培养使用；有才无德，限制录用；无德无才，坚决不用。"辩论者要注重自己的辩德，不但要以理服人，更能以人格魅力、气质修养服人。辩论者要有正确的辩论观，不能在辩论中过于争强好胜；要尊重对方人格，不能进行人身攻击，不应有轻侮对方的言辞，这是对对方的不尊重。辩论中用语和肢体语言应合理妥当，不夸张，不造作。要成为一个有魅力的辩论者，就要从小处着眼，注重自身修养，不断完善个人人格。

（三）辩论语言的技巧

1．矛盾反驳法

矛盾反驳法是指指出对方自相矛盾，一击致命，所以也称为一击致命法。在辩论过程中，不要面面俱到地去攻击对方，而应抓住对方的要害，给予致命一击。运用"矛盾反驳法"，要注意的是对于辩论对方提出的许多理由、根据，要善于抓住最关键的问题来分析，在反驳时应集中"火力"猛攻这一要害处，而不要分散兵力，避免在理论上难以将对方彻底击倒。

在一次法庭辩论中，辩护人对某司机交通肇事一案提出辩护："铁路交叉有弯道，有扳道房，又有树木，夜间开车不易瞭望，无法预料，所以不应该负刑事责任。"显然，摆出众多的客观原因主要是为当事人开脱罪责。对此，公诉人一针见血回应："不易瞭望不是不能瞭望。交通规则规定：通过交通路口，一慢二看三通过，以及看不清火车动向不走。辩护人观点难以成立。这是司机违反规定，疏忽大意造成事故，犯了过失罪，应负刑事责任。"公诉人的反驳，就是运用了"矛盾反驳法"，他抛开是不是不易瞭望的问题，抓住司机违反规定，疏忽大意造成事故这一要害问题，从而说明不易瞭望等客观原因不是事故发生的主要和直接的原因，而司机违反规定这一主观原因才是最根本的原因，从而顺理成章地推出司机应负刑事责任的结论。

2. 反证驳斥法

反证驳斥法是指由确定与辩题互相矛盾的判断，来确定己方辩题之真的证明方法。简单地说，就是先确定一个论题，该论题与原来的论题是相互矛盾的，凭借该假论题的推论，得出与之相对的原论题的真实性。

2012 年 5 月 11 日，中国国际经济贸易仲裁委员会做出裁决，加×宝的母公司××（集团）有限公司停止使用"王×吉"商标。2013 年 1 月 31 日，广州市中级人民法院下达诉中禁令，裁定加×宝实施了虚假宣传、误导消费者的行为，要求加×宝等被申请人立即停止使用"王×吉改名为加×宝"、"全国销量领先的红罐凉茶改名为加×宝"或与之意思相同、相近似的广告语进行广告宣传的行为。对此，加×宝凉茶新浪官方微博一连发出四张"对不起"图片，上面分别写着上述四句话，每张图上还有一个哭泣的外国宝宝：对不起，是我们太笨，用了 17 年的时间才把中国的凉茶做成了唯一可以比肩可口可乐的品牌；对不起，是我们太自私，连续 6 年全国销售领先，没有帮助竞争队友修建工厂、完善渠道、快速成长；对不起，是我们无能，卖凉茶可以，打官司不行；对不起，是我们出身草根，彻彻底底是民企的基因。加×宝公司运用的就是反证驳斥法，虽然官司输了，但用客观事实和数据予以佐证，既以无奈和讽刺予以公众评论，又反映了自己的态度，真可谓一举多得。

3. 引申归谬法

引申归谬法是一种间接证明的方法，由对方的论据推出荒谬的结论。具体的流程是，当对方说出己方观点时，先不直接反驳，而是假定它是对的，据此，当仿照这个观点进行引申或者推论时，得出明显错误的结论，从而揭露其荒谬，以达到驳倒对方论点的目的。

中专《语文》的一篇课文《是瓶中魔鬼还是诺亚方舟》中提到"如果说有着微量放射性的大自然是最美丽的话，能说核电站是肮脏的吗"这句话作为引申归谬法的一个例子。课文作者在这里运用归谬法反驳了"核电站是肮脏的"这一观点。作者的逻辑思路是：如果说核电站因为有放射性就是肮脏的，那么大自然也有微量放射性，所以大自然也是肮脏的。这与我们说"大自然最美丽"矛盾。作者通过引申归谬法，得出了一个荒谬的结论，从而说明"不能仅因为核电站有微量的放射性就说核电站是肮脏的"这一结论。

4. 釜底抽薪法

釜底抽薪法是指找出支撑论点的论据破绽，驳倒论据，来驳倒对方论点。所谓"身不正，影必斜"，错误的观点往往是由虚假的论据支撑的，若能揭露其论据不真实，其论点自然不攻而破。

在"跳槽是否有利于人才发挥作用"的辩论中，有这样一节辩词：

正方：张勇，全国乒乓球锦标赛的冠军，就是从江苏跳槽到陕西，对方辩友还说他没有为陕西人民作出贡献，真叫人心寒啊！

反方：请问到体工队可能是跳槽去的吗？这恰恰是我们这里提倡的合理流动啊！

（掌声）对方辩友戴着跳槽眼镜看问题，当然天下乌鸦一般黑，所有的流动都是跳槽了。

正方举张勇为例，他从江苏到陕西后，获得了更好地发展自己的空间，这是事实。反方马上指出对方具体例证引用失误：张勇到体工队，不可能是通过"跳槽"这种不规范的人才流动方式去的，而恰恰是在"公平、平等、竞争、择优"的原则下"合理流动"去的，可信度高、说服力强、震撼力大，收到了较为明显的反客为主的效果。因此，论点是建立在论据基础上的，论据虚假，则论点谬误。在辩论中，只要揭露对方论据虚假，就如同釜底抽薪，对方所持论点就会被驳倒。当然，釜底抽薪法要先识薪，要善于从对方的种种论点分析其要害论据，以驳倒对方。

5. 顺水推舟法

顺水推舟法是指表面上认同对方观点，顺应对方的逻辑进行推导，并在推导中根据本方的需要，设置某些符合情理的障碍，使对方观点在所增设的条件下不能成立，或得出与对方观点截然相反的结论。

在"愚公应该移山还是应该搬家"的论辩中：

反方：……我们要请教对方辩友，愚公搬家解决了困难，保护了资源，节省了人力、财力，这究竟有什么不应该？

正方：愚公搬家不失为一种解决问题的好办法，可愚公所处的地方连门都难出去，家又怎么搬？……可见，搬家姑且可以考虑，也得在移完山之后再搬呀！

神话故事都是夸大其词以显其理的，其精要不在本身而在寓意，因而正方绝对不能让反方迂旋于就事论事之上，否则，反方符合现代价值取向的"方法论"必占上手。从上面的辩词来看，反方的就事论事，理据充分，根基扎实，正方先顺势肯定"搬家不失为一种解决问题的好办法"，然而推出"愚公所处的地方连门都难出去"这一条件，自然而然地导出"家又怎么搬"的诘问，最后水到渠成，得出"先移山，后搬家"的结论。如此一系列理论环环相扣，节节贯穿，以势不可当的攻击力把对方的就事论事打得落花流水，真可谓精彩绝伦，令人拍案叫绝！

6. 移花接木法

移花接木法指的是剔除对方论据中存在缺陷的部分，换上于本方有利的观点或材料，往往可以收到"四两拨千斤"的奇效。

在关于"治贫比治愚更重要"的论辩中，正方有这样一段陈词："…对方辩友以迫切性来衡量重要性，那我倒要告诉您，我现在肚子饿得很，十万火急地需要食物来充饥，但我还是要辩下去，因为我意识到论辩比充饥更重要。"话音一落，掌声四起。这时反方从容辩道："对方辩友，我认为'有饭不吃'和'无饭可吃'是两码事……"反方的答辩激起了更热烈的掌声。

正方以"有饭不吃"来论证贫困不足以畏惧和治愚的相对重要性，反方立即从己方观点中归纳出"无饭可吃"的旨要，鲜明地比较出了两者本质上的天差地别，有效地扼制了对方偷换概念的倾向。移花接木的技法在论辩理论中属于强攻，它要求辩手勇

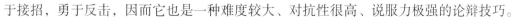

于接招，勇于反击，因而它也是一种难度较大、对抗性很高、说服力极强的论辩技巧。

7. 借力打力法

在武侠小说中，有一招数叫"借力打力"，是说内力深厚的人，可以借对方攻击之力反击对方，这种方法也可以运用到论辩中来。

在关于"知难行易"的辩论中，有这么一个回合：

正方：对啊！那些人正是因为上了刑场死到临头才知道法律的威力。法律的尊严，可谓"知难"呀，对方辩友！（热烈掌声）

当对方以"知法容易守法难"的实例论证于"知易行难"时，正方马上转而化之从"知法不易"的角度强化己方观点，给对方以有力的回击，扭转了被动局势。这里，正方之所以能借反方的例证反治其身，是因为它有一系列并没有表现在口头上的、重新解释字词的理论作为坚强的后盾：辩题中的"知"，不仅仅是"知道"的"知"，更应该是建立在人类理性基础上的"知"；守法并不难，作为一个行为过程，犯案也不难，但是要懂得保持人的理性，克制内心滋生出恶毒的犯罪欲望，却是很难。这样，正方宽广、高位定义的"知难"和"行易"借反方狭隘、低位定义的"知易"和"行"的攻击之力，有效地回击了反方，使反方构建在"知"和"行"表浅层面上的立论框架崩溃了。

8. 避实就虚法

在辩论过程中，双方都可能会出现各自的虚实之处，这时候，作为本方就要避开对方有利之处，抓住对方薄弱处进行攻击，进而起到回避正面问题，摆脱对方进攻的作用，这便是避其锐气、攻其弱处的辩论技巧。

某投资商要到一个地方投资某个产业，刚下飞机，就被当地记者追问："请问，您带了多少钱来投资？"该投资商要说吧，这是商业秘密，并不合适；不说吧，又难以圆场，媒体可能会胡编。于是，他采用了避实就虚法，笑着对女记者说："对女士不能问岁数，对男士不能问价钱。记者小姐，你说对吗？"记者们一听就笑了，再也不好意思问这个问题了。

避实就虚法不能作为主流使用，运用过多就会给对方留下不敢正视问题的印象，所以一般只用于当正面进攻处于劣势时或正面回答难以奏效时。

9. 出其不意法

"出其不意，攻其不备"，原指作战时趁对方料想不到时进行袭击。应用到辩论活动中，则指辩论者面对对方刁钻古怪的提问或发难时，不急于直接给予辩驳，有意"岔开"话题，扰乱对方的注意力或思维，然后乘其不备，话锋突然逆转，使对方始料不及，无言以对。

第二次世界大战期间，召开了美、英、苏三国参加的德黑兰会议。当时的会议内容、议程完全由斯大林控制，甚至通过的决议也全是斯大林提出的。美国总统罗斯福和英国首相丘吉尔对此感到不满，于是决定戏弄一下斯大林。一天早上，在开会前，丘吉尔边抽烟边说："昨晚我梦见自己成为全球主宰了！"罗斯福也说："我也一样，梦见自

已成为宇宙的主宰！斯大林元帅，你呢？"斯大林一下子就明白了两个人的意思，于是慢吞吞地说："我梦见的是，我既没有批准对丘吉尔先生的任命，也没有批准对罗斯福先生的任命。"

斯大林的回答可谓是"出其不意，出奇制胜"，大大地出乎了丘吉尔和罗斯福的意料。真是偷鸡不成反蚀一把米，竟被斯大林从人对人的控制入手嘲弄了一番。"出其不意"的关键是利用对方惯性思维的弱点，捕捉对方思想空隙，突破人们思维的常规、常法和常识，反常用"兵"，出奇制胜。

10. 捕捉漏洞法

在辩论过程中，双方你来我往，唇枪舌剑，时而侃侃而谈，有如行云流水；时而一语中的，像是惊雷霹雳。辩手们凭借高超的辩论技巧和丰富的知识积累，在严密的逻辑思维中，掀起了一波又一波高潮。然而，在这种短兵相接的紧张场合中，由于过于紧张或者激动，也难免会出现失误。再优秀的辩手，在场上再大的优势，也可能由于贪图一时之利而口不择言。"言多必失"，如果利用对方出现的细微失误进行反击，穷追猛打，使其"千里之堤"毁于细小的"蚁穴"。

在一次"东方文化作用大于西方文化"的辩论中，反方说："东方文化是碗，西方文化是饭，请问是碗重要，还是饭重要？"正方立即捕捉其漏洞，反击说："难道我的碗里非要盛你的饭不可吗？就能盛我们自己种出来的粮食？"反方又说："东方文化好比书中的文字，而西方文化则是精神，文字和精神哪个重要？"正方抓住其失误又反击："没有文字，精神哪里看得见呢？"反方的两个例子看似锐不可当，实则漏洞百出。正方沉着冷静，仔细聆听，抓住机会就迅速发动反击，令对方无法招架，辩论过程中高潮迭起，精彩纷呈。

（四）雄辩、诡辩和悖论

辩论的方法可分为雄辩、诡辩、悖论 3 种基本方法。

1. 雄辩

辩论是口才艺术的精华，是增长智慧的重要手段，是磨炼思维的砥砺，是批驳谬误的武器。雄辩是在辩论过程中本质上表现为一种论证型方法，是有力的辩论。南朝（梁）刘孝标所著的《广绝交论》中有"骋黄马之剧谈，纵碧鸡之雄辩"。唐朝诗人杜甫的《饮中八仙歌》也提及"焦遂五斗方卓然，高谈雄辩惊四筵"。

在辩论中，雄辩法表现为目标明确、目标准确、过程稳定的特征，其形势要求为概念明确、判断准确、推理准确等，并要求遵守"同一律、排中律、充足理由律"等基本规则。

雄辩法理论，主要有以下几个基本要求：第一，要求视野和角度的开阔性，能深层次、多方面的冷静分析，准确把握双方分歧的实质与焦点，这要求有关材料的全面性，尤其是不利于自己一方立论的方面材料；第二，通过全方位审题，精选材料，确立最佳辩论角度，形成的表述方式究竟是先破后立，还是先立后破，或者只立不破，又或者只破不立等等；第三，要注重双方语言交锋中的程序法，如直言陈述、迂回包抄、欲擒故纵、釜底抽薪等；在技巧性方法方面，有类比法、矛盾法、归谬法、反证法、反讽法等可选择运用，以加强本方的辩论能力。

2. 诡辩

诡辩是指违背常识和逻辑的似是而非的辩论方法。通常说，它会和不正确的观点、立场相联系，通过歪曲论据、论证方法，甚至是论题，来达到辩论的目的。诡辩与巧辩息息相关，所谓"诡中有巧，巧中有诡辩"。现代的社交活动中，我们认为，诡辩是错误的辩论，巧辩则是正确的辩论。在争胜负的辩论赛中，"似是而非"的诡辩应该被称为巧辩，是成为比赛出奇制胜的秘密武器。

诡辩主要表现为以下几种方式：

（1）概念偷换。是指暗中改变一个概念的内涵或者外延，使之变成另外一个概念。例如，黄某喜欢打麻将，隔壁王某上门劝说："你们打麻将打搅别人休息。"黄某回说："你说我们打搅的是别人，又没有打搅你。"这一例说明，一个事情原本的意思却被指责的那个人换了，换成另一件事，或者反过来指责人的那个人，从而导致错误结论。

（2）含糊其辞。辩论者故意使论题模糊不清，观点含糊其辞，似是而非，以便在不同的情况下做不同的解释，从而达到自己的目的。

某些歪理邪说宣传存在着一种超自然的"法力"，提出所谓"你相信它，它就存在；你不信它，它就不存在；你信得越诚，你对它的感觉就越明显"。然后对这个所谓的观点举出一些"例子"来加以"论证"。这种所谓的"法力"是根本无法验证的，因为如果你在这种"理论"诱导下形成了心理错觉，那就说明它"真的"存在；如果你感觉不到它，那是因为你对它"信得不诚"。一些类似的歪理邪说就这样迷惑了许多人。

（3）以偏概全。是指只适用于少数特殊事例的属性，推广到全部中去的辩论方法。吴家国《普通逻辑》提到："只有分析地阅读，才能学得深透，不致囫囵吞枣，一知半解；只有综合地阅读，才能学得完整系统，不致断章取义，以偏概全。"

（4）无中生有。是指故意违反"论据必须以知为真"的规则，用编造的"权威理论"或所谓例证作为论据，来论证错误的论题。

一些人在为制假售假的违法行为辩护时说："在市场经济下，哪有百分之一百的真货？如不相信，你去调查全国一百家最大的商场，要是有一家不卖假货，那才奇怪呢！再说，消费者也有不少是喜欢假货的，我卖的这种牌子的假烟，比真牌子的质量还好些。因此，消费者的利益并没有因为我卖了假货而受到损害。"这一段奇谈怪论中有许多材料是明显编造的，例如"每家商场都卖假货"、"消费者也有不少是喜欢假货的"、"有的假货比真的质量好"等等，都是无中生有，编造论据。

（5）循环论证。这也是一种故意违反"论据必须以知为真"论证规则的诡辩手法。论题的真实性要靠论据来证明，而论据的真实性又要靠论题来证明，就是循环论证。

鲁迅先生在《论辩的魂灵》一文中举出一个典型的循环论证例子："……你是卖国贼。我骂卖国贼，所以我是爱国者。爱国者的话是最有价值的，所以我的话是不错的。

我的话既然不错，你就是卖国贼无疑了！"现实社会中也有一些典型的循环论证的例子，如有人为了证明特异功能存在，就说道："特异功能肯定是存在的，你没有看到那么多人相信它吧？其中还有著名作家呢。你不知道有许多人相信特异功能，那也不要紧，你只需要想想：既然特异功能这么神奇，怎会没有人相信它！"这里实际上是用"许多人相信它"来证明"它确实存在"，然后又用"它存在"来证明"有许多人相信它"。

（6）以人为据。是指在辩论中把目标转移到"个人"身上，不评价论证论题，以对人的某些方面评价代替对人的观点评价。比如，以某某人品德好或文化层次高来证明他的观点是正确的，以某某人品德差或文化层次低来证明他的观点是错误的。这种以人立言、因人废言的做法就是以人为据。又如以下议论就是典型的以人为据："他检举我受贿，你们就相信吗？他的父亲坐过牢，他自己连大学也没有考上，是在夜大学才混出个大专文凭的；据说他的大专毕业作业还是请人代笔的，几经周折才勉强通过。我看对这种德性的人，是不能把他的话当回事的。"这段话中，即使所说的有关"他"的情况全部属实，也不能证明他的检举不实，辩护者不提供证据证明自己的清白，却用对他人品质或才能的评价来否定其检举的真实性，显然是无效的辩护。

3. 悖论

悖论（paradox）来自一种希腊语，意思是"多想一想"。最早的悖论被认为是古希腊的"说谎者悖论"。这个词的意义比较丰富，它包括一切与人的直觉和日常经验相矛盾的数学结论，那些结论会使我们惊异无比。悖论是自相矛盾的命题，即如果承认这个命题成立，就可推出它的否定命题成立；反之，如果承认这个命题的否定命题成立，又可推出这个命题成立。如果承认它是真的，经过一系列正确的推理，却又得出它是假的；如果承认它是假的，经过一系列正确的推理，却又得出它是真的。古今中外有不少著名的悖论，它们震撼了逻辑和数学的基础，激发了人们求知和精密的思考，吸引了古往今来许多思想家和爱好者的注意力。解决悖论难题需要创造性的思考，悖论的解决又往往可以给人带来全新的观念。

悖论是指在辩论过程中，从雄辩和诡辩中分别派生出来的，具有共同的形式特点的一种语言现象。它通常是指思维科学和科学史上那些自觉或不自觉产生的，在形式逻辑上自相矛盾的推理、说法、伦理和论证，通常被认为是一种无法用普通逻辑方法加以消除的逻辑矛盾。

简单地归纳，悖论有 3 种主要形式：

（1）一种论断看起来好像肯定错了，但实际上却是对的（佯谬）。

（2）一种论断看起来好像肯定是对的，但实际上却错了（似是而非的理论）。

（3）一系列推理看起来好像无法打破，可是却导致逻辑上自相矛盾。

● 案例

理发师悖论

奥卡姆村的理发师亨利·奥卡姆由于圣诞节将近，业务过于繁忙，一天，在店门口贴出了一张告示："本店由于人手不够，即日起只给而且一定给村里那些不给自己刮胡子的人刮胡子。"告示贴出后，业务的紧张情况缓解了。一天晚上，他发现自己的胡子也长了，就决定给自己刮胡子。正当一切就绪，准备拿起刮刀时，他的 8 岁儿子小亨利突然跑到门口，取下了告示，拿来给爸爸看，并说："你不能给自己刮胡子，因为告示上说，你只给村里那些不给自己刮胡子的人刮胡子，如果你现在自己给自己刮胡子的话，那么你就属于给自己刮胡子的那一类人，按照告示上的规定，你是不能给这些人包括你自己刮胡子的。"亨利想了想，觉得儿子说得有道理，不能破坏自己立的规定，就决定不刮了。正当他解开脖子上的毛巾时，儿子又说话了："等一等，爸爸，你也不能不给自己刮胡子呀。因为如果你不给自己刮胡子的话，你就又属于不给自己刮胡子的那类人中的一个，按照你自己的规定，你是应该给他们刮的，也就是说，如果你不给自己刮胡子的话，你也破坏了自己的规定。"亨利张口结舌，进退两难，他没有想到，自己立下的规定竟作弄了自己，无论自己给不给自己刮胡子，都得破坏自己的规定。

分析：这个案例就是著名的"罗素悖论"，是英国著名的数学家和逻辑学家罗素在 1920 年提出来的。案例中，无论这个理发师怎么回答，都不能排除内在的矛盾。因此，无论在生活、工作还是学习中，我们应尽量避免提出进退维谷的悖论。

二、谈判

（一）谈判的概述

1. 谈判的定义

谈判是人们为了改变相互关系而交换意见，为了取得一致而相互磋商的一种行为，是直接影响各种人际关系和社交活动，对参与各方产生持久利益的一种过程。美国谈判学会会长尼尔伦伯格讲过：只要人们为了改变相互关系而交换观点，只要人们是为了取得一致而磋商，他们就是在进行谈判。谈判有狭义和广义之分。狭义谈判指一切正式场合的谈判，其中包括政治谈判、外交谈判、军事谈判、经济谈判和贸易谈判等。从广义的角度而言，谈判是谈判双方（或多方）对涉及切身权益的分歧和冲突，进行反复磋商，寻求解决途径和达成协议的过程。这一含义包括各种内容和形式的谈判。

2. 谈判的特征

谈判既是竞争手段，又是斗争艺术。谈判内容丰富，过程复杂，技术多变。从整体上看，谈判还是有规律可循，它的主要特征如下：

（1）互惠性。谈判是"施"与"受"兼而有之的一种互动过程。双方都有所需求，所寻求的是双方互惠互利的结果，也就是说，谈判双方的部分或全部需要得以实现。这不是"我赢你输"或"我输你赢"的单利结果，而是"双赢"的结果。

（2）合作性。谈判是一项合作的事业。如果双方能在一个合作的基础上进行谈判，表达一定程度上的合作诚意，并各自做出相应的让步，才能达成对双方有利的协议。否则，谈判不成功，双方都无所收益。

（3）斗智性。谈判过程中双方都希望能在对本方有利的条件下获得自身需要的满足，而谈判双方是处于利害冲突的对抗状态中，因此如何在谈判中获取最大的利益，需要通过"斗智"来实施。美国学者约翰·温可勒归纳出 10 条斗智法则：第一，如果不是迫不得已，就不要讨价还价；第二，做好准备；第三，后发制人，第四，运用实力时，首先要以礼相待；第五，要让你的对手们互相竞争；第六，给自己留有余地；第七，必须言而有信；第八，多听，少讲；第九，与对方的期望值保持联系；第十，让对方习惯于你的狮子大开口。

（4）应变性。谈判过程不能过于死板，要注意应变性和灵活性。谈判者应根据不同的时间、地点、场合以及对象，采取不同的内容、形势和方法。在谈判语言中，要根据具体情况，用发展眼光看待问题；针对谈判对象，则要灵活对待，强调以诚相待，如果不是必要，"外交辞令"式的语言应慎重使用。

（二）谈判语言

谈判语言是谈判的主要工具，是谈判的媒介物。谈判语言的巧妙运用可以有效地控制谈判的进程，双方可以通过从语言中获取所需要的信息。谈判语言具有一些技巧性和禁忌，下面介绍几种谈判语言的方式：

1. 叙述

意为介绍本方情况，阐述本方观点，这是谈判语言最主要的方式。从叙述中，我们不仅可以使对方了解本方的观点、方案，而且能创造和谐的谈判气氛，控制谈判的进程。谈判中应注意坦诚相见，在保护本方利益的前提下，适当透露一些适合双方利益的信息；在沟通信息方面，应把信息交代清楚，使对方了解问题的全貌，以便说服对方；另外，在用词方面，也要注意斟酌词句，如转折用语"但是""可是"，可以接过对方话题转向有利于自己的方向，而惋惜用语"真可惜""真遗憾"，可以表达自己的真情实感，缓冲僵局。

2. 提问

《孙子兵法》有云："知己知彼，百战不殆。"谈判是一场舌战，要获得成功必须先了解对方的情况，要探询到对方的情况，关键在于问，善于提问是谈判成功的前提条件之一。边听边问可以引起对方的注意，为其思考提供既定的方向；可以获取自己不知道的信息，引起对方提供更多需要的信息。

善于提问有以下几种方式：一是要选择适当的提问方式，一般有婉转型提问、攻击型提问、示范提问、协商提问等，例如：谈判一方想把自己的产品推销出去，但并不知道对方是否会接受，又不好直接问对方要不要，于是试探地问："这种产品的功能还不错吧？您是否可以评价一下？"如果对方有意愿，就会接受；如果对方不满意，委婉拒绝也不会使双方难堪。例子中就是选择了婉转型提问，在没有摸清楚对方虚实的情况下，先虚设一问，投石问路，避免对方拒绝而出现尴尬局面，又可以试探出对方的虚实。二是问题要得体，既有针对性，又不使对方难堪。提问要事先让对方知道你在谈判过程中想得到什么信息，让对方明白你的意图，对方就可以有的放矢的做出回答。谈判中忌讳随意性和威胁性，从措辞到语调，要慎重考虑，恰当提问，以免损害任何一方的利益。三是适时提问，抓住时机。一般来说，在对方发言过程中，不宜着急提问，打断别人的发言。在对方发言过程中，可以注意倾听，做好记录。既反应了本方的修养，又

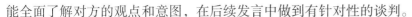

能全面了解对方的观点和意图，在后续发言中做到有针对性的谈判。

3. 答问

英国哲学家培根说过："谈判是发掘事情的一个过程。"在谈判问答过程中，回答不佳比问得不好更容易陷于被动困难的境地之中，因此应答比提问更为重要。在水门事件听证会上，一位证人在许多众议员面前整整坐了两天，被问了无数的问题，然而，他几乎连一个问题都没回答。原因是，这个证人一直无法了解对方所提出的问题，从头到尾答非所问，不知所以，只是保持迷惑不解的笑容。最后，听证会委员只好放弃对他的提问。因此，在回答问题的要诀时，应知道哪些该说哪些不该说，不必要考虑回答的对错之分，可以从多方面加以分析后回答，或者不以正面回答，选择转移话题启发诱导等等。

4. 说服

说服是谈判获胜的一门重要艺术。谈判者想要让对方心服口服，除了进行必要的逻辑推理之外，满足对方的要求也是十分必须。说服的方法一般为"晓之以理"或"动之以情"，通过摆事实，讲道理，通人情，达到双方相互被说服的效果。在日常生活中，我们买东西会经常会讨价还价，其过程就充满了相互说服的艺术技巧。

一个人去买一张桌子，看上了一张红木桌子，对方标价250元，他便讨价还价，回价150元，对方说："200元我都不会卖。"听过之后，这人便回应了一段话："200元是无形的钱，无形的钱你算过吗？如果你马上把桌子卖出去，可以抓紧时间再做一个，那钱不就出来了？如果一个星期才把桌子卖出去，恐怕200元也赚不到，一个星期可以做出几张桌子，这笔账你算过吗？时间就是金钱，效率就是生命，薄利才能多销，如果你的桌子比别人卖得快，声誉提升了，自然有市场了，才会赚钱，你想想对不？"结果双方以170元成交了。这位买方站在了商家的立场上，替其分析，晓之以理，客观而实际，于是说服了商家降价卖出。

（三）谈判的策略

1. 要素策略

从宏观的理论上讲，谈判策略由形势、士气、攻心、实力、变移5个要素所构成。所谓形势，是为了掌握谈判的主动权，运用多种方法、手段和谈判工具，营造有利于本方的谈判气氛，在人员准备、物质构成、地点选择、舆论宣传等方面予以充分准备；士气是指谈判人员的精神状态和团队意识的培养，要有凝聚力和核心竞争力，能适时地瓦解对方的士气和斗志；在实力方面，要做到"知己知彼"，方能"百战不殆"，也要制定谈判战术，以便在谈判中处于主导位置；所谓变移，是指根据谈判场上的实际情况临场发挥，调整并导入本方的谈判方案和战术对策，化不利为有利，达到预期目标。

2. 进攻策略

进攻策略是指对对方立场、观点都有初步的认知后，再将自己在此次谈判事项中所占有的优、劣势及对方的优、劣势，进行严密周详的列举，尤其要将己方优势，应全盘列出，以作为谈判人员的谈判筹码。对于本方劣势，要注意扬长避短，以免仓促迎敌。

3．引诱策略

在谈判开始前期，本方的情况应尽量隐而不漏，不轻易亮出底牌。正如聪明机智的拳手，一般不会轻易出拳，主动出击，而是在对方攻势中寻求破绽，伺机出手，出其不意地将其击倒。同样地，老练的谈判手往往不急于表态，而是先让对方提要求，一方面是出于礼貌，得到对方尊重；另一方面是试探对方，从其言语和思维中了解、获取信息，以便调整谈判策略，重新部署新方案。

4．激将战略

也就是使用激将法，谈判者通过使用一定的语言方式刺激对方，引起对方某种情感的波动，影响其正常思维和情绪，并向着本方既定的方向发展。激将法一般有下列几种：①用高帽赶鸭子上架；②故意贬低，挑起好胜之心；③吹胡子瞪眼睛，敲桌子点鼻子，惹人发怒；④冷冷冰冰，或佯装不信，使人吐露真言。谈判对垒中，一是看忍功耐心，谁更冷静；二是看谁扮演得更天衣无缝，使对方察觉不到自己的真实意图。

5．扭转策略

如果双方在谈判过程中出现僵局情况，互不相让，长期下去，谈判容易出现破裂局面，对后续发展产生极为不利的可能性。对此，谈判者先不要急于要求结果，可先冷静下来，思考和分析出现的原因，了解自身可能承担的责任和可接受的结果，可考虑有限度的让步促使谈判下去的可能性。一般地说，僵局的情况时常发生，可能是策略的需要，假意出现僵局；也可能是利益上的正常博弈，怎么均衡利益和实现共赢的谈判，这个可以通过双方的让步得出良好的结果。我们认为，打破僵局的扭转策略有以下两种方式：

（1）直接处理。直接处理可通过大量的真实例证支持本方的观点，这些例证，可通过权威机构的文件、规定、市场数据、行为习惯等获取并佐证；对于重点讨论的某个观点，也就是说，出现僵局的原因或者双方所持的反对意见，可合并为一起，名义上把若干的意见同一时刻讨论，实际上是重点讨论某个意见，这样做的好处在于削弱反对意见的强度。

在1971年，中美关于台湾问题的谈判时，中方周恩来总理和美方基辛格都表明本方的立场，双方毫不谦让，谈判陷入了僵局。这时，周总理说："毛主席说，台湾问题可以拖一百年，是表明我们有耐心；同时，也包含不能让台湾问题妨碍中美两国关系正常化。"基辛格点头同意说："是的，我们必须向着未来有所前进……"周总理敏锐地抓住了基辛格的观点，拿起记录稿纸说："博士，你的措辞'美国不会同台湾断交'、'中国必须保证不用武力解决台湾问题'，就是不如你所说的'向着未来有所前进'。"基辛格这次没有反驳，随即陷入了沉思，后来被迫改变思路："我们可以换一种方式，美国认识到，在台湾海峡两岸的所有中国人都认为只有一个中国，台湾是中国的一部分，怎么样？"周总理笑着回答："……这是一项绝妙的发明，博士到底是博士。"僵局打破了，周总理和基辛格都笑了。

周总理不愧是一位睿智的谈判专家，中美双方在台湾问题上分歧很多，但他只是重点谈论不能让台湾问题妨碍中美关系正常化发展，抓住了美方提出的"我们必须向着未来有所前进"这句话，策略地指出观点前后矛盾的事实，使美方陷入被动的局面，不得不做出明智的抉择。

（2）间接处理。间接处理的方法很多，常用的有"形式上肯定，实质上否定"、"借用对方的理由来说服对方"、"引导对方自我否定"、"先强调，后削弱"。如在"先强调，后削弱"方法中，谈判者可以先重复对方看似强调的话语，在复述时不改变其本意，但是形式上可以把文字顺序颠倒。例如，当对方说："你们厂这个类型的货品怎么又涨价了，太离谱了，我们不要了！"这个时候，我们可以这样回答："是的，我们理解您的心情，价格确实比以前高了一点……老实说，我们也不希望涨价，可是，你也知道，原材料紧缺，价格上涨，这个事情不是你们或我们能做主，我们也是迫于无奈的。"此言一出，对方也能理解各种缘由，较为容易接受涨价的事实。

（四）跨文化谈判

在谈判活动中，特别是涉外的商务谈判，谈判人员必须熟悉不同国家和地区谈判对手的谈判文化和风格，以便于在谈判桌上做好信息交流。由于各个国家和民族历史发展和生活环境的迥异，构成了谈判之间跨文化的交流。

1. 欧洲文化的谈判特点

欧洲人的法律观念和守法意识非常突出，在与他们进行谈判的时候，肯定会有一个律师在场。在建立信任关系的前提下，律师和合同才会进入谈判的后续工作；其次，欧洲是一个崇尚礼节的地方，许多礼仪不可违背，必须遵守，欧洲人是难以原谅不懂礼仪的人；再者，欧洲人的等级观念非常明显，思想保守，在谈判桌上，他们派出的代表往往较为年长或者资历丰富，做事较为谨慎，不愿意轻易下承诺，冒风险。

2. 美国文化的谈判特点

美国人头脑灵活，精于使用策略谋得利益，能在不知不觉中把一般性的交谈引导到实质性的商洽，并善于讨价还价；同时，美国人十分注重时间观念，讲求办事效率，善于用最短的时间完成项目，如果规定时间没有完成工作，谈判可能就会破裂；另外，美国人利益性强，注重物质利益，在商务谈判中获取利润，是其唯一目的。

3. 日本文化的谈判特点

日本人在进行谈判时，往往表现出极强的事业心和积极进取的精神。日本人以工作"一丝不苟"而闻名全球，他们的准备工作做得极为充分，对每次谈判的时间和内容，都计划得有条不紊；在商务谈判中，日本人喜欢打"蘑菇战术"，尽量拖延时间，使对方暴露其真实的目的，以便在讨价还价中留有最大的余地；日本人的团队意识也非常突出，在谈判中讲究团队配合和分工合作。

4. 阿拉伯文化的谈判特点

与阿拉伯人进行谈判的最重要一点事尊重其宗教信仰和习俗。伊斯兰教是阿拉伯人的精神支柱和凝聚力量，影响到阿拉伯人生活的各个领域。因此，在谈判中发现他们的一些不寻常举动，千万不能用言语或肢体语言的嘲讽，这是对其信仰和习惯的尊重；阿拉伯人也比较注重谈判的初期阶段，在长时间的会谈中，相互了解和意见交换，取得信任后，再进行交易问题的讨论；在交易完成后要注重礼仪感谢和时间拜访的问题；另

外，由于风俗问题，妇女问题和女权问题是与阿拉伯人进行谈判较为忌讳的话题。

5. 拉美国家文化的谈判特点

拉美人注重个人的地位和作用，不太喜欢同女性谈判，崇尚经验丰富、级别层次高的谈判对手；同拉美人谈判，过程节奏较为缓慢，这与拉美人喜欢过悠闲自在的生活息息相关；另外，拉美人不注重谈判协议的严肃性，对于到期付货款的问题喜欢拖欠或延长，不过其信用度还是值得保证的。

6. 英国文化的谈判特点

英国人办事松垮，准备不充分，但为人和善，容易交际和相处，做事情具有灵活性，尤其对建设性强的意见甚为积极热衷。

7. 德国文化的谈判特点

与英国人做事方式相反，德国人做事讲究严谨周密，工作准备充分而仔细，但缺乏灵活性，在谈判中讨价还价的余地较小，显得过于固执；另外，德国人讲究长期合作，希望与合作伙伴建立长久关系，因此不会轻易毁约。

8. 法国文化的谈判特点

法国人谈判立场坚定，不太愿意妥协，包括语言的使用问题，坚持要求使用其母语法语；在谈判中，法国人喜欢建立一个框架，再达成一个原则协议，最后才确定谈判协议中的方方面面。

◆◇◆◇◆◇◆◇◆◇
思考与训练
◇◆◇◆◇◆◇◆◇◆

1. 辩论的基本原则是什么？为什么？
2. 辩论的基本方法有哪些？要成功地驳倒诡辩需要做到哪几点？
3. 谈判的语言特征是什么？为什么？
4. 谈判的策略有哪几种？如何运用？
5. 打破僵局的扭转策略语言技巧包含哪些处理方法？
6. 进行一次模拟谈判，内容自选。

第六节　会话与主持

会话，是指人们日常语言交流的活动，也就是对话交谈。生活中的沟通需要对话交谈，工作中也免不了与人打交道，同样少不了对话、交谈。主持是指"负责掌握或处理某事"，也是口才的一种表现方式。

一、会话

（一）会话的概述

1. 会话的含义

会话通常包括交谈、谈话、聊天几种形势。从广义上看，会话是两者或两者以上问答之间的言语交流，我们经常看到的如新闻发布会答记者问、学术会话、政治会话、面试会话、军事会话等；从狭义上看，这是一种演讲，是演讲者与听众就某个主题或者话题进行交流或者问答。日常生活中，我们经常看到党政干部、企业管理人员和业务销售员深入群众，发动宣传，面对面听取基层意见和回答疑问，达到思想沟通和问题交流，这也是会话。

2. 会话的作用

（1）会话是信息交流、知识传授的重要载体。在当今世界，语言是最常用、最直接的交流工具，对人们的生活、学习、工作产生了至关重要的作用。会话是语言表达的一种方式，是知识的传播和信息的反馈的重要载体。通过会话，人们可以传递信息，互通有无，影响和启迪身边人群。

（2）会话是人际交往、思想交流的重要工具。会话在生活中的运用十分广泛，人们在日常的社交活动中要进行待人接物、问候、打招呼、商品和业务交易、工作咨询等，这些会话无处不在、无处不有；在各种演讲和谈判中，人们要通过会话进行观点陈述、利益博弈、思想交流，以便把双方的感觉、情绪和感情通过自己理性的思想、观点和主张进行传播，并得到对方的信任和需求。

（3）会话是发散思维、发展心智的重要手段。会话不等同于课堂上的"照本宣科"，只顾自己个人发挥，罔顾其他人的感受；会话过程生动活泼、动态变化。通过会话互动，能把人的知识、智慧和应变能力进行临场性和现实性的发挥，并进行灵活火花上的碰撞。因此，通过会话，会话双方往往可以发散思维，相互学习，发展了自身的心智，会话水平也得到快速提高。

（二）会话的原则

1. 合作原则

合作原则是指在参与会话中，要使你说的话符合你所参与的会话的双方（或各方）公认目的或方向，是由美国著名语言哲学家格赖斯（H. P. Grice）于1967年在哈佛大学的演讲中提出的。格赖斯认为，在人们交际过程中，会话双方似乎在有意无意地遵循着某一原则，以求有效地配合从而完成交际任务。因此，格赖斯提出了会话中的"合作原则"（Cooperative Principle，简称CP）。人们的正常语言交流不是一系列毫无联系的话语组合，说话人的互相合作的。会话的双方（或各方）有着共同的目的，最起码有着相互接受的方向。为了达到此目的，会话各方就要共同遵守合作原则。

2. 平等原则

会话中要相互尊重，坦诚交谈，不能出现单方面的行动或过于表达己方。中美关于人权方面的会话一直引人关注，在一次新闻发布会上，我方就进行了精彩陈述和立场表达。

（记者）问：中国发表了关于美国人权状况的报告。中国外交政策的一个基本原则是不干涉别国内政。中国发表这一报告是否违反了该原则，尽管这一报告是对美方发表人权报告的反击？

（发言人）答：我们认为，人权问题从本质上讲是一个国家的内政。这一立场没有

改变。但我们不反对有关国家在人权领域就相互关心的问题，在平等和相互尊重的基础上开展对话以缩小分歧。这对改善和发展有关国家的人权是有益的。国新办发表美国人权记录，是提醒美方，美国自身也还存在很多问题。要解决这些问题，使各国的人权状况都得到改善和发展，最好的办法是坐下来，在相互尊重的基础上，心平气和地进行平等的对话。

在上述例子中，发言人首先纠正了记者对中国政策的偏见和错误理解，然后对会话话题做了进一步的解释，阐述平等和尊重的前提和基础，很好地回应记者的提问。

3. 真诚原则

会话的态度要求真实而诚恳，提问者要讲言之有据的话，回答者则不要避实就虚。在会话过程中，难免出现观点分歧、话题争执的情况，这时候就要把情绪冷静下来，虚心听取对方意见，有则改之，无则加勉；在如实表达本方观点主张时，要言到意达，真情实意，才能使谈话促成平等的交往和感情的交流。

（三）会话的风格

1. 以理服人

理，是指有道理、有理论，摆事实，以便"晓之以理"。理侧重于对客观事实的认识，有理有据，才能分析透彻，令人信服。我们常说"四分含情，六分叙理"，说的就是要伦理精当，以情达理，才是会话的目的。

2. 以情感人

会话也是感情上的交流，一位哲人曾说过："没有任何东西能够像恰到好处的真情流露那样导致崇高，那样引起共鸣。"只讲客观和刻板，即使再有道理可言，也是荒谬的"零度风格"理论。因此，只有当对方感受到你是"自己人"时候，将心比心，才能循循引导，进而动之以情。

3. 典雅优美

是指语言富有文采，旋律动人，不落俗套。古语有云："言之无文，行而不远。"会话不仅需要"动之以情"和"晓之以理"，同时也需要"典雅优美"。措词典雅会使会话变得富有魅力，对方可以从中得到美的享受和艺术的陶冶。

（四）会话的技巧

1. 选择恰当的地点和时机

充分的会话时间和合适的会话地点是会话必备的两个首要条件。不同内容和性质的会话应当选择不同的时机场合。在场合方面，商谈时，应找一个正式而严肃的场合；闲谈时，应找一个轻松愉快的环境；在时机方面，应注意对方的情绪和心态，避免因个人情感波动影响预期效果。

2. 选择合适的人选

会话有一定的目的性，会话过程中，双方或多或少具有共同的兴趣和条件、共同的性格，或者一定程度的关系。如果你明知道对方将对会话的内容持反对意见，整个交谈的后续性就难以保证，所以应选择合适的人选。

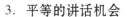

3．平等的讲话机会

在社交活动中，我们经常会碰到这种情况：当 A 在说话时，B 似乎在全神贯注地倾听着。事实上，他只是礼节性地等待 A 讲完后，再把自己的想法予以告知。会话过程是一个给双方提供信息交流的机会和平台，只有耐心倾听，不失时机的回应，才能达到交流；另外，当别人的话还没讲述完之前，不能将自己的话题予以衔接，并开始长篇大论，这是一种不尊重，我们要注意平等对待。

4．明确会话主题

在会话中，当听到提问，首先要弄清楚问题，根据自己的理解和经历尽力回答，阐述时要注意围绕会话的主持范围展开，避免跑题。我们经常在会话中碰到这种情况，有些人把别人的提问当成是让自己说话的一种信号，于是听到提问时，忘乎所以，脑子里想到什么就说什么，不管自己的内容与对方的问题是否相关，这种回答是毫无意义的。事实上，我们首先应该弄清楚对方提问的内容和意图，然后再根据自己的知识和判断作出回答。

5．选择有意义的讨论

在会话过程中，并不是所有问题都值得去讨论，也不是任何话题都可以拿出来讨论。有些时候，因为个人的情绪、爱好、兴趣和性格的不一样，对问题的看法也不尽相同。如果因个人的喜好随意讨论，那一定是毫无意义，也没有实际效果，浪费时间。因此，会话讨论过程中，应就事论事，围绕既定主题展开讨论，同时也要注意效率问题。

二、主持

（一）主持的概述

1．主持的起源

世界上第一家正式领取执照的广播电台诞生于 1920 年 10 月，它是美国宾夕法尼亚州匹兹堡市的 KDKA 电台，最早是播放一些新闻、音乐和广播剧。最早的电视台于 1936 年在英国诞生。随着广播电视节目的开播，播音员这个职业出现了。他们在广播电视诞生初期的主要任务是在节目中播新闻、天气情况、物价信息、介绍唱片、演播广播剧等。

20 世纪 50 年代，"节目主持人"一词出现在美国的广播电视节目中，英文表述叫做"Anchor"，意思是"跑最后一棒的人"。美国哥伦比亚广播公司的制片人唐·休伊特借用这个词来指代把与节目相关的报道串联起来并做一番综述的人。

我国的人民广播于 1940 年 12 月 30 日诞生在陕北的革命圣地延安，第一位播音员徐瑞章（播音名叫麦风）的第一声呼号："延安新华广播电台，XNCR，现在开始播音，……"明朗响亮，振奋人心，标志着人民播音的开始。

1980 年中央电视台的屏幕上第一次出现了"节目主持人"的字幕，标志着我国广播电视行业中第一次出现了节目主持人的职业分工；1981 年的对台广播"空中之友"栏目设主持人，由徐曼小姐主持；之后，赵忠祥在 1981 年中央电视台主持的《北京中学生智力竞赛》节目中使用"节目主持人"一词，开创了我国电视节目主持人之先河；

1993 年，我国的各电台涌现出大量的节目主持人，这一年被称为"中国的广播主持人年"。

2. 主持的定义

在《现代汉语词典》中，主持是指"负责掌握或处理"的意思；陈毅《岳麓山顶眺望》诗："终到山河澄清日，主持华夏是人民"；主持人在英语里写作"host"即"主人"之意。一般认为，主持人具有采、编、播、控等多种业务能力，负责节目的编排、组织、解说以及对节目实施过程加以积极协调和有效推进；在一个相对固定的节目里，集主持和播出、编辑、记者、播音员于一身。

（二）主持的类型

（1）根据主持的内容，可分类为社会活动主持（如会议主持、演讲主持、辩论主持、面试主持等）、文化活动主持（如晚会主持、婚宴主持、联欢会主持等）、广播电视主持等。

（2）根据主持者在活动中的职责，可分类为报幕式主持和角色式主持。报幕式主持是指主持报告会，把会议事项和人员介绍给与会者，做好会议开始到结束的沟通和贯穿工作；角色式主持是指负责活动的角色，在活动的开始、中间、结尾中有个担当角色，该角色不能从整体活动中剥离抽出。

（3）根据主持的口语表达方式，可分类为报道性主持、议论性主持和夹叙夹议性主持。报道性主持多用于大型会议主持，一般只介绍发言人的姓名、简介和发言主体等简单情况；议论性主持多用于演讲主持和竞赛主持，主持者会多加评论，陈述自身的现场感受和活动概括；夹叙夹议性主持多用于文艺活动主持，叙中有议、议中有叙、边叙边议。

（4）根据主持者的数目，可分类为单人主持、双人主持和多人主持。严肃场合，各种大小型会议一般适合用单人主持；一般性的文化活动，多用双人主持（多为男女搭配）；大型晚会、大型联欢晚会（如春节联欢晚会）一般用多人主持，彰显其气势宏大，气氛热烈。

（三）主持人应具备的素质

1. 深厚的知识底蕴

主持人应有渊博知识的修养。主持人应该是博学多才的有识之士，这样才能面对观众侃侃而谈。知识的渊博来自工作中的积累，也来自平时勤奋的学习采集。主持人的工作常常面对观众访问新闻事件的当事人和有关人士，要对时事政治做评述；在采访活动过程中，通过提出问题的深度和对问题的分析见解力，一览无余地呈现出来。渊博的知识和文化修养，使主持人能在各种镜头前神态自若地采访播讲，做深刻有见地的分析，从而令人佩服。有时候主持人所充当的角色就像一名引导人们在生活的百花园中观光的"导游"，这就要求主持人一定要充分认识自身所处的重要地位和作用，不断提高自身的文化修养和知识水平。我们身处这不断变化的时空，作为一名主持人，要不断更新所学，开拓思路、活跃思维；只有不断地充实自己，才能更好地把握时代主题，紧扣时代脉搏，贴近群众，贴近生活。比如，原中央电视台节目主持人杨澜，在主持人公开考试中夺魁，主持《正大综艺》节目几百期，然而，她充分意识到知识丰富积累的重要性，毅然赴美国的大学进修电视制作专业，在哥伦比亚大学攻读硕士学位，并学成回国，成为著名的主持人。宋代诗人苏轼言"腹有诗书气自华"，也完全适用于今天的节目主持人。

2. 要有自己的观点

主持人要有自己的观点，使自己的谈话和提问与访谈对象的谈话一样，并具有保留价值。杨澜专访著名学者余秋雨，在谈到谣言与小道消息话题时，余秋雨说："过去传媒过于刻板，现在言路初开，多种能量释放，这在整体上不是坏事。我们应该以幽默的态度来看待这种纷乱现象，然后一起努力，尽快促使我们的文化环境从无序走向有序。"这时，杨澜没有一味顺从对方的谈话，而是说："余先生，这一点我可能不同意你的看法。我觉得这种无序会延续很长时间，不能快速走向有序。你看无论是美国还是我们的香港、台湾，这种不真实的'小道消息'在传媒上也大量存在，我们恐怕只能适应他们，不能期望他们有朝一日会改观吧？"主持的不同意见能有效激发被采访者的思维。果然，余秋雨谈出了更为深刻的观点。他说："我说的有序不是指小道消息的消失。前几年香港一家大报发表文章，谣传我企图在一个戏曲剧本上署名，后来文章作者和那家报社经过多方查证是谣言，连续几天公开道歉，把我感动得热泪盈眶……这就是大报的品味，那些庸俗小报做不到也不想做。这是最重要的'有序'。"余秋雨的这段精彩论述，将话题引入到一个更深的层面中，这与主持有自己独到的观点是分不开的。

3. 平等而真诚

崔永元主持的节目《实话实说》中，每一个嘉宾都能健谈、善谈，并且还时有妙语连珠，与主持人打成一片，这是主持人的一种素质。崔永元非常善于抬举他请来的嘉宾们，让他们每一个人在现场都能找到一种很好的自我感觉，进而转化为不俗的自我表现。

人天生就有一种取得别人尊重或抬举的心理需求，如果这种尊重和抬举实施有度，会给接受这种信息的人带来愉悦的心理体验；这种尊重和抬举并不是阿谀奉承和恶意吹捧，而是建立在平等和真诚基础之上的一种具有审美趣味的话语艺术。作为《实话实说》主持人和制片人，崔永元掌握了这门艺术，在这种备受推举和鼓励有度之后，嘉宾自始至终保持了一份很好的心境，不断引出后面的精彩发言。作为台下的观众，良好的情绪也被维持下来。整个谈话的过程，没有遭到人为的破坏和阻断，而且吸收了新的养料又快乐前行。

4. 倾听和诉说能力

作为主持人，按照理论来说应是牢牢地把握话语权，但是，这并不意味着就可以随意使用或者说剥夺嘉宾的话语权。不能为了赶着履行自己既定的思路和文案，而舍弃了当下的倾听和精彩。其实，有时候嘉宾的即兴发挥和现场"交锋"，才是谈话节目的真正魅力所在。主持人的真正功力在于对现场交流的张弛有度、收放自如的把握。

美国 CBS 有个著名谈话节目主持人奥帕拉·温弗丽，她主持的《人们正在谈话》和《奥帕拉节目》大受欢迎。她的"绝活儿"就是"满怀兴趣和同情地倾听"。她的

传记作者、美国评论家乔治·麦尔这样评价她："一般说来，广播电视的访谈者只是提出问题，却并不认真听回答，他们的心思放在其他事情或是下一个问题上。但奥帕拉仔细倾听嘉宾们的谈话，并且利用谈话的内容把主题步步引向深入。"

5. 过程的控制力

主持过程中难免出现一些冲突或者火药味，令现场十分尴尬，这时候需要主持人对现场的控制和引导。美国的一档专门做人际关系心理的节目里，主持人请来的男女嘉宾在现场进行非常激烈的交锋，当箭在弦上的时候，主持人用小手指把杯子打落在地上，告诉他们，一旦玻璃碎了的时候，我们再弥合，已经很难了，众人顿悟。所以，作为一个好的主持人，应该细腻地编织谈话本身的节奏，能够使自己的手腕松下来，才不至于永远感觉到紧张。

（四）主持的艺术技巧

1. 切入情境的导入法

成功的开场白可以吸引观众的注意力，调动观众的情绪，为整个节目或活动确定基调，起到先声夺人的作用。一般来说，主持人会根据现场的情景，把时间、地点、对象和形式予以内容和情感性的介绍，导入的方式有问题式开场、开宗明义式开场、引用式开场、幽默式开场、抒情式开场、悬念式开场等。

以开宗明义式开场为例，该类型要求一开始用高度概括的语言把本节目的主体和目的告知观众，引起其聆听欲望，接着把详细情况进行补充说明和阐述，这是一种常见的开场白。上海电视台有一档节目叫《海外博览》，其中有一期是这样开场："观众朋友们，晚上好！欢迎收看《海外博览》节目。现代人营养过剩，连儿童也不可避免地面临肥胖的烦恼，过胖儿童已经成为美国目前人数增长最快的族群，他们不仅要面对自身健康问题，还要承受世人的嘲笑与奚落。如何才能摆脱这样的困境，过胖儿童的家长怎样帮助自己的孩子呢？科学家有没有对付肥胖的良药呢？在系列片《成长无烦恼》中，您将看到这群大号新人类是如何减肥的。"开场白直入主题，观众马上明白了主持人的观点，随后跟随主持人的引导进入节目情境。

2. 话题衔接的串联法

主持过程中话题的衔接是通过串联词或衔接语来实现，要求针对不同的内容、不同形式、不同人物甚至不同的风格进行整合，形成一个整体，使观众感受整个节目或者活动的流畅性和连贯性。话题的衔接，我们经常碰到的方式有承上启下式、制造悬念式、问答对话式、介绍评点式、闲侃漫聊式等，这些方式常常出现在各种晚会和主持节目中。

3. 即兴访谈的应对法

主持人的标准非常严格，要求有灵敏的思维和出色的口才，能够具备出口成章和随机应变的能力，这是主观因素；另外，临场出现的情况，要求主持人能够镇定自若、胸有成竹地应对各种突发问题。

白岩松在一次与大学生访谈中被问到："我看你有危机感，看起来冷冰冰的，为什么？"白岩松说："我喜欢把每一天当成地球末日来过。"学生继续问："你什么时候会笑？"白岩松说："会不会笑不重要，懂幽默才是重要的。我认为自己的幽默还比较丰富。"学生不依不饶："有评论说你个性木讷。"白岩松机智回答："所有评论是说我严肃，与木讷是两个不同的词。"学生最后问："我是学历史的，能当新闻节目主持人吗？"白岩松轻松回答："今天的新闻就是明天的历史。"（鼓掌、笑声）学生的即兴提问有针对性，白岩松的回答幽默而切合情境，访谈过程十分精彩。

4. 激发兴趣的引导法

主持注重交流信息的重要性，这种交流是互动和关怀式的，使整个活动过程充满共鸣效果。因此，主持人的控场和引导非常重要，能快速地做出激发兴趣的情理引导，才能使节目效果得以继续。

湖南卫视有一个著名节目叫《快乐大本营》，是一档以快乐愉悦观众为宗旨的综艺性节目，每一期都会邀请时下热门的人物作为嘉宾。有一期节目里面，嘉宾说到自己6岁的时候因为家庭贫困不得不偷红薯充饥，结果被捉挨打，说到此处，嘉宾泣不成声，台下观众也潸然泪下，整个场面跟节目的宗旨显得背道而驰。这时候，有观众上台给嘉宾鲜花表示安慰和理解，主持人何炅灵机一动，马上用幽默的语气说道："别忙着给他鲜花，他刚才还在偷东西呢。"一句戏弄的话语，让嘉宾和全场观众破涕为笑，节目又回到了快乐、愉悦的气氛中。由此可见，主持人的细心观察和及时调控非常重要，以便于节目的调节、引导和疏通。

5. 困境解脱的生智法

"金无足赤，人无完人"，主持人每天应对大量的工作和突发情况，俗话说"一言既出，驷马难追"，有时候话语的失误是不可避免，但如何从困境中解脱，或者把错误或者"隐患"提早发现并予以消除，需要主持人急中生智，大方、自然地正视自己出现的问题或者错误，用自己的智慧和才能化不利为有利，抹去观众心中的误解，重塑主持人形象。

在一次全国书市的开幕式上，主持人崔永元与读者见面，有位年轻人问道："崔哥，《实话实说》怎么没有过去好看了？"崔永元点头表示认可，并回答："不错，是没有过去好看了，我们是有责任的——不过，主要责任在你。"观众的反应有点惊愕而疑惑。随后，崔永元微笑着问："小伙子，结婚了没有？"年轻人老实回答："没有。"于是，崔永元解释："我告诉你，结婚的感觉和恋爱的感觉是不一样的。"观众们恍然大悟，理解了崔永元的用意。主持人难免会被问到刁钻或难堪的问题，这个时候可以抓住对方用语的模糊地方，跳出一定的常规思维模式，拓宽视野，使自己变被动为主动。

◆◆◆ ·思考与训练· ◆◆◆

1. 会话的原则和作用分别是什么？
2. 在社交活动中，会话有哪些风格？
3. 主持人应该具备哪些素质？
4. 主持的艺术技巧有哪些？
5. 请根据近期学校活动安排组织一场班会或者团日活动，主题自定，撰写好主持稿，并担任主持人工作。

第五章 演讲口才

●学习目标

1. 了解演讲的含义、类型和特点
2. 掌握演讲的技巧和各种策略
3. 培养临场应变、快速反应能力、思维能力，培养即兴演讲者应具备的素质
4. 能在事先无准备的情况下，根据场景的需要，做简短的即兴演讲
5. 掌握论辩的逻辑技巧和语言艺术

第一节 命题演讲

演讲根据形式进行分类，可以分为命题演讲、即兴演讲和辩论演讲。其中命题演讲是最常见的一种演讲类型，命题演讲的涵盖面比较广，除了演讲比赛外，像各种会议上的开幕词、报告、闭幕词、学术课堂上的专题演讲、竞聘演讲、就职演讲、面试演讲等都属于此类事前做好准备的演讲。从宏观上看，命题演讲是思想家、政治家发表政见、阐明观点、传播真理的有力武器，推动着历史、社会的发展。从微观上看，命题演讲在每个人的生活、工作中使用频率较高，良好的命题演讲能力是当今社会对复合型人才的要求之一。因此，掌握命题演讲的方法和技巧，有利于个人素质的提升。

一、命题演讲概述

（一）命题演讲的含义

命题演讲，顾名思义即别人或自己事先拟定的题目、或者是限定了演讲的主题范围，然后演讲者根据题目经过充分准备后所发表的演讲。这种演讲一般有较多的准备时间，因而演讲者可以根据主题充分收集各方面的材料、合理地组织材料、斟酌语言风格、认真撰写演讲稿、精心设计各种吸引听众的亮点并进行反复的演练。

（二）命题演讲的类型

命题演讲最常见的分类是按照命题的严谨程度分为全命题演讲和半命题演讲：

1. **全命题演讲**

全命题演讲是指演讲的题目由演讲组织者事先确定好，演讲者以此题目来组织材料，经过一定时间的周密而严谨的准备而进行的演讲。在实际演讲中这种方式较少使用，多见于各种命题演讲比赛。

2. 半命题演讲

半命题演讲指演讲活动组织者不直接确定演讲题目，只是确定演讲内容范围，即主题；演讲者根据限定的范围，自己拟定题目进行的演讲。这种演讲它只限定了一个演讲范围，而把选材、立意、组织、结构的自由留给了演讲者，演讲者可以根据自身的特点和听众的情况，选择各种不同的角度来切入，从而充分发挥自己的优势，比全命题演讲的灵活度要大得多。

（三）命题演讲的特点

不管是全命题或是半命题都是日常生活或工作中所遇到的最常见的一种演讲形式，与其他形式的演讲相比，其事前的充分准备性是最明显的特征。

1. 主题鲜明

命题演讲因由演讲组织者确定好题目或是大致的主题，因此演讲者在演讲时，从材料的选择、到主题的确立、再到演讲稿的撰写，均是围绕事先所设定的题目，从而使得演讲主题十分鲜明。

2. 内容稳定

因为命题演讲有较多的准备时间，演讲者往往事先撰写好演讲稿，并经过反复的演练，因而在登场演讲时往往已经做好了周密的安排，演讲时根据已写好的演讲稿、已演练好的演讲程序来进行。这便使得演讲内容所受时境的限制较少，因时境而变化的可能性也相对要少一些，而不像即兴演讲和辩论演讲那样讲究随机应变，内容已经思考成熟确定下来，很少变更，因而更具备稳定性。

3. 针对性强

在命题演讲中要做到有的放矢，演讲的主题、材料既要不偏离预定题目，针对命题；同时也要符合现场听众的需求、契合社会热点、符合时代要求，演讲者越是熟悉社会，了解听众，就越有针对性，针对性愈强，演讲的效果就愈好。

二、命题演讲的准备方法

前苏联著名演讲家说："真正的演讲家总是一身而三任：既是作者，又是排练者，还是完成自己演讲、谈话的表演者。"这段话其实讲出了命题演讲的三个阶段，即演讲稿的撰写阶段、演练阶段和最后的登场演讲阶段，前两个阶段又可以概括为命题演讲前的准备阶段。

凡事预则立，不预则废。命题演讲的准备阶段十分重要，此阶段所做的工作是演讲内容的直接依据，它对于梳理演讲者的思路、舒缓紧张心理、规范演讲等具有重要的作用。因此成功的命题演讲第一步便是做好充分的准备，在正式演讲之前，一定要做好充分准备，不打无准备之仗。只有这样，才能在正式演讲时做到胸有成竹、避临场斟酌词句。命题演讲的准备可以分为以下几个步骤进行，演讲者掌握了每一步骤的要点和诀窍，便能为成功的演讲打下良好的基础。

（一）了解演讲场合，分析听众特征

在命题演讲的酝酿、构思阶段，要做的第一件事并不是拿起题目就开始写稿子，而是应该先去了解演讲的时间、地点、场合以及听众；然后根据不同的场合、不同的听众来确定演讲的主题和内容。其中，了解演讲的听众、分析听众特征是最为重要的。

演讲的对象是人，演讲的成功在于对象的收益度。因此写演讲稿首先要了解听众的人数、年龄、性别、文化程度、宗教信仰、职业性质以及参加演讲的原因等等，通过分析听众的共同特征，从而分析他们关心的热点话题和迫切需要解决的问题是什么。不同的听众有各自的圈子，有各自关注的话题，抓住听众感兴趣的话题，才能从实际出发，写出有针对性的演讲稿，让自己的演讲更具吸引力。否则演讲稿写得再好，听众也会对此漠不关心、无动于衷。

写作时要根据不同场合和不同对象，了解对象，把握热点问题，为听众设计不同的演讲题目、演讲内容、演讲技巧和演讲风格，以便更好地与听众沟通，为听众所接受并心悦诚服，这样，演讲才能起到应有的社会效果。

例如马可斯·布鲁图斯是晚期罗马共和国的一名元老院议员，他组织并参与了对恺撒的谋杀。他在刺杀恺撒后，在罗马广场发表了演讲，为自己刺杀恺撒之举做出辩护。演讲是这样开头的：

罗马国民！爱国诸君！请你们静听我的辩论，然后请诸君作出公正的判断。

如果在场诸君中，有人说："恺撒是我的亲友。"那么我必定大声疾呼地告诉诸君："我布鲁图斯对恺撒的爱，比诸君对恺撒的爱，要胜过百倍！"如果又有人问我："那么你为什么要刺死你亲爱的恺撒呢？"我必定回答说："因为我布鲁图斯对罗马的爱，比我对恺撒的爱，又胜过百倍！万倍！"

布鲁图斯十分了解罗马人在得知恺撒被刺后的感受，在开头并不是一开始就为自己辩护、力数恺撒的罪过，因为当时恺撒在罗马仍具备很高的声望，这样很容易引起听众的反感。他在演说开始先从自己对恺撒的情感入手，迅速引导听众，表达了他爱恺撒但更爱罗马的中心思想，然后才再在后文中不断地强调自己行动的正当性：

唉！谁愿意做奴隶呢！如诸君中有愿意做奴隶的，我便请诸君说出个理由来，好让我明白诸君的尊意。唉！谁不愿意做罗马人！如诸君中有不愿意做罗马人的，请诸君发表高见。唉！谁不爱国家！如诸君中有不愿意爱国的人，也请诸君声明理由。我就在此时倾耳闭口，静听诸君发表……

诸君！我等诸君发表意见，等得很久了，没有听到诸君反对的论调，因此，我深信诸君是爱自由的人了！我深信必定赞成我的话了！

诸君！如果觉得我的行为，有自私自利的野心，有卖国卖民的形迹，那么诸君用我刺杀恺撒的手段，来刺死我便是了。

这样，就使得演讲者与听众的心理倾向和情绪一致，听众更容易接受演讲者的观点。

因此，在演讲前就要先分析听众的共同特征，例如听众文化水平普遍比较高的，演讲时可以更多地引经据典，并力求概括；而对于文化水平较低的听众，语言则应该通俗一点，讲得具体些。例如针对政府官员演讲，演讲风格应该力求稳重，不要过于张扬；但如果对象是企业界人士，演讲风格则可以张扬一些，更具激情。又例如如果会场上某类型人士很多，那么就要准备一些与该类型人士相关的案例或故事，这样就不会让他们觉得被忽视。又例如分析听众对演讲内容了解程度，如果听众对演讲者所讲的东西一无所知，那就需要演讲者从头讲起或解释有关概念，交代有关背景。如果听众对所讲的事物都比较熟悉或者略知一二，那么演讲者就可以跳过基础部分，直接从核心内容讲起。

有演讲专家从参加演讲会的目的来分析观众类型，并据此提出针对性的建议：

1. 为演讲内容而来的听众

听众对自己渴望了解的演讲话题总是抱着极大的兴趣。例如社会福利、调整工资、产品介绍等。这类型听众希望满足自己的求知欲或解答某种疑问，尤其是当主题关系到听众的切身利益时，听众就会十分主动地参与到演讲交流过程中来。因此针对此类听众，演讲者把演讲内容交代清楚，内容充实，条理清晰，听众一般不会过于挑剔演讲技巧。

2. 为演讲者而来的听众

当演讲者是社会名人时，往往有大批听众慕名前往，此时听众目的是为了一睹名人风采，他们一般不太计较演讲水平的高低。另外在某些演讲、尤其是演讲比赛中，也有一些演讲者的亲友团前来捧场。面对这种听众，演讲者应更多地与听众进行情感上的交流。

3. 不得不来的听众

在工作报告、经验交流、各种庆典的会场上，有相当一部分听众是由于纪律约束或出于礼貌而不得不来的。这类听众对演讲内容不甚关心，态度冷漠。面对这类听众，演讲者应更为侧重演讲的技巧。

除了了解听众以外，还要了解演讲举行的场合，是党团集会、专业性会议，还是社会团体、宗教团体或各类竞赛场合；要了解演讲地点如地理位置、场地大小、内部设施等，如果有可能，最好亲自去演讲地点看一看。另外还要了解演讲程序也是十分重要的，即在演讲中是否有安排听众提问环节等，这样才能做到心中有数，为演讲稿的写作和演讲的顺利进行添砖加瓦。

（二）确定演讲的主旨

命题演讲在充分了解分析好演讲的场合、听众背景后，则可以开始构思演讲稿了。首先要确定演讲的主题，好的主题是演讲成功的基础。确定主题又可以分为审题和选题两个步骤：

1. 审题

命题演讲的特征在于演讲必须围绕既定的题目，因而第一步应认真审题，就像写命题作文一样，首先看看给定的题目或范围是什么，弄明白这个主题要反映的是什么，例如介绍型的题目，要弄清要求说的是怎样的人、怎样的事；如果是评述类的题目，则要弄清说的是有关国家、社会的大事，还是有关公德、生活的具体问题。只有明确了命题

者的命题目的，选择切入角度，这样写出来的演讲稿才有针对性，才能在接下来的收集、组织材料工作中不会离题。

审题时应根据题目所给出的条件来确定演讲重点，学会把握"题眼"。例如题为《我赞成限制私家车》的演讲，题眼在于"赞成"和"私家车"，演讲时应将围绕私家车而非所有汽车的特点来说明自己赞成的理由。

例如某次演讲比赛中，组织者所出的演讲主题范围是《我钦佩的人》，那么我们可以从以下几个方面进行分析：首先，题眼是"钦佩"而非简单的佩服或尊敬，演讲选择的事例就必须要达到"钦佩"的高度，选择的人一定在某一方面或某几方面有不同寻常之处，或是品德高尚，或是技艺超群，或是成果斐然等等。其次，"人"这个词说明了题目中没有限定"我"所钦佩的人的数量。这个人，可以是一个，也可以是几个，或者是一群人，某一类型的人。最后，"我"字说明了这个人或这群人，可能是自己熟悉的、与自己关系密切的人，也可能是自己并不熟悉、与自己关系一般甚至只见过一面的人。无论是哪一种，演讲时应该在"我"与这些人之间建立起联系。通过分析题目，为了使说话的内容集中、具体、丰满，要力避只是说一些抽象、概括、评价的话，最好确定数量为一个演讲者熟悉的、钦佩的人来重点介绍，以便有充足的时间说清楚钦佩的原因。

审题时，尤其是半命题演讲，常常会遇到有些表意比较抽象、概括、宽泛的题目，像《青春》《梦想》《挫折》《感恩》等，演讲者往往会觉得无从入手。此时可以通过围绕这个词提出若干问题，具体落实题目所涉及的诸要素，来确定演讲的具体内容。例如某次半命题演讲比赛给定的主题范围是《合作》，演讲者拿到这个题目后，可以提出"和谁合作""为什么要合作""如何合作的"等问题，演讲的重点和基本内容就可以确定了。

2. 选题

半命题式的演讲，在分析完题目范围、明确了命题目的后，还要演讲者在给定的题目范围内，根据自己的特点，寻找一个切入点，在总题目下设置一个更适合自己的、更细分的题目。在选择主题的时候，应注意以下几点：

（1）鲜明集中。选择的主题要有正确鲜明的中心。演讲者主张什么、反对什么，要旗帜鲜明，全篇必须紧紧围绕一个中心展开，使演讲中心鲜明突出，有的放矢，有针对性。

（2）角度适中。题目要文题相符，大小适度，不可过大或过小，能驾驭得住。一般而言题目宜小不宜大，因为演讲时间有限，题目定得小，可以从容不迫，深入展开去谈，使得演讲在限定范围内广度和深度都能两厢顾及。

（3）角度新颖。演讲主题角度要新，能给人耳目一新的感觉。演讲者应寻找最佳角度阐明观点，尤其是在命题演讲比赛中。所谓"造语贵新"，新颖的观点、独到的见解、巧妙的解说，常常能出奇制胜，赢得赞叹与喝彩。例如某次演讲比赛，主题是《重温入党誓言》。很多演讲者都是回忆自己当初面对党旗、举起右手、庄严宣誓的状况，并决心要继续保持共产党员的先进性，在工作中真正起到先锋模范作用。这样的演讲当然没有离题，不过过于行货了。但其中有一位演讲者他选择了一个很新颖的角度，讲自己来到这个单位时，职务较低，感到很委屈，一直闹情绪。但这次演讲，让自己重温入党誓言，就像给自己敲响了警钟，懂得了自我反思，并找到了努力方向，决心振作起来，去不断完善自我。这个新颖的角度，赢得了听众的一片掌声。

（4）符合身份。所谓的选题要符合身份，既是指要符合听众的身份，适应听众当时当地的心理需求；这点上文已有详细的分析；另外还指选题要符合演讲者的身份，最好与自己的专业、特长、文化背景等尽可能的结合，这样才能有话可说，而且说得真实、说得透彻。同时还要注意所选择的题目应适应社会需求，具有时代感。

3. 标题

确定好主旨后，应拟定一个演讲标题，在演讲开场白时可以向听众说明本次演讲的标题是什么，通过标题概括反映演讲内容，使人知道你讲的是什么；另外一个好的标题也能吸引听众的注意力，引起大家对演讲的兴趣。

一般而言，标题不同于主题，切忌过于空泛、抽象、大而无当。例如《青春》《信念》《责任》这类标题会给人空泛不着边际之感，也不能引起听众的兴趣。好的标题应该鲜明、响亮，既揭示主题，又警策醒目。例如用设问式的标题，如《娜拉走后怎样》，可以启发听众思考；用比喻式的标题，如《为生命画一片树叶》，形象生动，诱人联想；用警策式的标题，如《天下兴亡，匹夫有责》，可以立片言以居要，提醒、劝谏、鼓励听众，以激发听众的警觉，使之猛醒。

（三）材料的收集和选择

确定了主题后，便可以根据题目有针对性地选择材料了，所选择的材料既可以是直接材料，如自我经历，演讲者的所见所闻所感；也可以是间接材料，演讲者通过阅读报纸杂志、电视新闻、电影音像等所获得的材料；甚至可以是演讲者自己自创的创见材料，即自我观点、自我语言等。

1. 选择材料的思路

确定了演讲的题目后，如何破题，围绕题目来展开内容、选择材料，往往使得演讲者很苦恼，也很考演讲者的知识积累和思维能力，一般而言可以从以下几个角度去思考：

（1）由相关背景知识切入。即将题目与一两条与之相关的理论、或历史背景结合起来思考，从而找到内容的切入点。例如《信仰》这个演讲题目，就可以将其放在中国历史背景下，讲儒释道的信仰，讲民间的门神、土地爷的信仰等等，并结合当时的历史文化解释为何人们会产生这样的信仰，从而揭示出信仰的核心问题是什么。例如美国总统奥巴马在2009年感恩节的演讲中，就是从感恩节的历史来源切入话题的：

感恩节——这一近四百年前作为欧洲移民和当地土著居民互庆丰收而开端的节日——如今已成为我们弥足珍贵的传统佳节。这一节日和我们的民族渊源，以及美国的历史传承有着千丝万缕的联系。

今天，我们不由回想起乔治·华盛顿总统，正是他第一个宣布感恩节为我们全国性的公共节日，来以此"衷心感谢全能的上主博爱而伟大的帮助"。还有亚伯拉罕·林肯总统，正是他规定每年设立感恩节为国定节日，来帮助历经南北战争踩踏的美国重建家园。我们同时还不能忘记美洲土著居民的贡献，正是他们帮助早期的殖民者安然度过第一个严酷的冬天，并继续使得我们的民族逐步发展壮大。历经国家独立的早期奋斗以及历史的跌宕起伏，美国人民依然团聚一堂，共庆感恩佳节。

（2）由同类事物切入。即同类联想，将话题放在一种与题目相似的同类情景中去联想，不直截了当地阐明主题，而是采用同类联系，迂回达到演讲主题，这样往往使得切入话题的角度新颖，别出心裁，造成峰回路转，使听众恍然大悟的效果。例如 1935 年胡适在北京师大做演讲，这次演讲主要讲有关禅宗的学术问题，在讲到禅宗宗旨前，他先讲了一个小故事：

一位老裁缝收到在伦敦留学的儿子来信，由于他识字不多，便请屠夫、牧师给他读信。屠夫看信后说："你儿子说他缺钱花，叫你寄 20 英镑过去。"裁缝很生气。牧师把信朗读了一遍："爸爸，您近来身体好吗？您每天辛苦干活，省吃俭用，很不容易赚点钱，大部分都寄给我了，我心里很不安！只有用功学习，将来好报答您！近来又选修了一门新课，需要买几本参考书。另外，下个月的生活费也要支付了。因此，请您设法寄点钱来，如果寄 10 英镑来，我很感激；如果寄 20 英镑来，就更感激不尽了！"老裁缝很高兴，当天就寄了 20 英镑。…… 同一封信，不同读法就产生了不同的效果。我给诸位讲"禅宗"，就好比那屠夫读信，大家不妨姑妄听之。

他由此及彼的引入方式，让台下掌声、笑声一片。

（3）由逆向面切入。即运用逆向思维，从题目习惯性思维的反面进行思考。例如在某学校某次师德报告会上，某演讲者在演讲开篇就问到"十年二十年之后，监狱会不会空着"，"如果仍然有犯罪，那么，未来的罪犯现在在哪里？在上学吗？上几年级？会不会就在你我的班上？是否就坐在你我的面前？"他使用的就是逆向思维，不是从一般人联想到的教师培养人才这个角度去切入，而是从相反方向指出教育还在杜绝犯罪，这种与众不同的表达方式不仅让听众觉得新鲜，还起到了振聋发聩的效果。

（4）由自身经验切入。即从演讲者自己的自身经验、感受、自身经历入手构思演讲内容。例如美国苹果公司前总裁史蒂夫·乔布斯（Steve Jobs）2005 年 6 月在斯坦福大学毕业典礼上做了一次十分精彩的演讲，他的演讲便是由自己生活中的三次体验切入的，他的这三次体验不仅在斯坦福大学的毕业生、也在硅谷乃至其他地方的技术同行中引起了巨大反响。他们将他的演讲登在互联网上，在博客上展开讨论，通过电子邮件互相发送，在全球传阅。乔布斯的演讲主要内容是这样的：

很荣幸和大家一道参加这所世界上最好的一座大学的毕业典礼。我大学没毕业，说实话，这是我第一次离大学毕业典礼这么近。今天我想给大家讲三个我自己的故事，不讲别的，也不讲大道理，就讲三个故事。

第一个故事讲的是点与点之间的关系。（略）

我的第二个故事是关于好恶与得失。（略）

我的第三个故事与死亡有关。（略）

2. 选择材料的原则

在选择材料时，应该注意在确保一定数量的基础上，对材料进行优化组合，选择那些能恰当表现主题、满足听众的预期要求的材料，一般而言，材料选择应该真实典型、具体充实、新颖感人。

（1）真实典型。一篇演讲稿的中心，要依靠典型的感人的事例来阐明。只有用真实动人的事例展开说理，体现中心，才有说服力。

（2）具体充实。所选择的材料中应有具体的事例，所谓"事实胜于雄辩"。事例则因其蕴含丰富、深刻的情感或哲理内蕴，最容易说服、感动听众。好的事例不仅能强调观点，还可以升华感情，将演讲者感情表现得淋漓尽致，同时也把听众的情感不断引向高潮。

（3）新颖感人。演讲最忌讳的是重复别人已经讲过或听众已经熟悉的老生常谈，人云亦云是难以折服听众的。在选择材料时，要善于选择新颖的、感人的材料。

（四）理清演讲的思路

收集、筛选完材料后，便可以开始组织材料、确定演讲主题内容，确定从哪几个方面来展开问题，拟定大纲框架、设计演讲结构。

演讲的一般结构模式是古希腊亚里士多德所提出的"三一律"，即由开头、正文、结尾三大部分组成。对这三部分的要求，演讲专家将其概括为凤头、猪肚、豹尾——即开头引人入胜，中间饱满充实，结尾有力地升华主题。

1. 开头

在演讲的开头，应介绍主题、吸引听众。"万事开头难"，历来著名的演讲家都煞费苦心，希望在演讲的开头就能牢牢抓住听众，为自己的演讲奠定成功的基础。开头在演讲中起着至关重要的作用。开头要达到让听众清晰本次演讲的主题和吸引观众的这两大效果。在演讲开头，应注意向观众传达以下的信息：

（1）演讲的目的。成功的演讲可以在开头揭示演讲的目的，否则听众会失去兴趣，甚至误解演讲的目的。例如美国快递公司主席詹姆斯·鲁滨逊三世在开头的短短15秒内就将演讲的目的告知听众：

女士们、先生们，早上好。谢谢大家给予我这个露面的机会。美国广告联盟是美国传播工业的一个重要组成部分。当前，美国传播工业还面临许多问题，而重担则落在大家的肩上。我今天演讲的目的便是就这些问题及它们呈现出的挑战谈谈我的看法。

（2）演讲的意义。演讲的开头可以简要阐述本次演讲的意义、作用所在，即回答听众心中的"我为什么要听？"这一问题。在对美国会计协会罗切斯特分会的一次演讲中，演讲顾问唐纳德·罗杰斯通过表达他对听众需要的关心而激发起了他们的兴趣：

我今晚要演讲的题目是"信息的透露"。确定这个题目之前，我先是查阅了本地的会计年鉴分册和全国会计协会的学术专刊，然后又询问了我的同事亚历克斯·莱文斯顿和戴夫·汉森："今晚来听演讲的人都有哪些？他们希望我讲什么？"他们告诉我在座的各位都是些很热心的人，希望我的演讲有趣而富有启发性。因此，我将告诉大家一些有用的知识，我也同时希望我的演讲简明扼要，并留给大家一定的提问时间。

（3）演讲者的观点。在演讲稿的开头直截了当地揭示主题，让听众一开始就了解、

理解演讲者的立场。例如刘翔在奥运成果报告会上的演讲《中国有我，亚洲有我》的开头：

> 我从来都不认为自己今天的成功仅仅是个人的荣耀，北京时间2004年8月28日凌晨那12秒91，毫无疑问将成为我生命中为之自豪的瞬间，但我更愿意把那一刻的辉煌献给我亲爱的祖国，献给全亚洲。

这篇演讲便是开篇入题，点出演讲者的成功不仅仅属于个人，而更属于集体，属于祖国。听众立刻了解到刘翔能在骄人的成绩中，保持清醒的自我认识，从而马上对演讲者产生认同和好感。

（4）演讲的背景知识。当听众对本次演讲的背景不太了解的时候，可以在开头部分要为观众提供相关的背景知识，以便让听众在接下来的演讲中能更好地接受和理解演讲者的观点。例如美国空军少将鲁斯比拉·L.普斯在夏努特空军基地的一次宴会上做演讲时，就对"黑人遗产周"的有关背景知识及其对美国空军的重要性做了介绍：

> 我很高兴来到此地，同时我也很感谢应邀和在座各位讨论有关美国黑人问题。为保持和增进民族间的理解，美国各大州又开始纪念"黑人遗产周"。在这夏努特空军基地，我们庆祝它则可以对美国空军进行完整无缺的教育。我们民族的主旋律是："黑人历史，未来的火炬。"这个已成为美国人民生活一部分的纪念活动，是弗吉尼亚州组坎顿市卡特·G.伍德森最先提出并计划的，他现在被誉为美国"黑人历史之父"。伍德森先生于1915年成立了"美国黑人生活和历史协会"。后来，他又于1926年发起了"黑人遗产周"纪念活动……

（5）解释专业术语。当演讲者在演讲过程中要使用一些专业术语，而听众又不是行内人士的时候，应在开头就为听众解释相关的术语，以便让听众有心理准备，在接触专业术语时能迅速反应和理解。因为演讲有着转瞬即逝的特点，若听众在演讲过程中停下了思考、揣摩相关术语，就难以集中精力跟随演讲者的思路听下去。

> 一位公司副总裁在就记者招待会的用途发表演讲时，就很好地运用了这一技巧："公共关系，简单地说，就是指'与公众的关系，即任何涉及公司或个人的关系……"

因此如果演讲的成功与否取决于听众能否理解演讲中的某些术语或概念，那么在演讲开头时对关键术语加以解释就显得格外重要了。

（6）概述演讲的内容。演讲时，应当利用开头部分对演讲内容加以概述，让听众了解演讲的中心思想和结构。特别是当演讲的主题很复杂，或是专业性较强，或是需要论证几个观点时，这样做就能使演讲显得清楚而易于理解。例如汉诺威信托制造公司的主席及总裁约翰·F.麦克基里卡迪在一次演讲的开头中就很明了地陈述了他演讲的结构及范围：

> 女士们，先生们，晚上好。我很荣幸应科里曼主任的邀请来参加这个在我国很有权威的商业论坛——在见解上它可以与底特律和纽约的经济俱乐部相提并论。首先，我将对最近的国内经济形势加以展望。我认为它并非人们有时所想象的那样严峻。第二，谈谈近期欧佩克的经济增长对国际的经济增长的影响——对包括我们自己在内的许多国家

来说是件痛苦的事，但又是完全有办法应付的。第三，对总统的能源建议作几点评论，我认为它既令人鼓舞，又令人失望。最后，我将就演讲逐渐成为一种时尚和必要的现象以及美国的现状谈一点个人看法。

另外，在开头部分的构思还应注意几点，一是不要把话说得太满，以免中间部分没材料可展开，使得头重脚轻；二是不要过多客套话或卖弄噱头；三是尽量在开头争取到听众的信任，尤其当听众中有与演讲者持相反的观点的，在这种场合下就应该在开头争取听众的信任感。

2. 主体

正文部分是演讲的核心，此部分决定了演讲质量的好坏。在这部分的写作中，要注意详略得当地讲述事情、展开主题、阐明观点、表达情感；使得演讲激荡饱满，有理有据。有些演讲的开头和结尾都十分简单，演讲者把全部精力和心思都放在正文的部分，例如鲁迅著名的演讲《娜拉走后怎样》，开头和结尾都只是各有一句话："我今天要讲的是'娜拉走后怎样?'"（开头），"我这讲演也就此完结了"（结尾）。

在正文部分，可以通过摆事实，讲道理，层次清晰展开论述；要求事例典型、有说服力，感情真挚，结构安排张弛有致、跌宕起伏。

（1）演讲主体的层次安排。层次安排主要有总分式、并列式、递进式、对比式等。

①排比式。将主题分解为若干个部分，逐一论述。排比式条理清晰，容易形成气势。例如胡锦涛在第五届亚太经合组织人力资源开发部长级会议上的致辞中，在主体部分主要分条论述了深化交流合作，实现包容性增长的几点建议：

女士们、先生们！实现包容增长，根本目的是让经济全球化和经济发展成果惠及所有国家和地区、惠及所有人群，在可持续发展中实现经济社会协调发展。……在这里，我愿就本次会议主题提出以下4点建议。第一，优先开发人力资源……第二，实施充分就业的发展战略……第三，提高劳动者素质和能力……第四，构建可持续发展的社会保障体系。

②递进式。即按内容的因果、逻辑关系，分题循序渐进，最后达到高潮。例如前香港特首曾荫权在2012年发表的《香港家书》，是采用香港发展的时间递进顺序来结构演讲的正文部分的：

香港的成功故事，是由一段一段由平民百姓默默耕耘的片段所组成……

还记得在70年代初出任沙田政务专员，负责开发沙田新市镇……

七八十年代的高速发展，壮大了土生土长的中产阶层，香港社会也逐步摆脱了早期移民城市的性格。而沙田也由初期公屋、居屋为主，加入了更多中产私人屋苑……

九七回归后，香港人有了当家作主的意识，不再以身处"借来的时间、借来的地方"去看待自己。在"一国两制"、高度自治下，我们要处理好自己内部事务。大家情感上对香港越投入，必定会引发出各式各样的争议，例如民主进程、政府政策、宏观发展战略等。再加上亚洲金融风暴引发资产泡沫爆破，香港经济衰退、沙士疫情，每每冲击香港人。但在我们血液之内，仍然留存着务实、拼搏的性格，这些难关最终大家一一挨过。每当想到这里，我总会想起沙士疫情时的医护人员，他们那种专业、拼搏，自我

牺牲精神，至今仍令我动容。

2005年我署任行政长官一职、2007年当选第三届行政长官，当时身处的是刚复苏的环境，我为重建市民对政府信心，提出推动各项大型基建上马，刺激经济，创造就业，香港经济终于重回上升正轨。2008年金融海啸席卷全球，来势汹汹，令我忧心忡忡。幸好我们有过应对亚洲金融风暴的经验，政府做出快速反应，推出"撑企业、保就业、稳金融"各项措施，稳定了局面。但全球化带来的贫富悬殊问题，始终无法摆脱，亦积累了社会的怨气……

③对比式。即将主题从正反两方面进行论述，对比鲜明，容易吸引人。例如某次反对种族歧视的演讲，演讲者便用了对比的方式，以正反两方面的事实加以论证，证明了血统论是错误的，但家教能导致不同的结果。

美国有两个繁衍了8代人的家庭。一是爱德华家庭，其始祖爱德华是一位治学严谨、成就卓著的哲学家，他不仅本人勤奋好学，而且以良好的德行培养后代。他的8代子孙中，出了13位大学校长，100多位教授，60多位医生，80多位文学家，20多位议员，1位大使，1位副总统。另一个家庭的始祖叫珠克，是臭名昭著的酒鬼、赌徒，无法无天，他的后代中有300多个叫花子，7个杀人犯，60多个盗窃犯，还有40多人死于伤残或酗酒。

④叙述式。依照听众的心理线索，主要以趣味、情感打动听众。例如著名作家莫言2012年获诺贝尔文学奖时的演讲，全文围绕着"我是一个讲故事的人"，通过讲述一个个故事，将观点融入其中，夹叙夹议：

尊敬的瑞典学院各位院士，女士们、先生们：

通过电视或网络，我想在座的各位对遥远的高密东北乡，已经有了或多或少的了解。你们也许看到了我的九十岁的老父亲，看到了我的哥哥姐姐、我的妻子女儿和我的一岁零四个月的外孙子。但是有一个此刻我最想念的人，我的母亲，你们永远无法看到了。我获奖后，很多人分享了我的光荣，但我的母亲却无法分享了。（略）

我记忆中最早的一件事，是提着家里唯一的一把热水壶去公共食堂打开水。（略）

我记忆中最痛苦的一件事，就是跟着母亲去集体的地里拣麦穗，看守麦田的人来了，拣麦穗的人纷纷逃跑，我母亲是小脚，跑不快，被捉住。（略）

我记得最深刻的一件事是一个中秋节的中午，我们家难得的包了一顿饺子，每人只有一碗。（略）

我最后悔的一件事，就是跟着母亲去卖白菜，有意无意地多算了一位买白菜的老人一毛钱。算完钱我就去了学校。当我放学回家时，看到很少流泪的母亲泪流满面。母亲并没有骂我，只是轻轻地说："儿子，你让娘丢了脸。"（略）

自己的故事总是有限的，讲完了自己的故事，就必须讲他人的故事。于是，我的亲人们的故事，我的村人们的故事，以及我从老人们口中听说过的祖先们的故事（略）

最后，请允许我再讲一下我的《生死疲劳》。……我知道，我总有一天会为他写一本书，我迟早要把他的故事讲给天下人听，但一直到了2005年，当我在一座庙宇里看到"六道轮回"的壁画时，才明白了讲述这个故事的正确方法。（略）

（2）注意事项。

①层次清晰。层次清晰、衔接合理。如果层次混乱，则容易使得听众不知所云，跟不上演讲者的思路。因此要环环相扣，层层深入，可以通过使用"首先、其次、然后"等衔接词、过渡句、过渡段，或是适时的提问这些标志性的语言来强调演讲的层次，加强讲稿内容的内在联系。例如林肯十分有名的葛底斯堡演说虽然篇幅短小，但是却十分注重内在结构的统一，用了口语化的连接词以使得整个演讲稿结构严密，一气呵成：

87 年前，我们的先辈们在这个大陆上创立了一个新国家，它孕育于自由之中，奉行一切人生来平等的原则。现在我们正从事一场伟大的内战，以考验这个国家，或者任何一个孕育于自由和奉行上述原则的国家是否能够长久存在下去。我们在这场战争中的一个伟大战场上集会。烈士们为使这个国家能够生存下去而献出了自己的生命，我们来到这里，是要把这个战场的一部分奉献给他们作为最后安息之所。我们这样做是完全应该而且是非常恰当的。

但是，从更广泛的意义上来说，这块土地我们不能够奉献，不能够圣化，不能够神化。那些曾在这里战斗过的勇士们，活着的和去世的，已经把这块土地圣化了，这远不是我们微薄的力量所能增减的。我们今天在这里所说的话，全世界不大会注意，也不会长久地记住，但勇士们在这里所做过的事，全世界却永远不会忘记。毋宁说，倒是我们这些还活着的人，应该在这里把自己奉献于勇士们已经如此崇高地向前推进但尚未完成的事业。倒是我们应该在这里把自己奉献于仍然留在我们面前的伟大任务——我们要从这些光荣的死者身上汲取更多的献身精神，来完成他们已经完全彻底为之献身的事业；我们要在这里下定最大的决心，不让这些死者白白牺牲；我们要使国家在上帝福佑下得到自由的新生，要使这个民有、民治、民享的政府永世长存。

②张弛有致。避免平铺直叙，或过于紧张。注意组织节奏、安排高潮，张弛有致，跌宕变化，有起有伏，该激情的时候激情，该放松的时候放松。这样听众的注意力既保持集中又不紧张。中间或结尾之前，设置一两次高潮，着意筑起突兀的奇峰。一次较短的演讲，将高潮安排在结尾前比较得体。至于篇幅较长的演讲，则要根据具体情况做出具体的安排，但以在演讲的中间和结尾前出现几次高潮为宜。运用典型事例、有精当的议论、强有力的逻辑推理、深刻的哲理、确切的修辞、充满激情的语言、真挚的感情、幅度大而得体的动作等组成强烈的兴奋点，升华听众的情感。

例如可以用不断地重复形成高潮，如马丁·路德·金的著名演说词《我有一个梦想》：

我梦想有一天，这个国家会站立起来，真正实现其心跳的真谛……

我梦想有一天……

我梦想有一天，我的四个孩子将在一个不是以他们的肤色，而是以他们的品格优劣来评价他们的国度里生活。

演讲者用一连串的排比句，反复申说，表达了他反对种族歧视，要求自由、平等的呼声，给听众带来强烈的心灵震撼。

又例如第 18 任韩国总统朴槿惠就职演说：

尊敬的各位国民、700万海外侨胞们：

我今天站在这里，满怀开创希望新时代的决心与憧憬，正式就任大韩民国第十八任总统。

感谢各位国民赋予我如此重大的历史使命，感谢出席就职仪式的李明博总统、各位前任总统，以及世界各国的恭贺使节和海内外来宾们。

作为大韩民国的总统，我将顺应民意，实现我国经济复兴、国民幸福、文化昌盛的伟大梦想，为建设一个国富民安的大韩民国而不懈努力。

尊敬的各位国民！今天的大韩民国是各位用鲜血与汗水孕育而成的。各位以坚强的意志与魄力完成了我国工业与民主化建设，实现了伟大的历史变革。"汉江奇迹"的出现正是因为有你们，那些在德国矿山里，在中东沙漠中，在零下几十度的战争前线坚守的人们，千千万万为家庭与祖国奉献一生的我国国民。感谢你们！

尊敬的各位国民！在风云激荡的近代史中，大韩民国在苦难与逆境中奋发崛起，走向现代。然而当前全球经济危机余波未平，朝鲜核问题悬而未决，资本主义市场面临新的挑战。克服危机需要努力开拓新的道路，这谈何容易！但是我相信我们的国民，相信我国国民在困难时期所迸发出的坚强、勇气与活力。

让我们携手面对挑战，共同开创希望的新时代，创造我国"第二个汉江奇迹"！在希望的新时代里，个人的幸福推动国家综合实力的提升，而一个强大的国家则永远属于建设她的国民。

尊敬的各位国民！新一届政府将通过经济复兴、国民幸福、文化昌盛三大梦想的实现开创一个新的时代。首先，为实现经济复兴，政府将大力推进创造经济和经济民主化的建设。其次，为实现国民幸福，政府将进一步增加社会福利，确保人人老有所养、少有所乐。最后，在文化昌盛方面，将加强精神文化建设，营造一个文化气息浓郁的社会环境。

尊敬的各位国民！从今天起，我将正式履行大韩民国第十八任总统的职责。总统肩负着治理国家的重任，而国民是国家命运的真正主宰。希望各位国民与我一起，为祖国的建设献计献策。

新一届政府即将扬帆起航，国家发展与国民幸福紧密相连。唯有政府与国民相互信任、相互扶持，未来的路才能越走越好。我将全力打造一个公开透明、务实有为的政府，坚决维护民众对政府的信赖。

尊敬的各位国民，希望各位在做好本职工作的同时，对他人、对社会多一份温情与责任。这是我们不变的传统美德与民族精神，也是资本主义社会迷失途中的指向标。

尊敬的各位国民！希望各位与我一起，与政府一起，共同开创希望的新时代，重现新时代的"汉江奇迹"！

在演说中，通过57次使用"国民"这个词，和"经济"（19次）、"幸福"（20次）、"文化"（19次）这三大关键词，强调自己的观点"将推进创造性经济和经济民主化以实现经济复兴"，并引发国民的认同。

3. 结尾

注意不能虎头蛇尾，而要有一个坚实有力的"豹尾"。成功的演讲者为了在最后给听众留下一个精彩的印象，都会精心构思一个好的结尾。

一般而言，演讲的结尾应该概括演讲的内容，进一步强调或肯定演讲的主题，使听众加深印象；同时还可以展望未来，提出今后方向或令人深思的问题给读者留下回味和思考的余地。

例如，比尔·盖茨 1998 年在纽约的一次演讲的结尾：

正因为有莱特兄弟这样伟大的发明家，20 世纪才成为美国世纪，让我们追随他们飞行的轨迹，开拓我们自己的道路。

又例如，卡斯特罗《历史将宣判我无罪》的演讲结尾：

判决我吧，没有关系，历史将宣判我无罪。

又例如前香港特首曾荫权在 2012 年发表的《香港家书》的结尾：

回望过去，我大半生同香港一起呼吸、一起成长，由一个政府二级行政主任开始，四十多年来一同经历香港种种变化，离任在即，百感交集。记得罗文的《几许风雨》，有这样一句："见惯风雨，见惯改变，尽视作自然。"风雨过后，总有温暖阳光，香港，就是这样走过来！

（五）锤炼演讲语言

一般而言，命题演讲的语言要做到：

1. 准确简洁

林语堂 1967 年在参加台湾某学院毕业典礼时曾说过，"绅士的演说应该像女人穿的迷你裙，越短越好。"现代社会中，人们的生活、工作节奏大大加快，人们也越来越不愿听那些长篇大论，而更欣赏简洁、明快的演讲。

因此在演讲时要注意语言的简洁，不要重复论证，无关的话、套话、官话不要过多，例如"我水平有限，讲得不好的地方请多多指教"、"这个问题我没有太多研究，请多多包涵"这类的行话套话，说多了容易使听众生厌。

2001 年 10 月 5 日，美国著名的耶鲁大学 300 年校庆，第 22 任校长理查德·莱温发表演讲，前后不足 1 分钟，汉译内容仅 163 字，全文十分精炼地概括出了耶鲁的成就和办学宗旨：

今天，我们不要只说耶鲁的历史上出了五位美国总统，包括近几十年来接踵入主白宫的老布什、克林顿和小布什，也不要只说耶鲁是造就首席执行官最多的大学摇篮，我们更应该记住，耶鲁的毕业生有三位诺贝尔物理奖、五位诺贝尔化学奖、八位诺贝尔人文奖和八十位普利策新闻奖、奥斯卡电影奖、葛莱美等奖项的获得者。耶鲁，我们的耶鲁，自始至终坚持为人类文明的社会进步服务的理念！

2. 形象生动

要求演讲者要从丰富多彩的汉语词汇里精心选择准确的恰当的富有激情的语言，另一方面要求演讲者要适当地运用排比、比喻、拟人、夸张等修辞手法。

演讲是以"讲"为主，以"演"为辅的语言艺术。演讲的目的是通过听众的"听"和"看"来达到的，所以要使得演讲语言具有视听性，还应注意运用生动的表情和恰当的手势，以及把握语言的节奏。

例如2005年9月21日，李敖到北大演讲，他的整场演讲都幽默风趣，让人捧腹。他的开场白是这样的：

"你们终于看到我了。我今天准备了一些'金刚怒目'的话，也有一些'菩萨低眉'的话，但你们这么热情，我应该说菩萨话多一些（掌声，笑声）。演讲最害怕四种人：一种是根本不来听演讲的；一种是听了一半去厕所的；一种是去厕所不回来的；一种是听演讲不鼓掌的。"李敖话音未落，场内已是一片掌声。"当年克林顿、连战等来北大演讲时，是走红地毯进入的，我在进门前也问道：'我是否有红地毯？'校方说：'没有，因为北大把你的演讲当作学术演讲，就不铺红地毯了。'如果我讲得好，就是学术演讲；若讲得不好，讲一半再铺红地毯也来得及。"听众席爆发出了雷鸣般的掌声。

3. 通俗平易

演讲稿的语言要通俗易懂，要适合口语的特点。演讲稿要用通俗的语言，才能使听众听得懂、能理解。例如二战时期，乔治·巴顿的一次战前演讲就十分通俗：

弟兄们，最近有些小道消息，说我们美国人对这次战争想置身事外，缺乏斗志。那全是一堆臭狗屎……

凯旋回家后，今天在座的弟兄们都会获得一种值得夸耀的资格。20年后，你会庆幸自己参加了此次世界大战。到那时，当你在壁炉边，孙子坐在你的膝盖上，问你："爷爷，你在第二次世界大战时干什么呢？"你不用尴尬地干咳一声，把孙子移到另一个膝盖上，吞吞吐吐地说："啊……爷爷我当时在路易斯安那铲粪。"与此相反，弟兄们，你可以直盯着他的眼睛，理直气壮地说："孙子，爷爷我当年在第三集团军和那个狗娘养的乔治·巴顿并肩作战。"

4. 鼓动性和感染力

要感染听众，应根据现场气氛演讲语言在词语上应精选准确而富有激情的词语，句式上多用短句，与此同时，适当地运用一定的修辞手法也可增加语言的气势。例如香港特区行政长官曾荫权就香港游客在菲律宾被劫持事件，通过香港电台发表《香港家书》通过设身处地的感同身受，说出对遇难者家庭的鼓励，全文没有官话、套话，旨在陪伴遇难者一起走过困难，十分感人：

过去几天，对香港来说，是充满了震惊、哀伤、愤怒和不解；但同时亦充满了爱心、关怀、互助和无私奉献的人性光辉。

星期一在马尼拉发生的枪手胁持人质事件，导致八名港人死亡，七人受伤。很多市民透过电视直播目睹事发经过，都忍不住流泪，甚至彻夜难眠。

我和出事的家庭一样，有机会的话，都希望可以趁着假期外游，和家人共度欢乐时光。但想不到一个冷血、自私的枪手，一次失败的营救行动，令我们失去了八条宝贵生命，造成了几个家庭难以弥补的创伤。一夜之间，太太失去丈夫，子女失去父母，白头人送黑头人……我们原本和这些家庭素不相识，但今日却好像亲人一样。他们的哀痛，我们感同身受；他们的泪水，刺痛我们每一个人的心。

我会担心，失去丈夫和女儿的梁太，失去儿子的谢生谢太，失去父亲的傅氏一家，怎样才可以抚平那么大的创伤呢？

我亦会挂念，绰瑶和政逸失去双亲，日后漫长的成长路如何走下去呢？

其他生还者的心理创伤，什么时候才会平复呢？

突然而来的横祸，令原来幸福正常的生活，温馨密切的亲情和人际关系，一下子成为过去，实在叫人难以承受。

《圣经》记载了一件事。耶稣的朋友拉匝禄因病过身。耶稣来到，看到拉匝禄的朋友为他哭泣，自己亦难过得哭起来。即使是天主的儿子，面对人间的生离死别，亦难免百感交集，悲从中来。

面对今次惨剧，我们可以做什么呢？

我想起《圣经》提到，我们应该"与哭泣的一同哭泣"，意思是与哀伤的人同行，陪伴他们走过一段艰难的日子，尽力帮助和支持他们。

保安局黎栋国副局长日前到马尼拉安排死伤者返港，连日奔波劳碌。令我最难忘的一个片段，就是他亲身探望梁太，搭着她的肩膀，安慰她，和她一齐难过，亲身送上的关怀和慰问……（略）

（六）撰写演讲稿

当演讲者拟定好大纲、确定好语言风格后，便可以开始撰写演讲稿了。演讲稿即演讲用的文稿，是演讲者在演讲前准备的，是演讲内容的直接依据，也是演讲获得成功的重要保证。它有确保演讲内容的完善，帮助演讲者梳理思路、消除怯场心理、保证思路畅通，帮助演讲者限定时速、避免现场时间松紧欠当，规范演讲、避临场斟酌词句、增强语言感染力等等作用。因此演讲稿的好与坏是演讲成败的关键。（演讲稿的写作详见第二章第三节）

（七）设计演讲风格

一个成功的演讲者，必定是一个拥有自己独特演讲风格的人，好的演讲风格会令演讲者与众不同。通过研究表明，在众多因素中，演讲者的演讲风格会很快成为影响听众是否愿意来听的要素。

例如美国前参议员约翰·爱德华兹2007年开始作为民主党总统提名时，人们聚集在暖和的大厅、社区中心、咖啡馆听着他的演讲，听众对他的演讲都认为："他看来在群众面前感觉良好，非常自然，无拘无束。"爱德华兹展现了做过多年律师的风度，他曾经力求在法庭陪审席上赢得人们的心，形成了一种自己的演讲风格，而这种风格也收到了听众的认同。

因此演讲者应该通过实践和经验改进自己的演讲风格。通过观察别人、倾听别人，发扬自己的演讲风格。

一般演讲风格有以下几种类型：

1. 慷慨激昂型

这类演讲的特点是：如大河奔流，气势磅礴，演讲者慷慨陈词，滔滔不绝。演讲者音域宽广，音色响亮，精神饱满，手势幅度较大，给人以奋发向上，朝气蓬勃的振奋感觉。体现澎湃宏阔，激越高昂，豪壮刚健，英武奔放的语言风格。

这类演讲多用于感情比较激烈，或喜悦，或愤怒时，鼓动性强，号召性强，多用于政治演讲、军事演讲等。

代表人物有毛泽东、疯狂英语的李阳等。

2. 深沉凝重型

这类演讲的特点是演讲者语言经过严密而又谨慎的加工，逻辑性强，经常用口头语言进行重音、反复强调重要内容，并加以说明。演讲者无论站立还是端坐，肢体都会相对的稳定。这种演讲多在隆重场合进行。

这种基调的演讲多用于反思型的演讲内容。这里既有理性的分析，又有情感的抒发。是现实生活中最常见的一种演讲风格。

代表人物有温家宝、各党政干部等。

3. 平淡亲和型

这类演讲的特点是演讲者音色自然朴实，语气亲切委婉，清新自然，不加雕饰；表情轻松随和，语意语境纯净、真诚、厚重，形象亲切，生动感人，动作与平时习惯无异，演讲者与听众拉家常似的漫谈。

这类演讲似潺潺的小河流水，慢慢地流进人们的心田，有着"润物细无声"的功效，多用于在平和的生活环境中与听众交流某种情感或思想，给人清新、自然的感觉。

代表人物有余秋雨、罗志浩（原新东方名师）、唐骏等。

4. 绚丽激情型

这类演讲的特点是演讲内容讲究浓墨重彩，词藻华丽，内容厚重，形式多样；采用富有色彩的词语和多变的句式，很注重表情、神态、手势，讲究口语表达的轻重缓急和抑扬顿挫，富有节奏感和音乐美，酣畅淋漓地发表自己的观点，在演讲中，喜欢旁征博引，纵横古今，引用大量的名言警句、轶闻趣事、典故史实，以及某些新鲜有趣的材料，很受大学生喜欢。

代表人物：目前在学校、机关开展的演讲比赛，先进事迹宣讲活动多是采用这种风格的演讲。

选择何种演讲风格，取决于演讲的场合、内容、听众的特征以及演讲者自己的性格。

（八）练习和预演

命题演讲前准备阶段的最后一个步骤是演练阶段。在正式登台演讲之前，还必须进行刻苦的讲练。只有通过反复讲练，才能熟练掌握演讲稿内容，为正式登台演讲的熟练流畅奠定基础。在演练中，要注意根据演讲内容设计语调节奏和态势语，并思考登场时应采取的演讲方式，即演讲者在演讲中所采用的方法和形式。有宣读、朗诵、背诵、问答、谈心、表演等各种形式。

在练习时，可以独自讲练或是向朋友、同事等熟悉的人进行讲练。注意不要逐字记诵演说的内容，不要挖空心思细想每个词、每句话怎么说，而应该像呼吸空气一样，不知不觉地自然涌出。同时要注意感情基调的把握，语音和态势的处理，服饰、化妆、手势、身姿、表情应随内容与情感的变化而不断改变，切忌仅仅念稿或背稿。

在命题演讲前准备阶段结束后，演讲者就可以等待正式登场了。正式登台演讲是演讲活动的最精彩最紧张也是实现演讲目的最关键的阶段。经过精心的准备和刻苦演练，演讲者已是成竹在胸了。但正式演讲在对象、场合、性质等方面都不同于讲练，所以正式登台演讲应注意仪表风度要适合自己身份；适应听众的需要；克服怯场心理；结合听众情况，最大限度发挥演讲能力。

三、命题演讲的常见技巧

命题演讲除了应做的各种准备工作外，一次好的演讲也要重视对各种演讲技巧的运用，在每个环节应该事先进行精心的设计，以求在演讲中给听众耳目一新的感觉。

（一）先声夺人的技巧

一次好的演讲应该先声夺人，在演讲者开始说第一句话时就牢牢抓住了听众的注意力，而不要等到第二句，更不要等到第三句。因此演讲开头成败的关键在于能否吸引并集中听众的注意力。演讲时获取听众注意力的方式随题材、听众和场景的不同而改变，一般可以运用事例、轶闻、经历、反诘、引言、幽默等手段达此目的。

1. 开门见山式

这是演讲稿比较常用的开头方法，它的好处是能让听众一开始就明白演讲者的演讲主题，符合现在生活在快节奏时代中的人们的心理。开门见山式的开头要做到主题集中突出，语言准确凝练，不宜转弯抹角，过多渲染铺叙。这种开头方式往往在比较严肃庄重的演讲中使用。

例如联想集团董事局主席柳传志在第七届中国企业竞争力年会上的演讲，条理十分清晰，开篇先提出论点：

我一个主要的观点是中国企业与品牌形象进入国际化是必要的。就是如果中国的产品是以品牌产品，企业是以品牌企业，这样汇集起来就是中国国家的品牌。今天我们企业出去的时候，国家的经济品牌是否强大对我们企业走出去是至关重要的。反过来说，企业出去之后汇集起来，那才能真正形成国家品牌的一部分。另外一个企业以品种形势进入国际市场之后，是有广泛的发展空间的，这是我要讲的主要观点。

2. 提问式

在演讲开头就提出问题，引发听众思考，让听众自然而然地接受演讲者所讲的。尤其是演讲比赛，评委也往往被雷同的思路和语言所困扰。在这种情况下，提问式开头更容易让演讲者和听众产生互动，取事半功倍之效。

如著名心理学家霍巴德在一次演讲中这样开始：

全世界愿以金钱和荣誉的最优奖品去赠给一件事，这件事是什么呢，就是创造力。什么叫创造力？我将告诉你，就是不必用人指示而能够做出恰当的事情来。

又例如郎咸平教授做客清华大学学生会主办的"时代论坛"发表的演讲，开头便是以提出问题开始：

感谢各位同学！从去年开始一直走到今天，我心中一直有一个疑问："到底什么叫做改革开放？"我一直思考这个问题，我也想找到一个适当的场合来陈述我的想法。今天，我感谢清华学生会邀请我。学生的邀请对我个人而言，意义极其重大。因为国家未来需要的就是你们。我准备在今天这个场合谈谈一个新思维——到底我国的改革开放出了什么问题？什么才是一个改革的新思维？在场这么多同学，冒着天寒地冻的危险（笑声），跑来听我的演讲，我想请现场每一位同学，当次历史的见证人。今天我以一个学者的身份来谈一谈我心目中的改革开放应该是一个什么样的思维，好吗？（热烈掌声）

3. 即景式

即演讲者选择演讲现场的事物，如展示实物来引发听众兴趣，这里要注意展示的实物与演讲主题应有一定的关系。例如伊利集团董事长兼总裁潘刚在 2005 年 12 月 12 日做客央视特别节目——CCTV 中国经济年度人物创新论坛发表演讲时就是用了照片来开头：

我带来了一张照片。从表面上看，它只是一张很普通的照片，就是几个工人在扫雪。这张照片展示的是，一家当时很知名的财经类媒体记者，在我们企业的院子里站了 2 个小时后捕捉到的一个细节。当时，呼和浩特下了入冬以来最大的一场雪，这名记者看到我们的员工有序地、面部表情非常平静地走出屋子扫雪，这名记者看了后很感动，回去发表了一篇文章，他在文章里说，伊利绝不会倒。

我们的员工不仅感动了媒体记者，同时也深深感动了我：伊利有这么好的员工，有这么好的团队，就不可能有克服不了的困难……

时值伊利爆发了自成立以来的最大危机，5 名高管被刑事拘留，随后又被正式逮捕。按照一般人的想法，一个企业在出现重大危机后，其内部必定人心惶惶，管理人员无心上班，一线员工无心生产，总之是一团混乱。可是记者在伊利看到的是机器照常运转，业务照常开展，一切井井有条，好像什么也没发生一样。这张照片形象地说明，伊利的核心精神还在，企业的向心力和凝聚力还在，伊利人的信心没有发生动摇，他们坚信自己一定能够克服困难，平安渡过难关。

4. 描述式

演讲者在开头通过描述自己经历或得知的新近发生的奇闻怪事、令人震惊的重大事件或生动感人的事件来赢得听众的关注，并能造成悬念。例如玛丽瑞艾蒙德法律尚未禁止未成年人结婚时，于纽约妇女选举协会上做的演说开场白：

昨天，当火车经过离此不远的一个城镇时，我忽然想起数年前在那里发生的一桩婚姻；因为在纽约州中至今还有许多婚姻都像这一样轻率。所以今天我愿意详细地描述那桩婚姻的情形。那是在 12 月 12 日，该城中某高等女校的一个 15 岁的女孩子，遇见了附近一所大学的一年级的学生。到 12 月 15 日，即相识 3 天后，他们虚报那女孩子为 18 岁而领了结婚证书，因为依据法律，到这个年龄就可以不用取得父母的许可即能结婚。他们领到结婚证后，便立刻去找一位牧师证婚（那女孩是天主教徒），但那牧师拒绝了他们。不久，那女孩子的母亲听说了这件事，然而在她等到她的女儿之前，没想到这对年轻人已拥有了合法婚姻。于是新郎和新娘就在旅馆里同住了两天两夜，但之后他却抛弃了她，再也不和她同住了。

开头的事例就十分生动吸引，然后她下文再详细阐述反对未成年人结婚的观点。

又例如美国曾有一位叫普西尔康维尔的牧师，他"遍地宝石"的演说，竟不断在各地演讲达 6 000 次之多，而且每次都受到欢迎。这篇著名的演说开头就说：

公元 1870 年，我们从土耳其出发，顺着底格里斯河往下走……我们在巴格达雇了一位导游，带我们去看古代巴比伦的遗址……

他绘声绘色地将故事一段一段地讲下去，紧紧抓住了听众的注意力。故事情节一层一层展开，吸引了听众的好奇心，很想知道以后将发生什么事情。

如果所描述的是一件新奇的事件或是一个令人震惊的数据，就更容易吸引听众了。例如美国前费城乐观人俱乐部主席保罗·吉比斯先生在演说"罪犯行为"时，开头就使用这样令人惊讶的数据描述：

美国人是世界上最坏的罪犯。这句话虽极令人诧异，但的确是事实。克利夫兰、俄亥俄的杀人犯竟比伦敦多 6 倍，盗窃犯按人口比例计，又比伦敦多 170 倍。克利夫兰境内每年被抢或被盗的人数比英格兰、苏格兰与威尔士三处被抢或被盗者的总数还多。纽约城的凶杀案竟多于全法国，或全德国，或全意大利或全英国。这种悲痛的事之所以发生，就是对罪犯不严加处罚的结果。

5. 幽默式

在适当的场合下，演讲者可以有一个小幽默来开头，消除与听众的隔阂。这种幽默除了体现在语言上外，还可以体现在行动上。

例如冯骥才应邀到美国访问，去旧金山中国现代文化中心演讲。一般美国人参加这类活动是极其严肃认真的，必定是西装革履，穿着整整齐齐；对演讲者要求很高，必须是口若悬河，机智敏锐，而且要幽默诙谐，否则就不买你的账，甚至会纷纷退场，让你下不了台。演讲会即将开始，大厅里座无虚席，鸦雀无声。文化中心负责人葛浩文先生向听众介绍说："冯先生不仅是作家，而且还是画家，以前还是职业运动员。"简短介绍完毕，大厅里一片寂静，只等这位来自中国的作家开讲了。这时，冯骥才心情也很紧张，心想要如何打破与听众的距离呢？只见冯骥才沉默了片刻，当着大家的面，把西服上衣脱了下来，又把领带解下来，最后竟然把毛背心也脱了下来。听众都愣了，不知他葫芦里卖的是什么药。大厅里静得掉根针也听得见。略停了一会儿，冯骥才开口慢慢说道："刚才葛先生向诸位介绍了我是职业运动员出身，这倒勾起了我的职业病。运动员临上场前都要脱衣服的，我今天要把会场当作篮球场，给诸位卖卖力气。"全场听众大笑，掌声雷动。

6. 引用式

1995 年，在瑞士达沃斯举行的世界经济论坛年会上，时任中国国务院副总理的朱镕基做了题为《中国的改革和发展》的演讲，介绍了中国的改革开放和经济发展情况。他引用了莎士比亚的诗句来开场，概括了中国的形势，回应了主题：

"天堂是极乐世界，地狱是无边苦海，地球介于两者之间，既有幸运，又有不幸。"我说，在中国，幸运要远远多于不幸。

7. 闲聊式

通过与主题无关的话题逐步导入演讲主题，目的是迅速建立与听众的关系，消除隔阂。

例如马云在 2009 年中国企业家领袖年会开幕式演讲中，当主持人说完开场白："面临危机的思考，放眼望去，大家今天都是正装出席，所以是一片暗色，但是在现场有一抹亮色，当一抹黄色站起，大家可能会眼前一亮，下面让我们有请阿里巴巴集团董事局主席兼首席执行官马云先生演讲"后，马云的第一句话便是："谢谢，我突然发现我的颜色跟新商业文明两个字的颜色一样。"

8. 抒情式

这种开头一再渲染气氛，以情感人，使听众迅速受到情绪感染，注意聆听演讲内容，这种开头方式多采用排比、比喻、比拟等修辞手法，多用诗化的语言，有的干脆直接引用诗歌，形象生动，引人入胜。

例如在某次"抒理想，讲奉献"为主题的演讲赛中，一个农业学校的学生以《家乡的那片黄土地》为题，通过自己在家乡所搞的一次农业生产调查，抒发了自己毕业后献身家乡农业事业的理想。她用了一首歌的歌词来开头抒情："同学们，不知你是否听过这样一首歌：家乡的那片黄土地，曾经风沙筑成堤，没有那个星星没有那个月亮……等到秋天的收获里，不知道谷场上到底有多少米。"由这首歌，演讲者谈到了自己对家乡的依恋，谈到了自己在家乡调查到的农业生产的现状：由于缺乏农业科学技术的指导，家乡的农业生产还很落后，农民的生活还很困难，每年春天都播种着希望，但"等到秋天的收获里，不知道谷场上到底多少米"。

（二）让结尾更精彩的技巧

美国作家约翰·沃尔夫说："演讲最好在听众兴趣到高潮时果断收束，未尽时戛然而止。"演讲的结尾应在高潮戛然而止，给听众留下深刻的印象，同时又能再次照应开头、点明主题。

1. 高潮式

将全文的高潮安排在结尾部分，演讲让听众在高潮时果断收束，让听众自己回味。例如闻一多遇害后，其第三子闻立鹏代表家属致答词，在演讲的最后，他是这样结尾的：

我爸爸被杀死了，有人造谣，说是共产党杀死的，是什么地方人士杀死的，还有的人说是爸爸的朋友杀死的。我奇怪他们为什么不痛快地说，是我哥哥把我爸爸杀死的！（群众愤怒到了极点，掌声震耳欲聋）我爸爸死了半月了，现在还没有捉到凶手，现在我要求大家援助我，我们要求取消特务组织！（全场爆发出"我们要求取消特务组织"的怒吼声）

闻立鹏的演讲结尾把群众的愤怒情绪调动到了最高，把高潮放在结尾是大多数演讲者自觉或不自觉所遵循的结构原则。

2. 设问式

例如白岩松《人格是最高的学位》结尾以设问的方式，对自我的人生道路提出了要求，也表明了决心。语言简洁明白，情感真挚，又很好地照应了开头，点明了主题：

于是，我也更加知道卡萨尔斯回答中所具有的深义。怎样才能成为一个优秀的主持人呢？心中有个声音在回答：先成为一个优秀的人，然后成为一个优秀的新闻人，再然后是自然地成为一名优秀的节目主持人。我知道，这条路很长，但我将执著地前行。

3. 总结式

总结式是在结尾时对整个演讲内容做出提纲挈领式的归纳和概括。但要注意避免构成对前面演讲内容的形式上的简单重复。总结式可以使用语言简洁、内涵丰富、富有教育意义的句子，把演讲者对演讲主题的思索或结论浓缩在一两句格言中，使听众受到深刻的启迪和教育。

例如帕特里查·亨利是美国独立战争时期著名的政治家。1775年3月23日，亨利在弗吉尼亚州议会上发表了被誉为"美国独立战争的导火索"的演说，演说的最后部分以震撼人心的气势和斩钉截铁的言词表达了一个伟大爱国者的浩然正气：

回避现实是毫无用处的。先生们会高喊：和平！和平！！但和平安在？实际上，战争已经开始，从北方刮来的大风都会将武器的铿锵回响送进我们的耳鼓。我们的同胞已身在疆场了，我们为什么还要站在这袖手旁观呢？先生们希望的是什么？想要达到什么目的？生命就那么可贵？和平就那么甜美？甚至不惜以戴锁链、受奴役的代价来换取吗？全能的上帝啊，阻止这一切吧！在这场斗争中，我不知道别人会如何行事，至于我，不自由，毋宁死！

"不自由，毋宁死"这短短的6个字总结了亨利演讲的主题核心，也是一句铿锵有力的战斗呐喊，成为美国独立战争时期著名的战斗格言。

又例如著名作家莫言2012年获诺贝尔文学奖时演讲的结尾，再次总结了自己获奖的原因和感受：

我是一个讲故事的人。
因为讲故事我获得了诺贝尔文学奖。
我获奖后发生了很多精彩的故事，这些故事，让我坚信真理和正义是存在的。
今后的岁月里，我将继续讲我的故事。
谢谢大家！

4. 余韵式

演讲中的余韵式结尾也是用含蓄式或留有余地的语言来表达主题，让听众在演讲后的思索中受到启迪或完成演讲的主题结论。例如 1924 年，鲁迅先生在北师大附中校友会上发表了题为《未有人才之前》的演讲，演讲的结尾是：

泥土和天才比，当然是不足齿数的，然而不是坚苦卓绝者，也怕不容易做；不过事在人为，比空等天赋的天才有把握。这一点，是泥土的伟大的地方，也是反有大希望的地方。而且也有报酬，譬如好花从泥土里出来，看的人固然欣然地赏鉴，泥土也可以欣然地赏鉴，正不必花卉自身，这才心旷神怡的——假如当作泥土也有灵魂的话。

鲁迅先生以形象的比喻，让青年们自己得出结论：努力去做培养天才的泥土。

5. 号召式

号召式结尾是以极富鼓动性的言词号召人们有所行动。某些竞选性演讲以"请投我一票"作为结尾就是典型的号召式。号召听众采取的行动既可是具体的某项动作，也可是抽象的、概括的行为。例如香港新特首梁振英就职演说的结尾：

胡主席、各位嘉宾、各位亲爱的香港市民，今天我和第四届政府的主要官员和行政会议成员宣誓就职，我相信我们的团队必定能够互相砥砺，并肩合作，尽心尽力为香港市民服务。我深信，只要我们齐心一意，必定能够将香港打造成为儿童茁壮成长、青年实现理想、壮年人一展所长、长者安享晚年、七百万市民安居乐业的理想家园。在我们共同努力下，香港这颗"东方之珠"必定能够光芒再现，更加璀璨！谢谢各位！

6. 祝颂式

在各类典礼、仪式和会议上，祝颂式结尾极为常见。祝颂式结尾从内容上大致可分为祝成功、祝幸福、祝健康、祝友谊、祝财运等类型。如 1972 年尼克松总统访华时，在答谢宴会上发表的祝酒词：

我请大家和我一起举杯，为毛主席，为周总理，为我们两国人民，为我们的孩子们的希望，即我们这一代能给他们留下和平与和睦的遗产，干杯！

又例如美国苹果公司前总裁史蒂夫·乔布斯 2005 年 6 月在斯坦福大学毕业典礼上的演讲，其结尾是：

斯图尔特和他的同事们出了好几期《全球概览》，到最后办不下去时，他们出了最后一期。那是 20 世纪 70 年代中期，我也就是你们现在的年纪。最后一期的封底上是一张清晨乡间小路的照片，就是那种爱冒险的人等在那儿搭便车的那种小路。照片下面写道：好学若饥、谦卑若愚。那是他们停刊前的告别辞。求知若渴，大智若愚。这也是我一直想做到的。眼下正值诸位大学毕业、开始新生活之际，我同样愿大家：好学若饥、谦卑若愚。

7. 幽默式

在演讲的结尾，也可以像开头一样，用一些幽默的语句或动作来结束演讲，例如鲁迅的演讲《对美术界的观察》的结尾：

以上是我近年来对于美术界观察所得的几点意见。今天我带来一副中国 5 000 年文化的结晶，请大家欣赏欣赏。（说时一手伸进长袍，把一卷纸徐徐从衣襟上方伸出，打开看时，原来是一副病态十足的月份牌，引得哄堂大笑。在听众的笑声中结束了他的演讲。）

❀ 相关链接　　　　克服恐惧心理的技巧

1. 心境调节法

在临场前应注意创造良好的外界环境来影响自己。例如：听听轻音乐，读读小画册，听些幽默故事，与人开个玩笑，或者闭目养神，用心静想自己曾经生活过的一个静谧、优雅的环境，以及在那种环境中的舒适感受。

2. 语言暗示法

可以自我暗示，也可他人暗示，可以语言暗示，也可以用手势暗示。比如："今天听众很熟悉（一个也不认识），没有紧张的必要！"可以由他人来暗示你"你准备得很充分，一定能成功"或者他向你翘大拇指，或做一个象征胜利的手势等。在暗示时，注意心理上不要把听众当成自己的敌人，Jerry Weissman 在他的经典著作 *Presenting to Win* 中提出别把听众当成敌人。因为你的敌人大概永远都不会给你机会，让你在他们面前侃侃而谈。听众是演讲者的朋友、部下、师长、臣民、同僚、亲人。所以，把心放在听众那边，尊重他们，并对他们讲述有价值有意义的事情。

例如奥斯卡获奖电影《国王的演讲》，讲的是公众演讲让乔治六世遭受讥笑、尊严受伤，演讲成了他的心理阴影和深恶痛绝的事情。可是作为一国之君，他无法逃脱。老国王过世，兄长辞去国王之位，英国已经向希特勒宣战…… 所有的一切都要求乔治六世必须担当起来国王的重任。于是，引出电影这一段关于演讲的教与学的故事。最后国王在王后和老师的陪伴下，走进一个精心准备的小房间里，国王的"圣诞演讲"开始广播直播。罗格先生就站在国王的话筒前面，像极了一个乐队指挥。罗格先生轻声说："排除杂念，说给我听，说给我这个朋友听……"

3. 分解注意法

临场前可以有意识地把注意力分解在其他事或物上。例如，可以对一只杯子、扩音器等细心地"研究""揣摩"，也可以欣赏会场建筑的艺术特点。总之，力求以对某一事物产生的新兴趣来抑制紧张情绪。

4. 故作勇敢法

在面对听众之前深呼吸 30 秒，昂首挺胸，身体站直，直视听众的眼睛。努力假装得非常勇敢，用力用脚跟蹬地，眼睛大胆环视学员和环境，同时故作大方的、稍微用力和稍微夸张的向学员微笑。自己给自己打气。用简明、正直的言词跟自己说：你的演讲很适合你，因它来自你的经验和感悟，你比听众中的任何一位都更有资格来做这个演讲，并且你将全力以赴把这个问题说清楚。

·思考与训练·

1. 命题演讲前应如何准备？
2. 命题演讲如何根据演讲者和听众的身份来做好准备？
3. 请选择下面某个题目做一次命题演讲。
（1）有人说："太过于欣赏自己的人，不会去欣赏别人的优点。"但又有人说："唯其尊重自己的人，才更勇于缩小自己。"你怎样辩证地看这两句话表达的意思，请围绕这两句话自拟题目演讲。

（2）请您以"人生处处是考场"为话题进行演讲。

（3）尼采说，没有哪个胜利者信仰机遇。但生活中机遇有时候也是制胜的关键。请认真理解尼采的话，以"机遇"为话题自拟题目演讲。

（4）有位哲人说："真正让我疲惫的，不是遥远的路途，而是鞋子里的一颗沙。"体会其中的深意，并以此为话题演讲。

（5）现在我们所看的每场晚会都经历过了精心的彩排。然而人生却没有彩排，每天都是现场直播。请说说你对这句话的理解。

（6）有人说："人生如棋，落子无悔。一招不慎，满盘皆输。"你同意这种观点吗？请围绕这句话的中心观点，自拟题目演讲。

（7）不同地域、不同背景、不同习惯的同学之间该如何相处？请围绕这个问题自拟题目演讲。

第二节　即 兴 演 讲

一、即兴演讲概述

人们在生活中的语言表达以即兴为主，随着现代社会生活节奏的加快，即兴演讲越来越受到重视和欢迎。即兴演讲要求在没有准备的情况下，现场就能发表言之有物、言之有理的演讲；与有备演讲相比，即兴演讲需要敏锐的观察能力以及快速构思、快速组织语言的临场反应能力，是给人留下深刻印象的好时机。

（一）即兴演讲的含义

即兴演讲是指演讲者在某种特定场景的激发下，在事先毫无准备的情况下，就眼前的场面、情境、人物、事物临场构思、即席发表的演讲。

20 世纪 30 年代中国演讲理论家杨炳乾曾指出："即时演说者，事先无为演说之意，而忽遇演说之时机，不能不仓促构思，以即时陈述也。"与有备而来的演讲相比，即兴演讲更注重通过口头表达来表情达意，因此也被称为"脱口而出的艺术"。

即兴演讲在人们日常工作、生活中的应用范围很广，大到大小会议上的主持会议、总结致辞、答记者问、竞选就职、演讲比赛、向领导和客户介绍相关情况，小到社交聚会中的自我介绍、介绍来宾、毕业典礼、婚事贺喜、丧事悼念、宴会祝酒、送迎宾客、应聘面试、交流寒暄等，方方面面都能得到应用。

即兴演讲适应快节奏、高效率、重沟通的现代社会生活需要，而且比起照本宣科的"读稿"，更能唤起听众的兴致。因而即兴演讲能力亦成为现代社会人才不可缺少的能力之一，成为衡量一个人语言表达和思维能力的一个部分，很多杰出的政治家、企业家都具备出色的即兴演讲能力，能随时随地即兴发挥，发表打动人心的演讲。如著名的美国民权运动领袖马丁·路德·金、苹果公司 CEO 史蒂夫·乔布斯等，都擅长即兴演说。

（二）即兴演讲的类型

即兴演讲根据不同的标准，可分为不同的类型：

1. 主动即兴演讲与被动即兴演讲

即兴演讲根据演讲者发表演讲的主动性，可分为主动即兴演讲和被动即兴演讲。

（1）主动即兴演讲，即演讲者被当时的情景所感染，主动要求发表的演讲。

（2）被动即兴演讲，即演讲者本无演讲打算，但被会议主持人或其他人临时邀请所发表的演讲。

2. 命题即兴演讲与非命题即兴演讲

即兴演讲根据是否有准备时间，可分为命题即兴演讲与非命题即兴演讲。

（1）命题即兴演讲，即在演讲之前给一个大致的题目范围，有几分钟的准备时间打腹稿，然后再即场发表演讲。多见于演讲比赛、面试等带有能力测试性质的场合。这类型的测试基本上不能偏离主题，与现场情景关系不大。

（2）非命题即兴演讲，即在某个场合，主动或被邀请就当时的情景发表感想、看法，往往针对的是日常生活中发生的各种事件、现场氛围和听众对象即兴而发的演讲。

3. 全即兴式演讲与半即兴式演讲

根据即兴的程度，可分为全即兴式和半即兴式。

（1）全即兴式演讲，即事前完全没有任何的准备，临场发挥的演讲。

（2）半即兴式演讲，即事前已有部分准备或虽有准备但因各种原因而不能完全照原稿发言，必须临场做出不同程度的调整的演讲。

（三）即兴演讲的特点

即兴演讲以其无准备性，呈现出与命题演说这类事先拟稿的演讲不同的特点：

1. 临场发挥

即兴演讲最重要的特征是在没有安排和准备的情况下，用很短的时间来拟腹稿，完全是即兴发挥，随想随说。而且一般演讲可以不受场合的制约，但即兴演讲受具体场合的制约，讲究缘事而发，触景生情，必须根据演讲者所在的场合的性质、气氛来构思演讲稿，具有很强的时境感。

例如在庆祝酒宴上的即兴演讲，便应该围绕现场气氛，介绍本次庆祝酒宴召开的原因，表达演讲者对此事的感触、对主办方的赞扬以及良好的祝愿。以下这篇同学聚会祝酒辞便是根据同学聚会的热闹、怀旧气氛，有感而发。

各位同学，时光飞逝，岁月如梭。今天，我们××大学××系××届的同学们带着热切的期盼，怀着重逢的喜悦，满怀激情，终于相聚一堂，我在这里向在座的同学们说一声大家好。感谢发起这次聚会的同学！圆了我们每一个人的同学梦了！回溯过去，四载情谊，历历在目……今天，就让我们尽情地说吧、聊吧，诉说思念，畅谈友情……俗话说一辈同学三辈亲，祝愿我们的同学之情真挚不变……未能参加我们今天的聚会的同

学，希望我们的祝福能跨越时空的阻隔传到他们身边。让我们再一次祝愿大家身体健康、工作顺利、家庭幸福！我们期待毕业二十年再相聚……现在，让我们共同举杯，为今天的相聚，为不变的情谊，干杯！

2. 短小精悍

著名的林语堂先生就认为，演讲必须像女孩子穿迷你裙一样，越短越好；千万不要像老太婆的裹脚布，又臭又长。

因即兴演讲是临时准备，不可能事先做好充分的资料搜集工作，因而在短时间内难以构思出长篇大论来。此外，即兴演讲的场合多是要求演讲者就眼前的场合表达一下自己的看法和感受，也不需要很长的篇幅，有的两三分钟，有的甚至只有寥寥几句话。这就要求演讲者能通过短小精悍的演讲，把自己的观点明确、完整地表达出来，并且能打动人心。

例如，我国著名新闻记者、政治家、出版家邹韬奋先生在 1936 年 10 月 19 日上海各界公祭鲁迅先生大会上著名的一句话演讲：

今天天色不早，我愿用一句话来纪念先生：许多人是不战而屈，鲁迅先生是战而不屈。

这篇演讲词仅仅用了 34 个字，两对结构相反的、一褒一贬的词组，表达了对鲁迅先生大无畏的坚韧不屈的抗争精神的赞赏，引起了振聋发聩的轰动效应。

3. 主题集中

即兴演讲一般主题集中、针对性强、选择切入的角度较小，演讲者要紧扣主题，言简意赅。

4. 真诚生动

即兴演讲主要靠口头表达能力，因而多用口语化词汇，不用难以理解的长句子，少用或不用书面语。句式短小、灵活，以语言生动形象、感情丰沛、真诚来打动人，忌讳冗长杂散、啰嗦重复和不着边际的空话套话。

例如在 2010 年温哥华冬季奥运会上，我国速滑运动员周洋获得女子速滑 1 500 米冠军，不仅打破了奥运纪录，也刷新了该项目中国在冬季运动会上的最高纪录。在赛后接受记者采访时，周洋没有发表大而空的套话，只是简单地说："这枚金牌可以让我的父母过得更好些！"

这位家境不好的 18 岁小姑娘用真诚、质朴的口语，表达了当时最真、最应该表达的情感，打动了无数人的心。

二、即兴演讲的方法

即兴演讲虽对演讲者的临场反应能力有着很高的要求，但亦不是无规律可循的，掌握了即兴演讲的方法，平时勤加练习，到即兴演讲时就可以做到胸有成竹。

即兴演讲一般要先确定好演讲的主题、围绕主题选择的材料以及围绕材料进行演讲稿的谋篇布局，搭建结构。定好了主题、材料和结构，演讲者就能做到心中有数，在接下来的演讲当中以此为基础发散思维，随想随说，可以避免语无伦次、词不达意的现象。

（一）确定主题

古人云，意在笔先，主题是文章的灵魂和生命，对行文产生制约作用；一个好的演讲主题是能否做好一次即兴演讲的基础。尤其是非命题即兴演讲，因选择范围较为广泛，演讲者必须首先考虑如何选择一个最适合所在场合气氛的话题来演讲，才能最好地表达自己的观点，引起观众的兴趣和共鸣，以免使得讲话大而空。

一般而言，主题的涵盖面不应太广，一般是针对近期或眼前情况有感而发即可，内容选取的角度较小，但要求论点鲜明、精确、新颖。

1. 深刻

对主题的选择，首先要正确深刻，演讲者所讲的观点是符合党和国家的方针政策、法律、法规，同时也符合客观实际，反映客观事物的本质与规律；力求能揭示事物的本质及其内部规律，提出推进社会发展的有益见解。即兴演讲的观点正确、鲜明、深刻，是演讲内容最基本的要求，同时也显示着演讲者对客观事物认识和分析的深度和力度。所以一定要尽量确定一个鲜明正确的主题或者观点，切忌浮在问题的表面，泛泛而谈。

例如著名企业文化管理专家金久皓先生在主持中央学者座谈会上，恰逢中国作家协会副主席莫言获得诺贝尔文学奖的消息传来，他即兴点评了莫言，在演讲中他不仅仅祝贺了莫言获奖，更提到："莫言并非第一个获得诺贝尔奖的中国人，期待未来的中国能有心胸容纳除了中共中国作家协会副主席莫言外任何一个敢于发言的中国人。只要自我的信心足够强大，何必只是仅仅允许谈论莫言呢？"

这样一来，就将演讲主题进行了升华，使得主题更为深刻。

2. 适合

选择主题不能脱离当时的场合、情景，例如在某次会议上的即兴演讲，就必须围绕这次会议的主旨、内容，对相关的人和事来发表议论、看法，这就要求演讲者要对所在场合的主题、讨论的题目有所掌握和了解，知道是在什么时间、什么场合，对谁讲话。同时，也要选择适合自己身份的主题。

例如美国某地在林肯生日当天举办演讲大会，政界名流云集。其中一名演讲者是在校大学生，他选择的演讲主题就不是林肯的政绩。若谈政治，在座名流没有不了解的，而也未必能说得比政界人士强，而是选择了与自己身份、专业很吻合的"林肯的文学才能"为演讲主题。在座政界名流均觉得选材新奇，演讲大受欢迎。

3. 切时

主题最好能切合时事热点，与听众的工作生活息息相关，才能引起听众的兴趣。演讲者一定要考虑听众的感受，大家爱不爱听，听得明不明白。在选题前，首先考虑一下目标听众群体特征，听众在想什么，最需要、最想听的是哪方面的信息，使得说话紧扣听众的心弦，才能真正打动听众。例如在企业员工联欢会上的即兴讲话，就应该围绕员工近期关注的企业某方面的问题来讲，同时要赞扬员工体现的敬业爱岗精神，肯定他们都有发展的潜力，并预祝他们每个人在工作中百尺竿头更进一步，这就能使听众受到激励。

4. 新颖

选择的主题要新颖、独特、有个性化，才能引发听众兴趣，给人留下深刻的印象。例如可以从逆向思维去思考、提炼主题，对同一个问题从不同角度进行表达，使之更加新颖。例如"管宁割席"这个故事，一般都是要表达对管宁不慕虚利，专心攻读的赞扬。但从反面来思考，则可以表达对管宁对犯错误的朋友"割席分坐"，自命清高的冷漠的批评。

最后，最好是自己熟悉的，能说的主题，这样既便于组织材料，又能使得所演讲的观点让人信服。

例如梁启超在1924年北京学术界庆祝印度诗人泰戈尔64岁寿辰的祝寿仪式上的即兴演讲，他选择了泰戈尔的中文名这个演讲主题。在演讲中，梁启超提到泰戈尔想让自己为他起一个中国名字，于是便从印度称中国为"震旦"讲起，讲到从天竺（印度）来的都姓竺，并将两个国名联起来，赠给泰戈尔一个新名叫"竺震旦"。梁启超选择的这个主题，既表现了对泰戈尔的祝贺，又不至于使演讲落入寻常祝寿贺词的俗套，加之梁启超本人高超的语言表达能力，使得这次演讲不仅生动活泼，符合现场氛围，而且显得寓意十分深刻。

又例如著名企业家马云给雅虎员工做的一次即兴演讲，选择的主题十分巧妙，一位企业老总，竟然是和员工讲"懒"、"懒人"，他的即兴演讲主题就是"世界由懒人创造"：

今天是我第一次和雅虎的朋友们面对面的交流，我希望把我成功的经验和大家分享。尽管我认为你们中绝大多数勤劳聪明的人都无法从中获益，但我坚信，一定会有一些懒得去判断我讲的是否正确就仿效的人，他们就会获益匪浅。

让我们开始今天的话题吧！

世界上很多非常聪明并且受过高等教育的人，无法成功。就是因为他们从小就受到了错误的教育，他们养成了勤劳的恶习。很多人都记得爱迪生说的那句话吧：天才就是99%的汗水加上1%的灵感。并且被这句话误导了一生。勤勤恳恳的奋斗，最终却碌碌无为。其实爱迪生是因为懒得想他成功的真正原因，所以就编了这句话来误导我们。很多人可能认为我是在胡说八道，好，让我用100个例子来证实你们的错误吧！事实胜于雄辩。

世界上最富有的人，比尔·盖茨，他是个程序员，懒得读书，他就退学了。他又懒得记那些复杂的dos命令，于是，他就编了个图形的界面程序，叫什么来着？我忘了，懒得记这些东西。于是，全世界的电脑都长着相同的脸，而他也成了世界首富。

世界上最值钱的品牌，可口可乐。他的老板更懒，尽管中国的茶文化历史悠久，巴西的咖啡香味浓郁，但他实在太懒了。弄点糖精加上凉水，装瓶就卖。于是全世界有人的地方，大家都在喝那种像血一样的液体。

世界上最好的足球运动员，罗纳尔多，他在场上连动都懒得动，就在对方的门前站着。等球砸到他的时候，踢一脚。这就是全世界身价最高的运动员了。有的人说，他带球的速度惊人，那是废话，别人一场跑90分钟，他就跑15秒，当然要快些了。

世界上最厉害的餐饮企业，麦当劳。他的老板也是懒得出奇，懒得学习法国大餐的精美，懒得掌握中餐的复杂技巧。弄两片破面包夹块牛肉就卖，结果全世界都能看到那个 M 的标志。必胜客的老板，懒得把馅饼的馅装进去，直接撒在发面饼上边就卖，结果大家管那叫 PIZZA，比 10 张馅饼还贵。

还有更聪明的懒人：

懒得爬楼梯，于是他们发明了电梯。

懒得走路，于是他们制造出汽车、火车和飞机。

懒得一个一个的杀人，于是他们发明了原子弹。

懒得每次去计算，于是他们发明了数学公式。

懒得出去听音乐会，于是他们发明了唱片、磁带和 CD。

这样的例子太多了，我都懒得再说了。

还有那句废话也要提一下，生命在于运动，你见过哪个运动员长寿了？世界上最长寿的人还不是那些连肉都懒得吃的和尚？

如果没有这些懒人，我们现在生活在什么样的环境里，我都懒得想！

人是这样，动物也如此。世界上最长寿的动物叫乌龟，它们一辈子几乎不怎么动，就趴在那里，结果能活一千年。它们懒得走，但和勤劳好动的兔子赛跑，谁赢了？牛最勤劳，结果人们给它吃草，却还要挤它的奶。熊猫傻里吧唧的，什么也不干，抱着根竹子能啃一天，人们亲昵地称它为"国宝"。

回到我们的工作中，看看你公司里每天最早来最晚走，一天像发条一样忙个不停的人，他是不是工资最低的？那个每天游手好闲、没事就发呆的家伙，是不是工资最高，据说还有不少公司的股票呢！

我以上所举的例子，只是想说明一个问题，这个世界实际上是靠懒人来支撑的。世界如此的精彩都是拜懒人所赐。现在你应该知道你不成功的主要原因了吧！

懒不是傻懒，如果你想少干，就要想出懒的方法。要懒出风格，懒出境界。像我从小就懒，连长肉都懒得长，这就是境界。

再次感谢大家！

（二）选择材料

确定主题后，便应围绕主题选择材料，材料选择得好，不仅能够深化主题、使得抽象的道理形象化，而且能引起听众的注意力，避免即兴演讲很容易出现的东拉西扯和空话、套话。

1. 紧扣主题

所选的材料除了与表达的主题有关，还应该是听众所熟悉的、典型的、真实准确的、生动新颖的材料。

例如 1848 年，法国著名作家维克多·雨果参加了巴黎市栽种"自由之树"的仪式，仪式中被邀发表了呼吁自由、和平的演讲："这棵树作为自由的象征是多么恰如其分和美好呀！正像树木扎根于大地之心，自由之根是扎根在人民心中的；像树木一样，自由常青不老，让人们世世代代享受它的荫蔽！"

雨果的此番演讲紧紧扣住"自由、和平"的主题，把"自由之树"代表的意义和

自己坚定的理想信念用富于激情的语言完美地结合在了一起，向听众传达了他珍惜自由、期待和平的呼声。

2. 选择有针对性的材料

在围绕主题选择真实、典型、生动材料的前提下，所选材料还必须有针对性，能从听众角度出发，例如根据听众的文化程度，把材料具体化、形象化，多选择听众能看到、听到、感觉到的材料。要选择符合听众心理和要求的材料，尽量使这些材料和听众的切身利益结合起来。"因地制宜，因人施讲"，这样子才能最大限度地调动起听众的兴趣、引起听众的共鸣。

例如1860年林肯与民主党候选人道格拉斯竞选美国总统。道格拉斯为了显示自己的富有与气派，特地租用一漂亮的专列，并安置一尊大炮，每到一地便鸣炮30响并配以乐队来制造声势，他还口出狂言："要让林肯这个乡下佬闻闻贵族的气味。"林肯则买票乘车，每到一地则登上朋友们准备的马车。面对道格拉斯的挑战，他对选民说："有人问我有多少财产？我有一个妻子、三个儿子，都是无价之宝。此外还租有一个办公室，室内有办公桌一张，椅子三把，墙角还有一个大书架，架上的书值得每个人一读。我本人既穷又瘦，脸蛋很长，不会发福，我实在没有什么可依靠的，唯一可依靠的就是你们。"

林肯选择了针对自己竞选的特点的材料来演讲，很好地勾勒了一个符合选民心目中理想的竞选人形象：廉洁、简朴、富有学识，赢得了选民心理和感情上的认同感和亲近感。

又例如2009年2月28日，温家宝总理在中国政府网首次与网民在线交流，总理的开场白是这样的："网友们，在'两会'前夕，我非常高兴同大家进行在线交谈。我一直认为群众有权力知道政府在想什么、做什么，并且对政府的政策提出批评意见，政府也需要问政于民、问计于民，推进政务公开和决策的民主化。和网友们进行在线交流，对于我来说是第一次。第一次的事情难免有点紧张，但是我总记得母亲常跟我说的一句话，无论是对什么人，要诚实，要用心讲话。虽然她在前几天患了脑栓塞，两眼几近失明，但是她这一番话我一直记在心里，我想今天的在线交流应该是一次谈心，或者说用心谈话，应该诚实，就是把真实情况告诉大家，倾听群众真实的声音。谢谢大家。"

网络在线交流，是种互动性很强的交流，更需要拉近与听众之间的距离，建立一种相互信任、相互平等的氛围，温总理的即兴发言选择了谈自己的母亲，既有拉家常谈心的感觉，又让网友们看到了总理的另一个身份——母亲的儿子，也让网友们对总理母亲的健康状况产生了担忧。这种带有私人性质的开场，让网友产生一种共鸣，也就愿意跟总理说出心里话了。这就十分吻合当时的氛围。

又例如美国总统奥巴马在上海，与来自多所高校520多名大学生对话交流时，他不仅有运用了上海方言——"侬好"，还提到了在NBA的姚明，借此来缩短他与听众之间的心理距离，打破竖在他们之间的那堵透明的墙，控制了台下的秩序，所进行的演讲是成功的。

3. 巧妙选择"触发点"

在众多材料的选择当中，能否找到材料作为演讲"触发点"，来引起听众兴趣以及打开演讲者自己的思路，也是材料选择的重要一环。与事先已经有充分准备的演讲相比，即兴演讲有着更大的心理压力和思维负荷，在这个时候，选择能触发自己思维的材料切入演讲，能巧妙地将演讲和现场建立起联系，从而打开演讲者的思路、活跃其思维，并引起听众的注意。让思维快速引发、展开的"触发点"材料的选择，一般可以通过以下的方法：

（1）就地取材。所谓就地取材，即演讲者通过对所处现场敏锐的观察，着眼于临场某一客观事物的特点和本质，进行主观联想，捕捉一些对演讲主题有用的材料进入话题，打开思路。现场的氛围，听众的情绪，场地的布置，周边的环境，甚至刮风、下雨、或阴晴等自然气候都能成为思维的触发点，不仅最容易为演讲者思维所捕捉的，同时往往能激起听众的共鸣，使演讲更符合现场气氛。可以采取以下的方法来建构"触发点"：

①借题发挥。演讲者从所处现场的会议、集会的会旨、主题、内容中寻找材料。

例如著名演员李雪健在 1991 年中国电影的最高奖"金鸡奖"与"百花奖"的颁奖现场时的演讲。他因在影片《焦裕禄》中饰演焦裕禄而获两个大奖的"最佳男主角"，在即兴发言中，他讲到："苦和累都让一个好人——焦裕禄受了；名和利都让一个傻小子——李雪健得了。"

李雪健的发言，就是从颁奖典礼的主题以及其获奖角色的特征去寻找演讲材料的。

②借景发挥。演讲者从所处现场的环境、自然环境、社会环境中寻找材料。

例如闻一多先生在一次纪念五四运动学生夜间集会上发表的即兴讲话中说："我们的会开得很成功！朋友们，你们看（同时指向刚从云缝里钻出来的月亮）月亮升起来了，黑暗过去了，光明在望了，但是，乌云还等在旁边，随时还会把月亮盖住……"

闻一多便是借助会场的自然环境，借景发挥，表达了对光明的坚定信念。

又例如 2009 年 2 月 2 日，温家宝总理在剑桥大学发表题为《用发展的眼光看中国》的演讲，在演讲稿之外，温总理根据当时的天气状况即兴发表了一段借景抒情的开场白："今天外边下着大雪，天气严寒，但是我的心是热的。我早已盼望在剑桥同老师、同学们见面，互相交流。现在正是金融危机的严冬季节，但是我看到年轻人，仿佛看到了春天，看到了光明和未来。因为我坚信，知识的力量，年轻人的勇气，是可以改变人的命运、国家的命运、整个世界的命运。一篇好的演讲应该是不加修饰的。用心说话，讲真话，这就是演讲的实质。我希望我的演讲能够给老师、同学们思想以启迪。你们能够记住其中一两句话，那我也就满足了。"

温总理用当时天气的冷和他对与剑桥老师同学见面的热切盼望做对比，有利于形成良好的演讲氛围。

③借事发挥。演讲者从所处现场的某件事中寻找材料。

例如在某市国际会议展览中心举行"大干五十天，确保十一月底封顶"的誓师大会上，仪式正在进行，坐在主席台上的建设副总指挥的座椅突然倒下，副总指挥从上面摔下来，很窘。接下来市长立即将此事放入他的即兴演讲中，说："今天的誓师大会开得好，大家决心都很大，摩拳擦掌，准备大干一场。你们看，你们的副总指挥已经坐不住了。希望大家团结一致，五十天确保封顶。"引来了全场长时间的鼓掌。

④借人发挥。借人发挥，一是指演讲者可以从现场所在的来宾中寻找材料，在演讲活动中，演讲者和听众是密不可分的，听众本身实际上就是演讲最好的题材。

例如上海电视台"今夜星辰"节目主持人叶惠贤在荣获全国节目主持人金奖的答谢讲话中，就以现场观众为触发点，他说："我感到咫尺荧屏就像一片无际的海洋，主持人就像一条经受风吹雨打的小船。我将竭尽全力驶向观众喜爱、欢迎的彼岸。同时，也渴望得到观众的支持。"

另外，也可以从现场其他演讲者演讲过的内容中寻找材料，对之前发言者的话题加以引申、发挥，讲出自己的观点。

例如白岩松在一次"做文与做人"的主题演讲中，选取了在他之前的演讲者——《西藏日报》记者白娟所讲述的内容作为触发点。白娟讲到自己作为一个驻藏记者的自豪，但同时也谈到了作为母亲因为工作不能与孩子在一起的心酸。白岩松的演讲就以此为开场材料，他说："我是一个两岁孩子的父亲，我知道，在一个孩子一岁半到两岁之间，没有母亲在身边，对于母亲来说是怎样的一种疼痛，我愿意把我心中所有的掌声，都献给前面的选手。"

他表达的敬意和祝愿，感动了全场听众。

即使有时候现场的人不太适合作为演讲者的触发点，演讲者也可以通过巧妙的设计来引入其他人。

例如有位演讲者在演讲时是这样开头的："我刚才发现在座的一位同志非常面熟，好像我的一位朋友。仔细一看，又不是。但我想这没有关系，我们在此已经相识，今后不就可以称为朋友了吗？我今天要讲的，就是作为大家的一个朋友的一点儿个人想法。"

显然，这位演讲者是不是真的觉得"一位同志非常面熟"，我们不得而知，但是我们可以看到，通过这种铺垫，他很自然地引入了"朋友"这个概念，营造了友好的气氛。

⑤借物发挥。演讲者可以从现场触眼所及的各种事物中寻找材料。

例如在某地举办的"春蕾工程"奖金筹措动员会上，一位领导发表的即兴演讲就借他眼前的、摆在演讲台上的"鲜花"来发挥："首先请大家看看摆在讲台上的这盆鲜花，它色彩鲜艳，形态美丽，还发出诱人的芳香。它的美丽和芳香是怎么来的呢？如果没有肥沃的土壤、充足的阳光雨露和人们精心的呵护，它会这样美丽吗？怕是早就枯萎凋零了。在我们生活的这个贫困地区，有一些学龄儿童，他们聪明美丽，渴望读书，就像这盆花一样可爱。但是，贫困使他们失学，他们就像失去了土壤、阳光、雨露的花儿一样，不能正常生长。他们聪明却不能学习，不能学到谋生的技能和建设祖国的本领……让我们都来献出自己的爱心，为他们做一点好事吧！谢谢你们啦！"

鲜花既是演讲台上的实物，又是儿童的比喻，紧扣演讲主题的同时，一下子抓住了全场听众的注意力。

同时，演讲者也可以借助并不在现场的，但与会议所在地有明显联系的各种事物。

例如1957年，周恩来总理访问尼泊尔。他在加德满都市民欢迎会上发表的即兴演讲就是借用了尼泊尔的山峰："当我们站在这个广场上，同千千万万的尼泊尔人民在一起的时候，过去时代的回忆就又涌现在我的眼前。虽然在我们两国之间横亘着世界上最险的喜马拉雅山，然而我们的人民却自古以来就保持着友好的往来……在我要结束我的讲话的时候，我祝中国和尼泊尔的友谊像连接着我们两国的喜马拉雅山那样巍峨永存！"

演讲开头，周总理借喜马拉雅山的自然阻隔反衬中尼两国人民之间友谊之深厚，历史之悠久。结尾，总理借喜马拉雅山的巍峨高大和不可撼动，来象征中尼人民友谊长存，牢不可破；使得演讲主题更加深刻。

在就地取材时要注意，要做到借得巧、借得妙、借得活、借得新，演讲者必须根据即兴演讲时的具体时境，因"境"制宜，灵活借用，而不能生搬硬套。

（2）就己取材。寻找"触发点"除了现场相关事物外，还有一种方法就是从自己的亲身经历、见闻中寻找刺激源。选择的材料最好要符合演讲者的身份，选择与自己的生活、工作、经历、知识面接近的素材，才能讲得透彻，容易收到好的效果；尤其是一些比较特别的、有趣的经历。

例如英国文学家吉卜林在某次政治演讲时，用了自己的一段经历为材料，他说："诸位，我在年轻的时候，住在印度。我常常替一家报社采访社会新闻……我记得，有一位因为杀人而被判无期徒刑的人，是一位绝顶聪明而又善于说话的青年人。他告诉我一段在他看来是他一生最重要的话：'我觉得一个人如果一失足跌入罪恶的渊薮里，他一定要从此为非作歹不止，最后他竟以为唯有把他人都挤到邪路里去，才可实现自己的正直。'这句话，真是妙不可言了！"

这段材料既是吉卜林作为记者时的经历，同时又十分有趣，他讲后，听众席上立刻响起了笑声和掌声。

（三）谋篇布局

即兴演讲选择、确定了材料后，还要在短时间内迅速将材料组合成一篇结构合理、逻辑清晰的文章，解决好"怎么说"的问题。材料的快速组合是体现即兴演讲能力的主要因素之一，一般可以选择某种固定的模式来组织材料、谋篇布局，搭建演讲的文章结构。

即兴演讲基本上还是按照开头、主体和结尾三个部分来格式化构思，开头首先对所在情景做简要介绍。主体部分是即兴演讲的核心部分，表达自己的观点。结尾一般用祝愿性、感谢性的话语作结，如"最后，预祝大会取得圆满成功"之类。开头要有感召力和吸引力，主体部分要观点明确、逻辑结构严密；结尾要有激励性的概括。

一篇好的即兴演讲，并不需要太长篇大论，能简单地用开头、主体、结尾三大部分将自己要表达的核心观点讲述清楚即可。

1976年1月8日，周恩来逝世时，设在美国纽约的联合国总部门前的联合国旗降了半旗。因为自联合国成立以来，还没有为哪个国家的元首降过半旗。某些国家的外交官聚集在联合国大门前的广场上，言辞激愤地向联合国总部发出质疑："我们国家的元首去世，联合国的大旗升得那么高，中国的总理去世，为什么要为他下半旗呢？"当时的联合国秘书长瓦尔德海姆站出来，在联合国大厦前的台阶上发表了一次极短的演讲，

总共不过 1 分钟：

女士们，先生们：

为了悼念周恩来，联合国下半旗，这是我个人的决定，原因有二：

一是，中国是个文明古国，她的金银财宝多得不计其数，她使用的人民币多得我们数不过来。可是她的总理没有一分存款。

二是，中国有九亿人口，占世界人口的四分之一，可是周总理没有一个自己的孩子。

你们任何国家的元首，如果能做到其中一条，在他逝世的日子，联合国总部将照样为他降半旗。

谢谢！

瓦尔德海姆讲完后，全场鸦雀无声，接着响起雷鸣般的掌声……

这是一篇世所公认精彩的即兴演讲，而且十分简短，条理清晰的三大部分：开头说明降半旗是瓦尔德海姆的个人决定，并引出原因；主体部分分两点简单地讲述为周恩来总理降半旗的原因，简短却切中核心；最后用"谢谢"惯用语作结。通篇不仅表现出瓦尔德海姆先生机敏的谈吐和机智的外交才能，也反映了周总理举世无双的高尚品质，言简意赅，内涵深刻，并获得了听众的认同。

一般而言，简单的即兴演讲可以这样布局：

女士们、先生们，朋友们：

大家好！今天是×××××，我们欢聚一堂××××××，首先向×××表示衷心的祝贺！……

一、××××××

二、××××××

三、××××××

最后，希望能××××××，祝大家××××××。

谢谢！

即兴演讲的开头和结尾部分比较容易构思，难度较高的是论述问题的主体部分；在主体部分，各种论点、论据必须合理组合才能使得演讲既符合人们的思维习惯，又能主题集中、条理清晰。一般常用的结构框架的思路有以下几种：

1. 时序法

按照事物发展的时间顺序，用过去—现状—未来的结构方法，先回顾某事物过去的历史，接着展示其现状，可包括取得的成绩、发展的状况等等；最后就近期或远期展望一下未来，提出愿望。这种结构方法层次分明，容易在短时间内组织好材料，常见于各种会议、庆典致辞。

例如在某公司周年庆典上的即兴致辞：

尊敬的领导、朋友们、同事们，大家晚上好！

今天是我们××公司成立××周年的大喜日子。我谨代表××公司的全体员工以及我个人，对大家的光临致以热烈的欢迎和谢意。

××公司成立于××年，当时正好赶上知识分子下海经商的热潮，于是我和你们的李总说服了家人，一起成立了自己的计算机公司。公司成立之初，仅有一间小小的办公室，员工才五六人，为了解决生存问题，我们什么业务都做，从简单的打字输入，到计算机的组装、维修、保养。

……

经过大家的努力，现在我们已经发展成为一家技术力量雄厚，先后参与并成功经受国家电子政务信息化中多个国家级重点工程的考验，取得了非凡的成绩，拥有中央部委、省、市级大量成功案例，具有工业和信息化部计算机信息系统集成一级资质、高新技术企业、软件企业等多项国家级资质的行内知名企业。

我们按照现代企业制度规范运营，诚信创效，开拓进取，务实求新，各项工作始终保持良好的进取态势，整体经济运行质量实现了健康均衡全面发展。在本市同行业中保持了领先地位。

回顾过去的二十年，我们经历了创业的艰辛和激烈的竞争，见证了计算机行业的波澜起伏，但是我们一直坚守自己的信念，不断进步，不断成长。在此，我很高兴能够与大家分享所取得的一些成绩。

……

过去的十五年是难忘而精彩的，未来必将迎来更多的精彩和挑战，同时也是一个起点，展望未来，我们的企业经营将面临新的机遇和挑战，市场竞争日趋激烈的局面，因此，如何增强服务和科学管理意识及如何增强忧患意识，市场给我们提出了更高的要求。我们应该……

我相信，通过在座所有人的努力，我们公司会在第二个二十年，迎来更大的光荣，实现更大的梦想。最后，我代表公司，衷心祝愿在座各位嘉宾身体健康，祝愿我们从事的事业繁荣昌盛，祝愿××公司层楼更进，锦上添花！

谢谢大家！

2. 逻辑法

按照论述的逻辑思路和材料本身的逻辑联系来组织结构，一般有以下几种方式：

（1）总分式。先提出总论点，然后再细分为若干分论点来论证总论点；或者先分后总：论述几个分论点，最后用总结性的话语总结演讲的主题思想。

（2）并列式。围绕演讲主题，构思出若干个小主题，然后逐一论述，排比成篇，这种组合方式可使演讲条理井然，听者也会获得一个清晰的印象。

例如英国首相丘吉尔1944年12月24日在美国过圣诞节时，发表了一次即兴演讲：

各位为自由而奋斗的劳动者和将士：

我的朋友，伟大而卓越的罗斯福总统，刚才已经发表过圣诞前夕的演说，已经向全美国的家庭致友爱的献词。我现在能追随骥尾讲几句话，内心感到无限的荣幸。

我今天虽然远离家庭和祖国，在这里过节，但我一点也没有异乡的感觉。我不知道，这是由于本人母亲的血统和你们相同，抑或是由于本人多年来在此地所得的友谊，抑或是由于这两个文字相同、信仰相同、理想相同的国家，在共同奋斗中所产生出来的同志感情，抑或是由于上述三种关系的综合。总之，我在美国的政治中心地——华盛顿过节，完全不感到自己是一个异乡之客。我和各位之间，本来就有手足之情，再加上各位欢迎的盛意，我觉得很应该和各位共坐炉边，同享这圣诞之乐。

但今年的圣诞前夕，却是一个奇异的圣诞前夕。因为整个世界都卷入了一种生死搏斗之中，使用着科学所能设计的恐怖武器来互相屠杀。假若我们不是深信自己对别国领土和财富没有贪图的恶意，没有攫取物资的野心，没有卑鄙的念头，那么我们今年的圣诞节，一定很难过。

战争的狂潮虽然在各地奔腾，使我们心惊肉跳，但在今天，每一个家庭都在宁静的、肃穆的气氛里过节。今天晚上，我们可以暂且把恐惧和忧虑抛开、忘记，而为那些可怜的孩子们布置一个快乐的晚会。全世界说英语的家庭，今晚都应该变成光明的和平的小天地，使孩子们尽量享受这个良宵，使他们因为得到父母的恩物而高兴，同时使我们自己也能享受这种无牵无挂的乐趣，然后我们担起明年艰苦的任务，以各种的代价，使我们孩子所应继承的产业，不致被人剥夺；使他们在文明世界中所应有的自由生活，不致被人破坏。因此，在上帝庇佑之下，我谨祝各位圣诞快乐。

这篇演讲稿从血统、友谊、感情三方面论述英美两国的情谊，把节日祝愿和战争动员结合起来，用的便是并列式的结构方法。

（3）层进式。用层层深入的思维方式将构思出来的几个小论点或者材料连缀起来，使之成为一个层层深入的整体。在递进的时候，可以用以小见大的手法，先从具体事务论述入手，再层层展开，最后升华主题，这种方法对讲述大道理的演讲适用。也可以以大见小，先从整体的大背景、大环境讲起，然后慢慢缩小范围，层层深入到具体的问题，这种方法比较适合讲述听众不熟悉的事物的演讲。

（4）对照式。提出可比较的两种事物，进行对比论证得出结论。常见的对比是正反对比，先从正面立论，再从反面立论，然后将对立的两个点并立在一起，形成强烈的反差，从而深刻揭示演讲的主题。

例如，新东方学校的创始人俞敏洪在《赢在中国》第三赛季的现场即兴演讲：

人的生活方式有两种，第一种方式是像草一样活着，你尽管活着，每年还在成长，但是你毕竟是一棵草，你吸收雨露阳光，但是长不大。人们可以踩过你，但是人们不会因为你的痛苦，而他产生痛苦；人们不会因为你被踩了，而来怜悯你，因为人们本身就没有看到你。所以我们每一个人，都应该像树一样的成长，即使我们现在什么都不是，但是只要你有树的种子，即使你被踩到泥土中间，你依然能够吸收泥土的养分，自己成长起来。当你长成参天大树以后，遥远的地方，人们就能看到你、走近你，你能给人一片绿色。活着是美丽的风景，死了依然是栋梁之才，活着死了都有用。这就是我们每一个做人的标准和成长的标准。

俞敏洪的演讲用了"树"与"小草"的对比，来号召人们要有树的种子，总有一天苍然挺拔，而别像草一般任人毫无怜悯地践踏。这种正反的强烈对比，十分鼓舞人心。

除了正反对比外，也可以用同类对照的思路，用联想的方法，由此及彼，从某事物引出与之相似的另一事物。例如美国前总统富兰克林·罗斯福《对民主党青年俱乐部的讲话》的演讲：

有人不认为拓荒时代已经结束，我就是持这种看法中的一个：我只认为开拓的领域改变了。地理上的拓荒阶段大体上已经完成。但是，朋友们，社会的拓荒时期却刚刚开始。我们必须清楚明白，在治理现代社会的斗争中，我们需要具有与征服大自然相同的甚至更高的英雄气概、忠诚信念和洞察能力。不论你们年岁几何，倘若你们在精神上青春常在，善于梦想，能像想出一个未来更伟大、优越的美国；相信贫穷现象将大幅度地改善；相信可耻恼人的失业现象将彻底消灭；相信国内的安定与国际和平能永远保持；相信后代子孙有一天能够使我们的国家掌握现代想象不到的物质和精神财富，令人类的生活丰富无比。

这段演讲，便是用同类对照的联想思维方式，由地理上的拓荒引申到社会上、思想上的拓荒，顺理成章。

3. 理查德模式

按时序和逻辑组织演讲结构是最常见的方法，但美国著名的公共演讲专家理查德提出了另一种容易吸引人兴趣的即兴演讲"四步曲"的结构方法，其实这"四步曲"是一个发现问题—分析问题—解决问题的思维方式：

（1）喂，喂！（引起兴趣）

第一步的"喂、喂"是指要引起听众的注意力和兴趣点，不要过于平铺直叙地开头。

（2）为什么要浪费这个口舌？（演讲的重要性）

第二步其实是 WHY 的问题，向听众说明为什么要听你的演讲。

（3）举例。（用形象化的生动例子）

第三步就自己的论点来举例子。

（4）怎么办？（具体应该做什么）

在最后，一定要告诉听众演讲的目的是什么，要求他们做什么，怎么才能讲得具体、生动、实际；如果演讲者忘记了这一步，或者这一步处理得不好，就会给听众留下无的放矢或不知所云的感觉。

理查德还以"保障行人生命安全"为例子来说明应该怎样做好这"四步曲"：

（1）常见的开场白是："今天，我要讲的内容是保障行人生命安全……"，但如果换成理查德的"喂、喂"，最好这样开头："在上星期四，特购的 450 具晶莹闪亮的棺材已运到了我们的城市……"这样一来，就有一种先声夺人的气势，让听众一下子集中注意力，想知道这 450 具棺材是怎么一回事。

（2）第二步是向听众讲明为什么应当听你演讲，可以这样说："不讲交通安全，那订购的 450 具棺材也许在等待着我，等待着你，等待着我们的亲人。"将演讲者、听众还有和大家有关系的亲人都联系在一起，使得听众在心理上和演讲者产生了共鸣。

（3）第三步是"举例"。理查德指出，比如谈交通安全问题，你若用活生生的事例

来说明那些会使人们送命的潜在因素，远比只讲那些干巴巴的条文要好得多。

（4）第四步是应该怎样做，具体指出在某种情况下应该注意什么、怎么做。

以上是常用的几种谋篇布局的方法，当演讲者遇见某一演讲命题时，首先就要看它适合以思路、哪种方法来展开，这样演讲的思路就会比较清晰，材料也容易组织。定好框架后，快速构思，按照框架用把选好的人、事、物联系起来，并设法将其与演讲的主题契合。另外还要注意对观点论述的篇幅不宜过多，因为即兴演讲本来时间就不会太长，加上举例的时间大约会占去了全部时间的四分之三。所以在提出论点时必须直截了当、简短有力地把自己的观点或主张陈述出来。

（四）语言生动

即兴演讲的语言应做到流畅通顺、机智诙谐、形象生动。因为即兴演讲准备时间很短，不可能做到字斟句酌、文华辞美，所以最好使用口语化的表达方式，做到流畅通顺、形象生动。语言以口语、短句为主，同时可以加上比喻、排比、设问、反问、引用、反复等修辞手法来增加演讲的吸引力。

同时，与选择材料一致，语言的应用也必须与演讲时的场合相吻合，如果能与当时的情景相符合，会起到意想不到的好效果。

例如1993年底，香港宝莲禅寺天坛大佛举行开光大典。新华社香港分社社长周南、港督彭定康均应邀出席。仪式结束后，彭定康答记者问时指责我港澳办关于香港问题的声明"并不是一份有特别吸引力的圣诞礼物"。记者以此请周南发表意见，周南开始因为在宗教圣地参加宗教仪式，便以"佛教的日子"为由不予评论。在记者再三追问下，周南顺口答道："谁搞'三违背'定会苦海无边，罪过罪过！谁搞'三符合'自是功德无量，善哉善哉！"末了一句"阿弥陀佛"，引得在场者阵阵掌声和笑声。

又例如第六届中欧工商峰会上，温家宝总理撇开演讲稿，说出了一句掷地有声的话："在座的企业家心里很清楚，中国够朋友！"温家宝总理讲话风格往往十分儒雅，有"诗人总理"之称，但这次他却用了"中国够朋友"这样颇为通俗的语言，当时正值国际金融危机影响最为深重的2009年寒冬，这句颇具江湖道义的话，让欧洲企业家对中国的投资市场坚定了信心，也博得了全场经久不息的掌声。

（五）情感真挚

即兴演讲要在时间十分紧促的情况下，使得语言优美生动，难度是比较大的。所以要使语言打动听众，首先要以真挚的感情对待听众。在感情的抒发上，因为即兴演讲时有感而发，如果演讲过程中缺少了真挚感情自然流露，那么则是一次不成功的演讲。这就要求做到真挚感情的自然流露，而不是牵强附会的无病呻吟，才能感染听众，引起听众的共鸣。

例如在豫剧表演艺术家常香玉舞台生涯50年庆祝会上，电影演员谢添对作家李准提了个要求，要他用三句话"说哭常香玉"。李准思考了一会儿，说出了这样的一段话："香玉，咱们能有今天，真不容易啊！论起来，您还是我的救命恩人哩。10岁那年，跟着逃荒的难民到了西安，没吃没喝，眼看人们都快要饿死了，忽然有人喊：'大唱家常香玉放饭了！河南人都去吧！'人们一下子都涌去了。我捧着一大碗粥，泪往心里流。想，日后见了这个救命恩人，我得给她叩个头！哪里想到，'文化大革命'时，您蒙冤挨整，被押在大卡车上游街，让您坐'飞机'！我站在一边，心里又在落泪——我真想喊一句：'让我替替她吧！她是俺的救命恩人哪……'"李准没说完，常香玉已捂着脸、转过身，泪水滚滚而下了。

李准能在庆祝后这样的喜庆场合，用几句话把喜笑颜开的老演员说得哭起来，确实是一次十分高难度的即兴讲话。他精选了两个使自己"泪往心里流"的感人场面，用真挚的感情表达出来，表现了自己对常香玉的感激、为她蒙冤受屈表示不平之情，立即收到强烈的效果。

四、即兴演讲的技巧

要做好一次成功的即兴演讲，除了在构思主题、选择材料、谋篇布局上要花费心思外，还有一些临场小技巧，能为演讲稿锦上添花。

（一）开篇技巧

所谓"先声夺人"，好的开始，是成功的一半。美国著名口才大师洛克伍德说过："在整个讲话过程中做到轻松地、巧妙地和大家交流思想是困难的。然而，做到这一点的关键是讲话开头的用字表达。"一个精彩的开头，能迅速把听众的注意力都吸引过来，为演讲者营造一个良好的第一印象。要设计一个好的开场白，需要平时的知识积累，更要具有较强的应变能力，能够根据现场的环境和气氛，找出一个好的切入点。一般而言，常见的开篇技巧有：

1. 开门见山式

这种开场白方式在开篇就直接开门见山的接触主题，点明讲话中心和演讲者的观点，有利于提纲挈领。

例如提到的闻一多先生的《最后一次演讲》，就是一种开门见山式的写法，并不做任何铺垫，一开始就一连串激昂的感叹句把演讲直接引入正题，给听众一种畅快淋漓的印象：

这几天，大家晓得，在昆明出现了历史上最卑劣最无耻的事情！李先生究竟犯了什么罪，竟遭此毒手？他只不过用笔写写文章，用嘴说说话，而他所写的，所说的，都无非是一个没有失掉良心的中国人的话！大家都有一枝笔，有一张嘴，有什么理由拿出来讲啊！有事实拿出来说啊！

当然，如何开门见山能让听众一下子领会到演讲者的目的，也是有技巧的，例如上文提到2009年2月28日，温家宝总理在中国政府网首次与网民在线交流，在一年后，温总理又在此上网与网民交流，这次交流他的开场白是这样的：

网友们，很高兴同大家进行在线交流。去年是2月28日，我本来也想还取在2月

28 号，但我考虑到明天是正月十五，是阖家团聚的日子，所以我就改到 27 号。在这里，我向大家拜年。这次在线访谈，我的心情确实不那么紧张，倒有一种十分珍惜的感情，因为我知道这样的机会不多了。这些天来，我一直十分关注网上网民提出的各种问题。

温总理一开篇就"改到 27 号"这个小细节切入开场，为了让网友们能够阖家团圆，把自己的日程都做了更改，在网友心中树立了"把百姓装在心里，把民情放在心上"的公仆情怀。

2. 自我介绍式

开头自我介绍，可以介绍自己的姓名、身份、职业、经历、爱好或表明自己的立场观点。这种开头形式给人一种诚挚、坦率的感觉。但如果介绍得好，也是十分有技巧的，例如金庸在 2003 年 10 月访问嘉兴一中时的即兴演讲是这样开头的："各位老师，各位小师弟、小师妹：十多年前 90 周年校庆时，我回母校作第一次演讲，有人问我是什么门派，我说'我是嘉中派，嘉兴中学派'。"全场大笑，报以热烈的掌声。

不少演讲者会用自我"贬抑"这样的自我介绍作为开头。例如作家魏明伦是这样自报家门的：

三尺童子，一介书生，忽智忽愚，且贫且病，屠龙有术，缚鸡无力，或钩或剑，可屈可伸。我比拿破仑个子矮，同鲁迅曹禺相当，反复衡量，没力气玩枪，有条件摸笔，于是操起了文字。

又例如 1990 年春节联欢晚会上，台湾著名电视节目主持人凌峰做了一段精彩的即兴演讲。他的开场白是这样的："在下凌峰，我和文章不一样，虽然我们都得过'金钟奖'和'最佳男歌星'奖，但我是以长得难看而出名的……一般来说，女观众对我的印象不太好，她们认为我是人比黄花瘦，脸皮比炭球黑。"

这种开头虽然采用了自我贬损，但效果正相反；表现了讲话人的坦率幽默、机智随和，可以使演讲气氛更轻松活跃。

3. 引用经典式

在演讲开篇引用名人名言或是听众熟悉的话语，再顺理成章地引出下文，例如某位演讲者在演讲《祖国——母亲》这个题目时，开场白就十分有意思：

人们常说，第一次把美人比作花的是天才；第二次把美人比作花的是庸才；第三次把美人比作花的是蠢材。不错，如果人云亦云，鹦鹉学舌，那么，就是再美妙的比喻也就会失去光彩。但是在生活中却有这样一个比喻，即使你用它一百次、一千次、一万次，也同样具有强大的感染力。同志们或许会问，这是个什么样的比喻呢？那就是，当你怀着赤子之心，想到我们祖国的时候，你一定会把祖国比作母亲。

演讲引用了一个讽刺的谚语，说明了对重复比喻的厌烦，然后话锋一转，强调另一种比喻可以不厌其烦的运用，引出了演讲的主题《祖国——母亲》。这样的开头方式，既由于谚语铺垫显得水到渠成，又由于谚语的使用而显得贴近生活。

4. 讲述故事式

在演讲开篇用一个小故事开头，引起听众的注意，同时将演讲者的观点巧妙地融入

192

故事当中，例如某公司的总经理在一次视察公司技术人员做的产品策划后，他感觉虽然策划很有新意，但过于理论化了，可行性不大，鉴于做策划的都是名校毕业的硕博士生，他不好直接批评，于是用一个哲理小故事开始了他的即兴演讲：

我记得我在上大学时，有一次物理课，在讲完力学部分后，老师将块木板搭在木块上，形成一个斜面，边上放着滑轮、小车和细绳。老师问我们谁能用最省时、最省力的办法把小车放到斜面上，大家都觉得这道题暗含玄机，讨论得很热烈，奇思妙想迭出，老师每次都是笑着说："可以，还有没有更好的办法？"一堂课快结束时，也没人想出更好的办法了。老师最后一把抓起小车，随手放到斜面上了。大家先是一愣，然后大笑起来。面对笑得很欢的我们，老师最后说了一句话："当知识成为限制我们思维的负重时，它就不再是力量，而是阻力了。"

这位经理讲了这个哲理小故事，将自己的观点巧妙地蕴涵在其中，委婉含蓄、意蕴丰富，它巧妙地寓批评、规劝之意于事例之中，在潜移默化中带给大家启发，不会伤及员工的自尊，同时也使得演讲更有启发力。

5. 设问式

在演讲开头，可以通过提问来引发听众的兴趣，再经自问自答的形式来阐发自己的观点，这样会给听众留下清晰的印象。例如1945年，刘少奇在为即将赴东北收复沦陷区的战士送行，被要求致欢送词。他说：

马克思是干什么的呢？恩格斯是干什么的呢？列宁同志、斯大林同志，他们都是干什么的呢？他们，都是为解放全人类而奋斗的！按照马克思主义学说，无产阶级只有解放全人类，他们最后才能解放。你们这次到东北去，同时是自己解放自己！你们要用自己的两条腿，去重新画地图；用你们的两只手，去插上我们新解放区的旗帜！你们到了东北，要靠什么呢？你们没有美式大炮，没有飞机，没有坦克，没有装甲车和汽车，暂时还没有铁路线和火车；你们就是有一条——这一条他们手里就没有：就是紧紧依靠马克思主义，紧密地依靠东北当地的人民。只要你们永远牢牢地记着，马克思是干什么的，那，同志们，胜利就一定是属于我们大家的！祝同志们一路顺风，到东北旗开得胜！

这次即兴演讲的开场白，就用了三个排比设问句，引出为解放全人类而奋斗的演讲主题，激励了全体战士。

除此以外，还有倒叙式开头、介绍背景式开头等等很多开场白的方法，如何选择开场白，还是应该根据演讲场合的性质、特征、氛围来选择。

（二）结尾技巧

即兴演讲的开头很重要，因为好的开头可以吸引读者、抓住读者的注意力。同样，演讲的结尾也很重要，好的结尾会使读者对全文的中心思想留下深刻的印象，可以增添文章的效果和说服力，让人深思，回味无穷。因为即兴演讲时间不多，较常用的是自然结尾法，即用事情的结果作为文章的结尾，事物叙述完了，文章随之结尾，最后加上"谢谢"等祝福性惯用语即可。或者用一两句话再次点题，但切忌重复文章基本内容，或重复开头。

无论是自然式结尾、点题式结尾或者是引用式、反问式结尾，要注意结尾应铿锵有力，这样才能给听众带来豁然开朗的舒畅感觉。例如美国总统林肯在法庭上为一位年老的寡妇争取她的抚恤金，这位寡妇是美国革命战争中一位阵亡士兵的遗孀，但抚恤金却被一官吏勒索。林肯向那位官吏提出诉讼，结尾是这样的：

时间向前流逝，在1776年的英雄，已经成为过去了。他们现在被安置在另一个世界。虽然那位英雄已经长眠地下，但是他那年老衰弱而又盲又跛的遗孀，此刻来到我们的面前，请求我们申冤！在过去，她曾经也是体态轻盈，声音曼妙的美丽少女，现在她却无法依靠了！她没有办法，只好向正在享受革命先烈挣扎得到自由的我们，请求给予同情的帮助和人道的保护。我现在要问，我们是不是应该援助她？

林肯用的是直陈事实作结，但这番话说得义正词严，而且燃烧着炽热的感情，感染了全场，使得听众一起感染、一起升华，在场许多人都感动得流下眼泪，一致认为应分文不少地为那位可敬可爱的士兵遗孀提供抚恤金。

（三）延迟技巧

在即兴演讲中，很多时候是演讲者在毫无思想准备、心理准备的情况下被突然点名，又或者虽有事先准备，中间却突然出现意外。如果演讲者能有一定的时间，打个腹稿、梳理一下思路，形成一个大体框架，如迅速概括演讲的主题，组织演讲结构等，明白自己要讲一个什么问题，如何讲清楚，先讲什么，后讲什么，如何结尾，把要讲的内容有条理、有层次地组织起来，这样演讲起来效果会好很多，这就需要演讲者学会尽量争取临场准备时间。临场性准备的时间虽短暂，却为演讲者提供了宝贵的思考空闲。这种为争取准备时间的延迟技巧，主要有两种：

1. 动作延迟

在演讲前，利用某些动作来拖延时间，演讲者在做动作的同时，心中构思腹稿，例如端起茶杯喝口茶水，拉拉椅子，向听众点头或招手致意，等等。这些动作拖延的时间虽然很短，却给了演讲者一个喘息的机会，让大脑去进行紧张快速的思考，同时调整了自己的心理状态。

例如上文提到的说哭常香玉的"语言大师"李准，一开始他被点名发言时，他先是摆摆手、皱皱眉，显得很为难，这就是动作延迟，在做这一系列动作时，他心中已经在选择主题和材料了。

2. 语言延迟

和动作延迟一样，语言延迟就是靠先说些与主题关系不大的、无须深入思考、易于表达的题外话，以便大脑迅速组织材料，确立讲话的主旨、中心等，然后再慢慢切入主题。这样，就可避免演讲中冷场的尴尬。最常见的语言延迟是对现在听众表示致谢，先向主持人和听众表示感谢，加上一些放之四海而皆准的对论题的评价，便能为自己争取到几秒钟时间来组织论点和论据。

又例如在一次演讲当中，忽然有人向演讲者问了一个挺刁钻古怪的问题，令演讲者一时难以回答，他就用了语言延迟的方法解围："这位听众问了一个很好的问题，我想大家也一定像他一样，很想知道我对这个问题的看法。那我就给大家做一下解答……"这样，在说这段话的同时，演讲者就可以使自己的大脑迅速活动和思考，等这段话说完了，他的答案也就组织得差不多了。

有时在顺利进入了正题之后，如果再用致谢这样的方法就不适合了，这时可以用一些介词、过渡语，例如"我们都知道凡事都有两面，刚才说的仅仅是其中一方面，然而另一方面事情却大不一样……"之类的话语。

（四）其他技巧

在演讲过程中，还可以用一些比喻、转折、典故之类的小技巧为听众制造惊喜，例如2010年2月5日，第46届慕尼黑安全政策会议在慕尼黑巴伐利亚庄园酒店开幕，中国外交部长杨洁篪在被问及中国对制裁伊朗、气候谈判等问题的态度时，杨洁篪强调说："很多国家把中国看作推动和平、稳定、发展的力量。中国人口占世界人口的1/5，我们并不要求由这1/5的人口说了算，但至少我们应有机会就国际事务表达看法。"说到这里，因为会场内暖气过热，杨外长擦去额上汗水，同时也巧妙引入了气候变化话题，介绍了中国立场，他说："我有点出汗，不是因为紧张，而是因为这里的暖气实在太足了。在中国的长江以南地区，很多人冬天供暖还是个难题。而欧洲许多地区从地理上看，相当于中国的南方地区，所以如果你们想和我讨论气候变化问题，请先关掉暖气，这样我们大家才平等。我想这个要求不过分。看来，要讨论气候变化问题，我们之间要有更多的理解。"

杨洁篪巧妙转折，用机智比喻，借势发力、巧妙点题，在会场赢得一片笑声，还有人对中国代表团的成员竖起了大拇指。

又例如我国著名诗人公刘，1987年3月他以中国作家代表团团长的身份率团访问西德，访问结束时他即兴发言："我们今天下午冒雨参观了斯科滨的许许多多值得自豪的文化设施，特别是那些为农民和农业工人服务的文化设施。我要说一切都很美好，一切都像图画。然而其中最令人难忘的要数那座利用羊舍改建而成的俱乐部了。我是诗人，这座羊舍使我不费气力地获得了一首诗。我认为，这首诗的产生是十分自然的，因为这一把旧羊舍变成新俱乐部的主意的本身，就是诗的构思……请诸位猜一猜，我在那座旧羊舍里想到了什么？我想到了希腊神话中的著名的金羊毛的故事，金羊毛不仅象征着意志，还象征着冒险和对幸福的追求……你们的金羊毛，却不用寻找，准确地说，是已经找到了，它就在你们身边，就在那座改建成为俱乐部的羊舍之中！在那儿，看上去固然是没有羊只了，实际上却一直豢养着身裹纯金毛皮的羔羊！请看一看四面墙上挂满的奖旗和纪念品吧，请看一看孩子们脸上荡漾的微笑吧，正是看到这些，我才特别地激动，我仿佛全身心地熔化在一首好诗之中。现在我提议，我们中国代表团向好客的德国主人，向我们德国主人令人羡慕的金羊毛敬酒！干杯！"

五、即兴演讲者的素质

因为即兴演讲的演讲者一般事先未能做准备，只是根据需要而做的临时发言。因此，即兴演讲在思维的敏捷性、语言的逻辑性和口头表达的雄辩性方面对演讲者都有着

较高的要求。这就需要演讲者在平时做好准备工作，努力提高自己各方面的素质，这其实也是针对即兴演讲，平日可以做的准备和锻炼工作。

（一）知识素养准备

所谓"巧妇难为无米之炊"，只有学识丰富，才能在短暂的准备时间内从脑海中找到生动的例证和恰当的词汇，使即兴演讲增添魅力。这就要求演讲者具备一定的自己所从事的专业知识，并能了解日常生活知识，如名人名言、各国文化、历史传统等。这是一个长期、琐碎而复杂的工作，平时可以多收集历史资料，对那些重要的历史事件、人物的有关情况要熟记，并分门别类地进行整理。此外，多关心时事政治，对当今国内外发生的重大的政治、经济、文化、科技等各个领域的事件、人物的有关情况要了如指掌，并能就此发表自己的见解。同时，为了增强记忆，还可以多记名人名言、俗语谚语、古典诗词、经典文学、寓言故事等等。

（二）心理素质准备

即兴演讲者由于演讲前无充分准备，尤其容易在临场时紧张，发生怯场、忘词等等现象。遇到这种情况，就需要演讲者有较强的心理素质，沉着冷静，巧妙应变，才能扭转被动局面。只有具备稳定的情绪、十足的信心，有必胜的信念，才能保证思路通畅，言之有物，情绪饱满，镇定从容。

1. 预先设想演讲

在参加宴会或活动前，应该先做好一个有可能要发言的心理准备，例如在事先简单翻阅一下相关资料，临时扩大知识储备量以充实自己的大脑。设想一下假如我要发言，讲什么题目、用什么材料好。这样当真的需要临场发言时，才不至于过于惊慌，可以避免突然被"点将"后的那种吃惊、慌乱、尴尬或恐惧心理，能够迅速实现角色转换，由听者转向讲者，快速进入演讲状态。

2. 增强自信心理

演讲者要调节好心理，增强自信心理。要敢于说话，不要怕，不要躲躲闪闪，更不要想"糟糕，我一点准备都没有，肯定说不好"，或者当场说一些"我不会说，说得不好"等丧气话，越是这样，越不敢说话。这样容易给人留下哼哼唧唧、唯唯诺诺的印象。

3. 克服紧张情绪

对很少在公众场合讲话的人而言，讲话前紧张是自然的，应该正视这种紧张，并通过一些小技巧来压制这种紧张，例如：

（1）闭目呼吸。眼睛微闭，全身放松，心里默默地数数，这样可以使血液循环减慢，心神就会安定下来，全身有一种轻松感。

（2）喝水压慌。讲话前准备一杯开水，这样可以增加唾液，保证喉部湿润，也可以稳定情绪。

（3）活动手脚。由于紧张会使体内产生大量的热能，如果在讲话前稍加活动，双手握紧然后放松，让肌肉缩紧再放松，就会促使热量散发。

（4）闭目养神。闭目用舌尖顶上腭，用鼻吸气，可以达到安定神绪，独自幽静，怡然自得的目的。

（5）情绪转移。情绪转移也可以缓解紧张症状，例如确定某一物体，专注凝视，并去分析它的形状，观察其颜色与远近。又例如国外有个企业家叫詹姆斯，因讲话屡次失败，怕在众人面前丢丑，每次讲话时那种紧张的场面就浮现在眼前。有次讲话前他狠狠地拧了自己大腿一把，突然感到出奇的平静，结果讲得非常成功。

（三）反应能力的准备

即兴演讲很考一个人的反应能力，例如《正大综艺》节目主持人杨澜在 1991 年在广州天河体育中心主持演出时，在下台阶的时候不小心绊了一跤。杨澜灵机一动，说："真是人有失足、马有失蹄呀。我刚才的'狮子滚绣球'的节目滚得还不熟练吧？看来这次演出的台阶不那么好下呢。但台上的节目会很精彩的，不信，你们瞧他们……"杨澜这几句话不仅为她自己摆脱了难堪，而且显示了她非凡的应变能力和口才。这就是一次成功的灵感勃发时的即兴讲话。

对于这种敏捷的反应思维能力，演讲者可以在临场时尽快观察、熟悉演讲现场，及时收集捕捉现场的所见所闻，包括现场环境（时间、地点、场景布置）、听众、其他演讲者的演讲等，以确定自己的话题，演讲时能即时反应过来。

在平日生活中，也可以多做一些小练习来提高自己的反应能力。例如尝试一些园艺，编织，或其他任何需要大脑，眼睛和手协调的活动。参加一些延伸大脑的活动，比如象棋，桥牌或其他能扩展你智力思考的活动。购物前列张购物清单，然后记住它们，才去商店。当你做财务计算的时候，扔掉计算机——用你的脑袋把它们算出来。尽你所能地长时间工作，经常和朋友联系，参加一些社会团体。研究显示一些保持社会联系的人，特别是在工作当中，他们在记忆和注意力测试中有显著的表现。

（四）思维能力准备

成功的即兴演讲者除了需要快速的反应能力外，还需要敏捷的思维能力，能在最短的时间内想好说什么、怎么说，即兴讲话，其实是一个激烈的思维过程。例如即兴演讲的主要内容需要联想，即由某人、某事、某物或某种概念，迅速地想到与它相关的某些人、事、物、概念。因此，即兴演讲者需要具备良好的逆向思维、纵向思维、发散思维、综合思维等等。在平时的准备中，可以针对定向思维、逆向思维和发散思维来练习：

1. 定向思维

这是一种按常规恒定思维的模式。这种思维可以培养我们深入思考的能力，有助于养成深入分析问题，透过现象看本质的良好习惯。

2. 逆向思维

逆向思维就是反过来思考，即一反传统看法，提出与之相对或相反的观点，变肯定为否定，变否定为肯定，变正面为反面，变反面为正面。这种思维方式具有独立发表见解的特点。它鲜明地表现为对传统的批判精神，但要注意观点必须持之有据、能够自圆其说。例如曾有演讲老师对学生布置这样的逆向思维训练：赞美"东施效颦"。众所周知，这个成语是贬义词，讲的是东施盲目模仿西施，因无自知之明，结果适得其反。这可以锻炼学生使用逆向思维，如何从反面解释这个成语。以下是部分参考答案：

（1）东施固然丑陋，但她心中有对于美的追求的勇气和决心，她不怕嘲笑、不怕挖苦，在这一点上，她比那些对西施的美怀恨在心、嫉妒乃至无聊中伤、恶意诽谤的人要强得多。

（2）在成语中，西施永远是美的，东施永远是丑的。但在现实生活中就不一样了，西施固然天生丽质，但如果不注意自重，而以美为资本，追求放纵享乐，美就成了丑。反之，东施如果保持自尊、自重、自立、自强，并注意提高自己的内在素质，可以改变自己在人们心中丑的形象。

（3）东施对什么是美，因为有她自己的判断标准，完全不是盲从。这至少比有些无价值观，对美丑不分的人要清醒理智。那些随波逐流、跟风追潮、人云亦云、无自我、无个性的人应是批判的对象。

3. 发散联想思维

即由一事物想到他事物，其特点是一闻知十、触类旁通，使即兴讲话具有流畅性与变通性。在平时可以采取联想思维训练法：

（1）连接法。承接着上一位演讲者的话茬继续往下说的训练方法。戴尔·卡内基在训练学员即兴演讲时就用过这种连接法。卡内基叫一位学员以绝妙的词语来开始叙说一个故事。比如，这位学员说："前几天我正驾着直升机，突然注意到一大群飞碟正朝我靠近。于是我开始下降，可最靠近的飞碟里却有个小人开始向我开火，我……"说到这里，铃声响起，表示这位演说者的时间已经结束。接下来的另一位学员必须把故事接下去。等到班上每个人都进行了一段演讲时，这个连接训练也就圆满地结束了。实践证明，连接法对于培养事先无准备的演讲技巧是行之有效的。

（2）连点法。连点法是将头脑中间现出的人、事、物的散点按照一定的顺序和结构连缀成篇的训练方法。例如给出一组词组，它们似乎是两个毫不相干的概念，但是只要经过三步中间的联系，就可使其间发生联系，然后通过最少的步骤（词组），讲两者联系起来。例如：

"木质——皮球"：可通过这样的连点：木质——树林；树林——田野；田野——足球场；足球场——皮球；

"天空——茶杯"：可通过这样的连点：天空——土地；土地——水；水——茶杯。

研究证明，每个词（概念）平均可以同将近十个词语语词发生直接的联想联系。只要经过三四步中间联系，发生联系的语词可分别达到一千个和一万个。

连点法可以扩展为写一段话，而非仅仅几个词语。例如用一段话将"校友"、"咖啡"、"遭遇"连接起来。这三个词语，看似毫不相干，但通过散点连缀方法，可以即兴演讲组成如下一段话：

在一次校友会上，我们几个老同学聚在一起聊天，主人问我喝什么饮料，我说来杯咖啡吧，咖啡加点糖，甜中有苦，苦中有甜，二者混在一起有股令人回味无穷的滋味，我想这正好与我们这代人的经历遭遇相似，分别几年了，我们都已经走向了不同的岗位，回想起来，真是有苦有甜啊！

❋ 相关链接　　　　　　即兴讲话的禁忌

即兴讲话因没有准备演讲稿，容易讲着讲着变得啰嗦，生活中有哪些讲话容易引起人的反感呢？心理学家归纳为12种：

1. 抱怨自己的命运，或夸耀个人的成就；
2. 喜欢扮演心理分析家，对任何人的言行都要评头论足；
3. 自我膨胀，夸夸其谈；
4. 拒绝尝试新事物，不肯听取别人意见；
5. 言谈冷淡，缺乏真诚热情；
6. 过分取悦或阿谀奉承别人；
7. 毫无主见，人云亦云；
8. 视自己为焦点人物，一副"舍我其谁"的狂妄姿态；
9. 言谈时态度暧昧，模棱两可；
10. 言词逞强，喜欢咬文嚼字；
11. 经常打断别人话题，影响他人说话兴趣；
12. 过度谦虚，恭维别人。

·思考与训练·

1. 即兴演讲与命题演讲有何区别？
2. 即兴演讲可以如何就地取材？
3. 请分析以下这篇即兴演讲。

著名的林语堂先生就认为，演讲必须像女孩子穿迷你裙一样，越短越好，千万不要像老太婆的裹脚布，又臭又长。成功的演讲，必须事先要有充分准备，才能到时有优良的表现，最反对不事先打招呼，临时请人演讲。有一次，他到一所大学去参观。参观后，校长请他到大餐厅和学生们共餐。校长认为这是一次难得的机会，就临时请他和学生讲几句话。林语堂很为难，无奈之下，就讲了一个笑话。他说，罗马时代，皇帝残害人民，时常把人投到斗兽场中，给猛兽吃掉。这实在是一件惨不忍睹的事！可是，有一次皇帝又把一个人丢进斗兽场里，让狮子去吃。这个人胆子很大，看到狮子却不十分害怕，并且走到狮子身旁，在狮子身边讲了几句话，那狮子掉头就走，也不吃他了。皇帝觉得很奇怪，狮子为什么不吃他呢？于是又让人放一只老虎进去。那人还是毫无惧色，又走到老虎身旁，也和他耳语一番。说也奇怪，老虎也悄悄地走了，同样没有吃他。皇帝诧异极了！怎么回事？便把那人叫出来，盘问道："你究竟向狮子和老虎说了些什么，竟使它们不吃你呢？"那人答道："陛下，很简单，我只提醒它们，吃我很容易，可吃了以后，你们得演讲一番！"说罢就坐下了。哗，顿时全场雷动，得一个满堂彩！校长却弄得啼笑皆非。

4. 请选择下面某个场景做一次即兴演讲。

（1）请选择中国的某个节日，设置具体听众，做一次即兴演讲。

（2）假如你参加你的某位好朋友的婚礼，请为他即兴祝福。

（3）假如你参加学校的迎新晚会，主持人请你为师弟师妹讲几句话，请做一次即兴演讲。

（4）2011 年 10 月 5 日，苹果 CEO 乔布斯逝世，世界各界纷纷发表悼词。奥巴马认为：他改变了我们看世界的方式。对此你有什么看法。请以此为题目，做一次即兴演讲。

第三节　辩论演讲

一、辩论演讲概述

人类正步入信息时代，信息的传播已经渗透到了社会的各个领域并发挥着越来越重要的作用。当信息传播者和接受者意见有所分歧的时候，信息的传播往往会通过辩论的方式来进行，大到各国外交，小到个人生活，都需要通过辩论来说明自己对事物或问题的见解、揭露对方的矛盾，最后得到共同的认知和意见。

有独立的个体就有独立的思想，有独立的思想就有不同思想的交锋，辩论无处不在、无时不有，它是个人、社会不可或缺的一种信息传播和沟通方式。正如马克思所说："真理是由争论确立的。"通过辩论可以探求真理、明辨是非、发现新知。辩论水平的高低不仅仅能体现个人的口头表达能力，更是其知识素养、反应能力等综合素质的体现，是现代社会对复合型创新人才的基本要求。

（一）辩论演讲的内涵

辩论作为一种人类的沟通形式，由来已久。西方社会在古希腊的时候，哲学家为了伸张自己的主张，经常在公共场所进行辩论演讲；公民在公民大会上质询法案起草人，双方也要进行辩论；甚至还有专门教论辩、证明和修辞的艺术。而中国在先秦时代也有公开的辩论，诸子百家争鸣，彼此辩驳力求伸张自己的观点。

简而言之，辩论演讲就是持不同见解的各方，通过阐述、反驳等表达方式，就同一问题阐明己见、辩护自己，同时批驳对方，以便确立自己论断的语言交锋；通过辩论最终达到宣扬真理、批驳谬误、明辨是非的目的。

辩论演讲虽然是双方都在力图说服和驳倒对方，但决出输赢并不是辩论演讲本身的宗旨所在，而是通过辩论这种形式，将对立双方的观点充分展开、相互比照，在此过程中有破有立，力求不断地接近真理的过程，使得真理越辩越明，辩论各方及听众也能从中开拓知识面、交流信息、提高情操、锻炼思维能力。故能言善辩者，应以求真、求善、求美为己任，而不是求一时之输赢。

（二）辩论演讲的要素

辩论演讲与命题演讲、即兴演讲有很大的不同，不仅有"论"，更有"辩"。辩者，争胜也；这就决定了辩论演讲必须有且至少有不同观点的两方才能进行。一般而言，辩

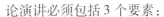

论演讲必须包括 3 个要素：

1. 主体——立论者与驳论者

辩论的主体是辩论行为的实施者，是持不同见解的各方。辩论的主体至少要有两方，一方为立论者，另一方则为驳论者，立论者是针对论题首先提出或坚持某个观点的一方；驳论者则是反驳立论者观点的一方。辩论演讲必须有两方以上的主体，才能实现思想的交锋，一个人自己头脑中各种思想的交锋不属于辩论，而是属于思辨。

2. 客体——辩题

辩论的客体是参辩各方共同探究的辩题。辩论各方必须有一个共同的辩论对象、辩论的题目，否则各说各的，辩论将无从进行。上文已经说过，辩论演讲的意义在于探求真理，明辨是非，所以不是任何事情都可以拿来辩论的。辩论的题目必须要有意义、有价值；无意义、无价值或者没有辩论必要的问题就不必辩论；必须经过科学验证才能得出结论的辩题，例如《地球上是否有外星人》之类的题目也最好不要用来做辩题。

3. 载体——语言交锋

辩论是一个过程，必须由一系列的"论"和"辩"才能构成辩论，辩论的载体则是各方的话语交锋。辩论的主体通过语言的交锋，来证明自己和反驳对方。如果某方虽然认为本方观点正确，他方观点错误，但是却不去坚持己方的观点，批驳对方的观点，也无法形成辩论。或者只坚持自己的观点，却不去反驳对方的观点，只"论"不"辩"，也无法形成辩论。

辩论各方就同一问题，站在不同的立场，坚持本方观点之正确，他方观点之错误，并由此导致一场你来我往、唇枪舌剑的言语交锋，以上这些，便构成了辩论演讲的基本要素。

（三）辩论演讲的类型

辩论演讲根据不同的标准，可分为不同的类型：

1. 按辩论内容划分

辩论演讲根据辩论内容的不同，可以分为法庭辩论、外交辩论、学术辩论、决策辩论等多种类型。比较常见的有：

（1）法庭辩论。在法庭审理过程中，公诉人、当事人、辩护人、诉讼代理人围绕犯罪事实能否认定、被告人是否实施了犯罪行为、是否应负刑事责任、应负什么样的刑事责任等问题，对证据和案件情况发表各自的意见，相互进行辩论。例如美国著名的橄榄球运动员辛普森杀妻案，控辩双方在法庭上展开了一场长达一年零四个月的漫长交锋，其激烈程度不亚于战争，最终陪审团裁决辛普森无罪，他被当庭释放。这就属于法庭辩论。

（2）外交论辩。国与国在交往之中，为了维护和捍卫本国尊严和利益，就某些问题所展开的辩论。包括有双边会谈，又有多边斡旋等形式。例如著名的晏婴使楚的典故，就属于外交辩论。

（3）政策论辩。源自于西方的法庭、议会或政府决策辩论，指在公共政策过程中，多种政策参与主体围绕着公共政策的某一要素、环节或问题展开的相互辩驳论证过程。

如三峡工程的决策论辩。

（4）学术辩论。学者就某个领域的学术问题展开的辩论，如1927年第五届索尔维会议上，维护经典理论的爱因斯坦和代表的新生量子论学派的玻尔这两个当时世界上最顶尖的物理学家，就进行了科学史上著名的学术辩论。

此外，还有专题答辩、答记者问、竞选辩论、论文答辩等不同内容的辩论演讲。

2. 按辩论目的划分

以辩论的目的为标准，可分为应用辩论和赛场辩论两大类：

（1）应用辩论。指为了解决实际问题而进行的辩论演讲，其举行有着明确的目的，以分清现实生活中某一特定问题的是非、真伪、优劣为目的。

（2）赛场辩论。参赛双方在主持人的协调下就某一问题进行辩论的一种竞赛活动，其目的不在于达到真理性的认识，主要是为了提高人的思维能力、应变能力和表达能力，是一种特殊形式的演讲比赛。例如有"华语世界杯"之称的国际大专辩论会。

这两种辩论在性质上有着明显的区别：首先，与应用辩论相比，赛场辩论中辩手所捍卫的观点，不一定是其本意，正反双方是由抽签决定的；其次，比赛的胜败不在于所持观点正确与否，而是取决于能否"自圆其说"、驳倒对方，有没有出色的辩论技巧和艺术。同时，取胜的途径也并非说服对方或者旁观者，而是说服比赛的评委。

3. 按辩论是否有组织划分

按辩论是否有预先的组织来划分，可分为自由辩论和专题辩论。

（1）自由辩论。在人们的日常生活中，因为对某事物的不同看法，要说服对方接受自己的观点而发生的争论，例如经济纠纷、邻里矛盾、交通事故协调等。

（2）专题辩论。有组织、有协调、有目的的辩论，辩论双方按一定的会场秩序进行辩论，如毕业论文答辩、法庭辩论、辩论比赛等。

4. 按参辩方数量划分

按参与辩论的各方数量，可以将辩论演讲分为一对一辩论、一对多辩论和多对多辩论。

（四）辩论演讲的特征

辩论演讲是以各方语言的交锋为形式呈现出来的，它有着与命题演讲、即兴演讲这类以自己为中心的个人演讲有着显著的不同，其主要特点有：

1. 辩者的对立性

辩论演讲各方观点的不同是发生辩论演讲的基本前提，因此辩论者观点的对立性是辩论演讲最重要的特征。辩论各方的观点即使不是截然对立的，但至少也是有明显分歧的，没有对立便没有辩论。除了观点的对立外，辩论演讲的对立性还表现在辩论者语言上的针锋相对、短兵相接上。辩论各方要通过各种方法、技巧，去证明并要对方承认自己观点的正确性，又要批驳对方的观点、使对方放弃其观点立场，因而产生了语言上的唇枪舌剑，针锋相对。

2. 观点的鲜明性

在辩论演讲中，辩论各方观点突出，态度鲜明，赞成什么、反对什么，在表达上都十分明确，在原则问题上绝对不能含含糊糊、模棱两可，不然就容易造成歧义，也容易让对方有机可乘。例如在法庭辩论中，立场不鲜明的语言是不能够作为论据的。只有鲜明的摆明己方的观点、态度，这样才能捍卫己方观点并反驳对方。

3. 论证的严密性

在辩论演讲中，只有通过严密、有力的论证，使得己方观点以及在反驳对方的言辞在逻辑上得以确立，才能真正成功。所以义正词严，除了要理直气壮，还要用词严谨周密，针对性的、强有力的辩词，才能使真理得到伸张。

因此，在辩论演讲中，仅有正确的论点是不够的，还必须有充实的论据以及严谨的论证过程，注意论点与论据之间的内在联系，使之具有足够逻辑力量。所谓"事实胜于雄辩"，只有在论证过程中摆事实，讲道理，一方面自己的论据充分有力，阐述合乎逻辑；另一方面要善于从对方的阐述中寻找纰漏，抓住破绽，绝不能强词夺理，胡搅蛮缠。

正因为辩论演讲对逻辑的高要求，一场精彩的辩论演讲往往论点深刻、能给人以启迪；同时语言准确、生动、有攻击力，具有雄辩色彩，是一种高层次的美的享受。

4. 破立的统一性

辩论演讲与命题演讲不同，在演讲过程中除了要不断强调自己的观点、见解外，还必须能找出对方论点、论据和论证中的破绽，打开辩驳的突破口。论辩是"破"与"立"的辩证统一，不能只立不破；也不能只破不立，只有树立己方观点和反驳对方观点都同时进行，才能使己方立于不败之地。

5. 反应的机敏性

虽然辩论演讲大部分都是事前做好充分准备的，但很难以真正预测到对方的辩论战术安排，难以完全估计到变幻莫测的辩场风云。因此在辩论演讲的过程中，辩论者必须具备敏捷的思维能力、临场反应能力，能抓住对方露出的破绽，抓住辩论场上转瞬即逝的机会来打败对方。要适时地把握辩机，取得胜利，对辩手临场的反应能力、思维能力、判断能力和语言运用能力的要求都很高。

二、辩论演讲的准备方法

辩论演讲除了日常生活中突发的自由辩论外，较为重要的辩论一般在事前都可以做好充分的准备。辩论演讲的准备可以分为以下几个环节进行：

（一）审题

辩题是辩论各方要论辩的对象，在准备辩论演讲时，首先要仔细推敲辩题，以确立己方的观点以及寻找反驳对方论点的突破口，这也就是所谓的审题了。尤其是辩论比赛，因为辩题很可能并非平时熟悉的事物，更需要辨清题意，把握辩题含义，充分了解辩题提出的背景，这样才能寻找到辩论的切入口。

审题要对辩题字面上的每个字、词或词组逐个进行概念分析，分析出哪些词或词组对对方立论具有潜在的有利因素，可能成为双方首先争论的焦点。

1. 找出关键词

在审题时，首先要分析辩题，找出辩题的关键词，即题目的核心概念，寻找出辩论双方要交锋的焦点。以"（正方）企业用人应该以德为先／（反方）企业用人应该以才为先"这个辩题为例，题目的关键词就在于"德""才""先"。通过关键词将题目划分为若干个小题目，例如刘园《辩论入门》中记载"北京走向 2000 年电视辩论竞赛"的决赛中，北京经贸大学队执行教练夏申带领队员们将辩题"北京乘车难的原因是人多车少"分为了"北京、乘车难、原因、人多、车少"这五大部分来破题，在立论时，便可以从这 5 方面去确立己方论点。

在找出关键词后，还要对关键词做分析判断，找出关键词中的关键词，预测在辩论时双方的争论焦点将集中在哪几部分，从而做好充分准备。例如第三届亚洲大专辩论会有一辩题为"儒家思想是亚洲四小龙取得经济快速增长的主要推动因素"。当时作为反方的南京大学分为了儒家思想、亚洲四小龙经济快速增长、主要因素这三大部分来破题，经过分析，认为双方辩论得焦点会集中在"主要"这个关键词中，正方会提出"主要因素有多个，儒家思想就是其中之一"。于是他们集中力量研究"主要因素"这个关键词，最后把"主要因素"界定为必须是具有总揽全局功能这一点上。这样一来，南大总论点的方向便明朗了，他们提出了"儒家思想只是四小龙取得经济快速成长的背景条件，而并非是一个主要推动因素，四小龙经济快速发展的主要推动因素是四小龙做得尤为突出的能总揽全局的正确而灵活的战略和政策"。

2. 阐释关键词

所谓"名不正则言不顺，言不顺则事不成"，要使得己方的论证能充分展开，必须在辩论时表明己方对辩题的理解。在找到辩题的关键词后，或巧妙定义，或追加前提，通过对关键词的阐释，使论题变窄，并向利于己方辩论的方向展开，变不利为有利，在辩论中争得主动。例如上文提到南京大学将"主要因素"界定为必须是具有总揽全局功能，就是对关键词重新定义，使得辩题利于己方。对关键词的阐释可以通过定义关键词、具体化关键词和为关键词追加前提条件的方法：

（1）关键词定义法。

①内涵定义法。所谓内涵定义法，即是从关键词所表述的概念去重新定义关键词。第一届亚洲大专辩论会的辩题"外来投资能够确保发展中国家经济高速增长"，正方通过对"确保"这个词的定义，指出"确保"并不是指"百分之一百地保证"，还举出了日常生活的例子来说明："比如在公共汽车上，售票员常说：'为了确保各位旅客的安全，请不要扶车门。'这并不是说只不去扶车门，乘客的安全就可以百分之一百地保证。"从而使辩题利于己方。

又例如"发掘人才需要／不需要考试"这个辩题中，如何对"考试"这个关键词进行定义是展开辩论的基础。反方对考试定义为"按严格的程序和固定评分标准的笔试、面试"，这样有利于批判应试对人才的扼杀；但正方却可以将"考试"定义为"对人进行各种形式的考察，以了解其各方面的素质"，这样就回避了形式化考试对人才的扼杀这个缺点。

对关键词内涵的定义，往往可以通过查找相关资料来获取灵感，例如查找相关的字典、辞典，如辞海、辞源等；或者是查找相关的权威著作对某词或某理论的定义。

②外延定义法。外延定义法，指从关键词所表述的范围去重新定义。除了对关键词内涵的定义外，还可以通过对关键词外延的限制，从而使辩题利于己方。例如第一届国际大专辩论会辩题"人性本善/人性本恶"，作为正方的复旦大学队把"人性"这个词所指的范围分为"社会属性"和"自然属性"，指出"自然属性"是先天的，即人所说的"本能"，从而把"恶"这个词所包括的范围限制在"本能和欲望无节制的扩张"上。如此一来，他们只要举例说明古今中外各种"本能和欲望无节制的扩张"所导致的恶行即可，无须证明"人性本来的全部都是恶"的这个难以证明的命题，只要证明人类中确实有一些人是恶的就可以了。又例如"顺境/逆境更有利于成才"这个辩题，正方应该尽量扩大"顺境"的外延，缩小"逆境"的外延，例如把顺境界定为"只要能被人们转化为成才促进因素的条件都是顺境"，逆境界定为"限制人的身心发展并且人力不可改变的条件"，辩论起来就轻松很多了。

又例如"人生而平等/不平等"这个辩题，必须对"人"和"平等"这两个词的范围做出阐释，人是个体的人还是群体的人，是历史名人还是现实中的普通人；平等是指机会的平等，还是包括物质、社会身份的平等。

无论是对关键词内涵还是外延的定义，都是在不违背普遍常识的前提下，尽量朝有利于己方的方向去定义。

（2）关键词具体化。

对一些关键词，规范化的定义不一定有利于思维的展开，这时可以通过用具体的事物、场景来描述关键词，使得辩论更容易展开。《狮城舌战——首届国际大专辩论会纪实与评析》（王沪宁、俞吾金主编）记载了复旦大学（正方）对《温饱是谈道德的必要条件》这一论题的破题，他们先将题目破题为关键词温饱、谈、道德、必要条件，然后对每个关键词进行具体化：

温饱：即社会的发展阶段，一般社会都贫困—温饱—富裕三个发展阶段；温饱阶段即社会总体上能吃饱穿暖。

谈：如何谈？可以用个人修养、社会弘扬、政府倡导等。

谈道德：如何谈道德？可以通过教育、道德宣传、道德鼓励、道德典论、道德研究、道德讨论等手段进行。

必要条件：所谓必要条件，即有之不必然，无之必不然。

对关键词做出详细解释后，就可以有的放矢地准备论点了。

（3）关键词条件化。

除了对关键进行定义、具体化外，还可以为关键词加上限制的条件，使得论点的内容大小适中，不至于太大，证明不了；太小，又无法展开。而且为关键词加上限制条件，往往使得论点更加严密，不容易被对方抓住破绽。我们熟悉的莎士比亚《威尼斯商人》中巴萨尼奥的未婚妻鲍西娅假扮律师与高利贷者夏洛克的法庭辩论，采用的就是对关键词加以限制的方法来获胜的。夏洛克要求履行的合约是"到期如果不还就由夏洛克在安东尼奥身上靠近心口所在处割一刀取一磅肉"，鲍西娅就为"一磅肉"加上了明确的限定条件："割肉的时候要是流下一滴血，你的土地财产就要全部充公！同时

你也不准超过或不足一磅的重量，要是你割下来的肉比一磅稍微轻一点或重一点，即使相差只有一丝一毫，就要拿你抵命，你的财产全部充公！"

在辩论时，尤其是辩论赛，觉得抽到的辩题对己方不利，容易被对方击破，可以运用"追加前提"的办法来缩小其外延，丰富其内涵，从而使己方立论坚实，为取得辩论赛的胜利创造条件。如上文提到的"北京乘车难的原因是人多车少"这个辩题，北大辩论队作为反方，在北京这个关键词上加了限定条件，提出的观点是："在北京现有的条件下，乘车难是多种因素造成的，决不是人多于车。"这个论题的中心问题是"多种因素"，前面再加上一个限定词"现有条件"，既用包容的方式否定了对方的论点，同时又说明了一个前提。又例如"金钱追求和道德追求可以／不可以统一"，反方可为"统一"加一标准："必须是内在、有机或动机与目的一致的，才算统一，那种只为追求金钱却同时又符合道德的情况不能算是二者的统一。"

除了增加限制条件外，还可以把辩题放在社会大背景下进行分析，这样使得论点视野更为开阔宏观。例如首届国际大专辩论会半决赛的辩题是"艾滋病是／不是医学问题，不是／而是社会问题"。如果从学科上来看，艾滋病确实是医学问题，但反方将辩题放在社会大背景中来解析，明确指出："艾滋病是在社会中发生、发展的，必须用社会系统工程加以解决，因而是社会问题。""艾滋病有其特殊性，这就是它的传染性、致命性和社会危害性，它已经成为一种严重的社会公害，它已经远远超出了医学的范畴，因此，控制艾滋病只能依靠社会整体力量。"正方很难反驳，败下阵来。

在辩论过程中，队员们常常采用定义、划分、概括和限制的方法，来揭示己方概念之本质，可以避免出现外延过于宽泛而抓不住中心。因此，在辩论前就必须进行尽可能周密的审题，对论题进行多层次、多角度的考察，做到有备无患。

（二）立论

在审题后，通过对题目进行思考、破题，对关键词进行定义、加设条件，确定有利于己方的标准，在此标准下，进行立论，进行逻辑建构和理论论证，围绕逻辑框架，设计从哪些方面、角度进行论证。

例如"（反方）企业用人应该以德／才为先"，在找到关键词"德""才""先"后，对这3个关键词做出阐释："德"定义为人的普遍属性，秉承人之初性本善的普遍观点，认为德基本上每个人或多或少的都有；同时古语云"路遥知马力，日久见人心"，可见德是隐形的，必须通过长时间的观察才能正确判断一个人的品德。而"才"定义为才能、才华，是人的特殊属性，人人的才能都各不相同；同时可以通过一定形式，如考试，在短时间内观察出一个人是否有某方面的才能。对"先"这个关键词，强调的是优先性，而非重要性。通过对关键词的分析，确立出己方的论点是：从企业的特点和需求来比较，德为先才为先？讨论的是先后的问题，而不是谁为重或者谁要谁不要的问题。因为才是直观的，而德是隐性的；因为某方面的才能并不是人人都能具备的，而基本道德是基本社会上大部分人都能达到的，德和才的这些客观的因素使得以德为先的考察方式的实施性可行性降低，企业对人员的考察必须以才为先。

通过立论，明确己方的论点，即明确己方要强调什么。回避什么，做到趋利避害。

明确对方的弱点和薄弱环节，作为己方的打击点和反驳的突破口。一般而言，确立了总论点后，可设 3～5 个分论点。因辩论演讲受时间限制，分论点不宜过多，才能使听众印象深刻。例如对"大学生做保姆不是人才贬值"这个辩题进行立论，首先提出的总论点是人的价值是体现在满足社会需要的程度上的；人才价值即人才对社会的用途；人才贬值是指对社会的用途减小；因此判断是不是人才贬值的标准，不是看从事什么工作，而是看工作做得好不好。然后可以分为 3 个分论点：

（1）社会需求多样化、精细化。保姆行业的需求。大学生应该适应这种需求，树立"行行出状元"的就业观念。大学生可以创新保姆工作的理念、方式、方法，拓展保姆工作的范围，如家庭教育、家庭理财等。

（2）"不是人才贬值"不等于大学生都应该去做保姆，因为还有许多其他工作也不是人才贬值。选择何种工作，从主观上讲要看个人的兴趣、特长。

（3）许多大学生不能在保姆岗位发挥价值，正是因为没考虑自己的专业特长，这种情况（不考虑自己的专业特长而就业）不是人才贬值，而是人才滥用，它同样也发生在其他工作岗位。

确定了分论点后，就可以根据分论点来组织材料了。

（三）选择材料

在确立好己方论点后，根据论点来收集、选择有用的材料。"皮之不存，毛将焉附？"材料是论点形成和存在的基础，所选的材料有力，论点服人；材料空虚，论点苍白。因此，占有丰富的材料，就是掌握了充分的自主权，可以根据这些材料，灵活地选择角度，指向自己所需要的任何方向。可以根据立论的需要，得心应手地调遣这些材料，不致捉襟见肘，金玉其外，败絮其中。"事实胜于雄辩"，用确凿的、详尽的各类材料来佐证观点，有利于增强己方的可信度。

一般而言，所准备的材料最好全面、典型、真实，同时具备针对性。

1. 全面

收集、选择的材料既有现实生活中活生生的事实，又有古今中外的历史典故；既有正面的，又有反面的；既有事实论据，又有理论论据。选择材料时，范围尽可能放宽一些，广为搜集，以备临场之用。只要能有助于确立己方论点或者是反驳对方论点的材料，都应该广为收集，以备不时之需。

例如复旦大学新加坡大专辩论队集训期间，每个队员都阅读了近百本书，"其中包括儒家的四书五经；西方经济学的各家代表著作、哲学、社会学、政治学的名著；中西文化史、思想史的权威著作乃至各类人物传记；听取了近 40 位专家的 50 多次讲座；内容涉及文学、历史学、哲学、政治学、社会学、法律、宗教、音乐、美术、环境科学、生命科学等诸多领域。"[①]

---

① 王沪宁，俞吾金. 狮城舌战——首届国际大专辩论会纪实与评析 ［M］. 上海：复旦大学出版社，1993.

2．典型

选择的材料要具有典型性、代表性，而不是单纯的个别事例。典型材料是既有共性又有鲜明个性的事例或理论，能够深刻地揭示事物的本质及其发展规律，有力地表现主题。只有这样的材料，才能以一当十，具有很强的说服力。同时也要注意，选择的典型材料要比较新颖，才能令人耳目一新、吸引人，收到出奇制胜之效。如权威性的数据、名人的事例等等。例如第三届中国培训发展论坛暨中国教导型企业家年会其中有个环节是企业家年会辩论赛，半决赛的题目是"企业家要赢人心还是赢利润"，正方一辩开场白对企业家的定义即选用了多名著名的企业家的话为材料：

（正方一辩）："大家好，己方观点是企业家要赢得人心。我会从以下三方面就企业家、企业家精神、赢得人心进行阐述，何为企业家呢？马云曾经说过：商人有所为有所不为，而真正的企业家肩负使命对社会负责。彼得·德鲁克把企业家生存的目的定位于创造并服务于客户，由此可见生意人把眼光聚焦在利润上，而生意人只谈利润，这就是两者的根本不同。我们知道现代欧元之父，他把企业家定为社会生产力的第四要素。"

又例如在首届国际大专辩论会上，复旦大学（正方）在辩论"人性本恶"时，用台湾的事例："但是对方要注意到，8月8日《联合早报》也告诉我们这两天新加坡游客要当心，因为台湾出现了千面迷魂这种大盗。"这一材料不仅典型，也很新鲜，赢得了在场观众的掌声。

3．真实

材料要有力，要典型、生动，有针对性。还要真实可靠、准确，不虚假。论据是支撑论点的有力后盾，要经受住反复的推敲，材料虚假，那么论点就会不攻自破。

例如在"2012中国（成都）首届财富论道开幕式暨首场辩论赛"上（辩题是"当前是否加大投资"），新东方旅行社张凯提出，中国经济持续向好，但现阶段服务行业竞争激烈、利润相对较薄是事实，企业不应盲目追加投资，而应练好"内功"，找到针对性的优势促销方式、服务体验。而反方辩手赵勇则用真实的调查数据来证明自己的观点："我并不反对投资，但我们的企业家有时候太着急。"赵勇说，自己曾做调查发现，我国每年有50万家公司注销，公司平均寿命只有7年，其中50%是投资失败，"如果不研究经济形势和政策，投资必定要栽跟头。看一看不要着急，看准了再投资。"

4．有针对性

论据的针对性，有两方面的意思，一是论据和论点之间应该有本质的必然的联系，必须根据证明论点的需要选择有力的论据。论据要能够证明论点，为阐明论点服务。二是选用论据要看对象，根据不同对象的具体情况，选用他们所熟悉、所了解的事例作论据，做到有的放矢。例如"大学生做保姆不是人才贬值"这个辩题，所选择的材料最好是平凡的大学生群体，例如"四川大学生保姆进京"的新闻报道，就可以用来作为材料。在相关的新闻报道中提到：

近日，由四川10所高校的25名应届毕业生组成的"川妹子"家政服务团抵京。这是继去年7月之后又一批来自四川的"大学生保姆"团。这几天，最让这些大学生开心的就是同学们一个个被雇主接走的那一时刻。每当这一时刻到来，大家都会自发地为同学送行，争着拿行李，一个个拥抱分别。与几年前的那些"大学生保姆"相比，他们显得更为成熟，面对一些非议也更加理性。在位于北京市昌平区的"川妹子"家政服务公司北京分公司，他们告诉笔者："大学毕业不论做什么，只要是做自己愿意做的事情并努力做好，就是人尽其用。"而对一些大学生保姆的采访，更能很好地论证大学生不认为做保姆是人才贬值，如："靠自己的能力吃饭，凭劳动挣钱，我们不会有心理压力。大学生的就业观应该改变。"

"开局还算顺利，雇主对我挺好的，我觉得自己的选择没错。"来自西南民族大学的本科毕业生张秀英说。在这批大学生保姆当中，张秀英也许是最顺利的一个。早在四川时，她就已经通过网络被北京的雇主聘用了，来京的第一天便正式上岗。一个星期过去了，张秀英迅速适应了新的生活。她的主要工作，是教小孩学英语和做家务，这对于英语专业的她来说不算什么难事。"只是个人选择不同罢了。"张秀英说，当初选择保姆这个行业有很多原因，但最主要的还是想锻炼一下自己。从目前的情况看，她并不后悔自己的选择。"我跟他们签了半年的合同，在这半年内我肯定会坚持下去。"

毕业于四川警安职业学院的陈桂清，也顺利地找到了雇主。他目前的主要工作是辅导雇主正在读初一的孩子，月收入 1 500 元："到目前为止，干保姆这行的大学生还是很少，男保姆就更少了。但真正进入这个行业后，才发觉家政行业的天地远比我以前想象的要广阔得多。上岗几天了，我觉得这份工作很适合自己，我一定能干好！"尽管目前的工作与所学专业相距甚远，他依然感到比较满意。

在这些大学生中，一些人是因为家庭经济困难、找工作艰难而加入这个行业。但也有许多大学生表示，自己之所以选择家政行业，主要还是看中了它的发展空间。"我看好家政服务行业。这个行业里高层次的人才较少，这就给我们留下了广阔的发展空间。"毕业于中央民族大学汉语言文学专业的张志佳说，他是经过深思熟虑的。

这些大学生的采访，都很有针对性地为论证提供了支持材料。

（四）结构材料

因为辩论演讲论证的严密性，要求演讲者在准备阶段要对论点、论据和论证进行梳理，明确理论基点和各个分论点及其间的逻辑关系，分配好支撑己方各分论点以及反驳对方论点的材料。同时，在进行辩论时辩手们的思想前后必须保持一致，否则很容易留下破绽，给对方以可乘之机。结构材料可以分为几个步骤进行：

1. 论

论辩一般先"论"再"辩"，先证明己方观点的正确性，申明己方立场，说明己方立论的若干理由，也就是所谓的"陈词"。基本要求是立场明确、证据确凿、叙述简洁明了、逻辑关系层次分明。在"论"这一部分，一般先论述观点，然后再论证观点，用各分论点来证明总论点，即论证自己观点的正确性，全面、深透地阐述事理；同时有选择地列举事例来证明自己的主张、观点、立场、态度的正确，使之无懈可击，这是获胜的先决条件。

例如 2012 年 9 月 27 日，在美国纽约联合国总部，中国外交部长杨洁篪在第 67 届联大一般性辩论①上发言，阐述中方在钓鱼岛问题上的严正立场。

主席先生：

祝贺阁下荣任本届大会主席，相信以你的能力和经验，你一定能很好地完成这一崇高使命。同时也感谢纳赛尔先生在担任第66届联大主席期间所作的积极贡献。

主席先生，女士们，先生们：

当今世界正在发生重大而深刻的变化。世界多极化、经济全球化、社会信息化深入发展，国与国之间的相互联系、相互依存从未像今天这样紧密，新兴市场国家和发展中国家的影响从未像今天这样有力，不同文明之间的对话交流从未像今天这样活跃，求和平、谋发展、促合作已经成为各国人民的普遍愿望和国际社会的共同追求。

与此同时，世界仍很不安宁……

面对前所未有的机遇和挑战，冷战思维和零和博弈不合时宜，同舟共济、合作共赢才是各国正确的相处之道……中方主张：

在国际关系中倡导平等民主。相互尊重、平等相待是国际关系中的基本准则。国家不分大小、强弱、贫富都是国际社会平等一员，相互尊重彼此主权及核心利益，尊重各国对自身社会制度和发展道路的选择是国与国相处的根本之道。要大力推动国际关系民主化，做到一国内部的事情一国自主办、大家共同的事情大家商量办。要坚定不移地践行多边主义，恪守《联合国宪章》的宗旨和原则，维护联合国在国际事务中的核心作用。中方愿与各国通过对话和交流增强政治互信，妥善处理矛盾和分歧。我们不干涉别国内政，不把自己的意志强加于人，也不允许外部势力干涉中国内部事务。（略）

在多元文明中推动共同进步。"万物并育而不相害，道并行而不相悖"，各种文明和社会制度应相互交流、相互借鉴，在竞争比较中取长补短，在求同存异中共同发展。我们应尊重世界的多样性，尊重各国自主选择发展道路的权利。中方积极倡导不同文明间开展对话交流，以对话代替对立，以包容化解歧见，让世界更加和谐，让人类共同进步。（略）

西亚北非地区形势正在发生深刻变化，中方尊重并支持本地区国家自主处理内部事务，尊重本地区人民寻求变革和发展的愿望诉求，主张尊重地区宗教、文明、历史和民族特性，希望有关各方通过包容性、建设性政治对话化解分歧，和平解决问题。中方始终将维护地区和平稳定、维护阿拉伯国家根本长远利益、维护中阿友好关系大局作为政策出发点，愿与本地区国家一道，遵循《联合国宪章》的宗旨和原则，为促进本地区的和平与发展继续作出不懈努力。（略）

作为国际体系的重要参与者、建设者和贡献者，中国致力于同各国一道分享发展机遇，应对各种挑战，携手推动各国普遍安全与共同发展。

---

① 一般性辩论给联合国会员国提供了平等讨论国际问题的机会，各国代表均可利用这一平台展示自己，表达自身关心和关切的问题，阐明立场和观点，发出呼吁和倡议，通常设有主题。第67届联合国大会一般性辩论于2012年9月25日在纽约联合国总部举行。一般性辩论的主题是"以和平方式调节或解决国际争端或局势"。一般性辩论涉及议题广泛，其中地区安全局势、领土领海争端、巴勒斯坦会否再次要求"入联"问题以及可持续发展话题将成为该届联大辩论的主要看点。

我们始终不渝走和平发展道路，既通过争取和平的国际环境来发展自己，又通过自身发展维护世界和平、促进共同发展；既坚决维护自身核心利益，也尊重各国维护本国利益的正当权利，不断扩大同各方利益汇合点，推动实现人类共同利益。我们累计向联合国维和行动派出各类人员约 2.1 万人次，积极参与反恐、反海盗、防扩散领域国际合作，在重大国际和地区热点问题上坚持劝和促谈，为推动有关问题得到政治解决和局势缓和发挥了重要建设性作用。中国走和平发展道路取得了举世瞩目的巨大成就。今后，我们将继续坚定不移沿着这条道路走下去。

……

钓鱼岛及其附属岛屿自古以来就是中国固有领土，中方对此拥有无可争辩的历史和法理依据。1895 年日本在甲午战争末期窃取了这些岛屿，并强迫中国政府签订不平等条约，将包括这些岛屿在内的有关领土割让给日本。第二次世界大战结束后，根据《开罗宣言》和《波茨坦公告》等国际文件，钓鱼岛等岛屿同被日本侵占的其他中国领土一起回归中国。日本政府采取所谓"购岛"等单方面行动严重侵犯中国主权，是对世界反法西斯战争胜利成果的公然否定，是对战后国际秩序和《联合国宪章》宗旨和原则的严重挑战。日方举措完全是非法和无效的，丝毫改变不了日本窃取中国领土的历史事实，丝毫动摇不了中国对钓鱼岛及其附属岛屿的领土主权。中国政府维护领土主权的立场坚定不移。中方强烈敦促日方立即停止一切损害中国领土主权的行为，以实际行动纠正错误，回到谈判解决争议的轨道上来。

中国共产党第十八次全国代表大会不久即将召开。我们深信，这次盛会必将把中国的改革开放和现代化建设事业推进到一个崭新的阶段。事实已经并将继续证明，中国的发展是和平的发展、开放的发展、合作的发展、共赢的发展。我们愿与各国一道，顺应历史潮流和时代要求，为建设一个持久和平、共同繁荣的和谐世界而共同努力。

谢谢大家！

杨洁篪先论述了谋求和平是当前世界发展的主流，然后围绕本次辩论的主题，对西亚北非地区形势、巴以和谈、叙利亚局势、伊朗核问题等国际问题表明中方立场，表示中国愿继续同各方一道，为推动通过对话与谈判和平解决问题发挥建设性作用。最后重申中国的和平发展的立场，并就近期焦点钓鱼岛问题表明中方的严正立场。观点鲜明、语气有力、理直气壮。

2. 辩

在论述完己方的立场后，应为己方的立论与论证进行辩护。当对方不理解或者反驳己方的论点、论据时，要对己方的立场做更详细的解释，解答对方的疑问、反驳对方的指责，维护己方的观点。

例如 2013 年 4 月 7 日晚《舞林争霸》节目中，导师杨丽萍和金星为一对舞者的去留产生分歧，舞者抽到的题目是爵士舞，金星认为："我从头到尾没看到一点爵士舞的风格。"杨丽萍针对金星的"抽到爵士舞就该跳爵士舞，这段舞你们就是跳得不好"观点，做出辩解，认为他们很好地跳出了这支舞蹈的情感，并以自身为例子反驳道："他们刚刚跳得非常好，有体现舞者的独特性，如果我在这个舞台上没跳好爵士，就代表我不是一个好舞者了吗！"

又例如在 2012 年美国总统大选第二场电视辩论会上，就"谁的减税政策更实在"这个问题的辩论上，奥巴马提出："现在，罗姆尼州长有另一套不同的哲学。在两周前'60 分钟'节目上，当他被问及'像你这样每年挣 2 000 万美元的人所交的税率比每年挣 5 万美元的护士或者公车司机还要低，你认为公平吗？'他答，我认为这是公平的。不仅如此，他还说，这有助于经济增长。我从根本上反对这种说法。我认为，经济增长来自于当你获得税收减免时，你能用这部分钱支付孩子的大学学费。……当我们确保中小企业获得税收减免时，它们会雇佣更多曾为这个国家而战的老兵。"

罗姆尼为自己的政策辩论，回应奥巴马的指责，指出自己并不是在追求为富人减税，同时更详细地用各种材料论证自己的观点，同时再次明确自己的政策立场："你们刚才听了我的税收计划，最富有的 5% 将继续缴纳和现在一样的 60% 的所得税。我并没有追求给富人减税。我希望给中等收入群体减税。那么为什么我要在降低税率的同时减少税收减免和抵扣，特别是针对高收入群体？因为降低了税率，中小企业就能保有更多的资本并且雇佣更多的人。对我来说，这事关就业岗位。我要让美国经济重新启动。54% 的美国工人工作的企业是按个人课税的。因此当你调低税率，这些中小企业就能保有更多的资金同时雇佣更多的人。看到过去四年所发生的事情，我说，这是一个失望的结果。我们原本能做得比这更好。我们不应该落得 43 个月失业率超过 8%，如今 2 300 万美人为找到一个好工作而挣扎着，这位总统就任后，如今增加了超过 350 万女性生活窘迫。我们不能再像这样生活，我们能让经济重新运转起来。

我的五点计划能够做到这点：用五年的时间实现北美能源独立；开辟更多的贸易，特别是与拉丁美洲之间，当中国耍诈时制裁中国；预算平衡；重整我们的工人培训项目；最后，支持中小企业。我要帮助中小企业成长与勃兴。我知道如何实现这些。我的一生都在私人部门工作，我知道就业岗位是怎样产生与失去的。而现在，由于本届政府的政策，就业岗位正在失去。"

3. 驳

辩论是双方语言的交锋，除了维护己方观点外，还必须攻击对方观点，指出的虚假、不合理之处。这种批驳，可以从三方面进行：

（1）对对方的辩论立场进行反驳。

直接针对对方论点，组织充分的论据，用有力的论证方法予以驳斥，或者提出一个与对方论点相对立、相排斥的论点，力证其正确性，随后以此为据，证明对方观点的不正确性。

（2）对对方的论据进行反驳。

确定对方论据的虚假性，如：说理不真，事例不确，引证有误，所依不当等等。

（3）对对方的论证过程进行反驳。

还可以对对方的论证过程进行反驳，指出对方论证过程中的逻辑错误，如：偷换概念，转换论题，自相矛盾，思维混乱，使用诡辩术，或者论据与论点之间无必然的逻辑联系等等。

爱国将领冯玉祥任陕西督军时，有两个外国人私自到终南山打猎，并打死了两头珍贵的野牛，于是，冯玉祥把他们召到西安问罪：

冯玉祥："你们到终南山行猎，和谁打过招呼，领到许可证没有？"

对方："我们打的是无主野牛，用不着通知任何人。"

冯玉祥："终南山是陕西的辖地，野牛是中国领土内的东西，怎么会是无主的呢？你们不经批准私自行猎，就是犯法行为，你们还不知罪吗？"

对方："这次到陕西，贵国外交部发给的护照上，不是准许携带猎枪吗？可见，我们行猎已得到贵国政府的准许，怎么是私自行猎呢？"

冯玉祥："准许你们带猎枪，就是准许你们行猎吗？若准许你们携带手枪，难道就可以在中国境内随意杀人吗？"

对方："我在中国 15 年，所有的地方从来没有不准打猎的；再说，中国的法律也没有不准许外国人打猎的条文。"

冯玉祥："没有不准外国人打猎的条文，不错，但难道有准许外国人打猎的条文吗？你 15 年没有遇到官府禁止，那是他们睡着了。现在我身为陕西的地方官，我没有睡着，我负有国家人民交托的保土卫权之责，就非禁止不可。"

冯玉祥与外国人就有罪无罪的辩论，他首先简单立论，首先表明自己是对的，对方是有罪的，但对方一再辩解，为自己开脱；冯玉祥便一条条地从论点的立场上（野牛不是无主的）、论据上（对方用"在中国 15 年，所有的地方从来没有不准打猎的"的经验为论据是无效的）、论证的逻辑上（准许带猎枪不等于准许行猎）上逐一批驳对方的论据，最后还是阐明自己的观点（外国人犯了法）是正确的。

4. 总结

在辩论演讲的最后，一般会对己方在整场辩论中的观点再次进行总结归纳。在总结时，要注意不是将立论部分重新复述一遍这么简单，而是要回顾全场辩论，查漏补缺、深化主题、把握并归纳整场要点来归纳。最好是对对方整场的漏洞有个系统的归纳和简短但有力的回击，然后就是再次梳理己方的观点，但是注意，在总结时不宜突然提出全场都没有提出的新观点，如果可以最好还能有价值观的升华，会让人眼前一亮。

例如电影《东京审判》（2006 年）中约瑟夫·季南的结案陈词就十分铿锵有力、感人肺腑、振聋发聩，在呼唤着人类正义的良心：

女士们，先生们；尊敬的庭上；尊敬的各同盟国法官们：

全体被告参与了这一共同计划的拟定或执行，这一共同计划的目的，是为了日本取得对太平洋及印度洋地区国家的政治、军事、经济的控制地位！为了达到这个目的，日本单独或与其他具有同样目的的国家发动侵略战争，以对付反对此侵略目的的国家！我以及我们检查团的全体同仁，用我们的努力和证据，证明了上述目的的阴谋及罪行都确有其事！

纵观人类文明史，其手段之残忍、残酷、灭绝人性实属罕见！无数的生命痛苦地消失在日本侵略野心的枪口和刀口之下！他们的这种行为是对人类文明的挑战！是对和平的挑战！是对世界的挑战！他们共同的犯罪目的是为了确保天皇的统治地位！没有比发动和实行侵略战争更加严重的罪行！全世界人民的安全，被这种阴谋所威胁！被这场战

争所破坏！这个阴谋的唯一结果，就是使全世界遭受死亡和痛苦！

所以，我——约瑟夫·季南——代表盟国检查团全体同仁郑重向远东国际军事法庭庭长及各位法官提请，请你们给这些发动和实施侵略战争的被告们以严惩！请你们以公正之心，以善良之名，以人类之愿！

（五）撰写辩词

在对整场辩论进行谋篇布局、结构完材料后，就可以开始撰写辩论演讲的演讲稿，或称为"辩词"了。其中，辩论得"论"部分的立论性的辩论词应精心撰写，几经修改，形成完整的文字演讲稿，而"辩"部分的进攻、反驳，因为受临场因素影响很大，难以照本宣科，基本上拟定纲要、关键词、论据即可，临场变通使用。

（六）模拟演练

当对辩题进行破题、立论、选择并结构材料后，即可以进行模拟演练。在模拟演练时不仅要将己方的论证过程模拟一遍，保证己方各辩论者之间的分工和默契，让每位辩手将己方立论、思想境界、基本概念内涵、自由辩论的战场等独立地表述一遍，凡有模糊不清之处，马上进行纠正。

同时也要模拟对方，尽可能想出对方会提出的论点、论据；对方对反驳己方的哪些论点、论据，如何反驳。只有知己知彼，才能做到有备而战。

1. 知己

对己方辩论者进行分析，明确己方阵营、力量、心态、优势、劣势、听众对己方观点的看法、获胜的可能性等要进行分析与预测，做到胸中有数，以便坚定信心，鼓舞斗志，扬长避短。

例如2012年美国总统大选最后一场候选人辩论在佛罗里达州波卡拉顿市林恩大学举行，总统奥巴马与共和党候选人罗姆尼围绕五大主题展开论辩，其中，奥巴马在整个晚上的战略要点，是在打军队统帅的牌——显示他不得不做出很多艰难的决定，他强调："作为军队统帅，我将继续保持美国世界上最强大的军事力量，继续信任我们的军队，但十年战争之后，我想大家都希望我们能做一些国家建设方面的事情、重建我们的道路、桥梁，尤其是关照好我们的退伍军人——他们为我们的自由做出那么多的牺牲。"奥巴马作为总统的优势是，他有效地打出了军队统帅的牌。但罗姆尼也看到了没有当总统的好处。他不需要为自己的记录辩护，他选择了高谈国家的未来，无需回答任何不利问题。

如果是辩论比赛，还要根据己方辩手的性格特点和优劣势，分配好各人在辩论赛中的位置，做到合理分工。如果是辩论比赛，还可以安排好一至四辩的人员及其发言的要点。

一般而言，一至四辩的分工如下：

一辩立论：一辩选手要系统地阐述本方基本立场观点，解释各种概念，描绘辩题的社会历史大背景，并为往后的展开做好铺垫；

二辩分论：二辩选手承继一辩观点，以理论为主，对本方立场观点进行理论上的展开论证，可以将一辩提出的论点分为若干小分论点，用各分论点来论证总论点；

三辩举例：三辩选手一般用论据来补充二辩的各分论点，用事实来论证立场观点，使之血肉丰满；

四辩总结：四辩选手在最后就本方立场观点进行归纳总结与凝练，首尾呼应，使内容更为完整周密，并使得论题的深度得以提升。

2. 知彼

知己知彼才能百战百胜，在演练阶段，首先要摸清楚对方的阵容、力量，并对其心态、优势、劣势进行分析；然后分析对方的立论的思路及其对辩题基本概念的认识，分论点、论据及论证方法以及在辩论时尤其是在自由辩论时可能采用的战术要进行揣摩。

三、辩论演讲的原则

（一）观点鲜明，前后统一

在辩论演讲时，要注意始终对己方立场的维护，除了观点、立场、论点的统一，前后思想统一、各辩手观点统一外，还要注意在同一次辩论中，辩论者使用的概念无论多少次都必须保持其自身的含义，都要指同一对象，不能混淆或偷换成另外一个概念。

（二）抓住要害，围绕主题

在辩论中，尤其是辩解、反驳的环节，往往会出现双方纠缠于一些细枝末节的问题，例如某个例子、某则数据，甚至是某个字眼的表达，看上去你来我往，辩论得很热闹，但实际上已离题万里，始终说不到问题的本质上去，这是辩论的大忌。在辩论时要看准主题和大方向，切记不能离题，不要舍本逐末，在鸡毛蒜皮的细节上纠缠。应迅速地判明对方立论中的要害问题，从而抓住这一问题，一攻到底，以便从理论上彻底地击败对方。

例如在某次辩论赛上，辩题是"象形文字比拼音文字更适用于电脑"，正方在自由辩论时说："事有不能与不为之别。挟泰山以超北海，是不能也，非不为也。为长者折枝是不为也，非不能也；象形文字更适用于电脑，对对方辩友而言，是不为也，非不能也！为何能而不为呢？请对方辩友正面回答！"

反方："对方辩友优美的词句，如果拿到电脑上让它去分词，它如何能也，为也呢？"

反方因为在具体的技术上占优势，所以希望谈具体的技术细节；不希望让正方打"煽情战"，于是无论正方怎样说，都紧紧围绕着"分词"这一具体技术领域。

（三）逻辑严密，反应灵敏

立论要有充足的理由、根据，论据充足、真实，且与论点之间有必然的联系；论证过程逻辑严密，不能出现貌似正确、其实是反逻辑、荒谬的诡辩。同时面对对方的攻击反驳要反应灵敏，巧遇周旋、进退自如，达到良好的辩论效果。

（四）语言简练，幽默风趣

辩论演讲中应做到语言简洁、句子精炼，尽量不使用大众不熟悉的词汇，这样才能让己方观点更容易为人所接收。同时还应尽量做到风趣幽默，幽默在辩论中有着神奇的力量，它蕴含着人类的智慧善良和奇巧，能给人带来美感享受如果运用得当，寓刀枪锋芒于说笑之中，以辛辣的讽刺，使对手在哄堂大笑中败下阵来。轻松幽默的语言能营造和谐轻松的气氛，并能让听众对演讲者产生好感。

例如"2012 中国（成都）首届财富论道"开幕式暨首场辩论赛上，众多企业家激辩"当前是否加大投资"。四川工商联创投同业公会夏思认为，不能耽误战略周期，需要加大投资力度来迎接发展高潮。驰达电子总经理赵勇则风趣地反驳："虽说'笨鸟先飞'，但也有'枪打出头鸟'的谚语，现在是'摸着石头过河'，但没看好就盲目跳下去，命都没了，别说发展。"语言风趣幽默，用的都是大家熟悉的谚语、俗语，引起一片掌声。

（五）冷静得体，自信有礼

在辩论时，辩论者应该注意自身的风度，对自己要自信，对对手要有礼。

1. 自信

在辩论时，要对自己的立场正确性有自信，不必害怕对方连珠炮式的诘问。可用长话短说，直陈己见的方法来增强自信，说得短促有力，对方思考时间就少了，你就有了变被动为主动的可能性。而注意不要总在思考辩论前准备的资料，要学会脱稿辩论。

幽默善辩的美国原总统里根，为什么在争取连任与蒙代尔的首次辩论中狼狈地败下阵来？因为他要口中念念有词地默记若干数字、资料，他处于戒备状态，紧张拘谨，笨嘴拙舌。"他成了另外一个从未见过的里根！""那场辩论简直是一场噩梦！"（南希·里根《轮到我了》）后来里根抛开约束他的文字材料，恢复了幽默诙谐的答对风格，于是轻松地取得了后几场辩论的胜利。

2. 有礼

辩论是以理服人，以据服人，不可以势压人、以声吓人。同时不要曲解、甚至故意歪曲对方原意，不能进行人身攻击，恶语伤人。辩论时可先承接对方语意，以维持和谐的交际气氛，然后灵活委婉地提出自己的看法。只要对方说得有点道理，就把握住内在接引线索，来个"克己适彼"，在相辅相成的配合、补充过程中，逐步达成共识。

同时，也不能忽略现场观众的反应，有传播学者研究过，根据受众支持度反向模式，发言者在辩论中取得优势后，要注意不能得意忘形、使受众反感，这会导致自己的支持率直线降低。发言者的合适情态、语态表现与受众的好感度成正比。所以当对手认错或认输后不能穷追不舍，"痛打落水狗"。

1972 年 9 月田中角荣首次访华时，谈到日本的侵华战争，他说："我给中国国民添了很大的麻烦，我对此再次表示深切反省之意……"周恩来总理听完，昂然站起，声调铿锵地反问："你对日本给中国造成的损害怎么理解？"接着又列举了日军侵华的主要暴行，并严肃地问田中："对这些你是怎么想的？"田中答道："那是事实，没有反驳的余地。""我认为前来赔罪是理所应当的,所以尽管自民党有人反对,我还是来了北京。"听到这里,周恩来"嗯"了一声,立刻转了话题,"明白了,现在我们不去抓话把儿,论是非了,还有比话把儿更重要的问题需要我们马上讨论。"

周总理的交涉技巧极为高超:原则问题,寸步不让;在分清是非后,争论就适可而止,以免影响更重要的讨论。

尤其是在非比赛的日常辩论中,更要简化对立,不要一个问题还没有辩论清楚时,又引入另一个新的问题,最后越辩越厉害,导致场面失控、不可开交。日常论辩既然以软化对立而不是以战胜对方为目的,把问题说清楚就行了,应该在适当的时候退出论辩。

论辩必须在友好、和谐、宽松的气氛中进行,这不仅利于双方充分发挥才智,更有利于对真理的探求。论辩最可怕的结局是不欢而散。因此在辩论时注意几不要:

(1) 不要指名攻击、贬斥,造成情绪对立;

(2) 不要互相揭短,说话尖刻,恶语伤人;

(3) 不要抓住对方只言片语,穷追不舍,缺乏宽容,旁生枝节;

(4) 不要出语平庸,粗俗难忍;

(5) 唾沫横飞,手舞足蹈,行为不美。

四、辩论演讲的常见技巧

辩论演讲很讲究临场发挥,面对对方的诘问如何应对,面对对方的破绽如何进攻,全在于一个"巧"字,恰当的运用辩论技巧,往往能达到"四两拨千斤"的效果。

(一)证明技巧

要使己方观点鲜明地展现在大众面前,不仅体现在论点提炼得鲜明、深刻上,还体现在整篇的论证上和文章整体效果上。一般常见的论证技巧有:

1. 例证法

人们常说:"事实胜于雄辩",确凿、客观、公正的事实或数字,往往具有很强的说服力。这是一种朴实的论证方法,但只要事实、数字能对论点起到有力的支撑作用,那么将例子一摆出来,谁是谁非,一目了然。

李瑞环同志在天津任市长期间,一天,他到学生中间去开座谈会。有位研究生提出:"听说现在的三梯队中有很多高干子弟,人们对此传说很多,意见很大,请问市长您如何看待这个问题?"李瑞环同志十分从容地答辩道:"这个问题要弄清一个根本观点。评判谁能当接班人,首先不是看他是谁的儿子,而是要看他够不够资格。你们传说中有个叶选平,广东省长、叶帅的儿子,1938年参加革命的老干部,解放初的工程师,当过北京市的副市长、国家科委局长、广州市长。他当工程师时,我当木匠,文化水平比我高,参加革命比我早,为什么我能当天津市长,他就不能当广东省长?难道就因为他爸爸是高级干部,我爸爸是农民吗?"

李瑞环用了叶选平和自己两个例子作对比,突出地强化了"谁当接班人不要看其

父母，而要看其够不够资格"的观点，入情入理，不容置辩。

在例证法中，还可以用反证法，通过举与论点相反的例子，而事例又是众所周知或举世公认的事实，这无疑是对错误论断的毁灭性的打击。

2. 类证法

类证法即类比论证，寻找一个相似或相关的事物与之进行比拟或比较，通过两类不同事物某方面属性的相同，从而推出他们的其他属性也相同或相似的逻辑方法。

20世纪30年代，英国商人威尔斯蓄意敲诈，与香港茂隆皮箱行签订合同，订购3 000只皮箱，价值20万港元，如逾期或不按质量交货，由卖方赔偿损失50%。茂隆皮行如期交货。威尔斯却说皮箱中有木料，不是皮箱，合同中写明是皮箱。因此向法庭提出控诉，要求按合同规定赔偿损失，著名律师罗文锦在法庭上为茂隆皮箱行辩护：

罗文锦取出口袋中的金表问法官："这是什么？"

法官答："是金表。"

罗律师又对法庭上所有的人说："这金表除表壳是镀金的外，它的内部机件都是金制的吗？"

旁听者纷纷议论："当然不是。"

罗律师说："那么人们为什么又叫它金表呢？"

可见茂隆皮箱行的皮箱案是原告存心敲诈，原告理屈词穷，法庭只好以威尔斯诬告罪罚款5 000元结案。在这次法庭辩论中，罗律师正是用"金表中的机件不是金的，但人们都公认为是金表"的事实针对"箱中有木料就不是皮箱"的命题进行类比，驳斥对方，获得胜诉的。

在某次人代会北京团会议上，柳传志和方工就能否以高薪养廉的话题进行了"激烈辩论"。著名企业家柳传志认为，高薪养廉已不仅是司法队伍建设的重要条件，而上升成为必要条件了："我们联想讲企业文化，但如果没有物质基础作保障是根本不行的。"柳传志还举例证明说，如果一个企业在上市之后，投资人发现企业老总工资过低，肯定就不敢投资了。老总承担这么大责任，拿这么点的薪水，可能很轻易就离任了。因此，薪资水平必须和责任相匹配。

而持不同意见的北京市检察院第一分院检察长、被誉为此间"第一公诉人"的方工，曾审理过成克杰、李纪周等大要案。他表示，高薪有必要，但仅仅高薪并不都能达到廉政的目的。比如成克杰、李纪周这些巨贪，国家给他多少薪水，恐怕都不可能让他们变得廉洁。方工进一步明确他的观点说，高薪必须和一个人身担的责任及创造的成绩相联系，而不是说这个人有可能腐败，就要财政拿出钱来买他的廉洁。这就相当于："一个人穷，他就去偷了，如果要防止他偷，就给他钱"，高薪是解决不了这个偷窃问题的。

方工运用的就是类比论证，将高薪养廉类比为给钱小偷防止他去偷东西，由此证明己方观点。

3. 喻证法

喻证法即比喻论证，所谓喻巧而理至，通过打比方形象地对论点进行证明，能将抽象的道理具体化、生动化，做到深入浅出。同时比喻论证往往能调动现场气氛，使自己的论证如虎添翼，效果倍增。

但要注意，喻证法的结论并不是必然的，而是或然的，不能作为严格的证明，一般不具备科学证明的效力。在辩论中，多用于反驳具有明显错误的论断，而不能用以替代科学的论证和严密的逻辑推理，如果机械类比，很容易导致诡辩和荒谬。

例如比尔·盖茨在遭到美国司法部起诉他"捆绑销售"时，他反驳说："不让 Windows 携带 IE4.0，就好比有一家单独生产车灯的厂家，却遭到不让给汽车安上车灯一样的命运啊。"用汽车与车灯的关系来比喻电脑系统和浏览器的关系，容易让听者理解并产生共鸣。

又例如曾经有人问泰戈尔："英国统治印度，布政施仁，兴利革弊，是有利于印度民族的，为什么印度人还不满意而极力提倡民族独立运动呢？"对于这样一个颇为宏观的问题，难以在短时间内回答好，但泰戈尔用了一个比喻来作答，令人拍案叫绝，他说："印度人就好像古代的人一向不穿鞋子，而英国人却给印度人穿上一双皮鞋。印度人穿上固然好看，也可跻身于文明人之列，但鞋底里有一根铁钉插出，走一步刺一下，痛彻心脾，更为难受。"

比喻论证除了正面作比喻外，也可以从反面来打比方，即可用一个比喻来说明本体不是某事物、不像某事物。例如德国女数学家爱米·诺德获得博士学位后，还不能立即开课，因为她还没有得到讲师资格。但她的学识和才华受到了从事广义相对论研究的希尔伯教授的赏识。在一次教授会上，为爱米·诺德能否成为讲师发生了一场争论。一位教授激动地说："怎么能让女人当讲师呢？如果她做了讲师，以后就要成为教授，甚至进入大学评议会。难道能允许一个女人进入大学最高学术机构吗？"

希尔伯特教授反驳道："先生们，候选人的性别绝不应该成为反对她当讲师的理由，我请先生们注意：大学评议会，毕竟不是澡堂！"

希尔伯特教授在辩论时用的就是反喻法，"大学评议会不是澡堂"这一反喻掷地有声、驳得对方哑口无言。

（二）进攻技巧

在辩论时要主动进攻，表现出积极进攻的态势，"对于一支素质较好、人员整齐、准备充分、训练有素的辩论队伍来说，最经常、一般也是最奏效的战略就是进攻，进攻，再进攻。"（季翔《技巧与超技巧——辩论技巧的艺术》）但怎样进攻，才能达到攻其要害、攻其不备，取得良好的进攻效果，也是要讲究一定技巧的。

1. 直接否定

针对对方的观点、论据，组织强有力的反攻，面对面地直接地加以辩驳，直截了当地指示对方的错误之所在，或论点或事实，理直则气壮。这种直接进攻方式气势十足，是就是，非就非，毫不含糊。但这种直接否定必须要证据确凿、理由充分，才能显示出己方义正词严，有无可置辩之势。

1933 年德国发生的"国会纵火案",希特勒政府一口咬定是共产党发动武装起义的信号。被逮捕的柏林国际工人运动杰出的活动家季米特洛夫在公开审讯中,以无可辩驳的事实驳倒了形形色色的伪证,揭穿了"国会纵火案"的实质,指出纵火犯不是共产党员。他对指控直接否定:"卢贝是什么东西?一个共产党员?绝对不是!一个无政府主义者?不是!是一个不齿于本阶级的人,一个为非作歹的流氓无产者。他是一个被滥用的畜生,人们利用他来反对工人阶级。世界上没有一个共产党员,或者无政府主义者,在法庭上的作为会像卢贝那个样子。真正的无政府主义者常常做些无聊的事,但是当他们被拖到法庭时,他们终究会勇敢地站起来,说明他们的目的。倘若一个共产党员做了这样的事,明知四个无辜者与他在被告席上并肩而立,他不会默默无言的。卢贝不是共产党员,他不是无政府主义者,他是法西斯滥用的工具。"

季米特洛夫理直气壮、义正词严地指出卢贝非共产党员的实质,直接对"莫须有"的指控做出否定,论据有力,论证严谨,说理透彻,法庭不得不宣布对他无罪释放。

某次全国大专辩论赛的辩题是"人类是大自然的保护者/破坏者",反方用排比反问句式,直接否定人类对大自然的保护,气势十足,论证有力:(反方)"现在我只想请问,保护者会使天空下酸雨吗?保护者会让地球表面的臭氧层遭到破坏吗?保护者会使温室效应影响全球吗?保护者会使全球资源面临危机并波及人类的生存吗?(掌声)难道在给地球母亲造成如此伤害的同时,人类还要作自我辩解吗?"

只要抓住对方实质性的问题进行反驳,就可以使对方失去还击的力量。所谓实质性问题,就是事物的根本。这就要求辩论者能透过现象看本质,抓住事物的根本进行反驳,这样才能击中要害,使反驳具有强大的力量。

林肯在当美国总统之前,曾是个成功的律师,他在辩护中最擅长运用反驳。他为小阿姆斯特朗作无罪辩护的辩护词充分体现了反驳在司法舌战中的重要作用。小阿姆斯特朗被人控为图财害命,证人福尔逊一口咬定在 10 月 18 日深夜亲眼看到了被告枪杀了死者,林肯在辩护过程中首先向证人提问。

林:你发誓说认清了小阿姆斯特朗吗?

福:是的。

林:你在草堆后,他在大树下,两处相隔二三十米,你能认清吗?

福:看得很清楚,因为月亮很亮。

林:你肯定不是从衣着方面认清的吗?

福:不是的,我肯定认清了他的脸蛋,因为月亮正照在他的脸上。

林:你首先肯定时间是在 11 点吗?

福:充分肯定,因为我回屋里看过时钟,那时正在 11 点 1 刻。

林肯在这十分平缓而又十分冷静地询问后,立刻发起了十分简短而又十分猛烈的攻击进行反驳,他指出:"证人发誓说他在 10 月 18 日晚上 11 时在月亮下认清了被告小阿姆斯特朗的脸。但那天晚上是弱月,11 点时月已下山去,哪来的月亮呢?退一步说,就算证人记不准时间,假定稍有前后,月亮还在西天,那么月亮是从西边照过来,但草堆在东,大树在西,被告脸上是不可能照到月亮的,怎么能从二三十米外的草堆后面看

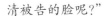

清被告的脸呢？"

这篇运用反驳方法的辩护词，一针见血，令人折服，充分体现出在司法舌战中反驳的重要地位。

2. 归谬法

归谬法和直接否定法刚好相反，其不去针锋相对地进行正面反驳，而是首先假定对方的错误论点是正确的，然后以这种论点为条件，按其逻辑进行推理，最后推导出一个显然不合理的结论。从结论的荒谬，可以反证对方论点的错误。因为是以对方的论点为前提进行推论的，只要推论过程没有错误，推导出的结论往往使对方张口结舌，无言以对。

俄国著名作家赫尔岑有一次参加音乐会，但因为音乐不好听，就厌烦地用双手捂住耳朵，打起瞌睡来了，并向询问他的朋友表示音乐过于低级轻佻。朋友不同意，认为演奏的都是流行乐曲。赫尔岑心平气和地反问："难道流行的东西都是高尚的吗？"朋友不以为然："不高尚的东西怎么会流行？"赫尔岑听后，风趣地说："那么，流行性感冒也是高尚的了？"

赫尔岑用的就是归谬法，假设朋友的观点"流行的都是高尚的"是正确的，在此逻辑下，得出了流行感冒便等同于高尚的事情这种荒谬的结论，从而揭示了流行的东西不一定都是高尚的。

美国华盛顿在一次制定法的会议上，针对有位议员提议"在宪法里应该规定一条，常规部队任何时候都不得超过 5 000 人"的政策进行辩论，华盛顿神情平静地说："这位先生的建议的确很好。但我认为还要加上一条，侵略美国的外国军队，任何时候都不得超过 3 000 人。"

议员的提议不合理，但要在短时间内拿出充分的论据来说服对方却有一定的难度，华盛顿便采用了归谬法，假装承认对方的观点是合理的、正确的，然后根据对方的观点，推导出要保护美国不受侵略的话，根据比例就必须规定侵略美国的军队不超过 3 000 人，这个结论明显是不符合事实、违反常理的荒谬结论，从而反推出对方开始提出观点的不合理性。

2012 年很流行一个词，叫"中国式过马路"，不少城市纷纷出台政策向这种陋习宣战，其中尤以石家庄的举措最引人注目：从 10 月 23 日起，石家庄市开展为期两个月的"不闯红灯、做文明有礼石家庄人主题教育实践活动"。此次活动中，在大路口，对群体性闯红灯的，要处罚前三名。这项新政一出，立刻引发了舆论的极大关注，关于此举到底是执法智慧还是"执罚经济"抑或是运动式执法的种种争议不绝于耳。网络上有持反对意见者，便使用了归谬法来进行反驳，说："如果组团过马路的都知道石家庄新政要处罚'前三名'，那么大家可以排成一列，并排闯红灯，这样就'法不责众'了。"

这样的结论明显是荒谬的，反证出了政策在某方面的不合理性。

3. 顺推法

顺推法和归谬法有部分相似之处，都是在表面上认同对方的观点或者是顺着对方的思路往下说，然后顺水推舟地进行逻辑推理。归谬法推出的是一个荒谬不合理的结论，以此来证明对方观点的错误；但顺推法却是推理出一个对方观点截然相反的结论，出人意料地反而表达出了己方观点的一种方法。

有次周恩来总理在一个外交场合下使用了美国派克笔，一个美国记者发现了，讥讽道："请问总理阁下，你们堂堂中国人，为何还要使用我们美国生产的钢笔呢？"周总理并没有生气或者否定这是美国产的钢笔，反而顺着记者的话说："提起这支钢笔，话就长了，这是一位朝鲜朋友的抗美战利品，他作为礼物赠送给了我。朋友说，抗美胜利了，你就留下做个纪念吧！我觉得很有意义，就收下了这支贵国的钢笔。"美国记者自讨无趣，灰溜溜地走了。

周总理巧妙地借助对方的话题引申发挥、依势顺推，顺水推舟地以"战利品""做个纪念"等词语暗示了中国的强大，让美国记者讨了个没趣。

4. 他为己用法

他为己用，即在进攻时指出对方论据与论题的关系不密切，甚至或者背道而驰，将对方的论据变为己方所用。

在某次辩论赛上，关于"跳槽是否有利于人才发挥作用"的论辩中，有这样一节辩论：

正方："张勇，全国乒乓球锦标赛的冠军，就是从江苏跳槽到陕西，对方辩友还说他没有为陕西人民作出贡献，真叫人心寒啊！"

反方："请问到体工队可能是跳槽去的吗？这恰恰是我们这里提倡的合理流动啊！对方辩友戴着跳槽眼镜看问题，当然天下乌鸦一般黑，所有的流动都是跳槽了。"

反方通过指出对方具体例证引用失误：张勇到体工队，不可能是通过"跳槽"这种不规范的人才流动方式去的，而恰恰是在"公平、平等、竞争、择优"的原则下"合理流动"去的，将对方的论据变成了证明自己观点的论据，收到了较为明显的反客为主的效果。

5. 两难提问法

在进攻的提问中，有时可以预先设置一些比较刁钻的选择性提问，使得对方处于两难境地，无论对方做出哪种选择，都是不利于对方立场的，逃不出预先设好的结论"陷阱"，常常令对手进退不得、难以招架。这种方法使用得好，往往能从根本上挫败对方的锐气。

有一次，美苏关于限制战略武器的四个协定刚签署，基辛格向随行的美国记者介绍这方面会谈的情况。当记者问到美国潜艇数字时，基辛格回答得十分巧妙：

基辛格说："至于潜艇，我的苦处是：数目我知道，但我不知道是不是保密的。"

记者马上回答："不是保密的。"

基辛格反问："不是保密的吗？那你说是多少呢？"

记者无言以对。

基辛格在答记者问时，巧妙地运用了二难法，如果潜艇数字是保密的，他当然不能讲；如不是保密的，记者就应当知道；或者是保密的，或者不是保密的；所以，或者不能讲，或者你应知道。无论记者回答是不是保密，基辛格都可以反问记者让他无言以对。

在某次辩论赛上，辩题为"焚毁走私犀牛角是/不是保护自然资源的行为"，正方通过了两难法让对方难以招架："对方一再强调焚毁，可是在社会系统工程中，其他环节没有做好，焚毁是一种无用的行为；其他环节做好了，焚毁是一种无效的行为，所以不管怎样，无论如何，焚毁职能是一种浪费行为！"

6. 后发制人法

辩论场上风云变幻，有时会出现胶着状态，形势对己方不利，如果一味进攻，以硬碰硬，反而容易暴露出破绽给对方，此时，就可以先把拳头收回来，做缓兵之计，暂时退让，拖延时间等待战机的到来。一方面等对方的弱点慢慢暴露出来，另一方面先暗中蓄积力量，以掌握更大的主动权，一旦时机成熟，就可后发制人。

1940年，丘吉尔在张伯伦内阁中担任海军大臣，由于他力主对德国宣战而受到人们的尊重。当时，舆论欢迎丘吉尔取代张伯伦出任英国首相，丘吉尔也认为自己是最恰当的人选。但丘吉尔并没有急于求成而是采取了"以慢制胜"的策略。他多次公开表示在战争爆发的非常时期，他将准备在任何人领导下为自己的祖国服务。当时，张伯伦和保守党其他领袖决定推举拥护绥靖政策的哈利法克斯勋爵作为首相候选人。然而主战的英国民众公认在政坛上只有丘吉尔才具备领导这场战争的才能。在讨论首相人选的会议上，张伯伦问："丘吉尔先生是否同意参加哈利法克斯领导的政府？"能言善辩的丘吉尔却一言不发，足足沉默了两分钟之久。哈利法克斯和其他人明白，沉默意味着反对。一旦丘吉尔拒绝入阁，新政府就会被愤怒的民众推翻。哈利法克斯只好首先打破沉默，说自己不宜组织政府。丘吉尔的等待终于换来了英国国王授权他组织新政府。

丘吉尔在时机不成熟时，不急于成功，以慢待机，在讨论首相人选的关键时刻，以沉默表示反对，最终赢得了胜利。

1946年初，中央要李先念司令员就中原停战问题同美蒋两方谈判。李先念和国民党实力派人物郭忏分别代表己方协议具体方案。郭忏在会场上表现得十分活跃。未等美方代表宣布第一项协议完毕，但不住地打着手势，要求讨论所谓中共中原军区继续挑起军事冲突问题。接着，他对我中原军区部队进行诬蔑：在何时抓走了他们的多少人，在何时打死他们多少人，在何时占了他们哪些地方……并且手拿编造的所谓证据，面对中外记者不停晃动，故意虚张声势。

面对挑衅，李先念不慌不忙，等郭忏把所有话都说完了，他才站起来环视一下会场，说："首先，我有个问题请教郭将军。有道是'水有源，山有主'，抗战八年，你们的部队直呆在什么地方？你们驻在黄陂河口、塔尔岗、积阳山等地的部队，在什么地方同日本鬼子打过仗？你们从未来过这些地方，怎么说这些地方被我们侵占了呢？"

郭忏面有难色，无言以对。李先念看形势有利于己方，于是慷慨陈词，历数我军如何抗击日伪的事实，驳得郭忏无言可辩，连忙转口说："李将军抗战有功，李将军抗战

有功！这些问题留待执行小组去解决。"

李先念使用的就是缓兵之计，面对郭忓的虚张声势，李先念从容不迫，等对方讲完，他有条有理地对郭忓的不实之词，一一加以反驳，使对方挫尽锐气。

7. 引诱法

引诱法是指巧妙地设一些隐含着陷阱的问题来问对方，诱人上当，对方的回答往往是对己方有利的，这种方法可以出奇制胜，使对方措手不及。

美国第一任总统华盛顿曾有一件趣事：有一次，华盛顿家里丢了一匹马，他知道是一位邻居偷走了，就和警官一起到邻居家去讨索。但邻居拒绝归还，并声称那是他自家的马。华盛顿灵机一动，走上前去，用双手蒙住马的眼睛，对邻居说："如果这马是你的，请告诉我，马的哪只眼睛是瞎的？"邻居回答是右眼。谁知华盛顿放开右手，马的右眼并不瞎。邻居急忙申辩说："我说错了，马的左眼才是瞎的。"华盛顿放开左手，马的左眼也不瞎。警官一下子就明白了，将马判还给了华盛顿。

（三）防守技巧

在辩论中如果一味进攻，忘记防守，很容易被对方釜底抽薪。因此在辩论中必须构筑阵地、坚守阵地；但防守的目的还是在于进攻，在必要的时候可以诱敌深入、反守为攻。防守技巧常见的有以下几种：

1. 直接防守

直接防守和直接进攻一样，以理服人，通过对己方论点、论据的逻辑论证，坚守己方立场。

抗日战争即将爆发的 1936 年，成吉思汗第 30 世孙德王想凭借日本关东军的力量搞一个独立王国。时任国民政府绥远省主席兼归绥指挥所主任的傅作义将军，看透了日本和德王企图分裂中国的阴谋，对此予以坚决的反对，却被蒋介石下令忍让。在这种形势下，傅作义将军同上门来兴师问罪的日本关东军参谋长板垣征四郎展开了一场义正辞严的论辩，最终使日本和德王的美梦破产，辩论是这样的：

板垣征四郎："傅将军，蒙古军政府首脑德王对贵部的挑衅深为不满！"

傅作义："板垣将军，我想先提个问题。阁下此行，是作为关东军的代表还是作为德王的代表而来？"

板垣征四郎："不，都不是！我是作为你和德王之间的中间人而来的。"

傅作义："板垣将军，我从来没有请你做过中间人。"

板垣征四郎："德王作为蒙古军政府首脑，正式要求傅将军把以百灵庙作为中心，阴山以北的广大蒙古地区划归蒙古管辖！"

傅作义："板垣将军，我是国民政府委任的地方官员，我只听命于国民政府！"

板垣征四郎："但是，绥远历来是蒙古的土地！"

傅作义："但是，蒙古历来是中国的土地！"

板垣征四郎："傅将军如果不退出绥远，德王将不惜以武力解决！"

傅作义："如果德王来攻，傅一定与之周旋到底！"

224

板垣征四郎："你们中国军队根本不能与蒙古大军作战！"

"那就领教领教吧！"傅作义理直气壮，站得稳，守得牢，板垣征四郎只好灰溜溜地走了。

2. 模糊应对

对于辩论时对方提出的一些不便回答或者不好回答的问题，可以模糊应对，假装没有发现对方提问的本意，或忽视过去，或故作曲解，体面地从困境中解脱出来。模糊应对具体也有几种情况。

（1）回避问题，不表态。

2008年美国总统竞选辩论第一场，在辩论经济救援计划时：

主持人："好的，让我们回到我的问题。你们两位在经济救援计划中站在哪边？直接告诉对方。我们还有5分钟。我们现在就可以在这里商讨出一个结果。我（先前的）意思是，你们支持这个（经济救援）计划吗？奥巴马议员，还有你，麦凯恩议员？你支持这个计划吗？"

奥巴马："我们还没有看到这个计划。我认为在（国会）正在进行一项建设性的工作。所以，我想对观众们说，我对我们一起提出一项计划的能力表示乐观。"

可见，奥巴马在这里回避了主持人的问题，他还是没有说他究竟是支持还是不支持。他的回答是一个 non - answer，不表态。

（2）假装不明白对方问题的深意，仅从字面做解释。

1988年，布什参加美国总统竞选，杜卡基斯攻击布什是里根的影子，缺乏个性，没有政绩，连问："布什在哪里？布什在哪里？"但聪明的布什不与杜卡基斯做正面交锋，而是玩笑式地回答："布什在家里，和他的夫人巴巴拉在一起。"布什只是将"在哪里"一语的比喻义曲解为字面义，便轻巧地避开了正面的回答，又含而不露地宣传了自己对家庭的情感和传统道德的尊崇，巧妙地维护了自己的形象。

1983年，我国某法学家在联邦德国举办的国际刑法研讨会上，应邀做了关于当前中国刑法发展的报告。结束后，有人提出："人民在行为当时，怎样能够预见自己的行为是犯罪的呢？假如一个人在马路上踢足球，在踢的时候并不犯罪，但后来踢碎了附近的门窗玻璃，因而可能事后判了罪，对这一点行为人怎能预先知道呢？"报告人面对这个难题半开玩笑地说："世界各国人民都爱踢足球，我们也在提倡，所以你可以放心，不至于因踢足球而被判刑。"很明显，报告人的回答是答非所问的，然而全场立即响起了一阵爽朗的笑声。

这便是假装不明白提问者发问的深意，对问题做表面上的解释，同时将己方的观点巧妙地融入貌似表面的回答中。

（3）问非所答。

问非所答即在回答问题时不正面回答，而引用另一件事情，在讲述另一件事情的时候，巧妙地从侧面回答了问题。

美国前总统里根在访问我国期间，曾去上海复旦大学与学生见面，有一学生问里根："您在大学读书,是否期望有一天成为美国总统?"里根显然没有预料到学生会提这样的问题,但这位政治家颇能随机应变,只见他神态自若地答道:"我学的是经济学,我也是个球迷,可是我毕业时,美国的大学生约有1/4要失业,所以我只想先有个工作,于是当了体育新闻广播员,后来又在好莱坞当了演员,这是50年前的事了。但是,我今天能当上美国总统,我认为早先学的专业帮了我的忙,体育锻炼帮了我的忙,当然,一个演员的素质也帮了我的忙。"

里根的回答回避了问题的实质,但又围绕提问而展开,较好地应会了对方的难题。

在某次答记者问上,法新社记者问朱镕基总理:"朱总理,您好。关于连任,朱总理刚才好像不太想直接回答这个问题,可是我们想请问,无论下一个总理是谁,你觉得他应该有什么优点呢? 如果下一任总理不是朱总理的话,你觉得他在哪个方面应该向你学习? 在哪个方面不应该向你学习?"

朱镕基:"我是很佩服你们新闻记者的执着和毅力,总是要把这个问题追个水落石出,但是我刚才已经讲过了,连我自己都不知道答案,我怎么回答你呢。至于我本人,除了我确实是在埋头苦干的干工作以外,我没有什么优点,我不希望别人学习我,特别是某家香港报纸说我的本事就是拍桌子、捶板凳、瞪眼睛,那就更不要学习我。但是这个报纸说得不对,拍桌子是拍过桌子,瞪眼睛也瞪过,不能瞪眼睛不就是植物人了嘛,捶板凳绝对没有捶过,那捶起来是很疼的。至于说我这样做是为了吓唬老百姓,我想没有一个人相信他这种说法,我从来不吓唬老百姓,只吓唬那个贪官污吏。谢谢。"

朱镕基回答很巧妙,他没有直接回答记者的问题,而是讲另一件事情,讲香港报纸的评论,用幽默的语言,委婉地回答了问题。

3. 以问制问

以问制问,用同类型性质的问题来反问作为回答,对于那些不便回答或不好不答的问题,采用此法把"球"踢回去,让对方自作自受。

一个白人牧师向一位黑人领袖提出诘难:"先生既有志于黑人解放,非洲黑人多,何不去非洲?"黑人领袖反问:"阁下既有志于灵魂解放,地狱灵魂多,何不下地狱?"

西方记者问作家梁晓声:"没有'文化大革命',可能也不会产生你们这一代青年作家,那么'文化大革命'在你看来究竟是好是坏?"

梁晓声反问:"没有第二次世界大战,就没有以反映第二次世界大战而著名的作家,那么您认为第二次世界大战是好是坏?"

4. 以虚制虚

有时面对对方的无理取闹,还可以采取以虚制虚的防守方式,让对方自食其果。

有个司机被控酒后驾驶,被判拘留一周,他在法官面前申辩说:"我只是喝了些酒,并没有像指控书中说的那样喝醉了。"法官听后一笑,说:"正因为如此,我们才没有判处你监禁七天,而只是拘留你一个星期而已。"法官的反驳,回避了司机的无理取闹,又让司机明白了酒后驾驶和酒醉驾驶的性质是一样的,就如同监禁七天和拘留一星期一样。

5. 曲解语词

有时候对方出言不逊，这时可以用幽默的手法故意曲解对方的词语，将词义拐到对己方有利的方面来做出回答。

鲁迅在原北京女师大校董会上为学生的爱国行为辩护时，校长打断他的话，说："学校是有钱人办的，应该听听有钱人的高见。"鲁迅立即从兜里掏出一块银币，砰然放在桌上说："我有钱，我可以说话！"鲁迅故意曲解了"有钱"这个概念，变被动为主动，是很高明的答对策略。

除此以外，防守的技巧还有不少，例如自相矛盾，即寻找到对方自相矛盾的地方，以子之矛、攻子之盾，可以借对方攻击之力反击对方。尤其在辩论赛中，因为辩论队伍由四位队员组成，各辩手在辩论过程中常常会出现矛盾，即使是同一位队员，在自由辩论中，由于出语很快，也有可能出现矛盾，一旦出现这样的情况，就应当马上抓住对方的破绽，竭力扩大对方的矛盾，使之自顾不暇。

又例如故意否定己方的适度地反诘法：

1984 年里根在竞选总统时与对手蒙代尔进行电视辩论。蒙代尔针对里根的年龄大发动攻势，指出高龄不适合担任总统。里根反击说："蒙代尔说我年龄过大。我不会把对手的年轻、不成熟这类问题在竞选中加以利用。"

这风趣而辛辣的论辩语言引得听众大笑，在笑声中，选民们接受了里根。其实，蒙代尔的话无疑有一定的合理性：年龄过大，精力当然就不够充沛嘛！但是里根巧妙地在论辩中把"年龄大而精力不充沛"的攻击化为"年龄小而不成熟"的反击，又宣称自己不准备利用这一点，与对手的行为形成鲜明的对照。

（四）应对诡辩的技巧

在辩论时，有时难免会出现对方用诡辩的方式来证明自己的论点，此时便应注意分辨清楚对方论点、论据、论证中哪些属于诡辩。黑格尔说："诡辩这个词通常意味着以任意的方式，凭着虚假的证据，或者将一个虚假的理弄得非常好听，好像真的一样；或者将一个真的道理给否定了，弄得动摇了。"玩弄词语，虚假论证，简单概括，机械类比，以人为据，节外生枝，自相矛盾，模棱两可，循环论证。在防守中，要学会识破对方的诡辩，以其人之道，还治其人之身。一般而言，常见的诡辩有以下几种：

1. 偷换概念

对方任意改变某个概念的内涵并把它偷偷换成另一个相似的概念，企图蒙混过关，这时便要识破概念，剥去伪装，还其本来面目，指出其错误，使得对方建立在偷换过的概念的基础上的整个论证变成无本之木、无源之水。

在某次法庭辩论上，吴某因某女不愿继续与其恋爱而毁了某女的容貌。在法庭辩护阶段，公诉人在分析吴某的犯罪思想时指出，吴某在日记里多次记载要用各种手段报复某女，可见其早已萌发了犯罪思想。吴某的辩护人接过话头说："公诉人不应该把日记上的东西作为证据使用，我国刑法没有规定思想犯罪。"公诉人当即识破了辩护人要把

"犯罪思想"概念偷换为"思想犯罪",以阻止公诉人分析罪犯的犯罪思想,达到解脱罪犯故意犯罪的罪责的目的。于是立刻揭穿,及时阐述了"犯罪思想"的概念含义,答辩道:"我所说的是'犯罪思想'而不是'思想犯罪',这是两个根本不同的概念。'犯罪思想'指的是犯罪分子的主观心理状态,这是犯罪构成的一个重要方面,如果不考察它,就无法弄清其犯罪的动机和目的,也就难以确定是故意犯罪还是过失犯罪,辩护人怎么能把两个完全不同的概念混为一谈,因废除'思想犯罪'而否定研究'犯罪思想'呢?"

2. 循环论证

用来证明论题的论据本身的真实性要依靠论题来证明的逻辑错误。如证明"鸦片能催眠",所用的论据是"它有催眠的力量"。而"鸦片有催眠的力量",又要借助于"它能催眠"来证明。这就是犯了循环论证的错误。

在某次"是否应该改革中等教育"的辩论赛中,正方立论说:"目前的中等教育结构,很不适应国民经济的需要,应尽快进行改革。"正方提出的论据是:"教育事业的发展,必须与国民经济的发展相适应。离开国民经济发展的实际程度去发展教育只能是一句空话。"

这个"论据"貌似有力,实际不过是重复了一下论题,对论题不起任何论证作用。

3. 前提虚假

有时候对方就其立论做出洋洋洒洒的论证,细细推敲,发现论据没有问题、论证的逻辑也没有问题,但得出的结论却十分荒谬,此时,往往是中了对方所设置的虚假前提的圈套。例如鲁迅《阿Q正传》中,阿Q偷萝卜后和老尼姑关于偷萝卜的辩论:

（老尼姑）"阿弥陀佛,阿Q,你怎么跳进园来偷萝卜?"

（阿Q）"我什么时候跳进你的园里来偷萝卜了?"

"这不是?"老尼姑指着阿Q的衣兜。

"这是你的?你能叫得它答应你么?"说着阿Q转身就跑,这是因为一匹肥大的黑狗哼而且追,冲他扑来。

阿Q推导萝卜是他的逻辑过程是这样子的:

大前提:萝卜答应谁,谁才是萝卜的主人

小前提:你不能叫得它答应你

结论:这萝卜不是你的

阿Q推理的大前提就是虚假的,因而结论自然是荒谬的。因此,遇到这种情况,可以采取釜底抽薪的办法,直斥对方大前提的不合理、不成立,自然其结论也就不成立了。

（五）控场技巧

辩论演讲与其他演讲一样,一名好的辩手除了有出色的思维能力、反应能力和语言能力外,控场技巧的好坏也是辩论者成熟与否的重要标志。控场指演讲者对演讲场面有

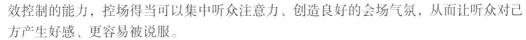

效控制的能力，控场得当可以集中听众注意力、创造良好的会场气氛，从而让听众对己方产生好感、更容易被说服。

1. 多用排比句形成气势

所谓直言排比是指一系列陈述句组成的排比。这种排比一气呵成，从不同的角度阐述自己的观点，说理透彻，极富鼓动力和说服力。

1848 年，普鲁士反动政府对马克思主编的《新莱茵报》极端仇视。他们以报纸上的文章侮辱了最高检察官和宪兵为由，对马克思提起公诉。在被告席上，马克思以凛然的正气、铁一般的事实驳辩道："报刊按其使命来说，是社会的捍卫者，是针对当权者孜孜不倦的揭露者，是无处不在的耳目，是热情维护自己自由的人民精神的千呼万应的喉舌……我坚决驳斥非难我们的卑鄙无耻的说法，我认为这种非难是出于无知。尽管这些先生们以为自己很伟大，但是在现代重大的斗争中，他们却算不了什么，根本算不了什么。"

马克思连用四个排比句，全面透彻地驳斥了反动政府对他们的诬陷，气势磅礴，具有压倒一切的力量，因而致使反动检察官无言对答，狼狈不堪。

2. 激将法

激将法是指通过一定的言行刺激对方，激发对方的某种情感，引起对方的情绪波动、心态变化，并且这种波动和变化都是朝着自己一方所期望的目标和方向发展的一种心理战术。例如先秦著名的纵横家苏秦便是使用激将法游说韩宣王，使其专心抗秦的。

例如我国著名的女排教练袁伟民在 1983 年输给了日本，巧施激将法，劝说郎平，袁伟民找郎平谈心。郎平谈这谈那，就是不提奥运会。袁伟民见此情景，使用了"激将法"，说郎平有功成名就的思想和畏难情绪。郎平果然不服，旋即采用了"以子之矛攻子之盾"的手法反驳袁伟民的观点，同时也亮出了自己的真实思想：中国队实力削弱，已经不具备夺取世界冠军的物质基础！袁伟民这才了解了郎平的真实想法，有的放矢地巧用"反问"纠正郎平的错误认识。

3. 自创新词

有时候在辩论场上，用一些自创的新词、新句来解释自己的观点，显得新颖幽默，容易给听众留下深刻的印象。

中美新市场经济（北京）论坛暨 2004 年诺贝尔经济学奖得主普雷斯科特中国演讲会 6 月 11—12 日在北京大学举行，论坛主题为"新市场经济与国富之路"，其中论坛下午议程为圆桌辩论："新市场经济与中国企业家"。其中王永在辩论时说："很多企业每天做的事情有 70%～80% 跟自己的工作没有关系，确实是没有关系的。电脑这个事情又不能不做。我老是有一个观点，今天团市委给我一个任务，到全北京的 20 所大学做关于创业的演讲，我是 1996 年来北京，拿着 300 块钱来北京，现在号称资产上亿。在短短八九年中怎么白手起家，我说这是'创'，左边是粮仓，右边是刀。今天提出创新，新市场经济，后来提出一个经商。我们跟王局长沟通的时候，海淀的核心竞争力就是创新的文化。今天有一个领导讲的一句话，他说真正在北京有作为的人，很多曾经失败过……"

王永提出了他对"创"这个字的新解：左边是粮仓，右边是刀，并结合自己的实际经历，讲述了自己的感受，十分深刻。

4. 就地取材

在现场取材，就现场的人、事、物作为论据，证明己方观点，往往能活跃现场气氛，赢得听众的共鸣和好感。

在99国际大专辩论会"夜晚对人类利大于弊/弊大于利"这场比赛中，点评嘉宾是金庸先生。辩论中双方队员都很机敏地抓住这一点，把金庸先生和他的作品活用到辩论中。

反方问："对方辩友，你可知道，梅超风她总是在夜晚出来害人？"

正方："但是，邱处机道长也是在晚上才传授郭靖武功的。况且，后来梅超风的眼睛瞎了，黑夜、白天对她都一样了。"

反方又问："请问，为什么人们都选择白天工作，夜间休息呢？如果说夜晚对人类利大于弊，那人们为什么不都改在晚上工作呢？"

正方马上反客为主，回答："我告诉你，金庸先生的作品有70%都是夜深人静的时候写成的，夜晚往往是作家灵感频发、文思泉涌的黄金时段，不信你问问在座的金庸先生啊！"

反方问道："金庸先生已经七十高龄了，你是想让金庸先生夜以继日，不停地写，永远不见天日了吗？"

辩论双方，你来我往，颇为激烈，都以金庸写作轶事和他笔下的人物为论据，使坐在台下的金庸先生听得呵呵直笑，评委们饶有兴趣，观众反应强烈，纷纷鼓掌为双方的机智叫好。

思考与训练

1. 辩论演讲与命题演讲、即兴演讲有何异同？

2. 辩论演讲中如何破题？

3. 辩论演讲有什么进攻和防守的技巧？

4. 请选择以下某个题目作为辩题，组织一场辩论赛：

（1）赞成/不赞成实施网络实名制

（2）大学校园秩序的维持，主要靠"自律"/"他律"

（3）素质教育应当/不应废除考试

（4）实行学分制利大于弊/弊大于利

（5）未来社会，女性比男性压力大/男性比女性压力大

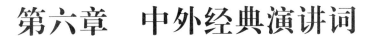

第六章　中外经典演讲词

古今中外有很多经典的演讲词无论从形式上还是内容上都可以供我们参考、学习和借鉴，笔者选取了具有时代特点、语言精彩、反响持久的演讲词，以便读者领略和习之。

第一节　中国经典演讲词

顺应时代前进潮流促进世界和平发展
——在莫斯科国际关系学院的演讲

（2013 年 3 月 23 日，莫斯科）

习近平

尊敬的托尔库诺夫院长，尊敬的戈洛杰茨副总理，老师们，同学们：

今天，有机会来到美丽的莫斯科国际关系学院，同各位老师、同学见面，感到十分高兴。

莫斯科国际关系学院是享誉世界的知名学府，名师荟萃，英才辈出，我对贵院在各领域取得的优异成绩，表示热烈的祝贺！

俄罗斯是中国的友好邻邦。这次访问俄罗斯，是我担任中国国家主席后第一次出访，是这次出访的第一站，也是时隔 3 年再次来到你们美丽富饶的国家。昨天，我同普京总统举行了富有成果的会谈，并共同出席了俄罗斯中国旅游年开幕式。

早春 3 月，意味着一个新的万物复苏季节的到来，意味着一个新的播种的时刻的到来。常言道，一年之计在于春。中俄双方把握这美好的早春时节，为两国关系和世界和平与发展辛勤耕耘，必将收获新的成果，造福两国人民和各国人民。

老师们、同学们！

国际关系学院是专门从事国际问题研究和教学的高等学府，相信你们对国际形势更加关注，更能感受到过去几十年国际社会沧海桑田般的巨大变化。我们所处的是一个风云变幻的时代，面对的是一个日新月异的世界。

——这个世界，和平、发展、合作、共赢成为时代潮流，旧的殖民体系土崩瓦解，冷战时期的集团对抗不复存在，任何国家或国家集团都再也无法单独主宰世界事务。

——这个世界，一大批新兴市场国家和发展中国家走上发展的快车道，十几亿、几十亿人口正在加速走向现代化，多个发展中心在世界各地区逐渐形成，国际力量对比继续朝着有利于世界和平与发展的方向发展。

——这个世界，各国相互联系、相互依存的程度空前加深，人类生活在同一个地球

村里，生活在历史和现实交汇的同一个时空里，越来越成为你中有我、我中有你的命运共同体。

——这个世界，人类依然面临诸多难题和挑战，国际金融危机深层次影响继续显现，形形色色的保护主义明显升温，地区热点此起彼伏，霸权主义、强权政治和新干涉主义有所上升，军备竞争、恐怖主义、网络安全等传统安全威胁和非传统安全威胁相互交织，维护世界和平、促进共同发展依然任重道远。

我们希望世界变得更加美好，我们也有理由相信，世界会变得更加美好。同时，我们也清楚地知道，前途是光明的，道路是曲折的。车尔尼雪夫斯基曾经写到："历史的道路不是涅瓦大街上的人行道，它完全是在田野中前进的，有时穿过尘埃，有时穿过泥泞，有时横渡沼泽，有时行经丛林。"人类社会发展的历史证明，无论会遇到什么样的曲折，历史都总是按照自己的规律向前发展，没有任何力量能够阻挡历史前进的车轮。

世界潮流，浩浩荡荡，顺之则昌，逆之则亡。要跟上时代前进步伐，就不能身体已进入21世纪，而脑袋还停留在过去，停留在殖民扩张的旧时代里，停留在冷战思维、零和博弈老框框内。

面对国际形势的深刻变化和世界各国同舟共济的客观要求，各国应该共同推动建立以合作共赢为核心的新型国际关系，各国人民应该一起来维护世界和平、促进共同发展。

我们主张，各国和各国人民应该共同享受尊严。要坚持国家不分大小、强弱、贫富一律平等，尊重各国人民自主选择发展道路的权利，反对干涉别国内政，维护国际公平正义。"鞋子合不合脚，自己穿了才知道"。一个国家的发展道路合不合适，只有这个国家的人民才最有发言权。

我们主张，各国和各国人民应该共同享受发展成果。每个国家在谋求自身发展的同时，要积极促进其他各国共同发展。世界长期发展不可能建立在一批国家越来越富裕而另一批国家却长期贫穷落后的基础之上。只有各国共同发展了，世界才能更好发展。那种以邻为壑、转嫁危机、损人利己的做法既不道德，也难以持久。

我们主张，各国和各国人民应该共同享受安全保障。各国要同心协力，妥善应对各种问题和挑战。越是面临全球性挑战，越要合作应对，共同变压力为动力、化危机为生机。面对错综复杂的国际安全威胁，单打独斗不行，迷信武力更不行，合作安全、集体安全、共同安全才是解决问题的正确选择。

随着世界多极化、经济全球化深入发展和文化多样化、社会信息化持续推进，今天的人类比以往任何时候都更有条件朝和平与发展的目标迈进，而合作共赢就是实现这一目标的现实途径。

世界的命运必须由各国人民共同掌握。各国主权范围内的事情只能由本国政府和人民去管，世界上的事情只能由各国政府和人民共同商量来办。这是处理国际事务的民主原则，国际社会应该共同遵守。

老师们、同学们！

去年11月，中国共产党召开了第十八次全国代表大会，明确了今后一个时期中国的发展蓝图，提出到2020年国内生产总值和城乡居民人均收入将在2010年的基础上翻一番，在中国共产党建党 100 年时全面建成小康社会，在新中国成立 100 年时建成富强民主文明和谐的社会主义现代化国家。同时，我们也清醒地认识到，作为拥有 13 亿多人口的发展中大国，中国在发展道路上面临的风险和挑战依然会很大、很严峻，要实现已确定的奋斗目标必须付出持续的艰辛努力。

实现中华民族伟大复兴，是近代以来中国人民最伟大的梦想，我们称之为"中国梦"，基本内涵是实现国家富强、民族振兴、人民幸福。中华民族历来爱好和平。近代以来，中国人民蒙受了外国侵略和内部战乱的百年苦难，深知和平的宝贵，最需要在和平环境中进行国家建设，以不断改善人民生活。中国将坚定不移走和平发展道路，致力于促进开放的发展、合作的发展、共赢的发展，同时呼吁各国共同走和平发展道路。中国始终奉行防御性的国防政策，不搞军备竞赛，不对任何国家构成军事威胁。中国发展壮大，带给世界的是更多机遇而不是什么威胁。我们要实现的中国梦，不仅造福中国人民，而且造福各国人民。

我们高兴地看到，中俄两国互为最大邻国，在国家发展蓝图上有很多契合之处。俄罗斯提出到 2020 年人均国内生产总值将达到或接近发达国家水平的目标，现在正在强国富民的道路上加快前进。我们衷心祝愿俄罗斯早日实现自己的奋斗目标。一个繁荣强大的俄罗斯，符合中国利益，也有利于亚太与世界和平稳定。

中俄关系是世界上最重要的一组双边关系，更是最好的一组大国关系。一个高水平、强有力的中俄关系，不仅符合中俄双方利益，也是维护国际战略平衡和世界和平稳定的重要保障。经过双方 20 多年不懈努力，中俄建立起全面战略协作伙伴关系，这种关系充分照顾对方利益和关切，给两国人民带来了实实在在的好处。我们两国彻底解决了历史遗留的边界问题，签署了《中俄睦邻友好合作条约》，为中俄关系长远发展奠定了坚实基础。

当前，中俄都处在民族复兴的重要时期，两国关系已进入互相提供重要发展机遇、互为主要优先合作伙伴的新阶段。对发展新形势下的中俄关系，我认为应该在以下几个方面多下工夫。

第一，坚定不移发展面向未来的关系。中俄世代友好、永不为敌，是两国人民共同心愿。我们双方要登高望远，统筹谋划两国关系发展。普京总统讲过："俄罗斯需要一个繁荣稳定的中国，中国也需要一个强大成功的俄罗斯。"我完全同意他的看法。我们两国共同发展，将给中俄全面战略协作伙伴关系提供更广阔发展空间，将为国际秩序和国际体系朝着公正合理的方向发展提供正能量。我们两国要永做好邻居、好朋友、好伙伴，以实际行动坚定支持对方维护本国核心利益，坚定支持对方发展复兴，坚定支持对方走符合本国国情的发展道路，坚定支持对方办好自己的事情。

第二，坚定不移发展合作共赢的关系。中俄国情不同、条件各异，彼此密切合作、取长补短可以起到一加一大于二的效果。去年，中俄贸易额达到 882 亿美元，人员交流达到 330 万人次，这些数字充分反映出中俄关系的巨大发展潜力和广阔发展前景。中俄两国的能源合作不断深化。继 17 世纪的"万里茶道"之后，中俄油气管道成为联通两国新的"世纪动脉"。当前，我们两国正积极推动各自国家和地区发展战略相互对接，不断创造出更多利益契合点和合作增长点。我们要推动两国合作从能源资源向投资、基

础设施建设、高技术、金融等领域拓展，从商品进出口向联合研发、联合生产转变，不断提高两国务实合作层次和水平。

第三，坚定不移发展两国人民友好关系。国之交在于民相亲。人民的深厚友谊是国家关系发展的力量源泉。这里，我想讲几个两国人民相互支持和帮助的事例。抗日战争时期，苏联飞行大队长库里申科来华同中国人民并肩作战，他动情地说："我像体验我的祖国的灾难一样，体验着中国劳动人民正在遭受的灾难。"他英勇牺牲在中国大地上。中国人民没有忘记这位英雄，一对普通的中国母子已为他守陵半个多世纪。2004年俄罗斯发生别斯兰人质事件后，中国邀请部分受伤儿童赴华接受康复治疗，这些孩子在中国受到精心照料，俄方带队医生阿兰表示："你们的医生给孩子们这么大的帮助，我们的孩子会永远记住你们的。"2008年中国汶川特大地震发生后，俄罗斯在第一时间向中国伸出援手，并邀请灾区孩子到俄罗斯远东等地疗养。3年前，我在符拉迪沃斯托克"海洋"全俄儿童中心，亲眼目睹了俄罗斯老师给予中国儿童的悉心照料和温馨关怀。中国孩子亲身体会到了俄罗斯人民的友爱和善良，这应验了大爱无疆这句中国人常说的话。这样的感人事迹还有很多，滋润着两国人民友谊之树枝繁叶茂。

中俄两国都具有悠久的历史、灿烂的文化，人文交流对增进两国人民友谊具有不可替代的作用。孔子、老子等中国古代思想家为俄罗斯人民所熟悉。中国老一辈革命家深受俄罗斯文化影响，我们这一代人也读了很多俄罗斯文学的经典作品。我年轻时就读过普希金、莱蒙托夫、屠格涅夫、陀思妥耶夫斯基、托尔斯泰、契诃夫等文学巨匠的作品，让我感受到俄罗斯文学的魅力。中俄两国文化交流有着深厚基础。

青年是国家的未来，是世界的未来，也是中俄友好事业的未来。这次访俄期间，我和普京总统共同宣布，两国将于2014年和2015年互办中俄青年友好交流年。中方还将邀请包括莫斯科国际关系学院学生在内的俄罗斯大学生代表团访华。在座各位同学是俄罗斯青年一代的精英。我期待着越来越多的中俄青年接过中俄友谊的接力棒，积极投身两国人民友好事业。

老师们、同学们！

俄罗斯有句谚语："大船必能远航。"中国有句古诗："长风破浪会有时，直挂云帆济沧海。"我相信，在两国政府和人民共同努力下，中俄关系一定能够继续乘风破浪、扬帆远航，更好造福两国人民，更好促进世界和平与发展！

谢谢大家！

申办 2008 年奥运会上的演讲

杨　澜

主席先生，各位来宾，大家午安！

在我介绍我们的文化节目之前，首先我要告诉你一件有关 2008 年的事，你将在北京度过一段美好的时光。

中国有自己的体育传奇。回到宋代，大约 11 世纪，人们开始玩一个叫蹴鞠的游戏，这被看作是足球古老的起源。这个游戏很受欢迎，妇女也来参加。现在，你就会明白，为什么我们的女子足球队这么厉害了。

还有更多精彩的事物在等着你。在新北京，一个充满活力的现代化大都市，交织 3 000 年的文化宝藏的城市面貌，伴随着象征意象的紫禁城、天坛、万里长城正在向您展开，这个城市有着多样的影院、博物馆、舞厅、各种餐馆和购物中心，正在让您感到惊喜与兴奋。

但除此之外，它是一个深受几百万人喜爱，可以满足来自全世界的人的城市。北京人民相信，2008 年北京奥运会将有助提升中国与中国香港的和谐，我们的文化会与世界多元文化相互交融。他们会公开表达对奥运的期盼之情，你可以见证你和伟大的运动间的文化交流。

在我们的文化发展中，教育和交流将得到优先发展，我们想要创造一个智力和体育记录，以扩大人们所了解的奥运梦想传播于全国各地。

文化活动也将因之而每一年开展，从 2005 年至 2008 年，我们将举办多元化的文化节目，如音乐会、展览会、美术比赛和夏令营，将涉及来自世界各地的青少年。奥运会期间，他们将分别在奥运村和所有受惠的运动员活动。

开幕式我们将给予我国在世界最大的艺术舞台，欢庆共同愿望和人们独特的文化遗产——我们的文化和奥林匹克运动所带来的魅力。

著名的丝绸之路的开创，我们的火炬接力将有新的突破，从奥林匹亚通过一些最古老的国家的文明——希腊、罗马、埃及、拜占庭、不达米亚、波斯、阿拉伯、印度和中国。携带的信息"分享和平，分享奥运"永恒的火焰将达到新的高峰，因为它将穿越喜马拉雅山在世界的最高峰——珠穆朗玛峰，这是已知的许多你安居乐业。在中国，圣火还将穿过西藏，穿越长江与黄河，游历长城，并参观香港、澳门、台湾和 56 个民族的朋友，圣火传递时，火焰将被激励更多的人参与到奥林匹克的大家庭中。

在这么短的时间里，我恐怕不能介绍现在的中华全貌与我们的文化，在我结束前，让我跟大家分享这样一个故事，七百年前，马可·波罗来到中国，他惊讶的不得了，当他描述在一个遥远的国家非常美丽，人们问马可·波罗他在中国的故事是不是真的，他回答道：我告诉你的连我看到的一半都没有达到。其实，我们已经介绍的只是一小部分，北京正在等待着你！

认识的人，了解的事

柴　静

十年前在从拉萨飞回北京的飞机上，我的身边坐了一个五十多岁的女人，她是三十年前去援藏的，这是她第一次因为治病而离开拉萨。下了飞机下着很大的雨，我把她送到北京一个旅店里。过了一个星期我去看她，她说她的病已经确诊了，是胃癌的晚期，然后她指了一下床边的一个箱子，她说如果我回不去的话你帮我保存这个。那是她三十年当中，走遍西藏各地，跟各种人——官员、汉人、喇嘛、三陪女交谈的记录。她没有任何职业身份，也知道这些东西不能发表，她只是说，一百年之后，如果有人看到的话，会知道今天的西藏发生了什么。这个人姓熊，拉萨一中的女教师。

五年前，我采访了一个人，这个人在火车上买了一瓶一块五毛钱的水，然后他问列车员要发票，列车员乐了，说："我们火车上自古就没有发票。"然后这个人把铁道部告上了法庭，他说："人们在强大的力量面前，总是选择服从，今天如果我们放弃了一块五毛钱的发票，明天我们就可能放弃我们的土地权、财产权、生命的安全。权利如果不是用来争取的话，权利就只是一张纸。"他后来赢了这场官司，我以为他会和铁道部结下梁子，结果有一次他上了火车之后，在火车上要了一份快餐，列车长亲自把这份饭菜端到她的面前说，你是现在要发票还是吃完之后我再给您送过来。我问他你靠什么赢得尊重，他说，我靠我为我的权利所作的斗争。这个人叫郝劲松，三十四岁的律师。

去年我认识一个人，我们在一起吃饭，这个六十多岁的男人，说起来丰台区一所民工小学被拆迁的事儿，他说所有的孩子靠在墙边上哭。说到这儿的时候他也动感情了，然后他从裤兜里面掏出来一块皱皱巴巴的蓝布手绢，擦擦眼睛。这个人十八岁的时候当大队的出纳，后来当教授，当官员。他说他做所有这些事的目的，只是想给农民做一点事。他在我的采访中说到征地问题，他说征地给农民的不是价格，只是补偿，这个分配机制极不合理，这个问题不仅出在土地管理法，还出在 1982 年的宪法修正案。在审这期节目的时候我的领导说了一句话，说这个人说的再尖锐，我们也能播。我说为什么，他说因为他特别真诚。这个人叫陈锡文，中央财经领导办公室主任。

七年前，我问过一个老人，我说你的一生也经历了很多的挫折，你靠什么来保持你年轻时候的情怀，他跟我讲有一年他去河北视察，没有走当地安排的路线，然后他在路边发现了一个老农民，旁边放了一副棺材，他就下车去看，那个老农民因为太穷了，没钱治病，就把自己的棺材板拿出来卖。这个老人就给了他五百块钱让他回家，他说我给你讲这个故事的目的是想告诉你，中国大地上的事情是无穷无尽的，不要在乎一城一池的得失，要执着。这个人叫温家宝，中华人民共和国总理。

一个国家是由一个个具体的人构成的，她由这些人创造，并且决定。只有一个国家拥有那些能够寻求真理的人，能够独立思考的人，能够记录真实的人，能够不计利害为这片土地付出的人，能够去捍卫宪法权利的人，能够知道世界并不完美，但仍不言乏力，不言放弃的人，只有一个国家拥有了这样的头脑和灵魂，我们才能说我们为祖国骄傲。只有一个国家能够尊重这样的头脑和灵魂，我们才能说我们有信心让明天更好。

在怀疑的时代依然需要信仰
——2012 年北京大学中文系毕业典礼上的讲话

卢新宁

敬爱的老师和亲爱的同学们：

上午好！

谢谢你们叫我回家。让我有幸再次聆听老师的教诲，分享我亲爱的学弟学妹们的特殊喜悦。

一进家门，光阴倒转。刚才那些美好的视频，同学的发言，老师的讲话，都让我觉得所有年轻的故事都不曾走远。可是，站在你们面前，亲爱的同学们，我才发现，自己真的老了。1988 年，我本科毕业的时候，你们中的绝大多数人还没有出生。那个时候你们的朗朗部长还是众女生仰慕的帅师兄，你们的渭毅老师正在与我的同屋女孩爱得地老天荒——而现在他们的孩子都该考大学了。

就像刚才那首歌唱的，"记忆中最美的春天，难以再回首的昨天。"如果把生活比做一段将理想"变现"的过程，我们只是一叠面额有限的现钞，而你们是即将上市的股票。从一张白纸起步的书写，前程无远弗届，一切皆有可能。面对你们，我甚至缺少一份抒发"过来人"心得的勇气。

但我先生力劝我来，我的朋友也劝我来，他们都是 84 级的中文系学长。今天，他们有的是一介文人，清贫淡泊；有的已经主政一方，功成名就；有的发了财做了富二代的爹；也有的离了婚，生活并不如意。但在网上交流时，听说有今天这样的一个机会，他们都无一例外地让我一定要来，代表他们，代表那一代人，向自己的弟弟妹妹说点什么。

是的，跟你们一样，我们曾在中文系就读，甚至度过同一门课程，青涩的背影都曾被燕园的阳光定格在五院青藤缠满的绿墙上。但那是上个世纪的事了，我们之间横亘着二十多年的时光。那个时候我们称为理想的，今天或许你们笑称其为空想；那时的我们流行书生论政，今天的你们要面对诫勉谈话；那时的我们熟悉的热词是民主自由，今天的你们记住的是拼爹、躲猫猫、打酱油；那个时候的我们喜欢在三角地游荡，而今天的你们习惯隐形于伟大的互联网。我们那时的中国依然贫穷却豪情万丈，而今天这个世界第二大经济体，还在苦苦寻找迷失的幸福，无数和你们一样的青年喜欢用"囧"形容自己的处境。

二十多年时光，中国到底走了多远？存放我们青春记忆的三角地早已荡然无存，见证你们少年心绪的一塔湖图正在创造新的历史。你们这一代人，有着远比我们当年更优越的条件，更广博的见识，更成熟的内心，站在更高的起点。

我们想说的是，站在这样高的起点，由北大中文系出发，你们不缺前辈大师的荫庇，更不少历史文化的熏染。诗经楚辞的世界，老庄孔孟的梦想，李白杜甫的词章，构成了你们生命中最为激荡的青春时光。我不需要提醒你们，未来将如何以具体琐碎，消磨这份浪漫与绚烂；也不需要提醒你们，人生将以怎样的平庸世故，消解你们的万丈雄心；更不需要提醒你们，走入社会，要如何变得务实与现实，因为你们终将以一生浸淫其中。我唯一的害怕，是你们已经不相信了：不相信规则能战胜潜规则，不相信学场有别于官场；不相信学术不等于权术，不相信风骨远胜于媚骨。你们或许不相信了，因为追求级别的越来越多，追求真理的越来越少；讲待遇的越来越多，讲理想的越来越少；大官越来越多，大师越来越少。因此，在你们走向社会之际，我想说的只是，请看护好你曾经的激情和理想。在这个怀疑的时代，我们依然需要信仰。

也许有同学会笑话，大师姐写报社论写多了吧，这么高的调子。可如果我告诉各位，这是我的那些中文系同学，那些不管今天处于怎样的职位，遭遇过怎样的人生的同学共同的想法，你们是否会稍微有些重视？是否会多想一下为什么二十多年过去他们依然如此？

我知道，与我们这一代相比，你们这一代人的社会化远在你们踏上社会之前就已经开始了，国家的盛事集中在你们的大学时代，但社会的问题也凸显在你们的青春岁月。你们有我们不曾有的机遇，但也有我们不曾经历的挑战。文学理论无法识别毒奶粉的成分，古典文献挡不住地沟油的泛滥。当利益成为唯一的价值，很多人把信仰、理想、道德都当成交易的筹码，我很担心，怀疑会不会成为我们时代否定一切、解构一切的粉碎机？我们会不会因为心灰意冷而随波逐流，变成钱理群先生所言"精致利己主义"，世故老道，善于表演，懂的配合？而北大会不会像那个日本年轻人说的，有的是人才却不培养精英？

我有一位清华毕业的同事，从大学开始就自称是北大的跟屁虫，对北大人甚是敬重。谈到"大清王朝北大荒"的江湖传言，他特认真地对我说："这个社会需要的，不是北大人的适应，而是北大人的坚守。"

这让我想起中文系百年时，陈平原先生的一席话。他提到西南联大时的老照片给自己的感动：一群衣衫褴褛的知识分子，器宇轩昂地屹立于天地间。这应当就是国人眼里北大人的形象。不管将来的你们身处何处，不管将来的你们从事什么职业，是否都能常常自问，作为北大人，我们是否还存有那种浩然之气？那种精神的魅力，充实的人生，"天地之心，生民之命，往圣绝学"，是否还能在我们心中激起共鸣？

马克思曾慨叹，法兰西不缺少有智慧的人，但缺少有骨气的人。今天的中国，同样不缺少有智慧的人但缺少有信仰的人。也正因此，中文系给我们的教育才格外珍贵。从母校的教诲出发，二十多年社会生活给我的最大启示是：当许多同龄人都陷于时代的车轮下，那些能幸免的人，不仅因为坚强，更因为信仰。不用害怕圆滑的人说你不够成熟，不用在意聪明的人说你不够明智，不要照原样接受别人推荐给你的生活，选择坚守、选择理想，选择倾听内心的呼唤，才能拥有最饱满的人生。

梁漱溟先生写过一本书《这个世界会好吗》，我很喜欢这个书名，它以朴素的设问提出了人生的大问题。这个世界会好吗？事在人为，未来中国的分量和质量，就在各位的手上。最后，我想将一位学者的话送给亲爱的学弟学妹——

无论中国怎样，请记得：你所站立的地方，就是你的中国；你怎么样，中国便怎么样；你是什么，中国便是什么；你有光明，中国便不再黑暗。

谢谢大家！

第二节 外国经典演讲词

奥巴马 2013 年就职演说

拜登副总统、首席大法官先生、国会议员们、尊敬的各位嘉宾、亲爱的同胞们：

每一次我们集会庆祝总统就职都是在见证美国宪法的持久力量。我们都是在肯定美国民主的承诺。我们重申，将这个国家紧密联系在一起的不是我们的肤色，也不是我们信仰的教条，更不是我们名字的来源。让我们与众不同，让我们成为美国人的是我们对于一种理念的恪守。200 多年前，这一理念在一篇宣言中被清晰阐述："我们认为下述真理是不言而喻的，人人生而平等。造物主赋予他们若干不可剥夺的权利，包括生存、自由和追求幸福的权利。"

今天，我们继续着这一未竟的征程，架起这些理念与我们时代现实之间的桥梁。因为历史告诉我们，即便这些真理是不言而喻的，它们也从来不会自动生效。因为虽然自由是上帝赋予的礼物，但仍需要世间的子民去捍卫。1776 年，美国的爱国先驱们不是只为了推翻国王的暴政而战，也不是为赢得少数人的特权，建立暴民的统治。先驱们留给我们一个共和国，一个民有、民治、民享的政府。他们委托每一代美国人捍卫我们的建国信条。

在过去的 200 多年里，我们做到了。

从奴役的血腥枷锁和刀剑的血光厮杀中我们懂得了，建立在自由与平等原则之上的联邦不能永远维持半奴隶和半自由的状态。我们赢得了新生，誓言共同前进。

我们共同努力，建立起现代的经济体系。架设铁路与高速公路，加速了旅行和商业交流。建立学校与大学，培训我们的工人。

我们一起发现，自由市场的繁荣只能建立在保障竞争与公平竞争的原则之上。我们共同决定让这个伟大的国家必须关照弱势群体，保护她的人民不受生命威胁和不幸的侵扰。一路走来，我们从未放弃对集权的质疑。我们同样不屈服于这一谎言：一切的社会弊端都能够只靠政府来解决。我们对积极向上与奋发进取的赞扬，我们对努力工作与个人责任的坚持，这些都是美国精神的基本要义。

我们也理解，时代在变化，我们同样需要变革。对建国精神的忠诚，需要我们肩负起新的责任，迎接新的挑战。保护我们的个人自由，最终需要所有人的共同努力。因为美国人不能再独力迎接当今世界的挑战，正如美国士兵们不能再像先辈一样，用步枪和民兵同敌人作战。一个人无法培训所有的数学与科学老师，我们需要他们为了未来去教育孩子们。一个人无法建设道路、铺设网络、建立实验室来为国内带来新的工作岗位和商业机会。现在，与以往任何时候相比，我们都更需要团结合作。作为一个国家，一个民族团结起来。

这一代美国人经历了危机的考验，经济危机坚定了我们的决心，证明了我们的恢复力。长达十年的战争正在结束，经济的复苏已经开始。美国的可能性是无限的，因为我们拥有当今没有边界的世界所需要的所有品质：年轻与活力、多样性与开放、无穷的冒险精神以及创造的天赋才能。我亲爱的同胞们，我们正是为此刻而生，我们更要在此刻团结一致，抓住当下的机会。

因为我们，美国人民，清楚如果只有不断萎缩的少数人群体获得成功，而大多数人不能成功，我们的国家就无法成功。我们相信，美国的繁荣必须建立在不断上升的中产阶级的宽阔臂膀之上，我们知道美国的繁荣只有这样才能实现。只有当每个人都能找到工作中的自立与自豪时才能实现。只有当诚实劳动获得的薪水足够让家庭摆脱困苦的悬崖时才能实现。我们忠诚于我们的事业，保证让一个出生于最贫穷环境中的小女孩都能知道，她有同其他所有人一样的成功机会。因为她是一个美国人，她是自由的、平等的。她的自由平等不仅由上帝来见证，更由我们亲手保护。

我们知道，我们已然陈旧的项目不足以满足时代的需要。我们必须应用新理念和新技术重塑我们的政府，改进我们的税法，改革我们的学校，让我们的公民拥有他们所需要的技能，更加努力地工作，学更多的知识，向更高处发展。这意味着变革，我们的目标是：国家可以奖励每个美国人的努力和果断。

这是现在需要的。这将给我们的信条赋予真正的意义。

我们，人民，仍然认为，每个公民都应当获得基本的安全和尊严。我们必须做出艰难抉择，降低医疗成本，缩减赤字规模。但我们拒绝在照顾建设国家的这一代和投资即将建设国家的下一代间做出选择。因为我们记得过去的教训：老年人的夕阳时光在贫困中度过，家有残障儿童的父母无处求助。我们相信，在这个国家，自由不只是那些幸运儿的专属，或者说幸福只属于少数人。我们知道，不管我们怎样负责任地生活，我们任何人在任何时候都可能面临失业、突发疾病或住房被可怕的飓风摧毁的风险。

我们通过医疗保险、联邦医疗补助计划、社会保障项目向每个人做出承诺，这些不会让我们的创造力衰竭，而是会让我们更强大。这些不会让我们成为充满不劳而获者的国度，这些让我们敢于承担风险，让国家伟大。

我们，人民，仍然相信，我们作为美国人的义务不只是对我们自己而言，还包括对子孙后代。我们将应对气候变化的威胁，认识到不采取措施应对气候变化就是对我们的孩子和后代的背叛。一些人可能仍在否定科学界的压倒性判断，但没有人能够避免熊熊火灾、严重旱灾、更强力风暴带来的灾难性打击。通向可再生能源利用的道路是漫长的，有时是困难的。但美国不能抵制这种趋势，我们必须引领这种趋势。我们不能把制造新就业机会和新行业的技术让给其他国家，我们必须明确这一承诺。这是我们保持经济活力和国家财富（我们的森林和航道，我们的农田与雪峰）的方法。这将是我们保护我们星球的办法，上帝把这个星球托付给我们。这将给我们的建国之父们曾宣布的信条赋予意义。

我们，人民，仍然相信持久的安全与和平，不需要持续的战争。我们勇敢的士兵经受了战火的考验，他们的技能和勇气是无可匹敌的。我们的公民依然铭记着那些阵亡者，他们非常清楚我们为自由付出的代价。明白他们的牺牲将让我们永远对那些试图伤害我们的势力保持警惕。但我们也是那些赢得和平而不只是战争的人们的后代，他们将仇敌转变成最可靠的朋友，我们也必须把这些经验带到这个时代。我们将通过强大的军力和法制保护我们的人民，捍卫我们的价值观。我们将展现试图和平解决与其他国家分歧的勇气，但这不是因为我们对面临的危险持幼稚的态度，而是因为接触能够更持久地化解疑虑和恐惧。美国将在全球保持强大的联盟，我们将更新这些能扩展我们应对海外危机能力的机制。因为作为世界上最强大的国家，我们在世界和平方面拥有最大的利益。我们将支持从亚洲到非洲、从美洲至中东的民主国家，因为我们的利益和良心驱使我们代表那些想获得自由的人们采取行动。我们必须成为贫困者、病患者、被边缘化的人士、异见受害者的希望来源，不仅仅是出于慈善，也是因为这个时代的和平需要不断推进我们共同信念中的原则：宽容和机遇，人类尊严与正义。

我们，人民，今天昭示的最明白的事实是——我们所有人都是生而平等的，这是依然引领我们的恒星。它引领我们的先辈穿越纽约塞尼卡瀑布城（女权抗议事件）、塞尔马（黑人权力事件）和石墙骚乱（同性恋与警察发生的暴力事件），引领着所有的男性和女性，留下姓名和没留姓名的人。在伟大的征程中，一路上留下足迹的人。曾经听一位牧师（马丁·路德·金）说，我们不能独自前行。马丁·路德·金说，我们个人的自由与地球上每个灵魂的自由不可分割。

继续先辈开创的事业是我们这代人的任务。直到我们的妻子、母亲和女儿的付出能够与她们的努力相称，我们的征途才会结束。我们的征途不会终结，我们要让同性恋的兄弟姐妹在法律之下得到与其他人同样的待遇。如果我们真正是生而平等的，那么我们对彼此的爱也应该是平等的。我们的征途没有结束，直到没有公民需要等待数个小时去行使投票权。我们的征途不会结束，直到我们找到更好的方法迎接努力、有憧憬的移民，他们依旧视美国是一块充满机会的土地。直到聪颖年轻的学生和工程师为我们所用，而不是被逐出美国。我们的征途不会结束，直到我们所有的儿童，从底特律的街道到阿巴拉契亚的山岭，再到康涅狄格州纽镇安静的小巷，直到他们得到关心和珍视，永远避免受到伤害。

那是我们这一代的任务——让生存、自由和追求幸福的言语、权力和价值切实体现在每个美国人的身上。我们的立国文本没有要求我们将每个人的生活一致化。这并不意味着，我们会以完全一样的方式去定义自由，沿着同样的道路通向幸福。进步不会终止几个世纪以来一直纠结的关于政府角色的争论，但这要求我们现在就采取行动。

目前是由我们决策，我们不能拖延。我们不能将绝对主义当作原则，或者以表象代替政治，或将中伤视作理性的辩论。我们必须行动，要意识到我们的工作并不完美。我们必须行动，意识到今天的胜利是并不完全的。这些将有赖于未来4年、40年或是400年致力于这项事业的人，去推进当年在费城制宪会议大厅传承给我们的永恒精神。我的美国同胞，我今天在你们面前宣读的誓词，如同在国会山服务的其他人曾宣读过的誓词一样，是对上帝和国家的誓词，不是对政党或是派别的，我们必须在任期内忠实地履行这些承诺。但我今天宣读的誓词与士兵报名参军或者是移民实现梦想时所宣读的誓词没有多少差别。我的誓词与我们所有的人向我们头顶飘扬的、让我们心怀自豪的国旗所表达的誓言没有多大差别。

这些是公民的誓词，代表着我们最伟大的希望。

你和我，作为公民，都有为这个国家设定道路的权力。

你和我，作为公民，有义务塑造我们时代的辩题，不仅是通过我们的选票，而且要为捍卫悠久的价值观和持久的理想发声。

现在让我们相互拥抱，怀着庄严的职责和无比的快乐，这是我们永恒的与生俱来的权利。有共同的努力和共同的目标，用热情与奉献，让我们回应历史的召唤，将珍贵的自由之光带入并不确定的未来。

感谢你们，上帝保佑你们，愿上帝永远保佑美利坚合众国！

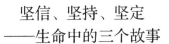

坚信、坚持、坚定
——生命中的三个故事

史蒂夫·乔布斯

一、关于信仰：坚信

"你要坚信，你现在所经历的，将在你未来的生命中串联起来。正是这种信仰让我没有失去希望，它使我的人生与众不同。"很荣幸今天能和你们一起参加毕业典礼，斯坦福大学是世界上最好的大学之一，而我从来没拿过大学毕业证。说实话，在我的生命中，今天也许是我距离大学毕业最近的一天了。我想向你们讲述我生活中的 3 个故事，不是什么大不了的事，只是 3 个故事而已。

第一个故事是关于如何把生命中的点滴串连起来。我在里德大学读了 6 个月之后就退学了，但是在 18 个月以后——我真正作出退学决定之前，我还经常去学校。我为什么要退学呢？

故事得从我出生时讲起。我的生母是一个年轻的、未婚的大学毕业生。她决定让别人收养我，她非常希望我被受过高等教育的人收养。所以在我出生的时候，她已经做好了一切准备工作，使我得以被一个律师和他的妻子所收养。让她意外的是，当我出生之后，律师夫妇突然决定生个女孩。所以我的养父母（他们还在我亲生父母的观察名单上）突然在半夜接到了一个电话："我们现在这儿有一个不小心生出来的男婴，你们想要吗？"他们回答道："当然！"但是我的生母随后发现，我的养母从来没有上过大学，我的养父甚至没读过高中。她拒绝签收养合同。直到几个月以后，我的养父母答应她一定会让我上大学，她才同意。

在 17 岁那年，我真的上了大学。但是我很愚蠢地选择了一个几乎和斯坦福大学一样昂贵的学校，我的养父母是工人，他们几乎把所有积蓄都花在了我的学费上。6 个月后，我已经看不到其中的价值所在。我不知道我想做什么，也不知道大学能帮我找到怎样的答案，而我却几乎花光了养父母一生的积蓄。所以我决定退学，我觉得这是个正确的决定。不能否认，我当时确实非常害怕，但是现在回头看看，那的确是我这一生中最棒的决定。在我决定退学的那一刻，我终于可以不必去读那些毫无兴趣的课程了，可以去学那些看起来有点意思的课程。但这并不怎么浪漫。由于没有宿舍可住，我只能睡在朋友房间的地板上；为了有钱填饱肚子，我去捡 5 美分的可乐瓶子来卖；在星期天的晚上，我要走 7 英里的路，穿过这个城市到 Hare Krishna 教堂，只是为了能吃上饭——这个星期唯一一顿好点的饭。但我喜欢这样，我跟随好奇心和直觉所做的事，后来被证明基本都是极其珍贵的经验。我举几个例子：

那时候，里德大学提供了全美国最好的书法教育。整个校园里的每一张海报、每一个抽屉上的标签，都是漂亮的手写体。由于已经退学，不用再去上那些常规的课程，于是我选择了一个书法班，想学学怎么写出一手漂亮字。在这个班上，我学习了各种衬线和无衬线字体，如何改变不同字体组合之间的字间距，以及如何做出漂亮的版式。那是一种科学永远无法捕捉的充满美感、历史感和艺术感的微妙，我发现这太有意思了。

当时，我压根儿没想到这些知识会在我的生命中有什么实际运用价值；但是 8 年之后，当我们设计第一款 Macintosh 电脑的时候，这些东西全派上了用场。我把它们全部设计进了 Mac，这是第一台可以排出好看版式的电脑。如果当时我在大学里没有旁听这门课程的话，Mac 就不会提供各种字体和等间距字体。自从视窗系统抄袭了 Mac 以后，所有的个人电脑都有了这些东西。如果我没有退学，我就不会去书法班旁听，而今天的个人电脑大概也就不会有出色的版式功能。当然，在我念大学那会儿，不可能有先见之明，把那些生命中的点点滴滴都串起来；但 10 年之后再回头看，生命的轨迹变得非常清楚。

再强调一次，你不可能充满预见地将生命的点滴串联起来。只有在你回头看的时候，你才会发现这些点点滴滴之间的联系。所以，你要坚信，你现在所经历的，将在你未来的生命中串联起来。你不得不相信某些东西，你的直觉、命运、生活、因缘际会……正是这种信仰让我没有失去希望，它使我的人生变得与众不同。

二、关于成功：坚持

"伟大的工作只会在岁月的酝酿中越陈越香。在终有所获之前，不要停下寻觅的脚步。"

我的第二个故事是关于爱与失去。我是幸运的，在年轻时就知道了自己爱做什么。在我 20 岁的时候，就和沃兹在我父母的车库里开创了苹果电脑公司。我们勤奋工作，只用了 10 年的时间，最初只有一个车库和两个小伙子的苹果公司，已经扩展成拥有 4 000 名员工、价值达到 20 亿美元的企业。而在此之前的一年，我们推出了我们最好的产品 Macintosh 电脑，当时我刚过而立之年。然后，我就被炒了鱿鱼。一个人怎么可以被他所创立的公司解雇呢？这是因为，随着苹果的成长，我们请了一个原以为很能干的家伙和我一起管理公司，在头一年左右，他干得还不错，但后来，我们对公司未来的前景出现了分歧，于是矛盾便产生了。由于公司的董事会站在他那一边，所以我被踢出了局，那年我 30 岁。失去了一直贯穿在我整个成年生活的重心，这种打击是毁灭性的。

在接下来的几个月，我真不知道该做些什么。我觉得我让企业界的前辈们失望了，我失去了传到我手上的指挥棒。我找到了戴维·帕卡德（注：戴维·帕卡德，普惠的创办人之一）和鲍勃·诺伊斯（注：鲍勃·诺伊斯，英特尔创办人之一），我向他们道歉，因为我把事情搞砸了。我成了人人皆知的失败者，我甚至想过逃离硅谷。但曙光渐渐出现，我还是喜欢我做过的事情，于是决定重新开始。事实证明，被苹果开掉是我这一生所经历过的最棒的事，尽管当时的我并未意识到。成功的沉重被凤凰涅槃的轻盈所代替，我以自由之躯进入了生命中最富创新力的时期。

在接下来的 5 年里，我开创了一家叫做 NeXT 的公司，接着是一家名叫 Pixar 的公司，并认识了后来成为我妻子的曼妙女郎劳伦斯。Pixar 制作了世界上第一部全电脑动画电影《玩具总动员》，现在这家公司是世界上最成功的动画制作公司之一。后来经历一系列的事件，苹果买下了 NeXT，于是我又回到了苹果，我们在 NeXT 研发出的技术是推动苹果复兴的核心动力。我和劳伦斯也拥有了美满的家庭。我非常肯定，如果没有被苹果炒掉，这一切都不可能在我身上发生。对于病人来说，良药总是苦口。生活有时候就像一块板砖拍向你的脑袋，但不要丧失信心。热爱我所从事的工作，是一直支持我不断前进的唯一理由。你得找出你的最爱，对工作如此，对爱人亦是如此。工作将占据你生命中相当大的一部分，从事你认为具有非凡意义的工作，方能给你带来真正的满足感。而从事一份伟大工作的唯一方法，就是去热爱这份工作。如果你到现在还没有找到这样一份工作，那么就继续找。不要安于现状，当万事了于心的时候，你就会知道何时能找到。如同任何伟大的浪漫关系一样，伟大的工作只会在岁月的酝酿中越陈越香。所以，在你终有所获之前，不要停下你寻觅的脚步。不要停下。

三、关于抉择：坚定

"财富名利生不带来，死不带去，要遵从你的内心和直觉，不要把时间浪费在别人的生活里。提醒自己行将入土是我在面临重大抉择时的首选工具。"

我的第三个故事是关于死亡。在17岁的时候，我读过一句格言，好像是："如果你把每一天都当成你生命里的最后一天，你将在某一天发现，原来一切皆在掌握之中。"这句话从我读到之日起，就对我产生了深远的影响。在过去的33年里，我每天早晨都对着镜子问自己："如果今天是我生命中的末日，我还愿意做我今天本来应该做的事情吗？"当一连好多天答案都否定的时候，我就知道做出改变的时候到了。提醒自己行将入土，这是我在面临人生中的重大抉择时最为重要的工具。因为所有的事情——荣誉、声望、对尴尬和失败的惧怕——在面对死亡的时候都将烟消云散，只留下真正重要的东西。在我所知道的各种方法中，提醒自己即将死去是避免产生上述想法的最好办法。赤条条来去无牵挂，没有理由不听从你内心的呼唤。大约一年前，我被诊断出癌症。在早晨7：30我做了一个检查，扫描结果清楚地显示我的胰脏出现了一个肿瘤。我当时甚至不知道胰脏究竟是什么。医生告诉我，几乎可以确定这是一种不治之症，顶多还能活3至6个月。大夫建议我回家，把诸事安排妥当，这是医生对临终病人的标准用语。这意味着你得把你今后10年要对你的子女说的话用几个月的时间说完；这意味着你得把一切都安排妥当，尽可能减少你的家人在你身后的负担；这意味着向众人告别的时间到了。我整天都想着诊断结果。那天晚上做了一个切片检查，医生把一个内诊镜从我的喉管伸进去，穿过我的胃进入肠道，将探针伸进胰脏，从肿瘤上取出了几个细胞。我打了镇静剂，我的太太当时在场，她后来告诉我说，当大夫们从显微镜下观察了细胞组织后尖叫起来，因为那是非常罕见的、但可以通过手术治疗的胰脏癌。我接受了手术，现在已经康复了。这是我最接近死亡的一次，我希望在随后的几十年里，都不要有比这一次更接近死亡的经历。在有了与死神擦肩而过的经历后，死亡对我来说，只是一个有用但纯粹是知识上的概念，我可以更肯定地告诉你们：没人想死；即使想去天堂的人，也是希望能活着进去。死亡是每个人的人生终点站，没人能够例外。生命就是如此，因为死亡很可能是生命最好的造物，它是生命更迭的媒介，送走老者，给新生代让路。现在你们还是新生代，但不久的将来你们也将逐渐老去，被送出人生的舞台。很抱歉说得这么富有戏剧性，但生命就是如此。你们的时间有限，所以不要把时间浪费在别人的生活里。不要被条条框框束缚，否则你就生活在他人思考的结果里。不要让他人的观点所发出的噪声淹没你内心的声音。最为重要的是，要有遵从你的内心和直觉的勇气，它们可能已知道你其实想成为一个什么样的人。

其他事物都是次要的。在我年轻的时候，有一本非常棒的杂志叫《全球目录》

（The Whole Earth Catalog），它被我们那一代人奉为圣经。这本杂志的创办人是一个叫斯图尔特·布兰德的家伙，他住在 Menlo Park，离这儿不远。他把这本杂志办得充满诗意。那是在 60 年代末期，个人电脑、桌面发排系统还没有出现，所以出版工具只有打字机、剪刀和宝丽来相机。这本杂志有点像印在纸上的 Google，但那是在 Google 出现的 35 年前。它充满了理想色彩，内容都是些非常好用的工具和了不起的见解。斯图尔特和他的团队做了几期《全球目录》，快无疾而终的时候，他们出版了最后一期。那是在 70 年代中期，我当时处在你们现在的年龄。在最后一期的封底有一张清晨乡间公路的照片，如果你喜欢搭车冒险旅行的话，经常会碰到的那种小路。在照片下面有一排字：好学若饥，谦卑若愚（Stay Hungry, Stay Foolish）。这是他们停刊的告别留言，此后的日子里，我总是用这句话来勉励自己。现在，在你们毕业、即将开始新生活的时候，我用这句话与你们共勉：好学若饥，谦卑若愚。

　　谢谢诸位！

在哈佛大学毕业典礼上的演讲

比尔·盖茨

尊敬的 Bok 校长，Rudenstine 前校长，即将上任的 Faust 校长，哈佛集团的各位成员，监管理事会的各位理事，各位老师，各位家长，各位同学：

有一句话我等了 30 年，现在终于可以说了："老爸，我总是跟你说，我会回来拿到我的学位的！"

我要感谢哈佛大学在这个时候给我这个荣誉。明年，我就要换工作了（注：指从微软公司退休）……我终于可以在简历上写我有一个大学学位，这真是不错啊。

我为今天在座的各位同学感到高兴，你们拿到学位可比我简单多了。哈佛的校报称我是"哈佛大学历史上最成功的辍学生"。我想这大概使我有资格代表我这一类学生发言……在所有的失败者里，我做得最好。

但是，我还要提醒大家，我使得 Steve Ballmer（注：微软总经理）也从哈佛商学院退学了。因此，我是个有着恶劣影响力的人。这就是为什么我被邀请来在你们的毕业典礼上演讲。如果我在你们入学欢迎仪式上演讲，那么能够坚持到今天在这里毕业的人也许会少得多吧。

对我来说，哈佛的求学经历是一段非凡的经历。校园生活很有趣，我常去旁听我没选修的课。哈佛的课外生活也很棒，我在 Radcliffe 过着逍遥自在的日子。每天我的寝室里总有很多人一直待到半夜，讨论着各种事情。因为每个人都知道我从不考虑第二天早起。这使得我变成了校园里那些不安分学生的头头，我们互相粘在一起，做出一种拒绝所有正常学生的姿态。

Radcliffe 是个过日子的好地方。那里的女生比男生多，而且大多数男生都是理工科的。这种状况为我创造了最好的机会，如果你们明白我的意思。可惜的是，我正是在这里学到了人生中悲伤的一课：机会大，并不等于你就会成功。

我在哈佛最难忘的回忆之一，发生在 1975 年 1 月。那时，我从宿舍楼里给位于 Albuquerque 的一家公司打了一个电话，那家公司已经在着手制造世界上第一台个人电脑。我提出想向他们出售软件。

我很担心，他们会发觉我是一个住在宿舍的学生，从而挂断电话。但是他们却说："我们还没准备好，一个月后你再来找我们吧。"这是个好消息，因为那时软件还根本没有写出来呢。就是从那个时候起，我日以继夜地在这个小小的课外项目上工作，这导致了我学生生活的结束，以及通往微软公司的不平凡的旅程的开始。

不管怎样，我对哈佛的回忆主要都与充沛的精力和智力活动有关。哈佛的生活令人愉快，也令人感到有压力，有时甚至会感到泄气，但永远充满了挑战性。生活在哈佛是一种吸引人的特殊待遇……虽然我离开得比较早，但是我在这里的经历、在这里结识的朋友、在这里发展起来的一些想法，永远地改变了我。

但是，如果现在严肃地回忆起来，我确实有一个真正的遗憾。

我离开哈佛的时候，根本没有意识到这个世界是多么的不平等。人类在健康、财富和机遇上的不平等大得可怕，它们使得无数的人们被迫生活在绝望之中。

我在哈佛学到了很多经济学和政治学的新思想。我也了解了很多科学上的新进展。

但是，人类最大的进步并不来自于这些发现，而是来自于那些有助于减少人类不平等的发现。不管通过何种手段——民主制度、健全的公共教育体系、高质量的医疗保健、还是广泛的经济机会——减少不平等始终是人类最大的成就。

我离开校园的时候，根本不知道在这个国家里，有几百万的年轻人无法获得接受教育的机会。我也不知道，发展中国家里有无数的人们生活在无法形容的贫穷和疾病之中。

我花了几十年才明白了这些事情。

在座的各位同学，你们是在与我不同的时代来到哈佛的。你们比以前的学生，更多地了解世界是怎样的不平等。在你们的哈佛求学过程中，我希望你们已经思考过一个问题，那就是在这个新技术加速发展的时代，我们怎样最终应对这种不平等，以及我们怎样来解决这个问题。

为了讨论的方便，请想象一下，假如你每个星期可以捐献一些时间、每个月可以捐献一些钱——你希望这些时间和金钱，可以用到对拯救生命和改善人类生活有最大作用的地方。你会选择什么地方？

对 Melinda（注：盖茨的妻子）和我来说，这也是我们面临的问题：我们如何能将我们拥有的资源发挥出最大的作用。

在讨论过程中，Melinda 和我读到了一篇文章，里面说在那些贫穷的国家，每年有数百万的儿童死于那些在美国早已不成问题的疾病。麻疹、疟疾、肺炎、乙型肝炎、黄热病、还有一种以前我从未听说过的轮状病毒，这些疾病每年导致 50 万儿童死亡，但是在美国一例死亡病例也没有。

我们被震惊了。我们想，如果几百万儿童正在死亡线上挣扎，而且他们是可以被挽救的，那么世界理应将用药物拯救他们作为头等大事。但是事实并非如此。那些价格还不到一美元的救命的药剂，并没有送到他们的手中。

如果你相信每个生命都是平等的，那么当你发现某些生命被挽救了，而另一些生命被放弃了，你会感到无法接受。我们对自己说："事情不可能如此。如果这是真的，那么它理应是我们努力的头等大事。"

所以，我们用任何人都会想到的方式开始工作。我们问："这个世界怎么可以眼睁睁看着这些孩子死去？"

答案很简单，也很令人难堪。在市场经济中，拯救儿童是一项没有利润的工作，政府也不会提供补助。这些儿童之所以会死亡，是因为他们的父母在经济上没有实力，在政治上没有能力发出声音。

但是，你们和我在经济上有实力，在政治上能够发出声音。

我们可以让市场更好地为穷人服务，如果我们能够设计出一种更有创新性的资本主义制度——如果我们可以改变市场，让更多的人可以获得利润，或者至少可以维持生活——那么，这就可以帮到那些正在极端不平等的状况中受苦的人们。我们还可以向全世界的政府施压，要求他们将纳税人的钱，花到更符合纳税人价值观的地方。

如果我们能够找到这样一种方法，既可以帮到穷人，又可以为商人带来利润，为政治家带来选票，那么我们就找到了一种减少世界性不平等的可持续的发展道路。这个任务是无限的。它不可能被完全完成，但是任何自觉地解决这个问题的尝试，都将会改变这个世界。

在这个问题上，我是乐观的。但是，我也遇到过那些感到绝望的怀疑主义者。他们说："不平等从人类诞生的第一天就存在，到人类灭亡的最后一天也将存在。——因为人类对这个问题根本不在乎。"我完全不能同意这种观点。

我相信，问题不是我们不在乎，而是我们不知道怎么做。

此刻在这个院子里的所有人，生命中总有这样或那样的时刻，目睹人类的悲剧，感到万分伤心。但是我们什么也没做，并非我们无动于衷，而是因为我们不知道做什么和怎么做。如果我们知道如何做是有效的，那么我们就会采取行动。

改变世界的阻碍，并非人类的冷漠，而是世界实在太复杂。

为了将关心转变为行动，我们需要找到问题，发现解决办法的方法，评估后果。但是世界的复杂性使得所有这些步骤都难于做到。

即使有了互联网和24小时直播的新闻台，让人们真正发现问题所在，仍然十分困难。当一架飞机坠毁了，官员们会立刻召开新闻发布会，他们承诺进行调查、找到原因、防止将来再次发生类似事故。

但是如果那些官员敢说真话，他们就会说："在今天这一天，全世界所有可以避免的死亡之中，只有0.5%的死者来自于这次空难。我们决心尽一切努力，调查这个0.5%的死亡原因。"

显然，更重要的问题不是这次空难，而是其他几百万可以预防的死亡事件。

我们并没有很多机会了解那些死亡事件。媒体总是报告新闻，几百万人将要死去并非新闻。如果没有人报道，那么这些事件就很容易被忽视。另一方面，即使我们确实目睹了事件本身或者看到了相关报道，我们也很难持续关注这些事件。看着他人受苦是令人痛苦的，何况问题又如此复杂，我们根本不知道如何去帮助他人。所以我们会将脸转过去。

就算我们真正发现了问题所在，也不过是迈出了第一步，接着还有第二步：那就是从复杂的事件中找到解决办法。

如果我们要让关心落到实处，我们就必须找到解决办法。如果我们有一个清晰的和可靠的答案，那么当任何组织和个人发出疑问"如何我能提供帮助"的时候，我们就能采取行动。我们就能够保证不浪费一丁点全世界人类对他人的关心。但是，世界的复杂性使得很难找到对全世界每一个有爱心的人都有效的行动方法，因此人类对他人的关心往往很难产生实际效果。

从这个复杂的世界中找到解决办法，可以分为四个步骤：确定目标，找到最高效的方法，发现适用于这个方法的新技术，同时最聪明地利用现有的技术，不管它是复杂的药物，还是最简单的蚊帐。

艾滋病就是一个例子。总的目标，毫无疑问是消灭这种疾病。最高效的方法是预防。最理想的技术是发明一种疫苗，只要注射一次，就可以终生免疫。所以，政府、制药公司、基金会应该资助疫苗研究。但是，这样研究工作很可能10年之内都无法完成。

因此，与此同时，我们必须使用现有的技术，目前最有效的预防方法就是设法让人们避免那些危险的行为。

要实现这个新的目标，又可以采用新的四步循环。这是一种模式。关键的东西是永远不要停止思考和行动。我们千万不能再犯上个世纪在疟疾和肺结核上犯过的错误，那时我们因为它们太复杂，而放弃了采取行动。

在发现问题和找到解决方法之后，就是最后一步——评估工作结果，将你的成功经验或者失败经验传播出去，这样其他人就可以从你的努力中有所收获。

当然，你必须有一些统计数字。你必须让他人知道，你的项目为几百万儿童新接种了疫苗。你也必须让他人知道，儿童死亡人数下降了多少。这些都是很关键的，不仅有利于改善项目效果，也有利于从商界和政府得到更多的帮助。

但是，这些还不够，如果你想激励其他人参加你的项目，你就必须拿出更多的统计数字；你必须展示你的项目的人性因素，这样其他人就会感到拯救一个生命，对那些处在困境中的家庭到底意味着什么。

几年前，我去瑞士达沃斯旁听一个全球健康问题论坛，会议的内容有关于如何拯救几百万条生命。天哪，是几百万！想一想吧，拯救一个人的生命已经让人何等激动，现在你要把这种激动再乘上几百万倍……但是，不幸的是，这是我参加过的最最乏味的论坛，乏味到我无法强迫自己听下去。

我的母亲在我被哈佛大学录取的那一天，曾经感到非常骄傲。她从没有停止督促我，去为他人做更多的事情。在我结婚的前几天，她主持了一个新娘进我家的仪式。在这个仪式上，她高声朗读了一封关于婚姻的信，这是她写给 Melinda 的。那时，我的母亲已经因为癌症病入膏肓，但是她还是认为这是又一个传播她的信念的机会。在那封信的结尾，她写道："你的能力越大，人们对你的期望也就越大。"

想一想吧，我们在这个院子里的这些人，被给予过什么——天赋、特权、机遇——那么可以这样说，全世界的人们几乎有无限的权力，期待我们做出贡献。

同这个时代的期望一样，我也要向今天各位毕业的同学提出一个忠告：你们要选择一个问题，一个复杂的问题，一个有关人类深刻的不平等的问题，然后你们要变成这个问题的专家。如果你们能够使得这个问题成为你们职业的核心，那么你们就会非常杰出。但是，你们不必一定要去做那些大事。每个星期只用几个小时，你就可以通过互联网得到信息，找到志同道合的朋友，发现困难所在，找到解决它们的途径。

不要让这个世界的复杂性阻碍你前进。要成为一个行动主义者。将解决人类的不平等视为己任。它将成为你生命中最重要的经历之一。

在座的各位毕业的同学，你们所处的时代是一个神奇的时代。当你们离开哈佛的时候，你们拥有的技术，是我们那一届学生所没有的。你们已经了解到了世界上的不平等，我们那时还不知道这些。有了这样的了解之后，要是你再弃那些你可以帮助的人们于不顾，就将受到良心的谴责，只需一点小小的努力，你就可以改变那些人们的生活。你们比我们拥有更大的能力；你们必须尽早开始，尽可能长时期坚持下去。

知道了你们所知道的一切，你们怎么可能不采取行动呢？

我希望，30 年后你们还会再回到哈佛，想起你们用自己的天赋和能力所做出的一切。我希望，在那个时候，你们用来评价自己的标准，不仅仅是你们的专业成就，而包括你们为改变这个世界深刻的不平等所做出的努力，以及你们如何善待那些远隔千山万水、与你们毫不涉及的人们，你们与他们唯一的共同点就是同为人类。

最后，祝各位同学好运！

参 考 文 献

[1] 刘伯奎. 口才与演讲: 技能训练 [M]. 北京: 中国人民大学出版社, 2006.

[2] 包镭. 演讲与口才技能实训教程 [M]. 北京: 北京大学出版社, 2007.

[3] 胡伟, 邹秋珍. 演讲与口才 [M]. 北京: 清华大学出版社, 2009.

[4] 徐左平. 演讲与口才 (高职院校人文素质教育规划教材) [M]. 杭州: 浙江大学出版社, 2007.

[5] 段晓平. 普通话水平测试训练教程 [M]. 杭州: 浙江大学出版社, 2002.

[6] 任小芳. 普通话语音与普通话水平测试指导 [M]. 北京: 中国社会科学出版社, 2006.

[7] 陈萍, 周骥. 普通话轻声的语音特点 [J]. 重庆广播电视大学学报, 2011 (6).

[8] 周慧. 从"根叔"走红看演讲稿写作 [J]. 秘书, 2010 (9).

[9] 孟前莉. 奉献给听众的第一束鲜花——谈谈演讲开头的几种方式 [J]. 交通职业教育, 2003 (5).

[10] 赵红. 关于普通话轻声教学方法的几点思考 [J]. 中国科教创新导刊, 2012 (1).

[11] 李雅林. 朗诵艺术中体态语的使用 [J]. 平原大学学报, 2006 (3).

[12] 罗佳. 浅谈汉语普通话声调的作用与训练 [J]. 语言应用研究, 2010 (11).

[13] 陈蔚. 浅谈演讲稿写作的技巧——以柴静的一篇演讲稿为例 [J]. 阅读与写作, 2011 (10).

[14] 郑尔君. 浅谈演讲口才中的控场艺术 [J]. 哈尔滨职业技术学院学, 2009 (5).

[15] 李乐萍. 随机应变妙语回春——谈演讲训练中的应变技巧 [J]. 文史, 2011 (8).

[16] 林语堂. 演讲的选题和篇幅 [J]. 领导文萃, 2007 (10).

[17] 李桦. 演讲稿写作的语言艺术 [J]. 赤峰学院学报: 汉文哲学社会科学版, 2013 (1).

[18] 颜永平. 演讲稿的提纲编列. 新浪博客. http://blog.sina.com.cn/s/blog_ 4cbe5d260100bc62.html.

[19] 陈翰武. 演讲与口才 [M]. 武汉: 武汉大学出版社, 2005: 214 – 221, 234 – 239.

[20] 刘德强. 现代演讲学 [M]. 上海: 上海社会科学院出版社, 1996: 299 – 315, 317 – 337.

[21] 何书宏. 演讲与口才知识全集 [M]. 北京: 北京工业大学出版社, 2005: 254 – 257.

[22] 周彬琳. 实用口才艺术 [M]. 大连: 东北财经大学出版社, 2006: 15 – 18, 20 – 36, 166 – 190.

[23] 何书宏. 演讲与口才知识全集 [M]. 北京: 北京工业大学出版社, 2005: 406 – 494.

[24] 包镭. 演讲与口才技能实训教程 [M]. 北京: 北京大学出版社, 2007: 94 – 112, 212 – 242.

[25] 张弘, 林吕. 演讲与口才 [M]. 成都: 电子科技大学出版社, 2008: 95 – 190.

[26] 谢伯端. 实用演讲与口才教程 (第二版) [M]. 武汉: 华中科技大学出版社, 2007: 27 – 169.

[27] 博阳. 领导情景口才全书 [M]. 北京: 中央编译出版社, 2006: 179 – 190, 242 – 271.

[28] 刘园. 辩论入门 [M]. 北京: 对外贸易教育出版社, 1988: 18 – 19, 125.

[29] 王沪宁, 俞吾金. 狮城舌战——首届国际大专辩论会纪实与评析 [M]. 上海: 复旦大学出版社, 1993: 19, 201.

[30] 伍鹏飞. 命题演讲论开头——演讲的创意与技巧之一 [J]. 安徽商贸职业技术学院学报, 2003 (4): 79 – 80.

[31] 王东. 论即兴演讲内容构架的几种模式及意义 [J]. 六盘水师范高等专科学校学报, 2003 (6): 15 – 16.

［32］黄岩霭. 如何做好即兴演讲［J］. 知识经济, 2005（11）: 55 – 56.

［33］徐青枝. 关于辩论演讲命题的思考［J］. 荆门大学学报: 哲学社会科学版, 1995（2）: 54 – 58.

［34］杨洁篪. 携手推动各国普遍安全与共同发展——在第 67 届联合国大会一般性辩论上的发言［EB/OL］. http://news. xinhuanet. com/2012 – 09/28/c_ 113245240. htm,2012 – 09 – 28.

［35］流萤. 企业家年会辩论赛半决赛: 企业家要赢人心还是赢利润［EB/OL］. http://business. yida-ba. com/ep/newexpo/qita/1550060. shtml,2007 – 12 – 06.

［36］中美新市场经济论坛组委会. 论坛圆桌辩论: 新市场经济与中国企业家［EB/OL］. http://in-fo. finance. hc360. com/2005/06/11163830148. shtml,2005 – 06 – 11.

［37］吕波. 财富论道首场辩论赛企业家激辩 “当前是否加大投资”［EB/OL］. http://e. chengdu. cn/html/2012 – 11/19/content_ 361605. htm,2012 – 11 – 19.

［38］王旭明. 人生须学会两种表达［EB/OL］. http://epaper. xiancn. com/xarb/html/2010 – 03/10/content_ 216881. htm,2010 – 03 – 10.

［39］颜永平. 此处无声胜有声——颜永平演讲态势语言技巧讲座（之十）［EB/OL］. http://blog. si-na. com. cn/s/blog_ 4cbe5d260100c06x. html,2008 – 12 – 23.

［40］于长震. 如何培养自己的演讲风格［EB/OL］. http://blog. tianya. cn/blogger/post_ read. asp? BlogID = 3524535&PostID = 31257993,2011 – 03 – 01.

［41］admin. 美国演讲专家理查德即兴演讲的四步曲［EB/OL］. http://www. xuexila. com/speech/im-provisatori/7824. html.

［42］中公教育. 选调生面试即兴演讲类命题高分策略［EB/OL］. http://www. offcn. com/beikao/ms/lljq/2012/03/07/6651. html,2011 – 03 – 07.

［43］辛艳（智库文档）. 演讲与口才实用培训［EB/OL］. http://doc. mbalib. com/view/6e08af291146ca813d124a7dcb283304. html,2011 – 07 – 07.

［44］道客巴巴. 演讲与口才［EB/OL］. http://www. doc88. com/p – 772890157468. html, 2012 – 11 – 17.

［45］百度百科. 即兴演讲［EB/OL］. http://baike. baidu. com/view/638915. htm.

［46］百度百科. 辩论［EB/OL］. http://baike. baidu. com/view/114992. htm.

［47］中国演讲网. 国内外名家演讲稿［EB/OL］. http://www. yanjiang. com. cn/ShowClass2. asp?ClassID = 101&LayoutID = 1.